LA BIBLE DES ANGES

Catalogage avant publication de Bibliothèque et Archives Canada

Anges de la lumière (Esprit)
    La bible des anges : écrits inspirés par les Anges de la lumière
    ISBN 978-2-89436-219-8
    1. Anges - Miscellanées. 2. Écrits spirites. I. Flansberry, Joane, 1960- .
    II. Titre.

BF1290.A53 2008   133.9'3   C2008-942152-3

Nous reconnaissons l'aide financière du gouvernement du Canada par l'entremise du Programme d'aide au développement de l'édition (PADIÉ) pour nos activités d'édition.

Nous remercions la Société de développement des entreprises culturelles du Québec (SODEC) pour son appui à notre programme de publication.

Infographie : Marjorie Patry
Mise en pages : Marjorie Patry
Correction d'épreuves : Amélie Lapierre

Éditeur : Les Éditions Le Dauphin Blanc inc.
          6655, boulevard Pierre-Bertrand, local 133
          Québec (Québec) G2K 1M1 CANADA
          Tél. : 418 845-4045 Téléc. : 418 845-1933
          Courriel : dauphin@mediom.qc.ca
          Site Web : www.dauphinblanc.com

ISBN : 978-2-89436-219-8

Dépôt légal : 4e trimestre 2008
          Bibliothèque nationale du Québec
          Bibliothèque nationale du Canada

Imprimé au Canada

Joane Flansberry

LA BIBLE DES ANGES

Écrits inspirés par les Anges de la Lumière

Le Dauphin Blanc

« Nous dédions ce livre à tous les enfants de la Terre qui s'éveillent à leur propre divinité. Le plus beau trésor de votre âme, c'est l'amour que votre Ange vous porte. »

Les Anges de la Lumière

Table des matières

Partie III : Les familles angéliques

Remerciements

Je tiens à remercier les Anges de la Lumière d'avoir été si généreux à nous livrer leurs propos, leur sagesse et leur amour infini. Merci également pour votre patience, votre joie de vivre et, surtout, votre sens de l'humour! Merci, chers Anges, de m'avoir choisie comme canal. Vous avez été une source d'inspiration et de guidance tout le long de cette aventure. Vous faites preuve d'une générosité exemplaire et d'une dévotion inconditionnelle à l'humanité tout entière.

J'aimerais également remercier tous ceux qui ont participé, de près ou de loin, à la réalisation complète de cet ouvrage. Un livre, c'est le travail de plusieurs personnes et c'est la raison pour laquelle il est important de mentionner leurs efforts. Je remercie grandement Yves Rochon d'avoir eu l'énergie d'amorcer ce projet avec moi. Merci d'avoir eu la patience de rester des heures à écouter les messages des Anges et à les enregistrer pour ensuite les transcrire sur l'ordinateur. Merci d'avoir maintenu le livre en vie pendant si longtemps.

J'offre aussi mes sincères remerciements aux correctrices principales, Mylène Lévesque et Mélissa Lacroix, ainsi qu'à tous les autres qui ont révisé des chapitres ou certains passages. Mille mercis pour votre patience et votre dévotion et, surtout, pour votre professionnalisme!

Je me dois également de remercier, du plus profond de mon être, les gens qui croient en moi, en mes projets et au bien-être que j'apporte aux autres. Je sais que je ne suis pas toujours présente, mais sachez que vous occupez les places les plus importantes dans mon cœur. En commençant par mes deux charmantes filles que j'adore,

Mélissa et Véronique. Je vous embrasse et je vous fais un gros câlin! À toi aussi, mon très cher Frédéric, qui partage ma vie d'une façon complètement étonnante. Ta présence me réconforte et l'aide que tu m'as apportée au cours de toutes ces nombreuses années est profondément appréciée.

Merci également à ma charmante famille. Mes parents Théo et Pierrette, mon frère Jean, mes deux adorables sœurs Linda et Nancy ainsi que toutes mes belles nièces. Un merci chaleureux à mes amies Nathalie Tessier, Julie Bissonnette, Johanne Mireault, Nicole Archambault et Rolande Gaulin qui ont su me soutenir, m'appuyer et m'encourager à poursuivre cet « appel des Anges ». Vous avez été mes rayons de soleil ainsi que la force qui m'a motivée à me surpasser.

Un merci tout spécial à tous ceux qui se laissent guider par l'amour des Anges.

Avant-propos

Il existe plusieurs livres qui décrivent les Anges de la Lumière et leur univers, mais j'ai décidé de miser sur la simplicité. Ce livre a donc été conçu en tenant compte principalement des messages reçus des Anges. Toutefois, il est important de mentionner que les informations que nous avons reçues ne se retrouvent pas toutes dans ce livre. Sa longueur en aurait été fastidieuse. Ainsi, j'ai décidé de laisser tomber la plupart des renseignements portant sur l'univers des Anges selon la tradition hébraïque, ne conservant de cette tradition que les noms angéliques et leur signification. D'autres ouvrages se spécialisent dans ce domaine, et je suis certaine que vous réussirez à trouver ceux qu'il vous faut pour comprendre davantage et à vous élever spirituellement.

Malgré l'absence d'information relevant du domaine hébraïque, j'ai tout de même intitulé mon livre *La Bible des Anges*. À mes yeux, une bible représente un ouvrage auquel on peut se rapporter plus d'une fois dans notre vie. Pour moi, une bible est également un synonyme de protection. C'est un livre qui accompagne les gens et qui ne vieillit pas avec le temps. Peut-être que l'analogie que j'en fais est un peu prétentieuse, mais c'est exactement ce que je désire pour mon livre. Qu'il accompagne les gens, et ce, sur une longue période de temps.

À tous ceux qui aiment l'univers des Anges ou qui sont fascinés par eux, ou encore à tous ceux qui aimeraient en apprendre davantage à leur sujet, je vous dédie ce livre. Qu'il puisse répondre à vos questions et, plus que tout, qu'il puisse vous guider vers votre propre lumière intérieure.

Amicalement,
Joane

INTRODUCTION

Message des Anges à l'humanité

Nous sommes les Anges de la Lumière et nous venons vers vous, chers humains, afin de vous transmettre des messages d'amour, de paix et d'harmonie. Notre rôle est de vous aider à mieux nous connaître et de vous transmettre notre énergie d'amour afin que vous puissiez, à votre tour, la transmettre aux autres. Ce lien formera alors une unité, une chaîne d'amour entre les êtres humains et les Plans Divins.

Nous, les Anges, existons depuis le premier jour de la Création. Nous sommes autour de vous, avec vous et en vous. Nous voulons vous aider à cheminer avec la paix du cœur et de l'esprit. Nous ne voulons pas instaurer des traditions, ni des restrictions qui n'en finissent plus. Nous voulons simplement vous dire que nous sommes paix, que nous sommes amour, que nous sommes respect. Notre but est de vous faire ressentir dans votre cœur cette même paix, ce même amour et ce même respect. Vous êtes des enfants de Dieu et vous avez tous été créés par lui. Vous possédez tous cette Lumière en vous. Il suffit de la regarder pour la voir rayonner. Dieu nous a demandé de purifier cette planète qui souffre terriblement. Nous n'adhérons pas à une religion en particulier, nous sommes simplement les Messagers de Dieu. Nous travaillons de concert avec Lui.

Ce livre est un cadeau que nous offrons à l'humanité. Nous voulons qu'il aide les gens à retrouver leur foi. La façon de penser d'aujourd'hui est très différente de celle d'autrefois. Le peuple actuel a évolué spirituellement. Il saura donc comprendre le motif de notre cadeau : nous envoyons ce livre en guise de délivrance à la souffrance, d'éveil de la conscience. Le livre que vous tenez entre vos mains est rempli de messages d'amour et notre mission première est de vous les transmettre. Vous devrez toutefois comprendre qu'il n'est pas question de religion dans ce livre. Il suffit de croire en vous-mêmes et de croire en Dieu. Ce livre vous fera prendre conscience de la puissance en vous.

Ce livre ne cherche pas à vous défaire de vos racines, mais plutôt à vous aider à les comprendre. Nous sommes heureux d'écrire ce livre et nous espérons que les gens le liront avec passion. Lisez-le à votre rythme. Vous pouvez le mettre de côté pendant un certain temps et y revenir lorsque bon vous semble. Que vous croyiez en nous ou non, cela n'a pas d'importance. Ce qui compte, c'est que vous appreniez quelque chose à votre sujet ou à propos des Anges en lisant ce livre. Ce livre guérira ceux qui ont besoin d'être guéris, il soulagera ceux qui ont besoin d'être soulagés et il apportera l'amour à ceux qui le recherchent. Cet ouvrage est composé de paroles venant de Dieu et de ses Messagers : les Anges de la Lumière. Vous ne serez pas déçus, car ce livre grandira en vous à mesure que vous l'intégrerez.

Ce livre a été guidé par les Êtres de Lumière, soit les Anges et les Archanges. Il contient des révélations qui, depuis des siècles, n'ont pas été divulguées. Jusqu'ici, Dieu n'était pas convaincu que les êtres humains saisiraient le plein sens de leur rôle en tant qu'incarnation divine. Dieu a dit : « Les humains veulent savoir d'où ils viennent et qui ils sont, mais ils écoutent rarement quand nous leur parlons. Alors à quoi bon parler? » Melkisédeq lui a répondu : « Dieu le Père, apprenons aux humains à nous apprivoiser et à nous connaître davantage. Envoyons des "canaux" et nous pourrons transmettre des messages à travers eux pour aider l'humain à mieux comprendre les réalités divines et la place de chacun en ce monde. »

Les « canaux » qui ont écrit des livres par le passé ont été bien guidés. Ils ont eu des visions et ils ont reçu des messages extraordinaires. Ces livres ont permis aux êtres humains qui les ont lus d'apprendre et d'évoluer grandement. Nous remercions tous les « canaux » qui ont transposé notre vibration dans leur livre. Et nous sommes certains que d'autres « canaux » écriront eux aussi sur l'évolution de la vie.

Tous les livres écrits à travers le monde ont aidé l'humain dans son évolution. À l'inverse, les livres qui n'ont pas été guidés par le Plan Divin se sont éteints d'eux-mêmes.

Le contenu de ce livre est puissant. Les paroles qui y sont écrites peuvent sembler banales *a priori*, mais elles sont codées de messages. Les mots sont porteurs de vibration. Les êtres qui liront ces messages divins seront illuminés par la profondeur et la sagesse qui en émanent. Certains se demanderont pourquoi nous avons choisi ce canal plutôt qu'un autre. Certes, certaines personnes auraient voulu être choisies à sa place. Nous avons choisi ce canal il y a de cela plusieurs siècles déjà puisque celui-ci travaille dans la Lumière et possède la pureté de cœur nécessaire pour recevoir les messages que nous lui transmettons. Ainsi, ce canal, tout comme plusieurs autres personnes, fait partie intégrante de l'évolution spirituelle de la Terre.

Les êtres humains pensent que les Anges connaissent tout. Il est important de préciser que les Anges doivent d'abord écouter Dieu. Quand un événement survient dans votre vie et que vous réclamez notre aide, nous nous tournons d'abord vers Dieu et nous lui demandons : « Pouvons-nous aider cette personne? Pouvons-nous lui faire savoir que nous sommes à ses côtés? » C'est alors Dieu qui tranche en nous donnant son accord ou son désaccord. S'Il refuse que nous vous venions en aide, ce n'est pas que vous êtes une mauvaise personne. C'est que vous devez simplement tirer une leçon de vie. Ainsi, si vous apprenez quelque chose à travers cette leçon, Dieu sera d'accord pour que nous vous aidions au cours d'une prochaine étape ou d'une prochaine épreuve. En général, Dieu est toujours heureux de vous accorder une chance pour vous permettre de croire en Lui et, surtout, pour raviver votre foi en Lui et en les Êtres de Lumière. Cependant, si votre plan de vie ne permet pas l'intervention des Anges, il ne faut pas voir cela comme une punition, mais plutôt comme une possibilité que Dieu vous donne afin que vous puissiez évoluer. Dieu est prêt à tout donner à l'enfant qui a foi en Lui et en ses Messagers.

Pour ce livre, les Anges ont choisi de s'identifier à l'aide de leurs noms angéliques issus de la langue hébraïque, et ce, étant donné que plusieurs êtres humains connaissent ces noms. Le nom des Anges est en résonance avec leur vibration. L'appellation « Êtres de Lumière » regroupe, entre autres, les Anges de la Lumière et les Archanges.

Ce livre donne la parole à chacun des Anges de la Lumière qui viendront, à tour de rôle, vous parler d'eux. Ils décriront leur rôle, qui ils sont dans leur essence la plus fondamentale, et ils vous indiqueront la façon dont ils aimeraient être perçus. Il vous sera plus facile, par la suite, de les prier. Votre prière sera mieux dirigée et vos demandes le seront tout autant. Le lien qui se tissera entre vous et cette divinité sera ainsi beaucoup plus profond et intense, et vous capterez plus aisément sa vibration. Telle est la mission de ce livre.

Ce livre donne également une description de certains Archanges. Nous ne parlerons que des plus connus, car il existe autant d'Archanges qu'il y a d'Anges. Quelques-uns, dont les noms vous sont moins familiers, vous seront aussi présentés. Les Archanges ne travaillent pas tous de près avec les êtres humains. Ils ont été conçus pour être les « chefs d'équipe » des Anges et leur mission première est de s'occuper des âmes humaines de même que de celles des personnes décédées. Les Archanges qui font l'objet de ce présent ouvrage sont : Melkisédeq, Metatron, Raziel, Tsaphkiel, Tsadkiel, Camaël, Raphaël, Haniel, Uriel, Michaël, Gabriel et Sandalphon.

Nous parlerons aussi des âmes qui quittent la Terre et de l'endroit où elles se trouvent; nous mettrons en lumière le processus de la mort et du passage vers l'au-delà. Nous expliquerons les différentes Maisons angéliques et leur rôle. Nous vous décrirons notre vibration; c'est-à-dire comment nous ressentir et comment nous reconnaître. Nous parlerons de chacun des Chœurs : des Séraphins aux Anges. Nous apporterons des précisions sur chacun des Chœurs Angéliques pour vous permettre de comprendre davantage le véritable travail que les Anges doivent effectuer. L'ensemble de ces Chœurs forme, en quelque sorte, l'arbre généalogique des Anges. Nous l'appelons l'« Arbre Séphirotique ».

À travers ce livre, nous voulons que les gens sachent que notre travail est tout aussi important que celui qu'ils accomplissent eux-mêmes sur Terre et que nous permettons à certains messagers de s'incarner pour aider les êtres humains à évoluer. Il arrive que certaines religions, voire certains de leurs maîtres, nous déçoivent. C'est la raison pour laquelle nous tournons notre cœur vers l'humain. L'humain est un être simple dans son essence et c'est cette simplicité que nous désirons transmettre dans ce livre, même si certains passages sont plus difficiles. Nous voulons que les êtres humains connaissent la nature de leur âme et le motif qui les a poussés à s'incarner sur la Terre. Il leur sera beaucoup plus facile de cheminer vers leur propre Lumière par la suite, soutenus et guidés par leurs Anges.

Ce livre agira donc à titre de guide, de boussole, afin de vous aider dans votre cheminement. Nous voulons vous aider à faire la paix avec vous-mêmes et avec les autres, et surtout éveiller l'amour qui gît au fond de votre cœur. Ce livre est fondé sur la paix, l'amour et le respect : le respect des autres, le respect de soi, le respect de Dieu. Dieu existe et Il est l'essence même de votre âme. Hélas, nombreux sont ceux qui ont oublié son existence. Notre mission est de ramener, dans le cœur de chacun d'entre vous, l'amour dont vous avez tant besoin, de même que la foi que vous avez perdue.

Bref, ce livre a pour objectif d'apporter à chacun la Lumière dans sa vie et de vous aider à comprendre qui nous sommes. Ceux qui liront ce livre avec les yeux de la foi comprendront qui nous sommes. Ceux qui le liront avec un regard critique ou sous l'influence de l'Ombre ne comprendront pas. Ils auront peur de voir notre véritable essence. Et nous respectons cela. Peut-être qu'un jour ce livre viendra éveiller la spiritualité qui sommeille en eux, qu'elle chassera l'Ombre pour faire place à la Lumière.

Le présent ouvrage, nous l'espérons, éveillera l'humanité et sensibilisera les êtres humains au fait qu'ils ont besoin de connaître leur essence profonde et de comprendre le rôle des Anges sur Terre pour avancer. Qu'importe si cela doit prendre un siècle pour qu'ils en prennent conscience. Au moins, notre travail aura été fait! Nous savons qu'il est impossible de changer l'humanité en une seule journée, mais nous savons aussi que si nous taisons votre propre réalité angélique, il vous sera beaucoup plus difficile de savoir la direction que vous devez prendre.

Chaque être est libre de croire en nous ou pas. Par contre, ceux qui prendront le temps de lire ce livre jusqu'à la fin verront la Lumière jaillir en eux. Sur ce, nous vous souhaitons une lecture enrichissante, passionnante et lumineuse.

Les Anges de la Lumière

PARTIE I

LES OUTILS DE COMPRÉHENSION POUR AIDER LES LECTEURS

CHAPITRE I

Note aux lecteurs

Nous tenons à ajouter quelques précisions afin de clarifier les termes utilisés dans ce livre et d'éviter toute ambiguïté.

Pour commencer, vous noterez que le mot « Ange » commence toujours par une lettre majuscule. Nous en avons décidé ainsi puisqu'il représente l'ensemble des Anges peuplant l'univers de Dieu. De plus, les Anges dont traite ce présent ouvrage sont le reflet de la tradition kabbalistique. Les Anges de la Lumière représentent les 72 énergies primordiales issues de la Source. Ils sont donc, en quelque sorte, les 72 visages de Dieu, les 72 états vibratoires que l'on doit intégrer afin de retourner à la Source originelle.

Dans chacun des chapitres où les Anges prennent la parole, le mot « enfant » fait référence aux êtres humains en tant qu'adultes. Lorsqu'il s'agira de jeunes enfants au sens propre, nous le préciserons. Du point de vue des Anges, vous êtes leurs enfants dès le premier jour de votre vie, et ce, jusqu'au tout dernier.

Chacune des familles angéliques est pourvue d'un Ange plus important que les autres et dont celui-ci se démarque. Cet Ange fait figure de « chef de file » au sein de ce Chœur Angélique. De plus, il réunit à lui seul toutes les qualités inhérentes aux autres Anges de ce même Chœur. On peut l'identifier à l'énumération de ses nombreuses qualités. Il est souvent l'Ange dont les propos s'étendent le plus. D'autres encore représentent le dernier Ange d'un Chœur Angélique, soit le premier Ange à intégrer lorsque l'âme chemine sur le sentier de l'Arbre Séphirotique. D'une certaine manière, cet Ange devient le gardien posté à l'entrée d'un Chœur Angélique; celui qui évaluera le degré d'intégration des leçons tirées au cours des vies antérieures.

Aussi, après avoir lu ce livre, certains Anges vous sembleront quelque peu effacés. C'est que certains Anges se sont vu assigner une seule et grande mission, alors que d'autres possèdent plusieurs responsabilités. Cependant, la valeur de l'amour qu'ils vous portent est la même.

Ce livre traite également des notions de « Lumière » et d'« Ombre ». Par « Lumière », nous entendons tout ce qui concerne le côté Divin, lumineux, la Source en soi. Pour ce qui est de « l'Ombre », nous faisons référence au côté obscur d'un être humain (alcool, drogue, jeu, dépendance) ainsi qu'à toute la gamme des émotions négatives (envie, jalousie, préjugés, amertume, rancune, peur, etc.). De plus, nous entendons par « Ombre » votre ego de même que tous les aspects inconscients qui dictent la personnalité. Bref, tout ce qui représente une entrave à l'épanouissement de la divinité latente! L'Ombre regroupe aussi les esprits du bas-astral, ceux qui travaillent à détruire ce que Dieu a construit. Sachez que l'Ombre et la Lumière ne s'opposent pas. Ce sont plutôt deux énergies complémentaires, les deux côtés de la médaille. Nier l'un au profit de l'autre ne fait qu'accentuer la dualité en vous. Tourner le dos à l'Ombre n'a jamais fait jaillir la Lumière! Intégrez ces états d'être tout simplement.

Finalement, il est essentiel de préciser que les messages qui se trouvent dans le présent ouvrage ont été reçus par « canalisation ». Cela signifie que Joane a « abandonné » son corps pour faire place aux Êtres de Lumière. C'est ce qu'on appelle une « transe profonde animée ». « Transe profonde » puisque l'âme de Joane est mise de côté temporairement afin de recevoir les Êtres de Lumière. Et « animée » parce que les Anges et les Archanges passent par son corps pour parler, bouger et écrire. Une fois ces messages reçus et enregistrés, ils ont été transcrits avec le souci de respecter le plus possible les vibrations, de même que l'intégralité et le sens de leur contenu. Joane a ensuite rajouté des informations utiles à la compréhension du texte. D'une part, pour aider le lecteur à mieux saisir la portée des propos émis par les Anges. D'autre part, pour s'assurer que le livre soit le mieux structuré possible, qu'il reflète une uniformité du début à la fin. Autrement dit, qu'il puisse se lire d'une façon cohérente. Le texte a ensuite été revu en profondeur afin de le rendre conforme aux règles de la langue écrite.

CHAPITRE II

Le mode d'emploi

D'une part, pour bien profiter de la lecture de ce livre, il est important que vous connaissiez votre Ange, parmi les 72 Anges de la Lumière. Pour connaître le nom de votre Ange, vous devez retrouver votre date de naissance dans le **Tableau I : Les neuf Chœurs Angéliques** à la page 29. Vous pourrez ainsi découvrir votre Ange de la Lumière, son numéro hiérarchique, sa période de force, le Chœur Angélique auquel vous appartenez et l'Archange qui le dirige.

À titre d'exemple, prenons la date de naissance suivante : le 28 février. En nous référant au **Tableau I : Les neuf Chœurs Angéliques**, cette date nous donne les informations suivantes :

1) Nom de l'Ange : Habuhiah

2) Numéro de l'Ange : 68

3) Période de force : du 25 au 29 février

4) Chœur Angélique : les Anges

5) Archange recteur : Gabriel

Une fois ces informations recueillies, consultez le **Tableau III : La signification des noms angéliques** à la page 33. Tous les Anges de la Lumière tiennent leur nom de l'hébreu, cette langue ancienne prisée dans toutes les recherches portant sur l'angéologie et dans la kabbale. L'Ange correspondant à cette date de naissance, dans la langue hébraïque, est Habuhiah qui signifie « Dieu qui donne avec libéralité ». Les noms des 72 Anges de la Lumière comportent deux terminaisons possibles, soit « -el » ou « -iah ». C'est ce qui différencie un Ange à vibration masculine d'un Ange à vibration féminine. Ces notions seront davantage explorées dans le chapitre « La vie dans le monde des Anges ». Ainsi, Habuhiah est un Ange à vibration féminine. Maintenant, vous pouvez repérer dans le livre les sections traitant de votre Chœur Angélique, de votre Archange recteur et de votre Ange de la Lumière. Nous vous conseillons toutefois de commencer votre lecture en vous familiarisant avec les premiers chapitres du livre. Vous aurez ainsi une meilleure idée du chemin que votre âme doit parcourir en ce qui concerne son ascension vers les Plans Divins, de même que l'endroit où elle se situe dans l'Arbre Séphirotique.

Ensuite, si vous désirez obtenir davantage d'informations quant à la période de force de votre Ange, il suffit de vous référer au **Tableau II : Les jours et les heures de régence de votre Ange de la Lumière** à la page 31. À l'aide des informations contenues dans ce tableau, vous pouvez vous familiariser avec les jours et les heures où votre Ange est davantage présent, où sa force est plus remarquée. Ce qui signifie qu'il vous sera plus facile de sentir la vibration de votre Ange ou même de le voir aux jours et aux heures indiqués dans ce tableau. Vous n'avez qu'à suivre la colonne de votre Ange. Par exemple, si on reprend la date du 28 février, on remarque que l'Ange Habuhiah, en plus d'être en force au cours de sa période respective, soit du 25 au 29 février, est également en force le 29 mai, le 12 août, le 25 octobre, le 4 janvier et le 16 mars. Le temps de la journée où sa présence et sa force se font davantage ressentir, c'est de 22 h 20 à 22 h 40. Toutefois, veuillez garder en tête qu'il n'est pas obligatoire d'attendre à ces dates ou à ces heures pour demander de l'aide à votre Ange. Votre Ange est disponible en tout temps. Ces données servent simplement à vous aider à ressentir davantage sa vibration.

Les gens dont la date de naissance n'est pas connue peuvent s'identifier à un Ange qui les fait vibrer. Les Anges mentionnent que « les êtres dont la date de naissance est une date charnière, ceux dont on ne peut savoir avec exactitude qui est leur Ange, en sont à leur deuxième passage dans un Chœur Angélique. C'est qu'ils n'ont pas bien intégré leurs leçons la première fois. Ces personnes doivent donc utiliser l'énergie de deux Anges, ou de deux Chœurs, pour évoluer et assimiler les leçons nécessaires. Votre âme pourra ainsi grandir et, par la suite, passer au Chœur suivant. En cas d'ambiguïté, ce qui compte, c'est de choisir l'Ange qui vous fait vibrer, car cet Ange sera le vôtre. Suivez votre intuition, suivez votre cœur, suivez votre âme. »

D'autre part, voici différentes façons d'utiliser ce livre. En plus d'une lecture traditionnelle, ce livre vous offre la possibilité de recevoir des réponses à vos questions, des messages ou la signification d'un passage plus complexe.

Premièrement, pour obtenir une réponse à vos questions, vous pouvez fermer les yeux et vous concentrer sur une question dont la réponse vous tient à cœur. Une fois votre question formulée, ouvrez le livre immédiatement et pointez, à l'aide de votre index, un paragraphe choisi au hasard. Faites-en la lecture. Si votre cœur palpite en lisant ce paragraphe, c'est que vous venez de recevoir votre message.

Voici l'exemple d'une question, posée par ma fille, et la réponse qu'elle a obtenue. Question posée : « Quand vais-je rencontrer l'homme de ma vie? » Voici le paragraphe du livre qu'elle a pointé : « L'Ange Vehuiah doit apporter le bonheur à chaque cœur humain. Elle veut transmettre à chacun de ses enfants un cœur heureux, un cœur joyeux qu'il pourra transmettre à son prochain et ainsi de suite, ce qui amènera dans le monde une illumination. En ce qui concerne la spiritualité, Vehuiah donne à celui qui n'a pas confiance en Dieu l'illumination de l'âme en lui apportant la Lumière et la chaleur que Dieu peut lui donner. [...] »

Ma fille a ri à la lecture de ce paragraphe puisque l'Ange Vehuiah lui annonce la venue prochaine de l'homme de sa vie puisqu'elle « doit apporter le bonheur à chaque cœur humain ». Cela signifie donc qu'elle lui apportera son bonheur, soit l'homme de sa vie. Pour obtenir une réponse plus précise à la question posée, il est possible de se référer aux tableaux I et II qui indiquent les dates auxquelles l'Ange Vehuiah est en force. À l'aide de ces tableaux, on remarque que cet Ange est en force du 21 au 25 mars ainsi que le 3 juin, le 18 août, le 30 octobre et le 9 janvier. Ainsi, ces dates s'avèrent importantes pour ma fille, car elles lui indiquent des journées qui pourraient l'amener à faire la rencontre de l'homme qu'elle désire.

Deuxièmement, vous pouvez également utiliser ce livre pour recevoir un message, sans que vous n'ayez de questions particulières à poser. À titre d'exemple, vous pouvez fermer les yeux et demander aux Anges : « Aujourd'hui, quel est le message que vous voulez me transmettre? » Voici un paragraphe choisi au hasard provenant du livre : « Pahaliah dit à tous les enfants de la Terre : "Redressez donc vos épaules et osez affronter les défis qui s'offrent à vous puisqu'ils sont sources de croissance. Votre route en sera facilitée." Si vous vous apitoyez sur votre sort et que vous accumulez les problèmes sans les régler, ils resteront entiers et cela vous empêchera d'avancer puisque, tôt ou tard, vous croulerez sous le poids cumulé de ces défis. Ni votre corps ni votre esprit ne pourra continuer à coopérer. »

À travers ce paragraphe, vous devez comprendre que votre journée risque d'être remplie d'imprévus et l'Ange Pahaliah vous dit de ne pas vous abaisser et de relever les défis ainsi que les embûches qui se présenteront à vous aujourd'hui. Ainsi, ce que vous vivrez pendant cette journée ne viendra pas entraver votre futur puisque vous prendrez la peine de le régler sans perdre de temps. Ce message est important, car il signifie que si vous ne faites pas face à vos obstacles, ces obstacles vous empêcheront d'avancer par la suite.

Toutefois, il est important de mentionner que les messages ne seront pas toujours faciles à décrypter. Ainsi, ce qui importe, à ce moment-là, c'est ce que vous ressentez à l'intérieur. Il s'agit d'avoir l'esprit ouvert et créatif. Souvent, vous n'aurez pas besoin de comprendre tout un paragraphe, mais seulement une phrase ou un mot. Si votre attention reste centrée sur un seul mot, cela veut dire que vous devez porter une attention particulière à ce mot; il est votre réponse ou l'aspect sur lequel vous devez travailler.

Troisièmement, ce livre peut aussi vous aider à comprendre des passages plus complexes. Ce livre contient plusieurs messages afin d'aider l'humain à bien cheminer dans sa vie. Il se peut qu'à la première lecture du livre vous ne saisissiez pas l'étendue des messages angéliques. Ne soyez pas surpris d'être obligés de relire certains paragraphes plus d'une fois avant d'en comprendre le sens réel. Plus vous relirez certains passages, plus vous les comprendrez. De nouvelles émotions se feront ressentir chaque fois. Ainsi, nous vous conseillons de garder cet ouvrage comme livre de chevet. Si vous n'avez pas compris un paragraphe, ou une phrase, que vous avez lu, et que vous aimeriez en obtenir la signification profonde, relisez le paragraphe en question avant de vous coucher. De cette façon, pendant votre sommeil, les Anges vous enverront, à travers vos rêves, le sens véritable de ce que vous avez lu et votre âme en captera la signification.

TABLEAU I : LES NEUF CHŒURS ANGÉLIQUES

I. SÉRAPHINS METATRON	II. CHÉRUBINS RAZIEL	III. TRÔNES TSAPHKIEL
1. Vehuiah (du 21 au 25 mars) 2. Jeliel (du 26 au 30 mars) 3. Sitaël (du 31 mars au 4 avril) 4. Elemiah (du 5 au 9 avril) 5. Mahasiah (du 10 au 14 avril) **6. Lelahel (du 15 au 20 avril)** 7. Achaiah (du 21 au 25 avril) 8. Cahetel (du 26 au 30 avril)	9. Haziel (du 1er au 5 mai) **10. Aladiah (du 6 au 10 mai)** 11. Lauviah I (du 11 au 15 mai) 12. Hahaiah (du 16 au 20 mai) 13. Yezalel (du 21 au 25 mai) 14. Mebahel (du 26 au 31 mai) 15. Hariel (du 1er au 5 juin) 16. Hekamiah (du 6 au 10 juin)	**17. Lauviah II (du 11 au 15 juin)** 18. Caliel (du 16 au 21 juin) 19. Leuviah (du 22 au 26 juin) 20. Pahaliah (du 27 juin au 1er juillet) 21. Nelchaël (du 2 au 6 juillet) 22. Yeiayel (du 7 au 11 juillet) **23. Melahel (du 12 au 16 juillet)** 24. Haheuiah (du 17 au 22 juillet)
IV. DOMINATIONS TSADKIEL	**V. PUISSANCES** CAMAËL	**VI. VERTUS** RAPHAËL
25. Nith-Haiah (du 23 au 27 juillet) 26. Haaiah (du 28 juillet au 1er août) 27. Yerathel (du 2 au 6 août) **28. Seheiah (du 7 au 12 août)** 29. Reiyiel (du 13 au 17 août) **30. Omaël (du 18 au 22 août)** 31. Lecabel (du 23 au 28 août) 32. Vasariah (du 29 août au 2 septembre)	33. Yehuiah (du 3 au 7 septembre) 34. Lehahiah (du 8 au 12 septembre) 35. Chavakhiah (du 13 au 17 septembre) 36. Menadel (du 18 au 23 septembre) 37. Aniel (du 24 au 28 septembre) 38. Haamiah (du 29 septembre au 3 octobre) **39. Rehaël (du 4 au 8 octobre)** 40. Ieiazel (du 9 au 13 octobre)	41. Hahahel (du 14 au 18 octobre) 42. Mikhaël (du 19 au 23 octobre) 43. Veuliah (du 24 au 28 octobre) 44. Yelahiah (du 29 octobre au 2 novembre) **45. Sealiah (du 3 au 7 novembre)** 46. Ariel (du 8 au 12 novembre) 47. Asaliah (du 13 au 17 novembre) 48. Mihaël (du 18 au 22 novembre)

VII. PRINCIPAUTÉS HANIEL	VIII. ARCHANGES MICHAËL	IX. ANGES GABRIEL
49. Vehuel (du 23 au 27 novembre)	57. Nemamiah (du 1er au 5 janvier)	65. Damabiah (du 10 au 14 février)
50. Daniel (du 28 novembre au 2 décembre)	**58. Yeialel (du 6 au 10 janvier)**	**66. Manakel (du 15 au 19 février)**
51. Hahasiah (du 3 au 7 décembre)	59. Harahel (du 11 au 15 janvier)	**67. Eyaël (du 20 au 24 février)**
52. Imamiah (du 8 au 12 décembre)	**60. Mitzraël (du 16 au 20 janvier)**	**68. Habuhiah (du 25 au 29 février)**
53. Nanaël (du 13 au 16 décembre)	61. Umabel (du 21 au 25 janvier)	69. Rochel (du 1er au 5 mars)
54. Nithaël (du 17 au 21 décembre)	62. Iah-Hel (du 26 au 30 janvier)	**70. Jabamiah (du 6 au 10 mars)**
55. Mebahiah (du 22 au 26 décembre)	**63. Anauël (du 31 janvier au 4 février)**	71. Haiaiel (du 11 au 15 mars)
56. Poyel (du 27 au 31 décembre)	64. Mehiel (du 5 au 9 février)	**72. Mumiah (du 16 au 20 mars)**

Note : Les Anges dont le nom est en caractère gras ont un pouvoir de guérison.

TABLEAU II : LES JOURS ET LES HEURES DE RÉGENCE DE VOTRE ANGE DE LA LUMIÈRE

N°	ANGE	JOUR					HEURE
1	VEHUIAH	21 mars	3 juin	18 août	30 octobre	9 janvier	0 h à 0 h 20
2	JELIEL	22 mars	4 juin	19 août	31 octobre	10 janvier	0 h 20 à 0 h 40
3	SITAËL	23 mars	5 juin	20 août	1er novembre	11 janvier	0 h 40 à 1 h
4	ELEMIAH	24 mars	6 juin	21 août	2 novembre	12 janvier	1 h à 1 h 20
5	MAHASIAH	25 mars	7 juin	22 août	3 novembre	13 janvier	1 h 20 à 1 h 40
6	LELAHEL	26 mars	8 juin	23 août	4 novembre	14 janvier	1 h 40 à 2 h
7	ACHAIAH	27 mars	9-10 juin	24 août	5 novembre	15 janvier	2 h à 2 h 20
8	CAHETEL	28 mars	10-11 juin	25 août	6 novembre	16 janvier	2 h 20 à 2 h 40
9	HAZIEL	29 mars	12 juin	26 août	7 novembre	17 janvier	2 h 40 à 3 h
10	ALADIAH	30 mars	13 juin	27 août	8 novembre	18 janvier	3 h à 3 h 20
11	LAUVIAH I	31 mars	14 juin	28 août	9 novembre	19 janvier	3 h 20 à 3 h 40
12	HAHAIAH	1er avril	15 juin	29 août	10 novembre	20 janvier	3 h 40 à 4 h
13	YEZALEL	2 avril	16 juin	30 août	11 novembre	21 janvier	4 h à 4 h 20
14	MEBAHEL	3 avril	17 juin	31 août	12 novembre	22 janvier	4 h 20 à 4 h 40
15	HARIEL	4 avril	18 juin	1er septembre	13 novembre	23 janvier	4 h 40 à 5 h
16	HEKAMIAH	5 avril	19 juin	2 septembre	14 novembre	24 janvier	5 h à 5 h 20
17	LAUVIAH II	6 avril	20 juin	3 septembre	15 novembre	25 janvier	5 h 20 à 5 h 40
18	CALIEL	7 avril	21 juin	4 septembre	16 novembre	26 janvier	5 h 40 à 6 h
19	LEUVIAH	8 avril	22 juin	5 septembre	17 novembre	27 janvier	6 h à 6 h 20
20	PAHALIAH	9 avril	23 juin	6 septembre	18 novembre	28 janvier	6 h 20 à 6 h 40
21	NELCHAËL	10-11 avril	24 juin	7 septembre	19 novembre	29 janvier	6 h 40 à 7 h
22	YEIAYEL	11-12 avril	25 juin	8 septembre	20 novembre	30 janvier	7 h à 7 h 20
23	MELAHEL	13 avril	26 juin	9 septembre	21 novembre	31 janvier	7 h 20 à 7 h 40
24	HAHEUIAH	14 avril	27 juin	10-11 sept.	22 novembre	1er février	7 h 40 à 8 h
25	NITH-HAIAH	15 avril	28 juin	11-12 sept.	23 novembre	2 février	8 h à 8 h 20
26	HAAIAH	16 avril	29 juin	13 septembre	24 novembre	3 février	8 h 20 à 8 h 40
27	YERATHEL	17 avril	30-1er juillet	14 septembre	25 novembre	4 février	8 h 40 à 9 h
28	SEHEIAH	18 avril	1er -2 juillet	15 septembre	26 novembre	5 février	9 h à 9 h 20
29	REIYIEL	19 avril	3 juillet	16 septembre	27 novembre	6 février	9 h 20 à 9 h 40
30	OMAËL	20 avril	4 juillet	17 septembre	28 novembre	7 février	9 h 40 à 10 h
31	LECABEL	21 avril	5 juillet	18 septembre	29 novembre	8 février	10 h à 10 h 20
32	VASARIAH	22 avril	6 juillet	19 septembre	30 novembre	9 février	10 h 20 à 10 h 40
33	YEHUIAH	23 avril	7 juillet	20 septembre	1er décembre	10 février	10 h 40 à 11 h
34	LEHAHIAH	24 avril	8 juillet	21 septembre	2 décembre	11 février	11 h à 11 h 20
35	CHAVAKHIAH	25 avril	9 juillet	22 septembre	3 décembre	11 février	11 h 20 à 11 h 40
36	MENADEL	26 avril	10 juillet	23 septembre	4 décembre	12 février	11 h 40 à 12 h

N°	ANGE	JOURS					HEURES
37	ANIEL	27 avril	11 juillet	24 septembre	5 décembre	13 février	12 h à 12 h 20
38	HAAMIAH	28 avril	12 juillet	25 septembre	6 décembre	14 février	12 h 20 à 12 h 40
39	REHAËL	29 avril	13 juillet	26 septembre	7 décembre	15 février	12 h 40 à 13 h
40	IEIAZEL	30 avril	14 juillet	27 septembre	8 décembre	16 février	13 h à 13 h 20
41	HAHAHEL	1er mai	15 juillet	28 septembre	9 décembre	17 février	13 h 20 à 13 h 40
42	MIKHAËL	2 mai	16 juillet	29 septembre	10 décembre	18 février	13 h 40 à 14 h
43	VEULIAH	3 mai	17 juillet	30 septembre	11 décembre	19 février	14 h à 14 h 20
44	YELAHIAH	4 mai	18 juillet	1er octobre	12 décembre	20 février	14 h 20 à 14 h 40
45	SEALIAH	5 mai	19 juillet	2 octobre	13 décembre	21 février	14 h 40 à 15 h
46	ARIEL	6 mai	20 juillet	3 octobre	14 décembre	22 février	15 h à 15 h 20
47	ASALIAH	7 mai	21 juillet	4 octobre	15 décembre	23 février	15 h 20 à 15 h 40
48	MIHAËL	8 mai	22 juillet	5 octobre	16 décembre	24 février	15 h 40 à 16 h
49	VEHUEL	9 mai	23-24 juillet	6 octobre	17 décembre	25 février	16 h à 16 h 20
50	DANIEL	10 mai	24-25 juillet	7 octobre	18 décembre	26 février	16 h 20 à 16 h 40
51	HAHASIAH	11 mai	26 juillet	8 octobre	19 décembre	27 février	16 h 40 à 17 h
52	IMAMIAH	12-13 mai	27 juillet	9 octobre	20 décembre	28-29 févr.	17 h à 17 h 20
53	NANAËL	13-14 mai	28 juillet	10 octobre	21 décembre	1er mars	17 h 20 à 17 h 40
54	NITHAËL	15 mai	29 juillet	11 octobre	22 décembre	2 mars	17 h 40 à 18 h
55	MEBAHIAH	16 mai	30 juillet	12 octobre	23 décembre	3 mars	18 h à 18 h 20
56	POYEL	17 mai	31 juillet	13 octobre	24 décembre	4 mars	18 h 20 à 18 h 40
57	NEMAMIAH	18 mai	1er août	14 octobre	25 décembre	5 mars	18 h 40 à 19 h
58	YEIALEL	19 mai	2 août	15 octobre	26 décembre	6 mars	19 h à 19 h 20
59	HARAHEL	20 mai	3 août	16 octobre	27 décembre	7 mars	19 h 20 à 19 h 40
60	MITZRAËL	21 mai	4 août	17 octobre	28 décembre	8 mars	19 h 40 à 20 h
61	UMABEL	22 mai	5 août	18 octobre	29 décembre	9 mars	20 h à 20 h 20
62	IAH-HEL	23 mai	6 août	19 octobre	30 décembre	10 mars	20 h 20 à 20 h 40
63	ANAUËL	24 mai	7 août	20 octobre	31 décembre	11 mars	20 h 40 à 21 h
64	MEHIEL	25 mai	8 août	21 octobre	1er janvier	12 mars	21 h à 21 h 20
65	DAMABIAH	26 mai	9 août	22 octobre	2 janvier	13 mars	21 h 20 à 21 h 40
66	MANAKEL	27 mai	10 août	23 octobre	3 janvier	14 mars	21 h 40 à 22 h
67	EYAËL	28 mai	11 août	24 octobre	4 janvier	15 mars	22 h à 22 h 20
68	HABUHIAH	29 mai	12 août	25 octobre	5 janvier	16 mars	22 h 20 à 22 h 40
69	ROCHEL	30 mai	13 août	26 octobre	6 janvier	17 mars	22 h 40 à 23 h
70	JABAMIAH	31 mai	14 août	27 octobre	7 janvier	18 mars	23 h à 23 h 20
71	HAIAIEL	1er juin	15-16 août	28 octobre	8 janvier	19 mars	23 h 20 à 23 h 40
72	MUMIAH	2 juin	16-17 août	29 octobre	9 janvier	20 mars	23 h 40 à 24 h

TABLEAU III : LA SIGNIFICATION DES NOMS ANGÉLIQUES

	NOMS ANGÉLIQUES	SIGNIFICATION
1	VEHUIAH	Dieu élevé et exalté au-dessus de toutes choses
2	JELIEL	Dieu secourable
3	SITAËL	Dieu, espérance de toutes les créatures
4	ELEMIAH	Dieu caché
5	MAHASIAH	Dieu sauveur
6	LELAHEL	Dieu louable
7	ACHAIAH	Dieu bon et patient
8	CAHETEL	Dieu adorable
9	HAZIEL	Dieu miséricordieux
10	ALADIAH	Dieu propice
11	LAUVIAH I (LAUVUEL)	Dieu loué et exalté
12	HAHAIAH	Dieu refuge
13	YEZALEL	Dieu glorifié dans toute sa splendeur
14	MEBAHEL	Dieu très conservateur
15	HARIEL	Dieu créateur
16	HEKAMIAH	Dieu qui érige l'Univers
17	LAUVIAH II	Dieu admirable
18	CALIEL	Dieu prompt à secourir
19	LEUVIAH	Dieu qui secourt les pécheurs
20	PAHALIAH	Dieu rédempteur
21	NELCHAËL	Dieu seul et unique
22	YEIAYEL	La droite de Dieu
23	MELAHEL	Dieu qui délivre de tous les maux
24	HAHEUIAH	Dieu d'une extrême bonté
25	NITH-HAIAH	Dieu, source de sagesse
26	HAAIAH	Dieu caché
27	YERATHEL	Dieu qui punit les méchants
28	SEHEIAH	Dieu qui guérit les malades
29	REIYIEL	Dieu prompt à secourir
30	OMAËL	Dieu patient qui donne tout
31	LECABEL	Dieu inspirant
32	VASARIAH	Dieu juste
33	YEHUIAH	Dieu qui connaît toutes choses
34	LEHAHIAH	Dieu clément
35	CHAVAKHIAH	Dieu qui donne de la joie
36	MENADEL	Dieu adorable

	NOMS ANGÉLIQUES	SIGNIFICATION
37	ANIEL	Dieu des Vertus
38	HAAMIAH	Dieu, espérance de toutes les créatures de la Terre
39	REHAËL	Dieu qui reçoit les pécheurs
40	IEIAZEL	Dieu qui donne de la joie
41	HAHAHEL	Dieu en trois personnes
42	MIKHAËL	Semblable à Dieu, Vertu de Dieu, Maison de Dieu
43	VEULIAH	Dieu, roi dominateur
44	YELAHIAH	Dieu éternel
45	SEALIAH	Dieu, moteur de toutes choses
46	ARIEL	Dieu révélateur
47	ASALIAH	Dieu juste qui indique la vérité
48	MIHAËL	Dieu secourable
49	VEHUEL	Dieu grand et élevé
50	DANIEL	Dieu, signe des miséricordes
51	HAHASIAH	Dieu caché
52	IMAMIAH	Dieu élevé au-dessus de toutes choses
53	NANAËL	Dieu qui abaisse les orgueilleux
54	NITHAËL	Dieu, roi des Cieux
55	MEBAHIAH	Dieu éternel
56	POYEL	Dieu qui soutient l'Univers
57	NEMAMIAH	Dieu louable
58	YEIALEL	Dieu qui exauce toutes les générations
59	HARAHEL	Dieu qui connaît toutes choses
60	MITZRAËL	Dieu qui console les opprimés
61	UMABEL	Dieu au-dessus de toutes choses
62	IAH-HEL	Dieu, Être suprême
63	ANAUËL	Dieu infiniment bon
64	MEHIEL	Dieu qui vivifie toutes choses
65	DAMABIAH	Dieu, source de sagesse
66	MANAKEL	Dieu qui maintient et produit toutes choses
67	EYAËL (AYAËL)	Dieu, délice des enfants des hommes
68	HABUHIAH	Dieu qui donne avec libéralité
69	ROCHEL (RAHAËL)	Dieu qui voit tout
70	JABAMIAH (YABAMIAH)	Dieu qui produit toutes choses
71	HAIAIEL (MAIAIEL)	Dieu, maître de l'Univers
72	MUMIAH	Dieu, fin de toutes choses

Note : Les Anges dont le nom se termine par « -el » possèdent une vibration masculine, alors que ceux dont le nom se termine par « -iah » possèdent une vibration féminine.

PARTIE II

LES PLANS DIVINS ET LA VIE ANGÉLIQUE

L'Arbre Séphirotique
L'Arbre de Vie

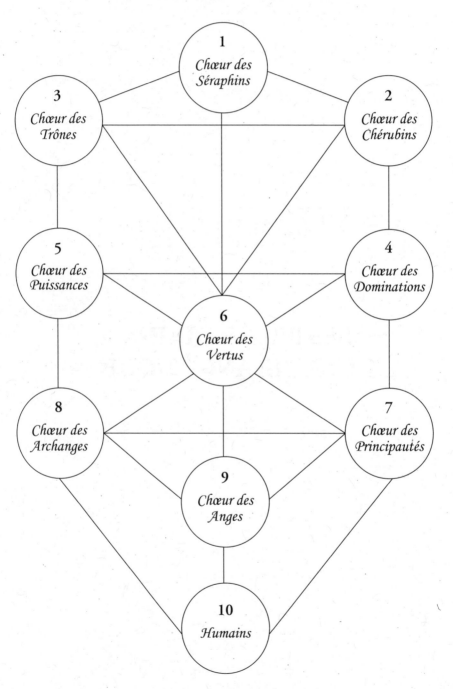

CHAPITRE III

L'Arbre Séphirotique et ses différentes composantes

L'Arbre Séphirotique est la base fondamentale de toute vie. Selon l'angéologie traditionnelle, Dieu a créé l'Arbre Séphirotique dans le but de permettre aux âmes de s'élever spirituellement et d'atteindre son niveau vibratoire, son essence divine. L'Arbre est composé de neuf familles angéliques, ou de neuf Chœurs Angéliques. Ces Chœurs représentent les différentes étapes que l'âme doit franchir pour parvenir aux Plans Divins. Ils forment l'Arbre Séphirotique, également appelé l'« Arbre de Vie ». Tous ces Chœurs Angéliques sont reliés ensemble : ils forment un tout complet.

La logique de l'Arbre Séphirotique est inversée, c'est-à-dire qu'il faut le lire de bas en haut. (Voir le schéma de l'Arbre Séphirotique à la page 36.) À titre d'exemple, prenez le Chœur des Anges, le neuvième étage dans le schéma de l'Arbre Séphirotique. Ce Chœur Angélique fut le dernier à être créé dans la Hiérarchie de l'Arbre, mais il est le premier étage à accomplir sur le plan de l'âme. Ensuite, c'est le Chœur des Archanges, le huitième Chœur à avoir été créé, et le deuxième étage à accomplir pour l'humain. L'âme continue son ascension de cette façon jusqu'à ce qu'elle atteigne le Chœur des Séraphins, la dernière étape à franchir avant d'accéder aux Plans Divins.

En tout premier lieu, Dieu a créé les Séraphins, des êtres très puissants. De l'essence des Séraphins, Il créa ensuite les Chérubins, les gardiens des portes du Paradis. De l'essence des Chérubins, Il créa les Trônes. De l'essence des Trônes, Il créa les Dominations et ainsi de suite jusqu'au Règne Humain. Ainsi, chacun des Chœurs fut créé à l'aide de l'essence du Chœur précédent. L'énergie des Séraphins se rapproche donc de l'essence divine et celle des Anges se rapproche davantage de l'essence des humains. C'est la raison pour laquelle chaque être humain doit commencer son plan de vie dans le Chœur des Anges puisqu'il existe, à l'intérieur de ce Chœur, des parcelles semblables à la constitution d'un être humain et à son évolution. Ainsi, l'intégration de l'être humain dans ce Chœur se fait plus facilement, car il reconnaît des aspects propres à son essence et il les comprend. Cela lui permet donc d'entrer en douceur dans son plan de vie et de bâtir son incarnation de façon solide. Si l'humain devait commencer son incarnation dans le Chœur des Séraphins, il lui serait impossible d'y vivre très longtemps. Le Chœur des Séraphins est un Chœur très puissant, puisqu'il fut le premier créé par Dieu, et son essence possède une forte vibration divine. Pour une nouvelle âme qui s'incarne, cela lui demanderait un effort épouvantable pour contourner l'Ombre. Ainsi, les âmes qui viendraient sur Terre retourneraient plus vite dans le Royaume des cieux et il n'y aurait pas d'évolution comme on la connaît aujourd'hui.

Tous les êtres humains ont en eux l'essence primordiale de l'Arbre de Vie, mais à des degrés différents. Pour faire image, c'est un peu comme si un médaillon contenant l'essence divine de votre âme était suspendu à votre cou. À chaque étage réussi, à chaque plan de vie accompli, vous recevez une parcelle lumineuse de l'Arbre, une puissance branchée à même la Source. Ainsi, votre âme devient de plus en plus puissante et lumineuse. Au départ, si votre médaillon, votre essence divine, s'apparentait à un petit cercle en bois d'ébène, il se transformerait au fur et à mesure que vous vous rapprocheriez de Dieu. À la fin, vous arboreriez un magnifique médaillon en or d'une beauté resplendissante. Nous vous conseillons de prier tous les Anges de la Lumière, car ils peuvent vous aider à franchir les étapes de l'Arbre plus facilement.

Le rôle de chaque Chœur

Un Chœur est composé de huit Anges et d'un Archange recteur. Chacun a une mission particulière liée au plan de vie de son enfant. Cependant, la mission première de tous les Chœurs, c'est d'aider l'humain qui réclame leur aide. Quand un Chœur s'unifie dans une mission, la puissance qui en émane est indescriptible.

Les Séraphins ont comme mission d'aider l'humain en ce qui concerne leur vie amoureuse. Ce Chœur représente la Maison de l'amour inconditionnel. Leur but premier est d'apporter l'amour sur Terre. Ils ont aussi comme mission de transformer l'Ombre en Lumière. Les Chérubins prennent soin de la santé mentale de l'humain en l'aidant à retrouver ses facultés ainsi que l'harmonie et la sérénité dans sa vie. Ce Chœur permet d'avoir une excellente santé et de vivre très vieux. De plus, les Chérubins voient au bien-être de la planète Terre. Les Trônes possèdent la clé de la liberté qui vous libérera de vos karmas. Ce Chœur vous permet de vivre et d'exister. Ce Chœur vous permet d'être serein. Les Dominations représentent la Maison de la spiritualité. Ce Chœur travaille en étroite collaboration avec l'âme et la spiritualité de l'être humain. Il vous permet de bien diriger vos prières pour qu'elles puissent être mieux exaucées. Ce Chœur fait d'excellents messagers, d'excellents missionnaires. Le Chœur des Dominations est également la Maison des dons et des talents qui sont transmis à la naissance ou qui sont issus d'une autre vie. Les Puissances sont là pour vous aider à épurer votre karma et à pouvoir demander pardon. En expiant vos fautes immédiatement, cela aura un impact positif sur votre prochaine incarnation. Le Chœur des Puissances est aussi la clé de la libération de tous les enfants Trônes. Pour ce qui est des Vertus, ce sont eux qui font des miracles. Il suffit de les prier. Le Chœur des Principautés a également comme mission de ramener la paix sur Terre. Les Anges Principautés veulent avant tout envoyer un message à tous les humains : « Aimez-vous les uns les autres, aidez-vous les uns les autres. » Telles sont les paroles symboliques de ces Anges. Le Chœur des Archanges représente la justice et il règne sur la Terre pour que tous les humains puissent être en harmonie les uns avec les autres. Les Archanges sont les protégés des Anges, ils veillent à ce que leur travail soit bien fait. Le Chœur des Anges représente la Maison de l'humain, il est situé le plus près des êtres humains. Il possède l'équilibre dont l'humain a tant besoin pour être heureux dans sa vie. Les Anges de ce Chœur sont des « facilitateurs », c'est-à-dire qu'ils aident les êtres humains à réussir leur vie terrestre. Veuillez noter que la troisième partie de ce livre fait une description détaillée de chacun des Chœurs Angéliques.

Le début et la fin des étapes de l'Arbre

Le Chœur des Anges, c'est le premier Chœur que l'humain doit réussir pour amorcer son ascension vers Dieu. Dans ce Chœur, il existe trois sortes d'âmes. Premièrement, il y a celles qui ont franchi toutes les étapes de l'Arbre avec succès et qui décident de revenir sur Terre afin de permettre aux êtres humains de cheminer vers leur évolution spirituelle. Ce sont les Anges terrestres. Deuxièmement, on retrouve celles qui doivent réintégrer le Chœur des Anges à la suite d'une chute dans la Hiérarchie de l'Arbre. Ce sont celles qui n'ont pas appris leurs leçons de vie et qui doivent recommencer au début. Troisièmement, le Chœur des Anges comprend les nouvelles âmes qui s'incarnent sur Terre pour la première fois, celles qui commencent leur vie humaine.

Le Chœur des Séraphins représente la dernière étape, la dernière marche à franchir. Les âmes qui s'y incarnent sont très élevées, si elles travaillent dans la Lumière. Lorsqu'elles quitteront leur enveloppe physique, elles auront la possibilité de ne plus revenir sur Terre, mais de plutôt travailler dans l'énergie des Anges et d'aspirer à en devenir un. Par contre, certaines âmes préfèrent s'incarner de nouveau. Telle est leur décision.

Chaque Chœur Angélique de l'Arbre Séphirotique abrite deux catégories d'âmes. Il y a l'âme qui évolue et celle qui n'avance pas. Cette dernière vivra des moments pénibles et de nombreux défis parsèmeront sa route, car ceux qui descendent sur Terre doivent évoluer pour revenir à la Maison originelle. Ils doivent être en résonance avec l'énergie divine et cela n'est possible qu'en intégrant toutes les étapes de l'Arbre.

Les différentes étapes qu'une âme doit franchir

L'être humain qui se trouve sur la première marche, dans le premier Chœur, celui des Anges, devra faire face à certains événements liés au Chœur des Archanges, soit à la prochaine étape. Quand l'âme quittera son corps et qu'elle reviendra sur Terre, dans le Chœur des Archanges, elle aura déjà intégré une partie de l'énergie et des connaissances de ce Chœur. Il lui sera alors plus facile de faire la transition, mais aussi de gravir les échelons plus rapidement pour monter au Chœur suivant. Il en est de même pour tous les autres Chœurs.

Il est donc important, et ce, peu importe le Chœur dans lequel vous vous trouvez, de connaître l'énergie des huit Anges formant le noyau de ce Chœur et de l'intégrer. À titre d'exemple, supposons que vous cheminez bien dans votre évolution et que vous suivez votre plan de vie. Et un jour, vous vous faites voler un objet. Il se pourrait qu'aucun des Anges de votre Chœur ne puisse vous aider à le retrouver, car ils ne possèdent pas cette force, cette qualité. Vous devrez donc consulter le Chœur des Anges et demander l'aide de l'Ange Rochel, qui est un « Dieu qui voit tout ». En intégrant l'énergie des autres Chœurs et en apprenant les défis qu'ils auront à relever, vous aidez votre âme à croître plus rapidement. Ouvrez votre esprit et élargissez vos horizons, cela vous servira tôt ou tard.

Par ailleurs, certaines personnes qui ont accompli un travail exceptionnel ont aussi la possibilité de passer un Chœur Angélique. En effet, ceux qui intègrent rapidement les leçons d'un Chœur supérieur ont le privilège de recevoir les leçons et les connaissances d'un Chœur deux fois supérieur à leur Chœur initial. Quand ces âmes arrivent de l'autre côté du voile, nous leur demandons si elles sont prêtes à passer à l'étape suivante. Ainsi, sur dix âmes qui s'incarnent, seulement deux réussiront à passer un Chœur. Toutefois, sachez qu'il est presque impossible de passer plus d'un Chœur à la fois, car cela deviendrait trop lourd pour l'âme, trop difficile à supporter. Seuls les grands Maîtres de ce monde l'ont fait, mais cela demeure l'exception qui confirme la règle.

Il est également possible qu'une âme quitte la Terre plus tôt qu'il était prévu dans son plan de vie. Prenons l'exemple d'une personne qui doit recommencer un étage et qui le fait très bien. Au milieu de sa vie terrestre, si tout ce qu'elle devait apprendre a été appris, elle pourrait décider de quitter la Terre très tôt. Elle doit alors passer au prochain étage. C'est le cas de bien des gens qui meurent pour aucune raison apparente. Leur mission a été accomplie beaucoup plus rapidement qu'il était prévu et il devient inutile de rester sur Terre plus longtemps. Ils doivent retourner travailler leur prochaine incarnation. Ces personnes laissent derrière des êtres chers qui les pleurent, mais elles laissent aussi leur force en eux. Elles y laissent leur amour. Pourquoi avaient-elles cette force? Parce que ces personnes avaient recommencé le Chœur. Elles étaient en mesure d'aider ceux qui devaient rester.

Une âme qui déciderait de gravir une étape à la fois aurait nécessairement 72 vies ou étapes à franchir avant de parvenir à la perfection des Plans Divins. Cependant, les étapes de transition sont au nombre de neuf. Il s'agit du moment où l'âme doit réussir le test ultime de chacun des Chœurs pour passer au suivant. Certaines vies ont donc pour but de préparer l'âme à franchir définitivement un étage de l'Arbre. L'être humain possède une grande force pour intégrer dans sa vie toutes les leçons requises, tous les Anges de son Chœur, surtout s'il travaille en harmonie avec les Anges de Dieu. Toutefois, il doit obligatoirement terminer avec succès un minimum de neuf vies et intégrer ces neuf Chœurs dans son âme pour se libérer du cycle de la réincarnation. Il pourra alors retrouver son état originel où d'autres possibilités d'évolution l'attendent.

En moyenne, un être humain expérimente une quinzaine de vies terrestres pour parvenir à la réalisation des Plans Divins, pour compléter le cycle de l'Arbre. Il est important de respecter le cheminement propre à chaque âme humaine. Cette dernière peut s'incarner autant de fois qu'il le faudra. Aucune limitation de temps ne lui est imposée.

L'âme est appelée à s'incarner dans le Chœur en résonance avec son degré d'évolution. Ce n'est pas parce que quelqu'un fait partie du Chœur des Principautés qu'il tire de l'arrière dans son évolution! D'abord, il est fort possible que cette personne ait choisi d'aider l'humanité en s'incarnant dans ce Chœur à titre d'Ange terrestre. Ainsi, elle aurait déjà complété tous les étages de l'Arbre, et ce, même si elle fait partie des Principautés. Ensuite, le travail accompli par l'âme est beaucoup plus important à nos yeux que « l'étage » auquel elle se trouve. Il est de loin préférable d'intégrer les leçons qui s'offrent à vous dans un Chœur dit « inférieur » que de trôner au sommet de la Hiérarchie de l'Arbre et de stagner dans votre évolution. La paresse spirituelle nous inquiète beaucoup plus qu'une âme qui tente différentes choses au meilleur de ses connaissances.

Quand l'âme a bien franchi les étapes, nous lui laissons le privilège de choisir sa date de naissance, son Ange gardien et son Ange personnel. Pour une âme, choisir les Êtres de Lumière qui vont l'accompagner dans son évolution, c'est un véritable privilège. C'est la même chose que vous, les humains, faites lorsque vous voulez bâtir quelque chose : vous établissez un plan. Vous mettez tous vos efforts pour faire ce plan afin qu'il reflète précisément vos désirs les plus chers. Par exemple, vous désirez construire la maison de vos rêves. Vous vous appliquez à faire ce plan, le plan parfait afin que votre construction, votre maison, soit à la hauteur de vos attentes. Il en est de même pour votre incarnation. Bâtir votre vie humaine sur Terre est une étape très importante. Ainsi, si vous avez bien franchi toutes les étapes de l'Arbre, il vous est permis de choisir les meilleures personnes pour rendre ce séjour le plus agréable possible. On vous laisse aussi choisir votre date de naissance et la date de votre décès. Certaines âmes choisiront même d'avance leurs parents, leurs amis, leurs enfants, les obstacles, les outils pour surmonter leurs obstacles, etc. Tout sera merveilleusement planifié avant de vous incarner, et lorsque vous aurez intégré votre corps humain, c'est votre Ange personnel qui vous dictera intérieurement tous les plans que vous avez établis de l'autre côté du voile. Voilà donc une raison importante de prier votre Ange, car il connaît tous les détails de votre plan de vie terrestre. Plus vous le prierez, plus il vous guidera vers les ressources que vous aurez demandées pour vous aider à évoluer et à passer au travers de vos obstacles humains. Votre Ange sera même en mesure de vous dire ce qui est bon pour vous et ce qui ne l'est pas. Il pourra même vous faire ressentir une vibration à la rencontre d'une autre âme humaine. Par exemple, si dans une vie antérieure une âme humaine vous a blessé puisqu'elle était dans l'Ombre, et que cette même âme est toujours dans l'Ombre, alors votre Ange personnel vous en avertira. Que ce soit à l'aide de sentiments ou d'événements, il fera tout pour que vous puissiez éviter cette rencontre ou cette âme malveillante.

Quand une âme doit refaire un étage, elle peut tout de même choisir sa date de naissance, mais pas plus. Elle peut choisir la même qu'elle avait auparavant ou elle peut en choisir une nouvelle pour œuvrer avec un Ange différent. Lorsqu'elle est décidée, cette âme commence à planifier son plan de vie, sa nouvelle incarnation, à l'aide des Êtres de Lumière.

Comment savoir si vous recommencez un étage?

Vous aurez souvent des déjà-vu. Il vous semble que vous avez déjà vécu telle ou telle situation. Vous ressentez des événements avant qu'ils n'arrivent. À certains moments, vous connaissez la réponse d'une personne avant même qu'elle ne la dise. Au cours d'une épreuve, vous connaissez déjà la façon dont vous allez vous en sortir. Si ces situations vous sont familières, sachez que vous avez déjà fait ce

Chœur et que vous le recommencez. Alors, nous vous conseillons de vérifier dans votre vie ce dont vous avez de la difficulté à vous défaire. Par exemple, si vous regardez votre vie amoureuse et que vous remarquez que vous êtes toujours attirés vers des gens qui ne sont pas libres de vous aimer ou que vous vous engagez fréquemment dans des relations pénibles, votre plan de vie (karma) est donc de trouver l'être qui saura vous rendre heureux. Cela peut sembler un exemple banal, mais plusieurs personnes se retrouvent dans cette situation. Cela fait partie de votre évolution. Ainsi, il s'agit de prier votre Ange personnel afin qu'il puisse vous aider à changer cette faiblesse en force. Sinon, vous reviendrez encore dans ce Chœur et votre évolution sera stagnante, car il vous sera impossible d'avancer tant que vous ne réussirez pas cette épreuve. Souvent, ces âmes deviennent paresseuses et elles se laissent mourir, au lieu de se nourrir.

Les Anges terrestres

Il faut franchir les neuf étapes ou étages pour parvenir à Dieu. Il n'est pas impossible, une fois le cycle de l'Arbre complété, qu'une âme revienne dans un Chœur autre que celui des Séraphins ou des Anges. Si l'âme choisit un autre Chœur, c'est pour y apporter le bien et faire évoluer davantage ceux qui s'y trouvent. Ces êtres seront la Lumière de ceux qui vivent des moments pénibles. Toutefois, la plupart des âmes qui ont terminé avec succès toutes les étapes de l'Arbre décident d'aller vers les Plans Divins. Il y a cependant quelques exceptions.

Ces Anges reviennent donc sur Terre en tant qu'êtres humains afin d'aider leurs semblables et de peser sur l'évolution de l'humanité. Ils se nomment des « Anges terrestres ». Dieu leur accorde cette permission et Il fait de ces « nouveaux Anges » des êtres de savoir et de spiritualité. Cela permet aux autres de mieux cheminer. En effet, l'humain qui se trouve dans le Chœur des Séraphins peut aider tous les êtres issus d'un autre Chœur. Il en est de même pour les humains qui s'incarnent dans le Chœur des Anges. Ces deux Chœurs aident surtout les êtres qui se situent dans le Chœur des Trônes à trouver leur vocation et à suivre leur plan de vie. Sachez que les Trônes éprouvent souvent des difficultés à donner un sens à leur vie et à réussir leur plan de vie.

Comment savoir si vous êtes un Ange terrestre?

Votre vie est remplie de Lumière, vous avez foi en Dieu, vous lui adressez des prières et vous infusez le bien autour de vous. Votre plan de vie est facile et vous vous redressez plus facilement lors d'une épreuve. Au lieu de vous apitoyer sur votre sort, vous y voyez la force que vous allez acquérir à la suite de cette épreuve. Autrement dit, vous voyez le bien malgré toutes les circonstances qui pourraient survenir dans votre vie. Votre entourage vous aime, vous estime et vous le démontre bien. Alors, si vous vous reconnaissez parmi ces lignes, sachez que vous êtes un Ange terrestre et que vous avez fait les neuf étages. Vous êtes revenus dans un Chœur en particulier pour aider ceux qui s'y trouvent, car vous savez que ce Chœur est difficile et votre compréhension de la vie va permettre à ces êtres de mieux évoluer et de mieux cheminer. Souvent, les Anges terrestres reviennent aussi pour aider des âmes qu'ils ont aimées dans des vies ultérieures. Il n'est pas rare de voir un Ange terrestre revenir pour aider une âme qui sera son enfant sur Terre. Elle le portera en lui donnant tout l'amour qu'une mère peut lui donner et le guidera vers son bonheur terrestre.

La progression de l'âme

Tout le long de sa vie, l'être humain ira, consciemment ou non, visiter chacun des Chœurs pour permettre à son âme d'évoluer. Au cours d'une seule vie, l'âme humaine se promènera dans différents Chœurs et apprendra à connaître certains d'entre eux, car sa vie se transforme constamment. Il est donc important de connaître le Chœur dans lequel elle se situe, puisqu'elle devra prier les Anges qui forment ce Chœur. Ces derniers pourront ainsi l'aider à reprendre des forces et à progresser vers le Chœur suivant. Il est donc important de connaître chacun des Chœurs. Ce faisant, vous serez en mesure de mieux comprendre votre propre vie puisque celle-ci doit nécessairement évoluer à l'intérieur de chacun d'eux.

Comment l'âme apprend-elle à connaître les autres Chœurs Angéliques? Prenons l'exemple d'un être dont la vie se déroule sans heurts. Puis, un jour, tout se met à déraper; il ne lui arrive que des malheurs. Cet être cherche l'Ange qui pourrait lui venir en aide et s'aperçoit que celui-ci se trouve dans le Chœur des Trônes. Il se rendra ainsi compte que cet épisode de sa vie est un moment particulièrement difficile et qu'il doit apprendre à connaître chacun des Anges du Chœur des

Trônes, car seuls ces Êtres de Lumière peuvent l'aider à cheminer. Lorsqu'il aura traversé cette épreuve, il pourra retourner dans son Chœur d'appartenance. Ensuite, une autre épreuve se présentera à lui. Cet être pourra, à ce moment-là, aller puiser dans un autre Chœur la force qui lui fait défaut, selon la nature du défi à relever. Tel est le cycle de la vie.

Au cours de leur vie, certains êtres réaliseront que leur spiritualité est de plus en plus élevée et que la communication avec les Anges est plus facile. Dans ce cas, il y a de fortes chances qu'ils aient besoin de l'énergie du Chœur des Anges pour cheminer davantage. Et ce, même si ces êtres sont dans le Chœur des Dominations! Sachez que le Chœur initial d'une âme sera toujours prédominant, mais qu'un autre Chœur peut s'ajouter au sien pour l'aider davantage. La visite de chacun des Chœurs représente pour l'être humain une expérience de vie et cela lui apporte un savoir de plus, une clé additionnelle. Ainsi, votre âme grandira plus rapidement et s'élèvera vers les Plans Divins.

De plus, un être qui se situe dans le Chœur des Vertus, par exemple, peut apprendre d'un Chœur « supérieur » au niveau vibratoire. Cela lui permettra, lorsqu'il aura à franchir ce Chœur, d'être déjà en harmonie avec celui-ci. C'est pourquoi nous essayons d'intégrer dans votre plan de vie des épreuves qui font appel à chacun des Chœurs. Vous pouvez ainsi vous familiariser avec chacun d'eux et cela vous aide dans votre évolution.

Voilà pourquoi un être humain peut demander l'aide de tous les Anges de la Lumière, en plus de prier son Ange de la naissance. Qu'il demande de l'aide à son Ange de la naissance ou à un Ange d'un autre Chœur, cela a peu d'importance puisque la demande s'achemine tout le temps de la même façon. Une fois la demande reçue, l'Ange personnel de l'être humain s'empresse d'aller voir son Ange de la naissance. Si tout fonctionne, son Ange de la naissance pourra alors solliciter ses confrères et ses consœurs. Ce dernier emmagasinera leurs forces, qu'il conservera afin de les offrir à l'Ange personnel, qui lui, les ramènera auprès de l'humain. Ainsi, plus souvent l'humain demande de l'aide aux autres Anges, plus son Ange personnel devient puissant puisqu'il accumule les forces des Anges de la Lumière afin de pouvoir les offrir à son protégé.

L'incarnation de l'âme

Expérimenter la vie humaine, c'est le plus difficile pour l'âme. L'âme, sans son corps humain, se nourrit à même la Source. Elle n'a pas besoin de se vêtir, de se nourrir ni de ressentir, car tout est en cette âme. Elle est la perfection même. L'âme ne ressent pas la méchanceté et n'entretient aucun sentiment négatif envers qui que ce soit, sauf en de très rares exceptions. Elle est, en quelque sorte, une énergie qui n'a pas besoin de se faire du souci pour son prochain étant donné que toutes les âmes s'aident et s'entraident mutuellement, toutes les âmes s'aiment. La jalousie n'existe pas; aucune âme n'est plus belle qu'une autre, car toutes possèdent la même beauté. Elles font toutes partie de la même essence et elles forment un tout, une unité. Plus ces âmes sont proches, plus elles se nourrissent et se ressourcent entre elles.

Les âmes fonctionnent à l'image d'une ruche. Les abeilles travaillent ensemble pour la reine-mère qui donnera naissance à d'autres petites abeilles. Personne ne juge le travail des autres, car tous unissent leurs efforts en faveur d'une seule et même cause : le bien de la reine. De même, les Anges et les âmes travaillent de concert pour Dieu et le bien de la planète. Toutefois, si quelqu'un retirait une abeille de sa ruche, toutes les autres abeilles se ligueraient contre cette personne pour reprendre ce qui leur appartient. Elles forment une équipe.

Ainsi, il est très difficile pour l'âme de quitter sa « ruche ». Il est d'une importance capitale que l'Ange gardien puisse accompagner l'âme qui s'incarne, et ainsi l'aider à apprivoiser son nouveau corps. Certaines âmes ne peuvent pas demeurer dans un corps humain, d'autres si. Quand une âme a déjà expérimenté la vie humaine, elle possède la force nécessaire pour revenir sur Terre. Cela est tout de même très ardu, car l'harmonie qui règne dans le Monde angélique n'est présente nulle part ailleurs.

Quand l'âme s'incarne, son corps est comme un véhicule qu'elle doit conduire jusqu'à la fin. Elle doit se vêtir, se nourrir, tailler sa place dans la société, réussir ses leçons de vie. L'âme s'incarne dans un corps humain pour expérimenter la vie humaine et évoluer sur le plan de la connaissance. Heureusement, tout ce travail lui vaut de belles récompenses! La vie humaine n'est pas que négative. Certaines personnes ont de très belles vies et en sont très satisfaites. Cependant, sur dix adultes, seulement trois auront une vie heureuse. Les autres trouveront que leur vie est difficile.

Lorsqu'une âme vient au monde, dans le passage de la mère, c'est sombre. Ainsi, l'âme a peur d'emprunter à nouveau ce passage, car elle s'imagine que la mort s'y trouve. L'humain a peur de la mort, donc peur de naître. C'est ce qu'on appelle le « traumatisme de la naissance ». À ce traumatisme s'ajoute la coupure avec les Êtres divins. Cependant, au premier œil qui s'ouvre, votre Ange personnel est déjà à vos côtés. Le voile qui se trouve devant les yeux de l'enfant à ce moment-là, c'est celui de l'âme.

Quand l'enfant accepte son incarnation, ce corps humain, le voile disparaît. Il s'enracine alors de plus en plus dans la vie qu'il a choisie et il peut finalement voir le monde à travers des yeux humains. Et lorsque le voile s'efface, toutes les émotions, les sentiments et les souvenirs de sa demeure angélique s'effacent aussi. Avez-vous déjà pu observer le regard d'un nouveau-né? Demandez à une mère qui a mis un enfant au monde. Elle vous dira qu'il y a de la blancheur dans ses yeux : c'est le voile de l'âme. En général, ce voile disparaîtra en cinq jours. De plus, jusqu'à ce que l'enfant ait environ cinq ans, l'Ange personnel est omniprésent dans sa vie. Toutefois, après cet âge, les Anges doivent refermer graduellement la porte afin de permettre à l'enfant d'avancer par lui-même. Par contre, si ce dernier est encore réceptif, il verra son Ange à ses côtés.

La Justice divine

L'Archange Michaël s'occupe de la Justice divine. C'est la raison pour laquelle Dieu l'a créé avec une armure. Cette dernière lui permet d'être neutre, impartial. Sur Terre, lorsqu'un humain commet une injustice, ce sont des avocats, des juges, qui décident du sort de cette personne et qui prennent des décisions pour parer à cette injustice. Ensemble, ils étudient les événements qui se sont produits. Ensuite, le juge rend son verdict en fonction des actions commises. Dans les Plans de Lumière, il y a aussi un Gouvernement Céleste qui ressemble à celui que vous avez sur Terre. Notre gouvernement est légèrement différent du vôtre, bien sûr, mais il agit aussi pour le bien de tous. Nous voulons aussi que justice soit faite dans notre Monde Divin, cependant, nous ne connaissons ni l'envie, ni l'orgueil, ni la méchanceté. En tant qu'Êtres de Lumière, lorsqu'une âme nuit à une autre, nous étudions les circonstances et nous analysons l'ampleur ainsi que la gravité des torts causés.

Lorsqu'une âme n'a pas bien intégré ses leçons de vie ou qu'elle a fait du mal sur Terre, elle se retrouve devant le conseil des Dieux Suprêmes. Son Ange personnel se portera à sa défense, de même que son Ange gardien. Ces derniers agissent à titre d'avocats; ils ont l'autorisation de la défendre. Sur le banc des juges se trouvent Dieu ainsi que Melkisédeq à sa droite et Metatron à sa gauche. Toutefois, si Dieu n'est pas disponible, Melkisédeq et Metatron dirigeront la Cour des Dieux Suprêmes. Tous les autres Archanges sont également présents : Raziel, Tsaphkiel, Tsadkiel, Camaël, Raphaël, Haniel, Michaël, Gabriel, Uriel et Sandalphon. Metatron est celui qui connaît l'ensemble de vos vies; il connaît vos forces et vos faiblesses. Il en discute avec ses « collègues » et ensemble ils prennent les décisions qui s'imposent.

Sachez que nous travaillons dans l'amour, dans le respect et que nous n'aimons pas les injustices. Nous sommes des vibrations d'amour, mais certaines âmes ne vibrent pas à cette fréquence. Nous devons alors les aider et parfois les ramener à l'ordre. Lorsque nous donnons une leçon à une âme, ce n'est pas par méchanceté. Au contraire, nous le faisons pour l'élever davantage. Cependant, nous disons à cette âme : « Prends conscience de qui tu es et du mal que tu fais autour de toi, et essaie de le réparer. » Telle est notre façon de lui faire comprendre la gravité de ses actions. Ensuite, nous apportons à cette âme tout l'amour et le réconfort dont elle a besoin.

L'être qui se suicide

Pour ceux qui ont chuté dans la Hiérarchie de l'Arbre, le processus diffère un peu. Généralement, quelqu'un qui se suicide peut se racheter en allant séjourner dans le Chœur des Trônes. Par contre, si quelqu'un se trouve déjà dans le Chœur des Trônes et qu'il se suicide, il devra recommencer à la toute première étape de l'Arbre, car le Chœur des Trônes représentait sa seconde chance. Toutefois, avant de prendre cette décision, les Anges et les Archanges étudient l'ensemble de ses vies humaines. En cours d'analyse, s'ils se rendent compte que l'être qui s'est enlevé la vie a toujours rempli sa mission dans ses vies passées, ils sont plus indulgents avec lui. Ils peuvent lui accorder une autre chance en lui offrant la possibilité de recommencer, encore une fois, le Chœur des Trônes. Par contre, si l'âme se suicide à nouveau, elle perdra alors tous ses acquis. Elle devra recommencer du début, à la toute première marche.

Toutefois, il est important de mentionner qu'il y a des suicides qui sont acceptés et d'autres qui ne le sont pas. Il n'y aura pas de conséquences négatives à un suicide si Dieu dit : « Voici ce que ton plan de vie te réserve et nous acceptons ton suicide, si tu n'es pas capable de traverser cette épreuve. » Cet être ira donc séjourner dans le Chœur des Trônes et tentera de le réussir avec succès. Dieu et l'Archange recteur de ce Chœur, Tsaphkiel en l'occurrence, aideront cette âme à réaliser son plan de vie. Si cette âme termine bien ce Chœur, elle pourra alors retourner dans son Chœur d'origine (celui où elle était lorsqu'elle s'est suicidée) et recommencer sa mission une seconde fois.

L'influence de l'Ombre

Il existe une partie obscure à l'Arbre Séphirotique : la Hiérarchie de l'Ombre. Les êtres qui la composent sont appelés « Anges déchus », mais sachez qu'en réalité ce ne sont pas des Anges. Le mot « Ange » n'est pas utilisé à bon escient puisque ces êtres sont sous l'influence de l'Ombre. Ce sont donc des « Anges » obscurs, quoique nous n'aimons pas cette appellation puisque le mot « Ange » signifie : « protecteur, messager de Dieu, messager de la Lumière ». Toutefois, certains de ces êtres se disent « Anges », mais sachez qu'ils ne le sont pas, car ils ne sont pas en résonance avec la vibration de Dieu. Ils sont plutôt sous la gouverne d'un être sombre : Lucifer.

Il y a très longtemps, Lucifer a été un Archange très important et très aimé. Un jour, à la suite d'une « conversation » avec Dieu, il n'a pas aimé le Plan que ce dernier avait tracé pour l'ensemble de l'Univers. Il s'est donc rebellé contre la parole de Dieu et il a décidé de créer son propre Monde.

Pour illustrer cette division, imaginez deux frères qui mettent sur pied une entreprise. Au fur et à mesure que cette entreprise grandit, l'un est enclin à s'impliquer davantage, car il est expert dans plusieurs domaines, alors que l'autre a un savoir-faire plus limité. Un jour, ce dernier décide d'être exactement à l'image de l'autre. Toutefois, cela est impossible parce que ces personnes sont différentes, mais complémentaires! L'autre frère ne veut rien entendre. Jaloux, il se rebelle et décide de claquer la porte en amenant avec lui la majorité des employés pour prouver à son frère qu'il peut lui aussi réussir. Celui qui est dans la Lumière pourra toujours compter sur des employés fidèles, un chiffre d'affaires honorable et de belles réussites personnelles. À l'inverse, celui qui a quitté l'entreprise aura un fort roulement de personnel et une entreprise qui bat de l'aile. Le contrôle lui glissera entre les mains et il vivra dans l'incertitude, car ceux qui travailleront pour lui chercheront, tôt ou tard, à prendre sa place. Il sera constamment méfiant, sur ses gardes; aucune sérénité ne lui sera alors possible.

Le problème, c'est que Lucifer promet aux âmes humaines qui quittent la Terre, à celles qui doivent recevoir leur verdict, qu'il fera d'elles des Anges, si elles vont vers lui. Il les berne en leur disant qu'elles travailleront dans la Lumière. Toutefois, il omet de préciser qu'il s'agit de Lumière Noire, et non de Lumière Divine. Ce n'est donc pas un mensonge à ses yeux, mais ce n'est pas la vérité non plus!

L'âme qui se trouve devant Dieu, les Archanges et les Anges, et qui doit subir un procès pour les actes répréhensibles qu'elle a commis sur Terre, entend aussi de l'autre côté Lucifer qui lui dit : « N'y va pas! Viens plutôt vers moi et je ferai de toi un Ange. Tu pourras voler avec tes ailes et aider les gens. » Cette âme se sent alors attirée, hypnotisée, par cette Lumière Sombre. L'Archange Lucifer est doué pour embellir la réalité, mais il ne se montre jamais sous son vrai jour. Lorsqu'une personne a commencé à se diriger vers cette « Lumière » sombre, il est difficile pour elle, par la suite, de revenir vers la Lumière Pure, car Lucifer la retient. Elle est « possédée », liée par un pacte. Elle doit donc prier beaucoup et se faire aider par les Anges pour arriver à se sortir de cet « enfer ». Cette décision n'appartient qu'à elle. Elle peut demeurer dans ce brouillard ou prier ses Anges, prier Dieu, afin qu'ils la libèrent. Et lorsque la Lumière l'illuminera à nouveau, elle la ramènera vers Dieu. C'est encore et toujours son libre arbitre qui est en jeu.

À l'image de ce commerçant travaillant sous l'égide de l'Ombre, Lucifer change constamment de personnel, puisque les âmes égarées finissent par s'apercevoir qu'elles se sont fait berner. Ces âmes prient donc pour revenir vers la Lumière, pour revenir vers Dieu. Ainsi, la plupart des âmes qui séjournent du côté de l'Ombre finissent toujours par revenir vers la Lumière. Toutefois, celles qui lui demeurent fidèles souhaitent prendre sa place et cela devient un éternel combat dont l'enjeu est le pouvoir. Les batailles qui ont lieu dans ces endroits ne sont guère lumineuses. Elles sont très destructrices et dévastatrices.

Dieu souhaite le bien et le bonheur de chacun de ses enfants. Il permet à ces derniers de devenir des Anges, s'ils le désirent, mais ceux-ci doivent d'abord terminer tous les étages de l'Arbre. Il aimerait créer un royaume où l'amour, la paix et la joie régneraient. Il pense que ce serait mervcilleux de voir les gens heureux au plus profond de leur âme. Dieu pense également que c'est parce que les âmes aiment tant connaître le bonheur qu'elles éprouvent des difficultés à quitter nos dimensions angéliques après y avoir séjourné. Tout le monde s'aime et s'entraide. La violence n'existe pas, pas plus que la jalousie et toutes les émotions négatives présentes sur Terre.

Lorsqu'une âme observe un membre de sa famille qui prie sur Terre parce qu'il vit des moments pénibles, toutes les autres âmes se bousculent pour l'aider. Toutes apportent leur contribution afin de libérer cette personne de son fardeau. Tel est le rôle des âmes dans la Lumière. Elles travaillent pour le bien de l'humanité, ainsi que pour le bonheur des habitants de la Terre. Les âmes qui évoluent dans l'Ombre travaillent précisément pour détruire tout ce que Dieu a créé, car toutes veulent posséder une partie de la Terre, toutes veulent en être le maître. Elles se prennent alors pour le chef suprême, pour Dieu. Nous ne pouvons permettre cela, car si nous laissons l'Ombre régner en maître, la Terre disparaîtra complètement ainsi que la race humaine. Seuls les êtres diaboliques survivront, mais ils s'emploieront à se détruire les uns les autres au moyen de bombes et de guerres toutes aussi sanglantes et meurtrières les unes que les autres. Et alors, la Terre serait noire à tout jamais.

Nous savons que l'Ombre existe, c'est un fait. De par notre nature, nous nous devons de la respecter, tout comme nous devons respecter la Lumière. Toutefois, nous ne voulons pas de guerre; nous ne voulons que la paix. Nous respectons l'Ombre pour peu que celle-ci respecte la Lumière. L'Ombre nous met constamment au défi. C'est pourquoi l'être humain doit être au courant de l'influence qu'elle peut avoir sur sa vie. Notre mission consiste à protéger nos enfants quand ces derniers sont trop faibles pour la chasser eux-mêmes. Cependant, sachez que si vous choisissez d'œuvrer dans l'obscurité, notre pouvoir de protection est compromis. Vous serez alors laissés à vous-mêmes. Sachez que nous respecterons toujours vos choix, et ce, peu importe leur nature. Tel est le libre arbitre. Bien que vous ayez été créés dans la Lumière, vous êtes les maîtres de votre vie.

Toutefois, malgré toute la noirceur qui sévit dans ce monde, chaque être humain possède en lui une étincelle divine. Cette étincelle vous a déjà sauvé autrefois et elle vous sauvera encore une fois. À l'heure actuelle, les enfants qui naissent sur la Terre, et ce, pour les cinq prochaines années, seront en contact direct avec Dieu. Ce sont les enfants Explorateurs. Avant de quitter le Royaume Divin pour s'incarner, ces âmes ont eu une conversation avec Dieu, et plusieurs seront des êtres très spirituels. Les parents qui porteront en eux ces enfants devront prêter une attention particulière à leur éducation. Ces enfants seront effectivement très puissants et leurs parents devront leur montrer à entrer dans la Lumière avec sagesse, respect et amour. Tous ces enfants s'incarneront dans des familles remplies d'amour et de Lumière. Sachez aussi que l'Ombre cherchera à faire de même, mais ces enfants naîtront dans des familles où la dualité régnera.

L'Ombre voudra envoyer des enfants détruire la Terre afin d'accomplir son règne. Notre devoir est donc d'arrêter ces âmes avant leur naissance, avant même qu'elles ne s'incarnent. Les fausses couches, les avortements et les mort-nés seront en hausse chez les familles qui ne pourront pas apporter l'amour nécessaire à leurs enfants. Ce n'est pas par choix que nous agissons ainsi, mais plutôt parce que nous devons nous assurer que l'âme qui intégrera un corps humain est lumineuse. Mais attention, ce n'est pas parce que vous ne pouvez pas avoir d'enfants que vous êtes dans l'Ombre! Pour certaines personnes, c'est un choix de vie; pour d'autres, c'est plutôt une leçon de vie puisque vos dons peuvent être appelés à s'exprimer dans un tout autre domaine. D'ailleurs, si vous vous posez la question, c'est que vous travaillez de concert avec la Lumière. L'Ombre ne se remet jamais en question…

Toutefois, sachez également qu'une femme, faisant partie d'un couple rempli d'amour, qui fait une fausse couche ou que son enfant meurt à la naissance, ne doit pas s'inquiéter ni penser qu'elle portait en elle un enfant de l'Ombre. Souvent, ces femmes portent un enfant d'essence divine, considéré comme un petit Ange terrestre. Toutefois, certains d'entre eux trouvent cela trop difficile de s'incarner sur Terre et ils décident de retourner vers les Plans Divins.

De plus, sachez que plusieurs enfants de l'Ombre naissent dans des pays où il existe beaucoup de dualité au sein des religions, des clans ou des familles. Des pays où la guerre fait rage. Lucifer aime séjourner dans ces pays, et nous travaillons afin d'y ramener la Lumière. Nous envoyons, dans ces pays, des êtres lumineux remplis de joie, de bonheur et de paix pour que ces êtres puissent apporter la paix dans ces pays où il n'existe que la dualité, la bataille et l'envie.

CHAPITRE IV

La vie dans le monde des Anges

Ce chapitre traite du monde méconnu des Anges et des Archanges. Il abordera les qualités, les caractéristiques, les missions, les forces ainsi que la relation qu'ils entretiennent avec Dieu et les humains. Dans un chapitre ultérieur, chacun des Anges prendra la parole à tour de rôle pour exposer en quoi sa présence auprès de l'humanité tout entière est importante et les conséquences qui en découlent.

Tout d'abord, nous aimerions parler de nous-mêmes, les Anges. Qui sommes-nous? Comment nous reconnaître? Pourquoi sommes-nous de plus en plus présents? Nous répondrons à ces questions, ainsi qu'à plusieurs autres, qui soulèvent tant d'interrogations chez l'humain.

Sachez que nous sommes des Êtres de Lumière, des émanations de la Source primordiale. Dieu nous envoie en mission, car nous devons aider la Terre à évoluer (processus d'ascension). Nous devons transmettre l'amour divin à toutes les âmes de la planète, et c'est ce que nous ferons jusqu'en l'an 2012. Ensuite, un changement de conscience surviendra, faisant en sorte que plusieurs êtres humains arriveront à nous percevoir, à nous ressentir. Les êtres humains se font une image imprécise de nous et nous aimerions la démystifier. Cependant, les images et les informations véhiculées ne sont pas toutes fausses!

Qui sommes-nous?

Nous, les Anges, sommes des êtres lumineux. Nous descendons sur Terre en empruntant une forme humaine plus souvent qu'autrement pour ne pas vous effrayer. Nous dégageons une grande énergie et si vous êtes en mesure de la ressentir, vous saurez que vous êtes en présence d'un Ange. Dieu nous demande de venir vers vous avec les mêmes atomes et les mêmes énergies qui vous composent. Une fois notre mission accomplie, nous retournons vers Dieu et nous reprenons notre vibration de Lumière. Les informations recueillies pendant notre mission lui sont alors transmises directement.

Nous voir tel que nous sommes équivaut à voir un puits de Lumière. Nous sommes Lumière. Nous sommes des êtres resplendissants entourés d'étincelles lumineuses, d'auréoles de Lumière. Quand nous descendons vers les humains avec notre corps de Lumière, nous sommes tout en vibration. Nous sommes d'un blanc pur et nous nous envolons telle la fumée qui sort d'une cheminée. Nous sommes comme les nuages. Parfois, les nuages ont la forme d'un Ange et très souvent il s'agit bel et bien d'un Ange qui se déplace. Les Anges sont en vous, en contact direct avec votre âme. C'est pourquoi il vous est possible de nous ressentir et de nous percevoir.

Quand nous descendons sur Terre, à la suite d'une demande formulée par Dieu ou d'une prière que vous nous avez adressée, nous venons vous aider à traverser vos épreuves et vos difficultés. Il est de la mission de tous les Anges de vous apporter l'aide dont vous avez besoin et, ainsi, vous redonner confiance en vous. Certaines personnes diront : « Pourquoi cette brique m'est-elle tombée sur la tête? Si les Anges existent vraiment, pourquoi ne viennent-ils pas à mon secours? » Nous leur répondons ceci : « Comment voulez-vous que nous allions vers vous, si vous fermez la porte et refusez notre aide? Ouvrez votre cœur et vous verrez des miracles s'accomplir sous vos yeux. »

Nous avons été créés par Dieu pour transmettre des messages d'amour. Nous sommes, et serons toujours, le lien entre Dieu et l'humain. Dieu est votre guide, mais c'est nous qui mettons à exécution les ajustements nécessaires à votre évolution. Toutefois, si vous ne croyez pas en nous, il vous sera difficile de comprendre qui nous sommes dans notre essence et la portée de nos messages.

Nous, les Anges, protégeons les humains. L'amour que vous nous vouez est, pour nous, un honneur. Le respect que nous avons pour l'humain et pour Dieu nous confère notre grande puissance. C'est là notre plus grande qualité. Nous respectons les choix que vous faites et nous restons à l'écoute. Quand vous aurez besoin de nous, de nos services, nous volerons directement vers vous afin de vous aider. Nous sommes constamment à vos côtés, d'où l'appellation « Ange gardien ». Et si vous êtes tiraillés entre l'Ombre et la Lumière, nous vous apporterons toute notre puissance lumineuse afin que vous puissiez chasser cette Ombre une fois pour toutes. Or, il arrive parfois que nous n'y parvenions pas, car vous êtes les seuls maîtres de votre vie. Si vous choisissez l'Ombre, sachez que nous devons nous résigner et attendre que vous fassiez de nouveau appel à nous. Vous êtes libres de vos choix!

Comment nous reconnaître?

Un Ange est une forme d'énergie et de Lumière. Certains Anges s'amusent à prendre la forme d'une boule, puis à éclater! Ils peuvent aussi apparaître sous la forme d'une aurore boréale. D'autres prennent la forme d'un animal; l'oiseau est sans aucun doute le plus populaire de tous. Mais il n'est pas inhabituel que les Anges prennent aussi la forme d'un papillon blanc, d'une libellule, d'un chien ou d'un chat, quoique le chat soit plus rare. D'autres encore prennent parfois une forme quelque peu excentrique. Il peut également arriver qu'un Ange prenne une forme humaine. De plus, les Anges apparaissent aux humains sur demande, mais ils peuvent tout aussi bien prendre la forme d'un petit courant d'air ou d'une brise légère qui tourbillonne autour de vous. Certains Anges vont même jusqu'à vous chatouiller le bout du nez ou à vous caresser les cheveux pour vous montrer qu'ils sont avec vous.

Un Ange peut donc prendre la forme qu'il désire et cette « forme » importe peu. C'est la vibration de sa Lumière qui compte, ainsi que celle de son message. Notre plus grand défi en cette période critique est de parvenir à aider l'humain, et surtout d'éveiller sa spiritualité et de le guider dans son cheminement personnel.

Les Anges féminins, soit ceux dont le nom se termine par « -iah », forment plus d'étincelles que les Anges masculins, dont le nom se termine par « -el ». Ils sont dotés d'un grand amour qui brille et rayonne de douceur et de candeur. Leur taux vibratoire est légèrement plus élevé que celui des Anges masculins. Ces derniers ont aussi cet amour en eux, cette grande force, mais ils l'expriment d'une autre façon. Sachez toutefois que les polarités féminines et masculines angéliques ne sont en rien semblables aux énergies masculines et féminines sur Terre.

Pour illustrer ceci, imaginez l'énergie féminine des Anges comme une plume d'oiseau qui glisse sur la paume de votre main. L'énergie masculine, pour sa part, serait plutôt comme un stylo qui glisse dans cette même paume. Les deux énergies sont l'expression même de la douceur, mais elles se manifestent de façons différentes. Les Anges féminins ont une énergie pareille à une chute d'étincelles qui se dispersent en tombant. Les Anges masculins, eux, ont une énergie dont les étincelles jaillissent tout droit, de manière condensée, compacte. Toutefois, leurs missions auprès de l'humanité sont identiques tout comme l'expression de leur amour.

La vie des Anges, des Archanges ainsi que de tous les êtres en lien avec Dieu nous est très difficile à expliquer, car elle se passe dans la Lumière. Bref, dans une dimension encore méconnue des humains. Toutefois, nous vous demandons d'avoir foi en nous et de croire que l'invisible existe puisque c'est en fait l'essence même de notre demeure. Au cours des prochaines années, le voile qui sépare l'invisible du visible s'amincira. Nous pourrons alors garder un contact permanent avec vous et vous pourrez mieux comprendre qui nous sommes.

La peur des Anges et de la mort

Les humains, même s'ils désirent nous voir absolument et qu'ils parlent de nous, ont aussi peur de qui nous sommes. Lorsqu'ils nous voient, leur première réaction est de penser qu'ils vont mourir. Or, si nous venons vers vous, ce n'est pas pour vous emmener avec nous. Lorsque viendra le moment d'emmener votre âme, nous apparaîtrons sous forme de Lumière, notre forme divine. Cependant, ce n'est pas de cette façon que nous venons vers l'humain.

Nous aimerions venir davantage vers vous et vous faire voir qui nous sommes, mais la plupart des humains réagissent mal à ces contacts. C'est la raison pour laquelle nous choisissons des êtres, des « canaux », qui sont en mesure de nous capter et de nous voir sans réagir négativement à notre présence. Nous ne sommes pas le fruit de l'imagination des êtres humains : nous existons vraiment. Nous venons donc en empruntant différentes formes pour ne pas vous effrayer et nous pensons que la meilleure façon de venir vers vous, c'est d'emprunter temporairement un corps humain. L'humain est alors plus réceptif. Il peut parfois arriver que vous vous demandiez pourquoi un inconnu vous regarde ainsi, ou encore d'où provient ce conseil sorti de nulle part… Vous vous retournez et, plus rien. Parfois, hélas, l'humain trouve très suspecte l'aide qu'un « inconnu » veut lui apporter. Cela lui fait peur. Gardez l'œil ouvert, car il se peut fort bien que ce soit un Ange qui essaie de vous transmettre un message!

Nous sommes fort conscients que les êtres humains ont peur de la mort. Nous ne comprenons pas cette inquiétude puisque la mort n'est pas synonyme de souffrance. La mort, lorsqu'elle survient comme prévu dans votre plan de vie, vous libère de tous vos ennuis, de tous vos problèmes. L'âme se dirige naturellement vers la Lumière, car elle a accompli ce qui devait être fait. Vous n'irez pas vers l'Ombre; à moins que cela soit le désir profond de votre âme. Vous irez vers la Lumière et vers les êtres que vous avez jadis aimés sur Terre. Vous irez vers les rayons du soleil, vers l'amour et l'harmonie.

Lorsqu'une âme s'incarne, elle ressent tous les fléaux de l'humanité, toutes les peurs et les douleurs que l'humain peut ressentir. C'est ce qu'on appelle « l'inconscient collectif ». Mais quand l'âme retourne à sa Source, à sa demeure originelle, elle retrouve la paix, car elle baigne dans l'amour divin. Elle ne ressent pas la douleur physique ni émotionnelle parce qu'elle est en mode de vibration « Lumière » : elle est pur amour. Elle cherche à rendre heureux celles et ceux qu'elle a connus sur Terre. Nous parlons ici de l'âme qui est pure, de l'âme qui est bonne, de l'âme qui a accompli son plan de vie au cours de ses nombreux séjours terrestres.

Lorsque nous nous rendons au chevet des malades, ces derniers nous voient tels des rayons de Lumière. Ceux-ci ne peuvent pas percevoir notre visage, mais ils ressentent toutefois notre vibration angélique. Seule l'âme peut nous voir sous notre forme réelle. Les yeux ont de la difficulté à nous voir, mais l'âme possède cette claire vision. Vous voyez mieux quand vous dormez, quand vous regardez avec l'âme plutôt qu'avec les yeux ouverts. Il est donc plus facile durant votre sommeil de voir qui nous sommes réellement. Dans les chapitres qui suivront, nous dépeindrons notre portrait dans le but de vous familiariser davantage avec notre vibration.

Quand l'âme dérape...

L'Ombre existe. Et si l'âme choisit de s'aventurer de ce côté, c'est qu'elle en a elle-même décidé ainsi. Toutefois, l'âme qui désire sortir de l'Ombre n'a qu'à le demander. Nous l'aiderons alors instantanément à revenir vers la Lumière. Or, si elle désire demeurer dans l'Ombre, nous devons aussi respecter son choix. L'âme qui quitte le corps humain se dirige toujours vers la Lumière. Mais il arrive qu'elle décide de tourner le dos à la Lumière et d'aller vers l'Ombre. Parfois, nous devons réprimander cette âme. Elle se retrouve donc ni dans l'Ombre ni dans la Lumière, mais plutôt dans la Maison de l'attente de verdict.

Prenez par exemple un être humain qui a tué un enfant. Plus tard, il meurt à son tour, soit parce qu'il s'est fait tué, parce qu'il s'est suicidé ou parce que la vieillesse a fait son œuvre. Quand l'âme quittera son corps, elle sera interrogée. Elle ira vers les juges divins qui vérifieront si ce geste était prémédité ou s'il a été exécuté sous l'influence de l'Ombre. Une série d'analyses est mise en œuvre. L'âme est alors en attente de verdict. Ceux qui évaluent cette âme sont Metatron, Sandalphon et Melkisédeq. Tous les Archanges des Chœurs Angéliques sont aussi présents, y compris l'Archange recteur du Chœur auquel appartenait l'âme en attente d'un verdict. Metatron se penche sur toutes les vies que cette âme a vécues et fait le contrepoids. Sandalphon analyse l'âme dans son état actuel. Melkisédeq, de son côté, regarde l'ensemble de la vie humaine de cette âme. Quant à l'Archange recteur du Chœur auquel appartenait cette âme, il observe la façon dont celle-ci se comportait alors que la Lumière était présente en elle.

Une fois le verdict rendu, l'Archange Michaël travaille à rectifier la situation de concert avec tous les Archanges. Ils ramèneront l'âme là où elle doit aller et lui diront ce qu'elle doit faire pour reprendre le droit chemin. Sur Terre, une personne qui commet un meurtre doit écouler sa sentence pour s'affranchir du verdict rendu. Il en est de même dans les Mondes Angéliques; l'âme doit aussi expier sa faute. C'est ce qu'on appelle la « purification du karma ».

Il arrive que certaines âmes refusent la sentence prononcée et se rebellent. Elles préfèrent alors aller vers l'Ombre qui leur permet de faire comme bon leur semble. Mais le plus important, c'est que ceux qui sont dans l'Ombre demandent, un jour ou l'autre, à revenir vers la Lumière. Sachez que nous sommes toujours prêts à aider ces âmes à retrouver leur Lumière. C'est l'essence même de notre mission. Cependant, ces âmes doivent d'abord purger la peine que nous leur avons infligée. Sur une centaine d'âmes qui quittent la Terre, quatre-vingt-dix, en moyenne, iront directement vers la Lumière. Et sur les dix âmes qui doivent recevoir une sentence, deux seules iront vers l'Ombre. Les autres se plieront au verdict prononcé.

Tous les Anges ont la capacité de chasser l'Ombre, mais certains peuvent la faire disparaître sur-le-champ. Dieu leur a dit : « Mes Anges, votre mission première est d'aider et d'assister l'humain dans sa vie, mais vous devez avant tout respecter ses choix. » Si l'Ombre rôde, nous vous avertirons! Nous vous montrerons les méfaits et les conséquences que peuvent entraîner le fait d'être sous le contrôle de l'Ombre. Ensuite, si votre vœu est de vous en débarrasser, nous la chasserons. Tous les Anges du Chœur des Vertus chassent l'Ombre immédiatement. C'est leur rôle et leur grande force. Ne vous sentez pas abandonnés! Demandez-leur de vous aider, si cela s'avère nécessaire.

Lorsque vous côtoyez une Ombre, que celle-ci essaie de s'infiltrer, de vous déstabiliser et que vous arrivez à la repousser, vous êtes gratifiés d'une force supplémentaire, d'une Lumière plus puissante. Un jour ou l'autre, ces Ombres essaieront de vous dérouter, de vous nuire, mais la Lumière en vous les éloignera.

Le chapitre qui traite de l'Arbre Séphirotique expose les étapes qu'une âme doit franchir pour parvenir aux Plans Divins. Il explique aussi où l'âme se situe dans son évolution. Ceci est important car, après la lecture de ce livre, si un être humain qui a fait de mauvaises actions nous demande de l'aider à devenir une bonne personne, nous l'aiderons. Nous ne sommes pas sévères. Nous comprenons que l'être humain vit parfois des émotions difficiles à gérer. Vous êtes à l'école de la vie. Il ne sert à rien de condamner une âme qui se repent. Il faut s'attarder à tout le bien que l'âme a accompli sur Terre, en dépit de quelques égarements dans son évolution.

Sachez aussi que Melkisédeq est un Archange qui fait preuve d'une grande humanité. Son cœur humain pardonne beaucoup de choses. Il lui donne le privilège d'observer, de ressentir et de comprendre la nature humaine. Metatron, pour sa part, a intégré les réactions et les douleurs humaines lorsqu'il a emprunté le corps d'Hénoch pendant un court séjour sur Terre. Ainsi, quand une âme est en instance

de verdict, ces deux Archanges grandioses comprennent les déchire-
ments et les douleurs que celle-ci peut éprouver.

Nous savons que l'humain éprouve parfois de très fortes émotions. Votre cœur et votre corps se révoltent à un point tel que vous
avez de la difficulté à vous libérer de ces émotions négatives. Nous
comprenons aussi que, parfois, vous en vouliez aux autres et que vous
leur souhaitiez malheur parce qu'ils vous ont fait mal. Ou encore que
vous médisiez de quelqu'un qui vous a blessé. Il est normal d'expérimenter toute cette gamme d'émotions. Ce n'est pas parce que vous
dites du mal de quelqu'un que votre âme sera réprimandée. Vous êtes
humains et vous avez des apprentissages à faire.

Toutefois, si vous êtes passifs, si vous êtes toujours dans l'obscurité, si vous cherchez à soutirer de l'argent aux autres, à faire du mal, à
détruire autrui pour votre propre plaisir sans jamais tenter de l'aider,
il y a de fortes chances que votre âme soit appelée à justifier ses actes
de l'autre côté du voile. Cette âme tombera donc en attente de verdict.
Saviez-vous que le verdict le plus courant est le retour immédiat dans
un autre corps humain, au sein du même Chœur Angélique? L'âme
n'a donc pas le temps de se reposer avant de retourner sur Terre pour
se « racheter » et comprendre ses erreurs. Cette âme ne peut revoir les
siens, à moins qu'un jour, ses vies humaines deviennent en harmonie
avec son plan de vie. C'est ce qu'on appelle le « karma rétributif ».

L'âme des défunts

L'âme qui quitte son enveloppe corporelle se rend dans la Maison des humains, ou le Jardin des âmes, si vous préférez. Comme la
plupart des personnes qui décèdent ne veulent pas quitter le monde
terrestre, elles peuvent rester dans cette Maison et s'occuper de ceux
qu'elles ont aimés ici-bas. Ces âmes ne peuvent pas se réincarner tout
de suite. Elles doivent mener à bien leur mission. Mais lorsque ceux
dont elles ont pris soin les rejoignent, ces âmes sont transférées dans
la Maison des Anges, dans la Maison de la Lumière. Elles peuvent
alors poursuivre leur évolution et préparer leur future incarnation
dans le Chœur approprié.

Ainsi, quand l'âme a accompli avec succès sa mission sur Terre,
tous les Êtres de la Hiérarchie Gouvernementale Angélique lui demanderont : « Voulez-vous demeurer dans la Maison des humains
et veiller sur vos proches? » Dans l'affirmative, elle apportera à ceux

qu'elle a aimés son soutien et son aide. Elle pourra même leur faire sentir sa présence afin de leur montrer qu'elle est toujours près d'eux. Cependant, si cette âme est prête à passer à la Maison de la Lumière, elle pourra commencer à préparer son plan de vie de même que sa future incarnation. Ainsi, nous lui offrons la possibilité de se reposer et de réfléchir à la prochaine étape de sa vie humaine.

Il arrive que ceux qui ont perdu des êtres chers ne ressentent plus leur vibration. Ils se diront : « Je pense que mes parents se sont réincarnés, car je ne sens plus leur présence et je ne rêve pas à eux. » Effectivement, il est probable que l'âme de votre mère ou de votre père n'ait pas passé par la Maison des humains (le Jardin des âmes) et qu'elle soit plutôt repartie immédiatement vers son Chœur d'appartenance. C'est le choix de l'âme et cela n'enlève rien à tout l'amour que cet être vous porte. Ces âmes coupent le fil qui vous reliait avec eux. Ce fil est comme le cordon ombilical qui relie la mère à l'enfant. Souvent, un autre membre de votre famille également décédé se chargera de vous prendre sous son aile. Vous n'êtes donc jamais seuls!

Lorsque l'âme quitte son corps, elle a la possibilité de revoir celles et ceux qu'elle a aimés sur Terre, le privilège de retrouver sa famille. Ainsi, lorsqu'un enfant unique décède, il va rejoindre sa mère dans la Maison des humains. Ces âmes doivent ensuite décider si elles désirent revenir ensemble, encore une fois, ou retourner dans leur Chœur respectif (ou identique selon le cas), et ce, selon le travail que l'âme a accompli durant son séjour sur Terre. Certaines âmes décident d'aller directement dans la Maison de la Lumière de leur Chœur Angélique et d'attendre les circonstances ou les facteurs propices à leur future incarnation : Ange recteur, heure de naissance, sexe, famille, défis, religion, langue, etc. Vous pouvez vous réincarner à l'instant même où vous entrez dans la Maison de la Lumière ou encore explorer d'autres avenues avant votre prochaine incarnation. Ainsi, l'âme acquiert d'autres formes de connaissances et continue d'évoluer. Lorsque l'âme est prête, elle se réincarne.

Il y a cependant des exceptions. Une âme peut choisir de demeurer sur Terre pour être plus proche de ceux qu'elle a quittés. Il lui est alors permis de ressentir les mêmes émotions qu'elle avait lorsqu'elle occupait un corps humain. Cependant, ces émotions ne dérangent pas son âme puisqu'elle n'est plus apte à les comprendre. Une âme peut ressentir de la tristesse quand elle voit un proche verser des larmes. Toutefois, la douleur ne sera pas aussi intense que celui qui vit encore.

De plus, cette âme fera tout pour que celui qui verse des larmes puisse retrouver la paix intérieure. C'est souvent la raison pour laquelle un humain qui pleure un défunt se sent par la suite protégé par ce défunt. Certains humains peuvent même ressentir la caresse que cette âme (mère, père, enfant, etc.) va leur faire pour les réconforter.

Souvent, quand l'âme vient près de l'humain, elle lui fait signe de sa présence soit en clignotant les lumières de sa maison, en faisant sonner le téléphone, une ou deux fois, en lui envoyant des odeurs de parfums familiers à son proche. Certaines âmes peuvent même déplacer des objets pour faire rire à nouveau celui qu'elle a quitté. Les âmes qui demeurent dans la Maison des humains sont très présentes auprès de ceux qu'elles ont quittés et elles vont souvent manifester leur présence, et ce, sans les effrayer. Le but est de leur faire comprendre que, malgré la distance qui les sépare, elles sont toujours là, beaucoup plus près qu'ils peuvent le penser. Souvent, l'âme est juste à côté de ceux qu'elle aime et de ceux sur qui elle veille.

Les différentes Maisons Angéliques

Ceux qui ont accompli avec succès toutes les étapes de l'Arbre baignent dans la Lumière Divine. Ils se retrouvent donc dans un Plan plus élevé et sont en contact avec tous les Anges et les Archanges de même qu'avec tous les Êtres de Lumière. Ils sont dans ce qu'on appelle la « Maison de la Lumière ». Ces personnes ont le choix de retourner sur Terre en tant qu'humains ou de parfaire leurs connaissances dans les Plans Divins et de devenir des Anges, là où une mission leur a été assignée. Les âmes de ce Plan ont la possibilité de faire des incursions dans le Jardin des âmes (la Maison des humains) ou encore d'aider un humain en particulier en devenant son Ange personnel ou son guide spirituel. Bref, tous les êtres qui accèdent à la Maison de la Lumière peuvent se promener dans les Plans qui leur sont accessibles au sein de chacun des Chœurs, selon leur degré d'évolution. Chaque fois qu'un être humain réussit un Chœur, une clé lui est remise.

Dans les Plans Divins, il existe plusieurs Maisons avec des degrés d'évolution différents. Le Jardin des âmes permet à ceux qui quittent la Terre d'aider les êtres chers qui sont restés de l'autre côté. Il y a aussi la Maison qui abrite toutes les âmes qui aspirent à devenir des Anges. On l'appelle la « Maison de la Lumière » ou la « Maison Divine ». Dans cette Maison se trouvent aussi les âmes qui ont franchi toutes les étapes de l'Arbre Séphirotique, tous les Chœurs Angéliques avec succès. Ces âmes peuvent se promener d'un endroit à un autre, car elles ont reçu la clé qui ouvre la porte de chacun des Chœurs. Toutefois, elles peuvent parfois décider d'aller vers un Chœur en particulier pour aider quelqu'un qui a besoin d'assistance. De plus, il y a la Maison de la Réincarnation. C'est la Maison de ceux qui doivent choisir une mission, de ceux qui doivent se réincarner. Ces derniers doivent travailler leur prochaine vie et la façon dont ils reviendront sur Terre. Ils doivent voir à tous les préparatifs essentiels à leur incarnation. Enfin, il y a la Maison de l'Attente ou de la Justice. C'est là que se trouve l'âme en attente d'un verdict.

Chacune des Maisons est remplie d'amour, de bonté et de pardon. Les âmes qui évoluent dans la Maison des humains ne connaissent pas la douleur ni la méchanceté. Parfois, elles chercheront à réparer le mal qu'elles ont fait sur Terre.

En effet, la plus grande libération d'une âme, sa plus grande fierté, est de recevoir le pardon de ceux qu'elle a blessés lors de son passage sur Terre. Les âmes en gardent le souvenir et nous leur permettons, parfois, de ressentir de nouveau cette émotion pour qu'elles puissent comprendre la portée de leur geste et s'en libérer. Ce n'est pas un traumatisme que nous leur infligeons. C'est plutôt une prise de conscience et un sentiment de compassion qui les poussent à vouloir réparer le mal qu'elles ont causé afin de s'en libérer et de libérer du coup la personne qui a été blessée. Si cette libération n'a pas eu lieu sur Terre, elle se produira quand ces deux âmes se retrouveront dans le Jardin des âmes. Il y aura alors pardon réciproque. Il y a toutefois des cas exceptionnels pour lesquels nous ne pouvons rien faire. Cela est difficile pour l'âme, mais aussi pour les Anges et pour toutes les âmes liées à cette personne.

Quand une âme est sous la régence de l'Ombre et qu'elle se dirige vers la Maison des humains, tous ceux qui ont aimé cette personne, de même que tous les Anges qui en ont pris soin, lui demandent de se purifier. Toutefois, certaines âmes ne sont pas d'accord et elles préfèrent rester dans l'Ombre. Elles sont donc transférées dans la Maison où elles seront en attente de verdict. Sachez toutefois que l'Archange Michaël a jadis vaincu l'Ombre. Il a œuvré pour que toutes les Ombres disparaissent et que seule la Lumière demeure. Toutefois, cette Ombre a tout de même fait jaillir des atomes, ce qui fait que certaines âmes sont attirées vers elle. Pour certaines, cette expérimentation est passagère, alors que d'autres la perpétuent à l'infini…

Chacun des Chœurs Angéliques contient des âmes lumineuses, mais aussi des âmes qui dérivent vers l'Ombre. Certaines refusent la Lumière. D'autres sont au service de l'Ombre et s'incarnent dans un corps humain pour essayer de détruire la Lumière. Vous vous demandez peut-être pourquoi nous ne les arrêtons pas? C'est que ces Ombres sont très rapides et que parfois elles nous glissent entre les doigts. Pour créer un équilibre, nous laissons quelquefois une Ombre passer volontairement pour vous faire prendre conscience de la situation et vous aider à retrouver la Lumière. C'est un mal nécessaire afin d'éveiller les gens et, par le fait même, la conscience collective.

C'est ce qui s'est produit, entre autres, lors de l'Holocauste, des attentats du 11 septembre 2001 à New York et de toutes les guerres qui ont fait rage sur cette planète. Tous ces événements furent dictés par l'Ombre. Voyez ce que l'Ombre peut accomplir avec son désir de détruire la planète pour en prendre possession par la suite. Mais d'une manière, c'est un non-sens, car l'Ombre cherche toujours à détruire et se détruira par elle-même. Imaginez-vous une planète envahie par l'Ombre; la vie humaine serait insupportable et cette planète ne demeurerait pas longtemps puisque l'Ombre s'autodétruirait. Sachez qu'une âme qui demeure dans l'Ombre cherche souvent à détruire les autres âmes. Car elles ont soif de pouvoir. Plus elles s'autodétruisent, plus ces âmes perdent de leur essence divine et de leur énergie. Souvent, ces âmes sont appelées à disparaître. Alors, ces âmes n'existent plus. Cela devient la mort complète de l'âme. Tout ce qu'elle a vécu, tous les corps qu'elle a habités, s'efface en même temps que cette âme.

C'est la raison pour laquelle Dieu et tous les Êtres de Lumière veulent éviter cela à tout prix. Car toutes les âmes ont été créées dans la Lumière par Dieu et celui-ci veut que toutes ces âmes redeviennent Lumière et que cette planète reste et demeure la sienne.

Sachez que ce n'est pas Dieu qui a envoyé ces événements destructeurs. Cependant, c'est Lui qui a réparé les dégâts de l'Ombre en envoyant des Anges sur Terre pour éveiller la conscience humaine et réveiller en vous votre Lumière pour que celle-ci évite la guerre et retrouve la paix.

Ce sont les Anges personnels de tous les êtres qui furent touchés par ces événements qui vous ont donné la force de surmonter cet obstacle et de tenir bon. Même les Anges de vos défunts vous ont aidé à surmonter cette épreuve, tout comme ils ont aidé les âmes de vos défunts à subir cette épreuve humaine.

À tous ces êtres meurtris par la perte d'un être cher, les Plans Divins vous disent : « Envoyez des sentiments de Lumière à la Terre et à tous ceux qui sèment la guerre. Ainsi, ces êtres auront peur de cette Lumière et s'éloigneront de vous. Cependant, si vous nourrissez des sentiments de vengeance, vous nourrissez l'Ombre et vous lui permettez de devenir gagnante et puissante, et cette Ombre, en devenant plus puissante, détruira à nouveau et fera de plus en plus de dommage aux vôtres. »

Nous savons que cela est difficile pour tous ceux qui ont subi de graves pertes mais, au lieu de maudire ces malfaiteurs, envoyez-leur de la paix et de la Lumière. Ainsi, vous rendrez toutes les âmes de vos défunts heureuses et en paix, car sachez que ces âmes qui ont quitté brutalement la Terre à cause d'attentats, de guerres ou de fléaux s'unissent pour envoyer l'amour et la paix dans le monde. Ces âmes vous protègent et ne veulent surtout pas que la guerre recommence, mais que la guerre cesse.

Ces âmes veulent que vous preniez exemple de toute la peine qui surgit lors de ces événements désastreux. Ces âmes ont accepté de quitter la Terre brutalement pour réveiller la planète. Toutes ces âmes furent comme le fils de Dieu qui est mort brutalement pour éveiller la conscience des gens à cette époque-là. Alors, sachez que toutes ces âmes qui périssent, lors d'attentats, de guerres ou de fléaux, le font pour réveiller la conscience humaine et pour y ramener la paix dans vos cœurs. Alors, respectez ces âmes en leur envoyant tout l'amour qui vous est possible. Priez-les et surtout ne vous laissez pas envahir par des sentiments de rage ou de haine, car vos défunts ont pardonné. Toutes ces âmes ont reçu une mention d'honneur divine et elles reviendront sur Terre pour y ramener la paix.

Remerciez ces âmes de leur bonté, de leur sagesse, de leur courage et de leur dévotion. Faites en sorte que ces âmes n'aient pas péri pour rien. Et si vous y parvenez, vous venez de faire un très grand pas pour le bien de l'humanité et aussi pour le bien de la Lumière, de l'amour et de la paix dans ce monde.

Ces événements ont d'ailleurs permis de faire ressortir la Lumière qui gisait dans le cœur des humains. De plus, ils ont aidé certains à retrouver la foi en Dieu. Nous savons que l'Ombre qui se réincarne blessera et détruira les autres, mais son action permettra aussi d'éveiller davantage la conscience des gens. Ceux qui ont la foi se tourneront vers nous, vers Dieu, et nous leur apporterons l'amour et la foi dont ils ont tant besoin.

Elemiah fut, entre autres, un des Anges envoyés lors des attentats à New York pour ramener la paix dans le cœur des humains qui ont été blessés ou qui ont perdu un être cher. Certaines personnes éprouvées par ces événements ont eu de la difficulté à surmonter cette épreuve et à pardonner. Elemiah est venue aider ceux qui ont eu de la peine. Elle a protégé ses enfants, mais elle a aussi œuvré en faveur de la paix dans le monde, en faveur de la paix dans le cœur des humains.

Sachez que tous les Anges du Chœur des Séraphins sont descendus sur Terre à la suite de cette tragédie pour aider ceux qui ont subi ces atrocités. Nous n'aimons point l'Ombre, nous aimerions la faire disparaître, mais nous sommes aussi conscients que celle-ci peut ramener la Lumière dans le cœur des gens.

Ange gardien, Ange personnel et guide spirituel

Un jour, nous avons compris que, pour aider convenablement l'être humain, il fallait qu'un Ange s'occupe des étapes de son évolution et qu'un autre soit constamment posté à ses côtés. Chaque être humain a donc un Ange gardien, aussi appelé « Ange de la Lumière » ou « Ange de la naissance », qui lui est attitré en fonction de sa date de naissance. De plus, chaque être humain a son propre Ange personnel. Ce dernier est branché sur l'énergie de l'Ange gardien. Il peut avoir un nom commun, comme il peut aussi avoir un nom vibratoire, ou un nom de Lumière, si vous préférez. Cet Ange personnel vous protège de la naissance à la mort et peut s'être incarné auparavant. Certains Anges personnels assument, à l'occasion, la fonction de guide spirituel principal, mais cela est exceptionnel.

Habituellement, outre votre guide spirituel principal, votre âme travaille de concert avec différents guides spirituels « de passage ». Ces guides viennent vers vous pour vous assister dans diverses tâches complexes de votre existence : union amoureuse, éducation des enfants, ouverture spirituelle, travail, déménagement, crise, etc. Ces guides spirituels secondaires peuvent être des membres de votre famille décédés ou issus de vos vies antérieures. Ainsi, il est fort commun d'être entouré d'un Ange gardien, d'un Ange personnel, d'un guide spirituel principal, de deux guides spirituels secondaires, de même que d'un parent décédé. Les Anges, les guides et les êtres aimés qui sont décédés vous entourent et vous protègent constamment. Ils vont et viennent. Vous n'êtes jamais seuls. Au contraire!

L'être humain, avant de s'incarner, choisit son plan de vie ainsi que la date de son anniversaire de naissance. C'est une vibration dans le temps. Votre plan de vie est unique. Vous l'avez établi conjointement avec les Êtres de Lumière et il ne pouvait se réaliser dans une autre dimension ou à un autre moment. Il reflète votre niveau évolutif à un moment précis. Ainsi, chaque être humain a une date de naissance spécifique qu'il a soigneusement choisie. Par ailleurs, vous êtes à l'image de votre Ange de la Lumière puisque vos forces sont les siennes, et que ce dernier vous aide à surmonter vos faiblesses. Certains d'entre vous choisissent également la date de leur mort ainsi que la façon dont ils quitteront le plan terrestre.

Chaque être humain est en quête de sa mission personnelle et l'Ange qui veille sur lui a déjà été choisi bien avant sa naissance. Quand une âme a tiré toutes les leçons requises de sa vie terrestre et que son âme a bien cheminé, bien chéri Dieu, elle quittera son corps et s'élèvera vers le Paradis. Dieu et son Ange personnel lui demanderont alors si elle ne voudrait pas donner un coup de main sur le Plan humanitaire.

L'âme peut donc, entre deux vies, parfaire ses connaissances et progresser davantage. Une âme peut aussi bien franchir toutes les étapes de l'Arbre Séphirotique en demeurant de l'autre côté du voile qu'en s'incarnant sur Terre. Toutefois, l'âme évolue davantage et beaucoup plus rapidement en s'incarnant dans un corps humain qu'en demeurant dans les Plans Célestes, car la Terre offre des avantages évolutifs comme nulle part ailleurs!

Parfois, des Êtres de Lumière descendent sur Terre, car Dieu leur a dit : « Va voir ce qui se passe, apprends en tant qu'humain et, par la suite, reviens nous transmettre le fruit de tes connaissances. » Il est rare toutefois qu'un Ange troque ses ailes pour un corps humain. Ces quelques exceptions le font par amour pour Dieu, puisqu'il leur est extrêmement pénible de demeurer sur Terre pour un long séjour dans nos conditions de vie. Dieu les rappellera alors auprès de lui.

Pourquoi sommes-nous de plus en plus présents?

Dieu a dit : « J'ai créé la Terre en pensant créer un monde de Lumière et un monde de paix. Or, je m'aperçois que les humains détruisent tout ce que j'ai créé avec tant d'amour. Puisqu'ils ne savent que détruire, pourquoi devrais-je continuer à les aider? Je devrais peut-être les aider à détruire pour leur faire comprendre qu'ils doivent plutôt construire? Quel non-sens! » Dieu a donc choisi de purifier la nature destructrice des humains en leur envoyant des fléaux humanitaires : ouragans, inondations, tremblements de terre, maladies, volcans, etc.

Dieu a dit : « Mon cœur est amour, pur, divin, alors je ne vous permettrai pas de vous détruire, mais je vous aiderai à créer dans la Lumière. Cependant, pour que vous puissiez prendre conscience de vos faiblesses, je vous envoie des fléaux humanitaires pour que vous redeveniez en force et en Lumière. Mais sachez que mes fléaux humanitaires ne détruisent pas la vie humaine, mais lui fait comprendre sa fragilité. Si un fléau humanitaire survient et qu'il y a des victimes, de la destruction, alors sachez que l'Ombre s'est amusée à vous l'envoyer. Car l'Ombre détruit et la Lumière crée. Il arrive parfois que la Lumière va envoyer une épreuve, mais cette épreuve ne sera pas là pour vous détruire, mais elle le sera pour vous éveiller et pour vous aider à retrouver le chemin de la paix intérieure pour qu'ensuite vous puissiez la propager autour de vous. »

Saviez-vous que Noé a vécu jusqu'à l'âge vénérable de 380 ans? À cette époque, la mort pouvait survenir après plusieurs centaines d'années de vie. Cependant, quand Dieu s'aperçut que l'être humain répétait sans cesse les mêmes erreurs et que son évolution stagnait, il créa alors la mort. Il s'agit bien entendu de la mort du corps et non de celle de l'âme. Dieu, dans son incommensurable bonté, a bien voulu que l'âme survive afin qu'elle puisse apporter ses expériences de vie avec elle en revenant dans un autre corps, dans une nouvelle vie, dans une nouvelle conscience. Mais encore, Dieu se rendit compte que les humains se détruisaient entre eux et il modifia les lois évolutives. Il confia donc une mission personnelle à chaque Ange. Il dit à ses Messagers : « Vous descendrez sur Terre et vous aiderez les êtres humains qui en feront la demande. Vous leur apporterez le soutien nécessaire de même que votre orientation divine. Vous irez chercher des « canaux » et vous parlerez par l'entremise de ces derniers. Les messages ainsi transmis permettront d'éveiller et de sensibiliser les êtres humains à l'accomplissement de la splendeur du Plan Divin. »

Pourquoi devons-nous accélérer le cours des événements? Parce que la Terre souffre d'un profond manque d'amour. Dieu a donc envoyé des Êtres de Lumière, des messagers, pour accorder à l'être humain une dernière chance. Et cette dernière chance consiste à prendre conscience que les Êtres de Lumière sont omniprésents parmi les humains, et qu'ils sont là pour aider la Terre dans son processus de transformation et de purification.

C'est en quelque sorte un dernier cri du cœur, une main que Dieu vous tend pour la dernière fois. Et si les êtres humains ne comprennent pas l'importance d'un tel geste, s'ils refusent d'ouvrir les yeux et que leur foi s'éteint davantage, l'humanité s'autodétruira. Et ce, même si la Hiérarchie Angélique travaille sans relâche afin de raviver l'amour sur la Terre, cette magnifique création de Dieu.

Dieu est aussi d'avis qu'il faudrait mettre de l'ordre au sein des religions, car certains disciples ont perdu le sens sacré de la foi, des prières et des religions. Les Anges, qui sont de plus en plus présents, ont donc comme mission fondamentale de montrer aux êtres humains ce qui leur est bénéfique. Écoutez votre petite voix intérieure. N'allez pas où l'amour est absent ni où il y a trop d'obligations ou d'exigences.

Chaque être humain a une soif spirituelle, une soif de Dieu, mais souvent, la peur l'empêche d'avancer. Nous, les Anges, comprenons vos craintes et désirons vous aider à les surmonter. Nous aimerions que l'être humain soit en harmonie et en paix avec lui-même lorsqu'il s'adresse à Dieu. Non qu'il nourrisse un sentiment de culpabilité parce qu'il n'est point allé à l'église un jour, ou qu'il a oublié de prier Dieu un soir. Nous travaillons d'arrache-pied et nous y parviendrons! C'est aussi pour instaurer la paix que nous envoyons des enfants dotés d'une très grande spiritualité : ces derniers deviendront de grands maîtres spirituels et changeront le cours de l'humanité.

La « composition » des Anges

Plusieurs individus cherchent à savoir qui nous sommes vraiment; la façon dont nous avons été créés et la façon dont ils ont, eux aussi, été créés. Précisons d'abord que l'être humain n'est pas prêt à comprendre la Genèse de la Création, mais il le sera très bientôt. Il y a avant tout deux moules distincts : le moule des Anges et le moule des humains. La matière que Dieu a versée dans ces moules varie du tout au tout. Cependant, il arrive que Dieu mélange une parcelle de l'essence angélique à l'essence des humains. Cela constitue la recette du troisième moule : les Anges terrestres. Les rares Anges qui s'incarnent dans un corps humain sont issus, quant à eux, du quatrième moule. Ils tiennent toutefois de l'exception. Les Anges qui empruntent temporairement le corps d'un humain ne font partie d'aucune catégorie à part, car cela est une faculté inhérente à tous les Anges.

Un être humain ne peut donc pas posséder un corps angélique, car il a été créé dans le moule des humains. De même, un Ange, sauf exception, ne peut avoir un corps humain à moins de venir sur Terre tenter certaines expériences comme le font les Anges terrestres formés dans le troisième moule. Et il en est de même pour l'âme qui se trouve de l'autre côté du voile. La vibration de l'âme angélique est fort différente de celle de l'âme humaine. L'Ange pur, pour sa part, est comme Dieu. Vous comprendrez alors que la puissance de sa vibration est également très différente de celle des autres êtres.

Vous êtes une création de Dieu. Ce qui importe, c'est de croire en lui et d'avoir la foi. Plus l'être humain cherchera à détruire Dieu, à le bannir de sa vie, plus il contribuera à sa propre destruction puisque Dieu est la source primordiale de toute vie. Il est immuable et éternel. Personne ne peut le détruire ni le vaincre. Vous pouvez, si vous le désirez, lui faire part de vos insatisfactions. Il vous écoutera, mais il vous donnera ensuite sa version des faits. Si Dieu est le maître de toute création, il vous a toutefois autorisé à être le maître de votre propre vie. N'essayez pas de vous prendre pour Dieu, car il n'y en a qu'un seul.

Vous pouvez cependant être le serviteur de Dieu, son messager. Vous gagnerez ainsi sa confiance et vous recevrez, par la suite, de nombreuses récompenses. Soyez vous-mêmes et respectez vos limites personnelles. Ainsi, Dieu vous apportera l'amour et le respect dont vous avez grand besoin.

Si vous vous respectez, si vous respectez autrui et que vous respectez Dieu, vous serez dans la Lumière. Dans le cas contraire, vous serez dans l'Ombre. Et vivre dans l'Ombre est pénible pour l'âme comme pour le corps, car l'Ombre ne sème que des embûches, n'apporte que du négatif. À l'inverse, vivre dans la Lumière est une source inépuisable de joie et de bonheur. Il faut pourtant choisir entre l'Ombre et la Lumière, choisir qui vous voulez être dans votre essence et ainsi construire votre vie sur de solides fondations. Votre âme est libre!

Les Anges à l'œuvre

Les Anges travaillent successivement, en équipe, les uns à la suite des autres. Un Ange doit parfois faire appel à un autre Ange pour transmettre à l'être humain une plus grande force. Certains, même s'ils appartiennent à des Chœurs différents, ont des missions communes. L'Ange Seheiah, par exemple, qui baigne dans l'énergie des Dominations, est un Ange guérisseur qui permet aux malades de recouvrer la santé. Il existe également des Anges qui font partie d'un autre Chœur qui œuvrent aussi en faveur de la santé. L'Ange Habuhiah, notamment, est la spécialiste des maladies infantiles. Elle se situe pourtant dans le Chœur des Anges. Or, ces deux Anges apporteront la santé à l'être qui les prie.

Les Anges s'entraident et ne se jugent pas entre eux. De plus, ils connaissent la mission respective de chacun, puisqu'ils sont tous issus de la même Source. Ils ont été créés pour soutenir des causes humanitaires et divines, et ils se respectent mutuellement dans leur complémentarité.

Plusieurs individus se demandent comment un Ange peut les aider, si celui-ci n'est pas leur Ange gardien, leur Ange de la naissance? Comme nous l'avons mentionné plus tôt, tous les humains ont leur propre Ange personnel, branché sur l'énergie de l'Ange de la naissance. Votre Ange personnel possède donc toutes les forces de l'Ange de la naissance. Par exemple, si votre Ange de la naissance est Rochel, votre Ange personnel aura alors en lui toutes les forces de Rochel puisque votre plan de vie est lié avec Rochel et que seul cet Ange peut vous aider en ce qui concerne votre évolution; les étapes les plus importantes de votre vie et de votre étage.

Cependant, il y a des événements dans la vie où nous avons besoin de la force des autres Anges pour retrouver le chemin de notre bonheur. Par exemple, vous avez besoin de l'aide de l'Ange Vehuiah. En priant Vehuiah, elle va infuser à votre Ange personnel ses forces pour qu'il puisse vous apporter ce que Vehuiah peut vous donner. Tous les Anges travaillent en équipe et s'entraident mutuellement à infuser leurs forces entre eux pour aider l'enfant qui les prie. Rien de plus simple! Vous pouvez donc prier plus d'un Ange à la fois et chacun de ces Anges consultera votre Ange personnel afin de lui infuser sa force. Plus vous faites appel à eux, plus votre Ange personnel recevra leur Lumière et plus vous en bénéficierez. Ainsi, vous retrouverez plus facilement le chemin de votre bonheur.

Tous les Anges et les Archanges sont unis et l'amour qu'ils portent à leur Père est pur. Ils travaillent pour Dieu et pour l'être humain. Ils doivent d'abord et avant tout écouter Dieu et, par la suite, aider les humains. L'être humain possède en lui la Lumière de Dieu, l'Ange de Dieu et l'Archange de Dieu. Parfois, il peut avoir à ses côtés quatre Anges et trois Archanges. Mais s'il refuse de croire en notre existence, nous transporterons notre aide auprès d'un autre humain qui fera davantage appel à nous. Nous devons respecter vos choix. Nous gardons toutefois l'œil ouvert au cas où vous nous feriez signe.

Sachez toutefois que tous les Anges ont leur importance et que tous les Anges sont puissants. Ils ont tous été créés pour accomplir une mission qui leur est propre. Cependant, il y a des Anges dont le rôle paraît moins grandiose, mais il n'en demeure pas moins qu'ils font tous partie d'un même tout : Dieu.

Bref, votre Ange personnel reste toujours aux aguets afin qu'il puisse vous aider immédiatement si vous faites appel à lui. Toutefois, si vous ne sollicitez pas son soutien, votre Ange restera à l'arrière-scène. Il vous éclairera de sa Lumière lors des journées plus sombres, mais sachez que vous ne pourrez travailler aussi efficacement qu'une personne dont la Lumière est vive, car vous serez laissé à vous-même. Quand l'humain croit en nous, toute une équipe travaille de concert avec lui et peut l'aider à accomplir de véritables miracles. Nous, les Anges, sommes une énergie créée par Dieu, et vous également. En unissant nos efforts, nous pouvons faire preuve d'une force extraordinaire. Nous formons alors une unité indissociable!

CHAPITRE V

L'Archange Melkisédeq et la réalisation de la mission des Plans Divins

Qui est Melkisédeq?

Melkisédeq est un Archange mystérieux. Dieu l'a baptisé « Roi de la paix », « Roi de l'humanité ». Il est l'un des Archanges les moins connus parmi ceux qui veillent sur la Terre. Melkisédeq était un être humain avant de devenir un Archange. Il fut jadis le roi de Salem (aujourd'hui Jérusalem). Il fut aussi un grand prêtre, le prêtre de Dieu. Il pria Dieu et l'aida avec amour, foi et dévotion.

Melkisédeq est donc venu en aide aux êtres que Dieu a envoyés sur son chemin. Il leur a donné à manger et leur a offert un toit. Un jour, son chemin croisa celui d'Abraham. Ce dernier est venu vers Melkisédeq à la suite d'une bataille victorieuse pour défendre son peuple. Il s'appelait alors « Abram ». Melkisédeq lui offrit du pain et de l'eau, et lui dit : « Voici le pain et l'eau que Dieu, mon Père, vous donne. » Plus tard, Abram changea son nom et devint Abraham. Dieu dit alors à Melkisédeq : « Aide tous ceux que j'enverrai sur ton chemin. Donne-leur à boire et à manger. Ouvre-leur la porte de ton Royaume, ouvre-leur la porte de ton cœur. Je ferai de toi un Archange; je ferai de toi un Être divin qui aura le privilège de s'asseoir à mes côtés. Et comme tu as un cœur et un corps humains, je te donnerai l'autorisation d'aider les tiens. Ta force sera d'aider ceux qui sont en détresse, ceux qui ont faim. Ceux qui crieront famine te prieront et tu les aideras en soulageant leur faim. »

Cet être grandiose était doté d'une âme de missionnaire. Et c'est grâce à cette grandeur d'âme qu'il fut un roi adulé de tous. Sa mission sur Terre consistait à aider les siens, à aider son peuple, en faisant preuve d'une profonde humilité. Melkisédeq est maintenant un Archange très puissant; il est l'Archange assis à la droite de Dieu. Ce dernier lui a fait don de toute sa puissance, une puissance équivalente à celle que possède l'Archange Michaël et dont seules les fonctions diffèrent.

Priez l'Archange Melkisédeq et il donnera à manger à ceux qui ont faim, à boire à ceux qui ont soif et le bonheur à ceux qui sont malheureux. Melkisédeq travaille de concert avec tous ceux qui dirigent un peuple. Il les aide à mieux gouverner. Le rôle de Melkisédeq est d'une importance capitale en ce début de xxie siècle. Il travaille, notamment, à transformer toutes les sociétés afin de les mener vers la paix, l'entraide et l'amour inconditionnel.

Tous ceux qui prêchent la Loi de Dieu devraient demander à l'Archange Melkisédeq de les guider, de même que ceux qui œuvrent dans le domaine de la politique. Melkisédeq leur fera comprendre la grande différence qui existe entre « l'exercice du pouvoir » pur et simple ainsi que « l'écoute véritable du peuple ». Melkisédeq n'avait qu'un seul Dieu. Il l'écoutait du plus profond de son âme. Il savourait chacune de ses paroles, car il savait qu'avec Dieu à ses côtés, il ne pouvait pas se tromper. L'aide que ce dernier lui apportait était essentielle pour soutenir son peuple et les êtres qui avaient la foi. Melkisédeq fut un grand homme et un grand roi. Ceux qui l'ont aimé l'ont vénéré et ont été récompensés.

Physiquement, Melkisédeq est grand de stature et large de carrure. Il arbore une longue barbe blanche et de longs cheveux blancs. Son visage est rond et ses yeux sont clairs. Il porte une robe ceinturée d'un anneau en or. Melkisédeq affectionne particulièrement le bleu roi, car cette couleur était, jadis, la seule que les rois pouvaient porter. Il tient fermement une longue canne en or. Auparavant, il s'en servait pour s'aider à marcher. Le pommeau de cette canne est rond. C'est là que réside toute sa puissance. Ce sceptre magique a la forme d'une couronne recourbée, et une boule de cristal aux couleurs intenses orne son extrémité.

Melkisédeq a vécu bien avant la naissance du Christ. Il a permis à son peuple d'évoluer vers la Lumière. Tous ceux qui l'ont aimé et qui ont cru en lui ont été délivrés de tous leurs karmas. À l'inverse, ceux qui l'ont renié se sont vu attribuer un karma supplémentaire. L'Archange Melkisédeq et l'Archange Michaël représentent à eux deux l'essence même du mot « puissance ». Ils gouvernent l'humanité et veillent sur la Terre, et ce, sur tous les plans. Michaël est celui qui fait respecter les Lois Divines et qui impose certaines leçons de vie. Melkisédeq, de son côté, vous aide à comprendre ces leçons et vous épaule lorsque vous devez surmonter une épreuve. C'est pourquoi on l'a consacré « Archange de Dieu ».

Melkisédeq ne possède pas d'ailes à l'image des autres Archanges, mais cela ne modifie en rien sa puissance. Il est le Roi de l'humanité. Vous remarquerez davantage la force de Melkisédeq lorsqu'un événement important surviendra dans votre vie. En effet, la mission de ce dernier consiste à guider et à protéger chacune des âmes afin qu'elles retrouvent leur Lumière. Parfois, Dieu lui dit : « Melkisédeq, tu dois maintenant laisser faire le cours des choses, car ta présence est requise auprès de nous. » Sachez cependant qu'il reviendra vers vous afin de vous soutenir et de vous réconforter dans votre cheminement dès qu'il le pourra. Dieu lui en donne l'autorisation. Melkisédeq nourrit la Terre entière et il aide les chercheurs à faire des découvertes scientifiques.

L'essentiel de sa mission

Avant de commencer à lire cette section, nous aimerions vous prévenir que certaines informations qui y sont dévoilées ne sont guère faciles à entendre. Sachez que Dieu ne veut pas détruire la Terre. Vous êtes ses enfants, vous êtes Sa Création. Comme vous, chers humains, quand vous donnez naissance à un enfant, vous ne cherchez pas à le détruire. Au contraire, vous cherchez à lui donner tous les outils nécessaires pour qu'il puisse grandir et évoluer vers ses rêves, vers ses buts.

Pensez au regard que la mère pose sur son enfant lorsqu'elle le met au monde. Son regard est lumineux, empreint de chaleur, de joie et de fierté. Et quand elle le regarde, elle désire que ce petit être qui vient de naître soit heureux et en harmonie dans sa vie. Elle lui fait même la promesse qu'elle ne l'abandonnera jamais qu'importent les pires épreuves de sa vie. Qu'elle sera toujours là pour l'aider et l'appuyer dans tout ce qu'il entreprendra. Cette mère ne veut que son bien et son bonheur.

Combien de parents sur Terre, s'ils le pouvaient, prendraient la douleur de leur enfant qui se blesse? Combien de parents ont le cœur triste lorsque leurs enfants sont malades? Combien de parents nourrissent leurs enfants avant de se nourrir? Combien de parents vont acheter à leurs enfants tout ce qu'ils désirent et eux attendront plus tard?

En général, tous les parents qui ont désiré leurs enfants s'enlèveraient la vie pour la leur donner. Tous ces exemples démontrent à quel point un parent qui donne la vie à un enfant fera tout pour qu'il soit heureux, joyeux et en harmonie dans sa vie. C'est la même chose pour Dieu, votre Père, votre Créateur. Il donnerait tout pour que chacun de ses enfants soit heureux et en harmonie avec son plan de vie. Il est important de se rappeler que Dieu est Amour et qu'il a créé ses enfants à son image. « Aimez-vous les uns et les autres comme Je vous aime. » Telle est la phrase qu'Il a prononcée lorsqu'Il vous a créés. Mais parfois, tout comme vous, les humains, Il est découragé de vous voir vous détruire. C'est alors qu'un jour Il a observé la Terre ainsi que les humains dans leur ensemble et Il s'est dit : « Pourquoi cela doit-il continuer? Il y a beaucoup trop d'atrocités, de gens qui souffrent et meurent de faim. Les êtres humains s'entre-tuent et ont délaissé leur foi. Qu'ai-je donc fait? Puisque je les ai créés, pourquoi ne pas les détruire et recommencer, mais avec des bases différentes cette fois. » Car il est dit que Dieu a créé l'humain avec la poussière de la Terre et qu'il redeviendra poussière.

Melkisédeq répondit à Dieu : « Donnez-leur une autre chance; ce n'est pas facile d'être un humain. Donnez-leur l'occasion de montrer qui ils sont vraiment et qu'ils peuvent s'en sortir eux-mêmes. Après tout, ne sont-ils pas nés à l'origine de l'essence divine? »

Melkisédeq ajouta : « Je serai celui qui prendra soin des êtres humains. Je suis empathique à ce qu'ils vivent puisque j'ai aussi été humain jadis. Et je sais fort bien qu'il n'est pas facile de toujours suivre la voie de l'amour. Certains êtres humains ne comprennent pas exactement ce qu'est la vie et se déchirent entre eux. J'ai connu la dualité, j'ai connu la guerre, mais la foi que j'avais en vous, Dieu, m'a permis de réconcilier mon peuple. Je vous implore donc d'épargner les êtres humains. Donnez-moi la force et la sagesse nécessaires pour les gouverner et pour les aider à retrouver la voie de la Lumière et la foi qu'ils ont perdue. » Dieu répondit : « Melkisédeq, tu as jusqu'en l'an 2020 pour accomplir ton œuvre. En l'an 2012, une grande épreuve, une leçon de vie se présentera, si ton peuple n'est guère sensible à tes recommandations et s'il ne veut pas changer. » Melkisédeq a alors demandé à tous les Archanges et à tous les Anges des Plans Divins de travailler de concert avec lui pour aider l'humanité à se sortir de l'Ombre. Ils ont tous répondu positivement à son appel. Tous ont uni leurs efforts afin de soutenir Melkisédeq dans sa mission divine. De plus, plusieurs nouveaux écrits porteront sur les Anges étant donné que Melkisédeq désire ardemment que l'être humain prenne conscience de leur existence. Tous les Anges et tous les Archanges ont donc obtenu l'autorisation de faire appel à des « canaux » de Lumière de partout sur la Terre afin de faire changer les choses et, ainsi, d'amener tous les êtres humains à cheminer vers la Lumière.

Melkisédeq espère que ces écrits permettront à l'être humain de prendre conscience que de nombreux changements doivent s'opérer et que le temps presse. Il devra également regarder qui il est au plus profond de son être et comprendre qu'il est venu sur Terre pour faire évoluer son âme. Et si l'être humain continue de se détruire comme il le fait, de détruire son prochain et cette merveilleuse planète par le biais de guerres de toutes sortes, Dieu et l'Archange Michaël n'auront d'autres choix que de procéder à l'éradication de toute espèce vivante. Mais sachez que Dieu fera tout ce qui lui est possible afin d'éviter ce dernier recours. Car Il vous aime et Il ne cherche pas à vous détruire, Il cherche tout simplement à vous illuminer. Car l'Ombre peut être aussi puissante que la Lumière. Il est certain que Dieu souhaite illuminer la Terre de sa Lumière, mais l'Ombre est tenace. Et Dieu est conscient que, pour éliminer complètement l'Ombre, il faudrait détruire la planète entière. Cependant, si l'humain devient de plus en plus illuminé, l'Ombre s'éloignera de la Lumière ou l'Ombre changera et cherchera à retrouver le chemin de la Lumière, de sa Source Divine première. Ainsi, la Lumière sera présente partout sur cette Terre et le peu d'Ombre qui restera s'estompera par lui-même.

Melkisédeq et son équipe formée des Anges et des Archanges travaillent à ce que les Ombres se détruisent entre elles et que seule la Lumière et l'amour demeurent. Melkisédeq affirme que, si dix enfants naissent et que l'un d'eux est dans l'Ombre, alors les neuf autres auront comme mission de le ramener vers la Lumière. C'est son désir le plus cher et la mission qu'il doit accomplir pour la survie de l'humanité, et ce, avant l'an 2020.

Les enfants de Lumière

Pour aider à réaliser cette transformation à l'échelle planétaire, Melkisédeq a aussi demandé à ce que de jeunes enfants lumineux soient envoyés sur Terre. Ces enfants que vous appelez « Indigo » ou « cristal » naissent sur Terre depuis quelques années. Ce sont des êtres très spirituels. Nous avons même demandé à des Anges, qui n'avaient jamais eu de corps humain, de s'incarner. La grande sagesse de ces êtres permettra aux êtres humains d'évoluer davantage vers la Lumière, d'ouvrir leur cœur à l'amour. Nous venons de vous dévoiler un secret divin.

Ces enfants naîtront et grandiront avec la foi en Dieu. Ils posséderont une force énorme, un amour incommensurable. Ces enfants de Dieu changeront le visage de l'humanité à tout jamais! Cependant, ils demeurent très vulnérables puisqu'ils n'ont jamais expérimenté la vie humaine auparavant. Ils seront donc turbulents, mais aussi très fragiles puisqu'ils ne connaissent pas la douleur ni le spectre des émotions humaines. Ils devront traverser de nombreuses épreuves pour connaître cette douleur, mais la plupart d'entre eux seront bien guidés. Certains demeureront sur Terre, alors que d'autres choisiront de quitter le plan terrestre parce que l'expérience sera, pour leur âme, trop pénible.

L'arrivée de ces enfants est prévue pour l'an 2008. Ces enfants que l'on nomme « Explorateurs » auront beaucoup d'essence divine versée en eux. Ces enfants seront très puissants. Ils seront des piliers, des explorateurs, qui aideront la planète à guérir de tous ses maux.

Dieu souhaite que la Lumière revienne en force sur cette magnifique planète, joyau de la Création. Saviez-vous que la première parole que Dieu ait prononcée quand il a créé la Terre fut : « Que la Lumière soit! »? Et la Lumière fut! Il espère cette fois que cette parole demeure vivante dans le cœur de tous les humains. Melkisédeq et son équipe y veilleront personnellement en apportant le bonheur et la sagesse dans votre vie, ainsi qu'en vous soutenant et en vous aidant à surmonter les obstacles qui se dressent sur votre route. Alors, la Lumière jaillira en vous et l'amour pour votre prochain grandira. C'est ainsi que l'amour s'installera dans le cœur de tous et que la Terre sera transformée à tout jamais.

Dieu est pur amour

Certains humains se demandent : « Comment se fait-il que Melkisédeq soit assis à la droite de Dieu, qu'il soit devenu un Archange si puissant, alors qu'il était jadis un simple être humain? » Nous leur répondons ceci : « Dieu a décidé de promouvoir certains êtres humains qui ont su, sur Terre, écouter sa voix, lui donner leur cœur. En guise de reconnaissance pour le travail extraordinaire qu'ils ont accompli, Dieu a fait d'eux des Archanges. Il les a dévêtus, purifiés et leur a donné le souffle de la vie divine, le souffle de la vie des Archanges. » Dieu a alors choisi Melkisédeq pour prendre place à ses côtés, à sa droite, comme son fils Jésus, puisque celui-ci a été chargé d'une mission exceptionnelle que seule une âme qui s'est déjà incarnée peut réaliser. En effet, les Anges et les Archanges qui ont vécu sur Terre sont plus aptes à aider les humains et à comprendre la façon dont ces derniers agissent ou réagissent entre eux.

Melkisédeq ressent les blessures humaines. Il comprend quand l'humain a mal, faim ou soif. Il sait comment ce dernier devra s'y prendre pour parvenir à manger à sa faim lorsqu'on pense que plus de la moitié des enfants de la Terre n'ont pas de quoi se nourrir, s'abreuver ou se loger. Les réalités d'hier et d'aujourd'hui sont ainsi.

À une époque antérieure, Dieu a voulu purifier la Terre, car il y avait trop de guerres, trop de batailles. C'est ce qu'il a fait quand il a demandé à Noé de construire une arche et d'y embarquer un mâle et une femelle de chacune des espèces animales. Ce faisant, Dieu a voulu ainsi préserver Noé du déluge, parce qu'il savait que l'âme de cet homme était bonne et pure. Par cet acte, Dieu voulait que la Terre devienne aussi pure et aussi bonne que le cœur de cet homme.

Toutefois, Dieu se rendit compte que dans chaque groupe se trouve toujours un être qui se révolte et que ce dernier, par son comportement rebelle, attire le négatif et les disputes. La mission de Melkisédeq consiste justement à sauver les bonnes âmes et l'humanité afin que celles-ci apportent dans le cœur des êtres déviants l'amour qui leur fait défaut. Melkisédeq veut donc transformer tous ces cœurs durs en cœurs bons et généreux. Voici une autre des missions que doit accomplir Melkisédeq au cours des années à venir.

Tous ceux qui manquent de respect, envers eux-mêmes et envers les autres, croiseront sur leur chemin un Ange, qui les aidera à purifier leur cœur meurtri afin que celui-ci devienne bon et pur. Toutes ces âmes pures et bonnes recevront ensuite une récompense divine qui leur permettra de mieux avancer dans la vie. Ainsi, ces êtres parleront de nous et de qui nous sommes. Le mot se propagera et nous deviendrons omniprésents dans le cœur de tous. Le rêve de Melkisédeq est de transformer la planète dans son ensemble. Toutefois, il est conscient que cette transition s'effectuera sur quelques siècles. Ce faisant, il changera le cours de l'humanité pour toujours. La bonté attirera la joie, qui à son tour attirera le bonheur et l'amour véritable.

L'Archange Melkisédeq est aussi le patron de tous les Anges qui revêtent un corps charnel, soit le patron des Anges terrestres et des Anges célestes. Il veille aussi sur les humains qui aspirent à devenir des Anges, particulièrement les âmes issues du Chœur des Séraphins et du Chœur des Anges, c'est-à-dire les âmes qui sont arrivées au terme du cycle des réincarnations.

Melkisédeq se révèle de plus en plus à l'humanité comme l'Archange de la dernière chance, celui qui a pour mission principale de la sauver. À ses côtés se trouve toute la Hiérarchie Angélique qui l'appuie dans l'accomplissement de son œuvre. Melkisédeq, à l'image du Christ, est l'incarnation même de l'amour et de la foi en Dieu. Et avec l'aide et le soutien des Plans Divins, il aspire à faire de cette Terre un havre de paix et de Lumière ainsi qu'à rétablir l'ordre divin.

PARTIE III

LES FAMILLES ANGÉLIQUES

CHAPITRE VI

Le Chœur des Séraphins

Les Flamboyants
Du 21 mars au 30 avril

Étage final à franchir pour l'humain

Dirigé par l'Archange Metatron (Feu Sacré de Dieu)

Les huit Anges qui composent ce premier Chœur Angélique sont :

1 – Vehuiah (du 21 au 25 mars)

2 – Jeliel (du 26 au 30 mars)

3 – Sitaël (du 31 mars au 4 avril)

4 – Elemiah (du 5 au 9 avril)

5 – Mahasiah (du 10 au 14 avril)

6 – Lelahel (du 15 au 20 avril)

7 – Achaiah (du 21 au 25 avril)

8 – Cahetel (du 26 au 30 avril)

La mission du Chœur des Séraphins

Les Séraphins représentent le premier Chœur que Dieu a créé et le dernier étage que l'humain doit franchir pour se libérer du cycle de la réincarnation. Une fois cette étape franchie, il pourra alors retrouver son état originel où d'autres possibilités d'évolution l'attendent. Le Chœur des Séraphins et le Chœur des Anges sont les plus importants de la Hiérarchie, car ils représentent le début et la fin du cycle des réincarnations. Ces deux Chœurs Angéliques sont également très puissants, car personne ne peut atteindre le sommet sans avoir accompli le début. Et personne ne peut commencer sa vie angélique, sans avoir terminé ses vies terrestres.

Les Séraphins prennent en charge le parchemin de vie de leurs enfants. Ils s'assurent qu'ils sont sur la bonne voie. Dans le fond, ils s'assurent que leurs expériences de vie les amènent à bien franchir toutes les étapes de leur évolution et à acquérir toutes les clés qui leur permettront d'entrer dans le royaume de Dieu pour ensuite choisir leur nouvelle vocation. Ainsi, lorsque vous serez rendus à cette étape de votre évolution, lorsque vous aurez acquis toutes les clés propres à chacun des étages, vous aurez le choix de demeurer de l'autre côté du voile ou de revenir sur Terre en choisissant votre vie. La mission des Anges Séraphins sera donc de vous aider à faire le meilleur choix afin que votre âme soit au diapason avec votre nouvelle vocation. (Pour obtenir plus d'informations sur ce sujet, voir « L'Arbre Séphirotique et ses différentes composantes » sous le titre « Les différentes étapes qu'une âme doit franchir ».)

Les Anges Séraphins doivent donc veiller continuellement sur leurs enfants afin qu'ils ne trébuchent pas ou qu'ils se laissent envahir par l'Ombre. Ces enfants sont maintenant rendus à la phase finale; la phase la plus importante de leur incarnation. S'ils trébuchent, ils peuvent se retrouver au point de départ. Les Anges Séraphins veulent à tout prix leur faire éviter cette situation. La vie des enfants qui font partie du Chœur des Séraphins ne sera pas facile puisque c'est la dernière marche à franchir pour retrouver le chemin de la liberté. Cependant, si ces derniers vibrent avec leur Lumière, cette dernière marche sera beaucoup plus facile à monter. Ils seront très heureux d'entrer sereinement dans la maison de Dieu pour s'y reposer et planifier leur prochaine vocation.

Le Chœur des Séraphins a aussi une autre mission très spéciale : celle de transformer l'Ombre sur cette Terre en Lumière, de transformer le mal en bien et de transformer la haine en l'amour. Il est important pour les Anges de ce Chœur de voir les enfants de Dieu heureux et amoureux. Étant donné qu'ils sont des Anges d'amour, ils feront tout pour introduire, dans le cœur de l'enfant qui les prie, l'amour véritable dont il a tant besoin pour s'épanouir et scintiller de bonheur.

Ils ont également la mission de raviver la flamme divine qui sommeille en vous, cette flamme qui vous relie à Dieu. Sur la Terre, peu importe votre religion, lorsque vous soulignez un événement spirituel (par exemple, baptême, mariage, décès) vous allumez une chandelle. Par ce geste, vous confirmez votre union à Dieu. Cette union à Dieu se reflète également lorsque vous entrez dans un lieu sacré et que vous y voyez des chandelles allumées : elles représentent la flamme de Dieu qui brûle pour vous, « la flamme des Séraphins ».

Sachez aussi que le Chœur des Séraphins est à l'œuvre dans toutes les sphères de l'existence dans le but de purifier tous les êtres humains et de les élever spirituellement. Ces derniers exposeront donc leur Lumière au grand jour. Les Séraphins qui déploient leurs ailes sur les humains les entourent d'un grand amour. Ces humains seront prêts à aller vers Dieu, car les ailes des Séraphins donnent la liberté, le respect, l'amour et, surtout, l'envol pour aller vers Dieu et y demeurer, si tel est leur désir.

Qui peut prier le Chœur des Séraphins?

Tous ceux qui ont besoin de rallumer la flamme divine qui sommeille en eux. En rallumant cette flamme, vous vous brancherez directement à la Source. Vous serez moins envahis par des sentiments négatifs, et ce, étant donné qu'une des missions des Anges du Chœur des Séraphins est d'éliminer vos émotions négatives et de les changer en émotions positives.

Tous ceux qui éprouvent de la difficulté sur le plan affectif. Les Anges Séraphins sont pur Amour et ils désirent rallumer la flamme d'amour en vous et autour de vous. Ils vous aideront à trouver l'amour véritable.

Tous les enfants Séraphins qui éprouvent des difficultés dans leur vie devraient prier ce Chœur. Le rôle de ces Anges Séraphins sera de vous aider et de vous donner le courage de mener à terme votre dernière étape. Ces Anges vous guideront vers les chemins les plus lumineux. Ainsi, vous éviterez de chuter et d'être obligés de recommencer une incarnation.

La vibration du Chœur des Séraphins (Comment les ressentir?)

Le Chœur des Séraphins est comme un soleil qui brille si fort que le feu apparaît. Nous sommes comme un feu qui pétille dans le foyer et qui réchauffe la pièce. La flamme paisible qui jaillit du bois d'un feu de foyer et la chaleur qui s'en dégage représentent notre vibration. Ce feu réchauffe le cœur et le corps, mais aussi l'âme. Nous aimons également être représentés comme un rassemblement d'amis autour d'un bon feu de camp. Les gens y chantent et ont le cœur joyeux. Certains s'y réchauffent ou se laissent tout simplement bercer par l'odeur et le pétillement des branches. Nous sommes chaleur, nous sommes joie, nous sommes harmonie. Et, lorsqu'on demande de l'aide aux Anges du Chœur des Séraphins, ils allument la flamme en vous et réchauffent votre cœur. Ils vous font entrer en transe, tomber en extase. Tout votre être est en extase au contact de leur chaleur, au contact de leur vibration.

Tous les gens nés au sein du Chœur des Séraphins puiseront leur énergie dans le feu. Quand ces êtres manquent d'énergie, se sentent fatigués et épuisés, nous leur conseillons de faire un feu de foyer ou un feu à l'extérieur. Ce geste galvanisera toutes leurs énergies autant à l'intérieur d'eux qu'à l'extérieur, éliminera tous leurs doutes, nettoiera le négatif et le brûlera pour faire place à une flamme de joie qui jaillira en eux. Bref, un feu alchimique qui purifie.

Les Séraphins sont un peu comme le rayonnement intense d'un coucher de soleil rouge orangé. Quand le ciel est recouvert de cette teinte, c'est qu'ils y sont. Et, grâce à cette lueur intense, on peut constater le moment où ils descendent vers la Terre. En fait, il s'agit d'un ciel illuminé, non pas d'un ciel en feu. Nous sommes à l'image d'une comète qui passe rapidement. Le feu est un feu sacré, mais non pas destructeur.

Les grands sceptiques diront que ce phénomène est lié à une certaine densité qui forme telle ou telle luminosité. Ils peuvent dire ce qu'ils désirent. Pour les Séraphins, c'est simplement leur façon de dire qu'ils viennent sur Terre pour réparer les erreurs commises par les humains, leur montrer qu'ils les protègent et, plus précisément, pour rallumer la flamme divine qui sommeille en eux. L'individu qui rallume cette flamme, rallume également la flamme de l'amour. Ainsi, il ne sera plus envahi par des sentiments de haine et de destruction. Si tous les humains en faisaient de même, la Lumière jaillirait à nouveau sur la Terre et l'Ombre s'estomperait.

Le rôle des enfants Séraphins sur le plan terrestre

Les enfants Séraphins font avancer l'humanité. Ils sont des « éveilleurs de conscience ». Ils sont souvent appelés à être les porte-parole de grandes causes humanitaires. Ils ont le cœur sur la main et ils feront tout pour rallumer la flamme de l'espoir et de l'amour sur Terre. Ils ont la parole facile et ils sont très convaincants lorsqu'ils débattent une cause qui leur tient à cœur. La communication est donc très importante pour eux, et ce, étant donné qu'ils aiment parler. Toutefois, ils ne savent pas toujours écouter. Cela représente leur plus grande faiblesse.

Ces enfants Séraphins propagent le don de l'entraide, du partage et du dévouement. Ils sont dévoués aux autres et ils sont toujours en train d'aider tout le monde, sans rien demander en retour. Ils possèdent une bonté incommensurable. Ils captent rapidement l'énergie qui circule autour d'eux. Ces êtres se font souvent connaître parce qu'ils ont une force, un charme particulier. Ils séduisent leur entourage par leur fougue et leur vivacité d'esprit. Rien de mieux qu'un enfant Séraphins pour chanter l'amour. Plusieurs d'entre eux possèdent une voix d'or qui peut facilement les propulser au sommet de la gloire. Malgré leur célébrité, ces êtres demeureront humbles et ils seront conscients de leurs origines, s'ils demeurent dans la Lumière. Le danger, toutefois, c'est qu'ils succombent à la tentation, qu'ils soient assimilés par l'Ombre. Cela représente l'une de leurs faiblesses. Toutefois, engagés sur la bonne voie, ces êtres deviennent des missionnaires, des prophètes, de grands sages.

Sachez toutefois que les Séraphins sont très difficiles à comprendre par les gens qui les côtoient. Ils ne sont pas accessibles facilement. C'est normal puisque leur évolution spirituelle est très élevée. On pourrait dire qu'ils sont dans un monde à part. Ils ont aussi le privilège d'être en contact avec le Plan Divin.

La faiblesse de l'enfant Séraphins quand il n'est pas en harmonie avec son plan de vie

Cet enfant est un vrai vampire d'énergie et un vrai diable! Il est le contraire de l'enfant qui grandit dans la Lumière. Il vit aux dépens de tout le monde. Il cherche à contrôler les membres de son entourage et il réussit à les manipuler de façon diabolique. Et lorsqu'il n'obtient pas ce qu'il veut, il fait des crises hystériques. Il devient menaçant et enragé. Alors, son entourage le fuit et il a de la difficulté à comprendre pourquoi. Au lieu d'aller à la source du problème, il le fuit en accusant les autres d'un manque de communication. Il est impatient, têtu, borné et irrespectueux. Il cherche à avoir raison à tout prix.

Sa plus grande faiblesse, c'est de toujours vouloir être le premier, le meilleur. Il cherche le prestige, le pouvoir et l'argent. Il aime dominer les autres avec son intelligence. Il laisse rarement la chance aux autres de s'affirmer. Il leur coupe souvent la parole pour mieux détailler son propre point de vue. Il critique les autres dans leur façon d'agir, de se vêtir. Il se laisse donc dominer par des sentiments d'Ombres qui, avec le temps, le détruiront physiquement, moralement et émotionnellement. De plus, il n'est même pas conscient qu'il est dans l'Ombre, il pense qu'il est Lumière et que tout le monde est Ombre. Les Êtres de Lumière auront parfois de la difficulté à faire comprendre à ce Séraphins qu'il est dominé par l'Ombre. Il ne voudra pas l'accepter.

Son plus grand défi sera de se l'avouer à lui-même. Nous conseillons donc aux Séraphins, qui se reconnaissent en lisant ces lignes, de prendre conscience du pouvoir qui existe en vous. Les Anges du Chœur des Séraphins vous aideront à rallumer la flamme divine en vous afin que vous puissiez vous brancher avec votre Source de Lumière.

Que devez-vous faire pour être en harmonie avec votre plan de vie?

D'abord, priez votre Ange, car il est celui qui peut mieux vous faire découvrir qui vous êtes et vous ramener vers le droit chemin. Puis, commencez par vous respecter : respectez vos limites et vos capacités. Ensuite, respectez votre prochain : respectez ceux qui n'ont pas votre intelligence ni vos expériences de vie.

Il ne faut pas oublier que le Chœur des Séraphins est la dernière marche, la plus importante à franchir. Si vous trébuchez en cours de route, vous pourriez vous retrouver à la case départ, située au premier plancher avec les Anges. Il est certain que, rendu à cette étape de votre incarnation, ce n'est pas ce que vous désirez. Alors, il est temps de prendre votre vie en main et de changer votre attitude par rapport aux autres. Votre vie s'en portera mieux.

L'enfant du Chœur des Séraphins

Il est dit que le Chœur des Séraphins est le Chœur des puissants et, effectivement, tous les êtres qui naissent dans cette énergie sont très puissants. Ce sont des enfants intelligents. Ils possèdent du cran, de la détermination et de l'énergie à revendre. Ils sont turbulents et ils bougent continuellement. Cela n'est pas de tout repos que d'élever ces enfants. Ils ont un grand besoin d'attention, d'amour et de tendresse. S'ils en manquent, ils feront tout pour attirer l'attention vers eux. Ces êtres sont parfois très difficiles à cerner. Il est important pour les parents d'enfants Séraphins de prendre le temps de les écouter. Ils ont besoin de parler, d'exprimer qui ils sont. Si les parents ne prennent pas le temps de se consacrer à ces enfants, ils auront de la difficulté à les élever convenablement.

Ce sont des enfants de feu, d'amour et d'une grande sagesse, des enfants qui seront capables de percevoir au-devant des événements. Ces enfants deviendront des adultes qui bougeront, qui déplaceront des montagnes. Ils seront aptes à relever les plus grands défis de la vie.

Ces jeunes Séraphins sont expressifs, spontanés et dynamiques. Ils aiment s'amuser, rire et jouer. On peut souvent les entendre chanter et danser. Dès leur jeune âge, ils ont la passion de la musique et de la danse. Ils sont des artistes dans l'âme et plusieurs de ces enfants Séraphins deviendront des artistes qui connaîtront un énorme succès.

Le jeune Séraphins peut réussir tout ce qu'il entreprend en autant qu'il a l'appui de ses parents. Ce jeune Séraphins a besoin de les sentir présents. Il a besoin des mots d'encouragement de leur part. S'ils lui donnent ce temps, cet encouragement, ils feront un enfant heureux qui s'épanouira avec sagesse. Il sera bon à l'école, respectueux et engagé. Ainsi, lorsqu'il est bien encadré, le jeune Séraphins ira au sommet des événements de sa vie. Tout ce qu'il entreprendra sera synonyme de succès. Voilà donc l'importance pour les parents de bien l'encadrer, et ce, dès son jeune âge. Toutefois, si les parents le négligent, ils le perdront en cours de route. Il se laissera envahir par toutes les situations d'Ombres qui se présenteront à lui. S'il se perd, il sera difficile de le ramener vers le droit chemin. Il aura perdu confiance en ses parents, confiance en la Lumière et en la vie.

L'adulte du Chœur des Séraphins

Les êtres qui appartiennent au Chœur des Séraphins sont avant tout des artistes dans tous les sens du terme. Quand ils se consacrent à un projet, à un art, ils l'amènent jusqu'à sa réalisation. Tous ceux qui appartiennent à ce Chœur connaîtront le succès. En fait, tout ce qu'ils touchent se change instantanément en réussite. Par contre, l'amour ne sera pas toujours instantané. Le Chœur des Séraphins en est un d'amour; vous êtes des enfants d'amour. L'amour est votre force, mais elle est aussi votre faiblesse.

Il serait important que ceux qui font partie de ce Chœur regardent l'amour et sentent cet amour, car ce qui prime pour eux au sujet de l'amour, c'est la beauté; l'aspect « coup de foudre », l'instant magique dans leurs yeux. Mais cet instant magique peut parfois virer au cauchemar! Il faudra alors apprivoiser l'amour. Il faudra accepter le fait que l'amour n'est pas nécessairement parfait parce que ces êtres recherchent la perfection même. C'est la raison pour laquelle ils se retrouvent souvent seuls n'ayant personne avec qui partager leur vie, leurs émotions et leurs états d'âmes. Il n'est pas rare de retrouver, parmi ces enfants Séraphins, des célibataires endurcis. Ils rêvent d'un amour presque impossible. Un amour qui n'existe que dans les contes de fées!

Ces enfants Séraphins sont de grands craintifs par rapport à l'amour. Ils ne donnent pas leur cœur facilement et ils ont de la difficulté à bien exprimer leurs émotions. Il leur est alors difficile de se faire comprendre par les enfants des autres Chœurs. Pourtant, ces êtres ont tant besoin d'amour, de tendresse, de caresses et d'affection. Souvent, pour compenser ce manque d'amour, plusieurs enfants Séraphins dirigeront leur affection vers un animal de compagnie. Ils seront aussi très dévoués envers leurs enfants et leurs amis. Si un jour cet enfant Séraphins laisse l'amour entrer dans sa vie, il sera dévoué, épanoui et rempli de bonheur.

Sachez que les Séraphins seront aussi attirés par un conjoint qui aura une grande différence d'âge. Ils semblent davantage attirés par des personnes qui, physiquement, sont attrayantes à leurs yeux. Ils choisissent aussi volontairement des êtres qui les prendront sous leurs ailes.

Les Séraphins remarquent davantage le corps physique de l'humain que son âme. Ceci semble paradoxal puisque ces êtres ont une âme pure et très élevée, mais ils sont davantage portés à regarder la beauté physique au détriment de l'âme. Lorsqu'ils apprendront à regarder l'âme au lieu du corps physique, ils aimeront davantage l'âme qui se trouve devant eux. Les personnes nées dans ce Chœur sont habituellement de belles personnes. Elles se regardent souvent dans le miroir pour s'assurer que tout s'agence bien. Les êtres de ce Chœur, autant pour la gent masculine que féminine, seront portés à faire de l'exercice physique pour maintenir leur corps en forme, mais aussi pour attirer les regards. Ce n'est pas pour rien que nous vous appelons « les flamboyants ». Vous flamboyez, resplendissez de tous vos feux.

Le Chœur des Séraphins comporte des gens très intelligents, très éveillés sur le plan de la spiritualité. Sachez qu'ils seront attirés davantage par la sensualité plutôt que par la sexualité. Ils sont le Feu de la Lumière Divine et quand un Séraphins vient vers vous, vous ne pouvez pas le manquer. Vous le voyez venir de très loin et nous aussi, car il flamboie de par sa personnalité. Il en est de même pour les Anges qui appartiennent au Chœur des Séraphins. Tous les Anges qui font partie de ce Chœur sont flamboyants. Ils sont comme des feux follets.

Tous les enfants du Chœur des Séraphins sont des êtres très intuitifs qui auraient avantage à écouter ce sixième sens. Toutefois, la faiblesse de ces enfants est d'avancer soit avec le cœur, soit avec la tête. Leur défi est d'équilibrer ces deux tendances pour harmoniser leur âme. Sachez que l'intuition peut aussi tomber dans le piège de l'impulsion autant que dans celui de la rationalisation excessive. La mission première de l'intuition est de guider l'être dans ses avancées; elle ne doit pas dérouter. Lorsqu'elle est en équilibre, elle éclaire les gens, mais lorsqu'elle est mal gérée, elle peut provoquer bien du tort; autant à eux-mêmes qu'à ceux qui les entourent.

L'Archange Metatron

Metatron est le chef de tous les Archanges et de tous les Anges. Dieu l'a créé pour qu'il supervise le travail des Archanges et des Anges. Il s'apparente à Melkisédeq sauf que ce dernier a déjà eu un corps humain et il est capable de ressentir la vibration humaine. Metatron est une énergie puissante de Dieu qui n'a pas eu de vies humaines propres à lui, **mais qui a été créée pour connaître l'humain.** Il a été créé, avant tout, pour aider les Archanges et les Anges dans leur Plan Spirituel ainsi que pour harmoniser la relation qu'ils entretiennent avec les humains. Autrement dit, quand Dieu n'est pas disponible, Metatron, lui, l'est.

Metatron remplace Dieu pour ainsi dire quand ce dernier ne peut pas venir vers ses Anges et ses Archanges. Metatron possède une puissance énorme, très spirituelle avant tout, car il ressemble à Dieu. Il ressent la vibration de Dieu. Il peut prendre la relève quand Dieu ne peut pas être là. En lisant ces lignes, vous allez peut-être vous demander pourquoi Dieu ne pourrait-il point être présent? Il est si puissant, alors pourquoi quelqu'un d'aussi puissant ne peut pas toujours être disponible? Parfois, sachez qu'il a aussi le goût de se reposer comme un humain. Il vous taquine, évidemment! Il veut tout simplement laisser à Metatron ce qui est à Metatron et laisser à ses Anges ainsi qu'à ses Archanges leur travail respectif. Le travail d'équipe est très important pour eux.

Une équipe doit demeurer une équipe. Quand toute cette équipe est unie, c'est ce qui forme l'infini. Un être qui s'accroche à l'autre, et un autre qui s'accroche au suivant, tel est l'Arbre Séphirotique. C'est comme une chaîne. Il n'y a donc aucune place pour se désister puisque l'énergie ne forme qu'UN. C'est la raison pour laquelle il est important pour Metatron de remplir le rôle pour lequel il a été créé.

Metatron est une forme de Lumière puissante, éblouissante. Il n'a donc pas de forme comme telle, il est tout simplement une grande force. Sachez toutefois que Metatron peut prendre le corps, la forme et la dimension qu'il désire. Ses couleurs vibratoires sont celles de l'arc-en-ciel puisque ce dernier possède toutes les couleurs de tous ceux qu'il dirige. De toute son énergie émanent des rayons d'or, de feu et de pourpre, bref, de spiritualité. Sachez qu'il aime toutes les couleurs, car il est avant tout le tronc, le pilier de chacune de ces énergies. Il est le rayon de tous ceux qu'il dirige, soit les Anges et les Archanges;

parce qu'il ne prend pas soin des humains proprement dits. Par contre, il lui est permis d'emprunter temporairement un corps pour aider l'humain dans son évolution spirituelle.

Les humains ont de la difficulté à percevoir Metatron puisqu'il travaille de très près avec ses Anges et ses Archanges. Il est donc moins présent auprès des humains. Par contre, sachez qu'il travaille sans relâche tout en s'assurant que ses Anges apportent aux humains ce dont ils ont besoin

On retrouve la syllabe « tron » dans son nom, car il est le tronc, la base, la souche, le trône de Dieu, la force de Dieu. Si un arbre n'avait point de tronc, cet arbre ne pourrait exister. Metatron est comme cet arbre. Il est le tronc, la force et la beauté qui aident les Anges et les Archanges à se tenir ensemble. Il est l'essence primordiale qui permet aux Anges et aux Archanges d'être la Source, d'être votre Source, votre puits d'énergie, votre puits de Lumière. Metatron est très puissant. Sa Lumière est aussi puissante que celle de Dieu. Mais en ce qui a trait à l'intensité de cette Lumière, elle est telle que seuls les Êtres de Lumière peuvent la voir.

Il faut tendre l'oreille pour entendre Metatron quand il est près de vous. Lorsqu'il vient vers un humain, on doit écouter puisque sa vibration se déplace avec le bruit… comme le bois qui crépite. Il veille à ce que ses disciples (les huit Anges sous sa régence) soient en force, en énergie, pour pouvoir aider l'humain. Sachez aussi que Metatron prend soin du Livre de la Vie, des Écrits de la Vie et qu'il connaît le chemin de chaque âme et la vie de celle-ci. Aidé de l'Archange Sandalphon, Metatron est celui qui prend la décision de chaque être : la décision de l'incarnation.

Metatron est comme Dieu. Savez-vous qu'il a déjà emprunté par « canalisation » un corps humain pour aider l'humanité? Dieu a dit que Metatron fut celui qui a emprunté le corps du prophète Hénoch. Metatron a temporairement emprunté son corps et il est revenu ensuite reprendre sa place auprès de Dieu. Il a œuvré pour aider l'humanité et pour rédiger ses Écrits. Il a donc guidé Hénoch dans ses écrits. Dans la Bible, dans les Saintes Écritures, plusieurs Êtres de Lumière, plusieurs Archanges, ont emprunté temporairement le corps d'un être humain pour leur permettre d'écrire une page de l'humanité. Tous ces êtres ont rédigé des psaumes remplis de Lumière. Ensuite, ces Êtres de Lumière sont revenus vers la demeure du Père, de Dieu.

Cependant, Dieu veut aussi que vous sachiez que l'Ombre a également utilisé des humains pour rédiger certaines parties des Saintes Écritures. Ces écrits font de Dieu un être puissant, mais effrayant. Il est écrit que si vous désobéissez à Dieu, Il vous punira. Et pourtant, Dieu est tellement amour, compréhensif, alors pourquoi vous punirait-Il? Si vous lisez des passages dans la Bible, les Saintes Écritures, et qu'il est écrit que Dieu va vous punir si vous ne faites pas telle ou telle chose, alors sachez que ces écrits ne viennent pas de la Lumière. Dieu cherche à créer, à embellir et à rendre heureux les gens de la Terre. Toutefois, il est important de mentionner que ces Écrits appartiennent à un passé lointain, à des cultures différentes des nôtres. Dans le fond, il s'agit juste de comprendre que certains enseignements dans la Bible sont vieillis.

Le rôle de Metatron, de cette divinité, de cette énergie flamboyante, est de prendre soin de l'âme des humains, mais aussi de celle des défunts, de ceux qui ont quitté la Terre. Il prend soin également de l'âme dans son essence : qu'elle soit dans un corps humain, dans sa vibration d'âme ou même dans un corps animal.

Certains pensent même que Metatron est Dieu. Sa puissance et l'essence de son être ont permis de penser qu'il était Dieu. Il n'est point Dieu, mais semblable à celui-ci, car Dieu lui a donné tous les pouvoirs nécessaires pour prendre soin des humains et des âmes. Tel est son rôle. Il connaît tout : il est celui qui garde le Livre de l'Humanité, de la création de la Terre, de ses débuts… et peut-être aussi de sa fin. Alors sachez qu'on peut prier Metatron pour le bien de l'humanité. On peut le prier comme on prie Dieu, puisqu'il est semblable à Dieu.

Metatron est le patron du Chœur Angélique des Séraphins : il en est l'Archange recteur. Il dirige tous ses disciples, les Anges, et il donne à chacun d'eux la force afin qu'ils puissent apporter l'amour ainsi que le respect à tous les enfants sous son aile. Metatron a huit enfants, huit disciples. Ses Anges sont dans l'ordre suivant : Vehuiah, Jeliel, Sitaël, Elemiah, Mahasiah, Lelahel, Achaiah et Cahetel.

1 – VEHUIAH (du 21 au 25 mars)

Vehuiah est le premier des Anges à avoir été conçu dans l'énergie de Metatron pour permettre à l'être humain d'apprendre à aimer. Vehuiah est remplie d'amour; il y a de l'or tout autour d'elle. Elle est d'une grande Lumière. Elle a de grandes ailes. Elle est aussi très grande. Parfois, elle porte une robe blanche comme le blanc pur de ses ailes. Elle aime ses longs cheveux qui ondulent tout le long de son corps angélique. Vehuiah est très gracieuse.

Dans le Chœur des Séraphins, tous les Anges ont six ailes et peuvent prendre le corps d'un être humain comme celui d'un animal. Cela leur est permis. Vehuiah aime être perçue comme une oie blanche, comme un cygne blanc d'une grande élégance. Chaque geste qu'elle fait est comme une danse. Chaque aile qui se déplie vers l'humain est comme une musique douce à son oreille. Elle avance doucement vers l'humain; elle chuchote à son oreille quand elle est près de lui. Aussi, tous les enfants sous sa gouverne sont des enfants très gracieux.

À l'occasion, elle aime prendre le corps d'un enfant quand elle vient vers l'humain. Elle aime les fleurs blanches et roses. Quand ses enfants ont dans leur maison des bouquets de fleurs, elle y met son énergie, son nez angélique, car elle aime l'odeur des fleurs. Elle dit à ses enfants : « Quand je viens vers vous, j'apporte l'odeur des fleurs. » Elle est puissante et très belle, un vrai rayon d'énergie pur entouré d'étincelles dorées. L'Ange Vehuiah est ainsi. Elle aimerait être perçue de cette façon. Mais chacun de ses enfants peut la percevoir comme il le veut.

Vehuiah est un « Dieu élevé et exalté au-dessus de toutes choses ». Elle ne fait rien comme les autres. Sachez que tous les enfants nés sous son énergie ne feront rien comme les autres. Ils seront fondamentalement différents des autres et feront toujours mieux que quiconque. Elle aime donner à ses enfants une énergie profonde pour qu'ils puissent aller plus haut, voir plus loin.

Melkisédeq trouve que cela peut être un petit défaut d'être aussi perfectionniste. Mais Vehuiah lui répond : « Maître, ne vous inquiétez point, car je donne l'amour à mes enfants et je leur montre comment aller plus haut, mais comment aller plus haut dans la simplicité de leur âme. Je leur donne la force de reconnaître qu'il faut faire un pas à la fois, mais qu'il faut faire un bon pas. Il s'agit de ma mission avec l'être qui est sous ma gouverne. »

Vehuiah tient dans ses mains le parchemin de la vie de chaque enfant sur qui elle veille. Elle le regarde et regarde aussi la vie de cet humain. Elle le referme ensuite très rapidement, avant que l'Archange Michaël ne vienne voir ce qui est écrit sur le parchemin. Elle dit qu'il est très curieux. C'est la raison pour laquelle elle se hâte de le refermer chaque fois qu'elle aperçoit l'Archange Michaël.

Dans le Chœur des Séraphins, Metatron est l'Archange recteur, mais il est aussi celui qui garde le Livre des Humains. Il permet à ses disciples, à ses Anges, d'avoir le parchemin de chacun de leurs enfants. Il s'agit d'un privilège accordé à ses Anges, mais aussi aux humains nés sous ce Chœur. Les Anges peuvent facilement voir si nous sommes orientés vers notre chemin de vie étant donné que c'est la dernière marche, la dernière étape, avant d'atteindre le sommet ou la Maison de Dieu.

Vehuiah aide ses enfants dans leur sagesse, dans leur amour : c'est le cadeau qu'elle leur offre. Son désir le plus cher, c'est de les voir heureux et amoureux. Son rôle est primordial sur le plan de la vie amoureuse de ses enfants. Sachez que la faiblesse de l'être sous sa gouverne est qu'il aura de la difficulté en amour, qu'il aura de la difficulté à trouver l'amour véritable. La faiblesse de cet être est de toujours chercher l'amour véritable. Quand il trouvera, il aimera, mais la petite flamme à l'intérieur s'éteindra rapidement. Il a soif d'aimer et soif de se faire aimer. Nous disons à tous ces êtres de prier Vehuiah, qui leur donnera cette force, cette force de voir que l'être qu'ils aiment peut rester dans leur vie pendant des années. Et surtout que cette flamme peut scintiller pendant tout ce temps.

Vehuiah donne également à ses enfants le pouvoir de la séduction. Elle leur offre ce pouvoir, car ceux qui sont dans le Chœur des Séraphins, sous sa gouverne, sont parfois très timides. Ils sont très bavards, parlent de tout, mais en amour ils sont très timides, effacés même. La confiance leur fait défaut sur le plan de la séduction. Alors, Vehuiah leur donne ce pouvoir, cette force. Pourtant, ces êtres séduisent tout le monde, mais quand l'amour arrive à proximité… ceux-ci s'effondrent. Elle donne ainsi cette force pour que le cœur de l'être que vous séduisez soit aussi séduit par vous.

Vehuiah veille aussi à ce que la personne soit aimée comme s'il s'agissait d'un premier amour. Tous ceux sous sa gouverne sont des êtres qui ont besoin de vivre le coup de foudre. La flamme qui est en eux est instantanée. Hélas, cette flamme meurt aussi vite qu'elle s'est allumée. Alors, Vehuiah donne à ces êtres la possibilité que cette flamme se rallume continuellement, comme s'il s'agissait d'un premier amour.

L'Ange Vehuiah doit apporter le bonheur à chaque cœur humain. Elle veut transmettre à chacun de ses enfants un cœur heureux, un cœur joyeux qu'il pourra transmettre à son prochain et ainsi de suite, ce qui amènera dans le monde une illumination. En ce qui concerne la spiritualité, Vehuiah donne à celui qui n'a pas confiance en Dieu l'illumination de l'âme en lui apportant la Lumière et la chaleur que Dieu peut lui donner. Vehuiah apporte aussi l'illumination spirituelle à toute l'humanité. Sa priorité est de travailler pour l'être humain. Elle l'aide aussi à illuminer la planète. Cet Ange fait de tous ceux qui sont sous sa gouverne des êtres parfois importants en les amenant vers la célébrité, vers une certaine forme de notoriété. Elle les aide ensuite à illuminer, à rayonner sur toute la planète la sagesse de leur grandeur d'âme.

Vehuiah est la Lumière dans l'Ombre. Tous ceux sous la gouverne de Vehuiah verront les Ombres. Elle apportera la Lumière à ceux qui sont dans l'Ombre, elle ravivera leur Lumière. Ces enfants sont donc des « éveilleurs de conscience ». Notons que les gens nés sous la régence de Vehuiah sont des êtres gracieux s'exprimant beaucoup avec leurs mains. Ils ont une personnalité flamboyante!

2 – JELIEL (du 26 au 30 mars)

Jeliel est un « Dieu secourable », car il aide les humains à régler tous les ennuis qu'ils peuvent connaître. Jeliel est un Ange semblable à une roue de secours en cas de crevaison. Il est celui qui vient vous secourir quand vous êtes en panne. Ses ailes sont tellement grandes qu'elles abritent presque tous ses enfants. C'est la raison pour laquelle il peut les couver continuellement. Cet Ange aime être perçu comme un être colossal. Il est joufflu, rond et quelque peu costaud. Il prend ses grandes ailes et aime les refermer en boule pour méditer sur l'aide qu'il apportera aux autres. Il ressemble quelque peu à un bouddha en raison de sa rondeur. Le regard qu'il pose sur les humains en est un de Lumière qui jaillit de ses yeux, ce qui lui permet de voir ses enfants et de les aider au moment opportun.

Jeliel est un Ange d'amour, car il permet à chaque être de trouver l'âme sœur, de trouver la personne qui lui conviendra le mieux pour bâtir une union solide. Le prier vous apportera tout ce dont vous avez besoin, et ce, de façon instantanée. Sa bonté est incommensurable, remplie de compassion et d'amour.

Ceux qui se trouvent dans son énergie seront des enfants affectueux, des enfants qui chercheront l'amour. Cependant, le désir de toujours aimer, de toujours vouloir plaire aux autres pourrait être dangereux. Les êtres nés dans ce Chœur sont de grands amoureux. Ils ont beaucoup d'amour à donner et à recevoir. Jeliel leur donne donc le pouvoir d'amour, le pouvoir d'aimer leur prochain et de l'aider. Mais quand ces enfants grandiront et qu'ils essaieront de trouver l'amour véritable, cette quête sera parfois une recherche utopique de la perfection. Ils risquent alors d'être à la recherche de cet amour impossible pendant une bonne partie de leur vie. Certains, toutefois, le trouvent dès leur plus jeune âge.

Ce que nous aimerions dire à tous les enfants nés sous la gouverne de Jeliel, c'est que l'amour est important, mais que l'amour parfait n'existe pas. En fait, l'amour parfait est en vous-mêmes et c'est vous-mêmes qui le travaillez. Il n'est pas extérieur à vous, il n'est pas dans le cœur d'une autre personne. Soyez amour et vous verrez que le partenaire qui partage vos émotions deviendra aussi amour puisque Jeliel vous a donné la qualité d'aimer et de faire fructifier cet amour.

Ainsi, Jeliel donne de solides fondements à ses enfants : le don d'aimer et le pouvoir d'aimer. Il leur accorde le don de transmettre aux autres l'amour qui vit en eux. Ne cherchez donc pas la perfection dans l'amour de votre partenaire, car si vous cherchez cette perfection, vous serez malheureux. Par contre, si vous partagez tout cet amour qui vous a été donné, vous serez heureux durant toute votre vie terrestre.

Jeliel développe l'amour universel et la paix. Cet Ange n'aime pas les disputes, les querelles, les batailles. Il apporte à ses enfants la paix du cœur et le goût d'aider son prochain afin que celui-ci puisse transmettre à son tour ce goût d'entraide. Cette mission est importante pour l'humain et pour l'humanité, car Jeliel fait en sorte que tous ses enfants grandissent dans l'abondance de l'amour et du respect.

Cet Ange nourrit un respect éblouissant pour ses enfants puisqu'il ne juge pas. Il prend le temps de voir ce qui ne va pas avec ses rayons de Lumière afin de venir en aide à ses enfants. Il s'apparente à une maison spécialisée qui vient à votre rencontre en vous apportant, à la suite de votre demande, l'aide dont vous avez besoin. Lorsqu'on le prie, il se dirige automatiquement à l'endroit où il est appelé pour aider son enfant.

Il régit aussi le pouvoir de concrétisation et pose de solides fondements afin que chacun de ses enfants puisse avancer sans trébucher. Si ses enfants trébuchent, il les aide à se relever sur-le-champ. Par contre, si ceux-ci ont commis une bêtise et que l'Archange Michaël, par l'entremise de Dieu, doit leur donner une leçon, Jeliel soutiendra ses enfants durant l'épreuve, mais ne pourra pas aller à l'encontre de la loi de l'Archange Michaël.

Sachez que chaque Ange aide ses enfants et les protège. Toutefois, si une leçon de vie doit être apprise, l'Ange ne peut pas aller à l'encontre de la parole de Dieu ni de celle de Metatron ou de Melkisédeq. Il peut, par contre, se faire juge et travailler pour que son enfant puisse traverser cette épreuve. Et si Dieu accepte, l'aide de cet Ange sera immédiate.

Les enfants nés sous la gouverne de Jeliel sont aussi très intelligents. Ce sont des enfants très communicatifs. Ce sont des êtres réservés et toujours prêts à aider leur prochain.

3 – SITAËL (du 31 mars au 4 avril)

Sitaël est un Ange très grand et élancé. On pourrait dire qu'il est quelque peu narcissique, car il se trouve beau et adore s'admirer. Il est grand de même que bien dessiné. Ses ailes sont magnifiques. Elles sont d'un blanc pur, immaculé, et bordées de couleurs vives. Il est effectivement parfait dans sa physionomie. Parfois, ses enfants ont quelques kilos en trop et cela les dérange, parce qu'ils veulent un corps parfait à l'image de leur Ange. Il est vrai que cet Ange est d'une très grande beauté.

Tous ses enfants ont une belle personnalité. Ce sont des êtres qui ont du tact et de la persévérance. Ses enfants sont fiers et ne sortent jamais si leur tenue vestimentaire n'est pas impeccable. Les dames nées sous sa gouverne disent qu'elles ont un ventre saillant et pas assez de volume au postérieur… Toutefois, ces dames sont très jolies.

Les hommes, eux, chercheront à être le Dieu de ses dames. Ils voudront être celui dont toutes les dames raffolent. Sachez qu'ils sont grands, élancés et qu'ils ont de très beaux yeux. Les enfants de Sitaël se démarquent par la beauté de leur sourire, leur éclat de rire et la façon dont ils s'expriment à travers le rire. Ils seront un peu gourmands; ils aimeront la bonne bouffe. Et flattez donc votre petit ventre, il disparaîtra de lui-même. Essayez donc de vous aimer comme vous êtes.

Et si vous en êtes incapables, sachez que Sitaël aidera tous ceux qui le prieront à redorer leur personnalité.

Les enfants de Sitaël aiment aussi s'exprimer par la parole. Ils adorent parler, mais se feront souvent couper la parole, car il leur arrive fréquemment de parler pour le plaisir de parler. Ils aiment éveiller l'attention d'autrui; ils sont comme des enfants uniques pour qui l'on doit abandonner nos tâches immédiates afin d'écouter leurs demandes « urgentes ».

Sitaël est un « Dieu, espérance de toutes les créatures » puisqu'il donne à tous ceux qui le prient, y compris à ses protégés, l'espoir d'un monde meilleur. L'un des buts importants de cet Ange est de construire un monde meilleur. Sitaël désire que les gens puissent s'entraider, alors il donne à tous ceux qui le prient les outils pour construire ce monde meilleur. Ces outils vous permettront de construire votre vie sur de solides fondements et d'orienter votre vie vers un monde meilleur. « Je veux dire à l'humain qu'il ne faut jamais se résigner, qu'il faut garder l'espoir d'être et de vouloir être. » Il donne l'espoir, mais ce sentiment doit aussi devenir réalité. Si chacun gardait espoir et que chacun travaillait en faveur de l'amour et du bien-être de tous, il n'y aurait plus de guerre sur la Terre. Seuls l'amour et la paix régneraient dans le cœur des humains.

Sitaël leur dit de ne pas perdre espoir et de foncer. C'est un Ange qui aime construire des plans dans les moindres détails. Il aime que ses enfants construisent leur propre plan de vie. Il leur donne tous les outils nécessaires pour parvenir à élaborer ce plan. Et il apporte dans chacun de vos cœurs, dans chaque âme, l'espoir de grandir et les moyens de croire en vous.

Sitaël est près de Melkisédeq. Il a accepté de construire un monde meilleur avec lui. Metatron est aussi en harmonie avec Sitaël, car il apprécie l'aide que celui-ci donne à ses enfants en plus du fait qu'il prend le temps d'aider Melkisédeq dans sa cause humanitaire. Sitaël aide chacun de ses enfants et les gratifie du respect de son prochain et du don de l'entraide. S'il donne à ses enfants le respect des autres, le pouvoir de les aider, chaque personne qui recevra l'aide de ses enfants sera assurément charmée par cette aide, appréciera cette aide, et cherchera à faire de même. Ce qui lui a été donné aura valeur d'exemple. Sitaël aide à développer la personnalité des êtres, de ses enfants, pour que ceux-ci puissent prendre conscience de qui ils sont. Il aime quand quelqu'un est sûr de lui-même. Il leur donne de l'audace non pas pour détruire, mais pour construire un monde meilleur.

Cet Ange a aussi le pouvoir d'exaucer tous nos souhaits. Il travaille donc pour concrétiser ce que vous lui demandez. Sitaël n'a pas de limites quand il s'agit de désirs qui peuvent aider l'humain sur le plan de son âme et de son être. Il donne tout ce qui lui est possible de donner à l'être humain qui fait appel à lui, et ce, autant pour ce qui est des amours et des finances que pour le travail. Sitaël apprend à connaître qui vous êtes, évalue ensuite les besoins que vous avez formulés, acquiesce à vos demandes et les exécute.

L'Ange Sitaël est aussi l'Ange que l'on doit prier si l'on veut régler des problèmes liés au passé. Cet Ange a une mémoire incroyable; il se souvient de tout. Vous ne pouvez pas lui mentir, car il s'en souviendra. L'Ange Sitaël peut aller très profond dans votre mémoire pour faire remonter les souvenirs. Il permet aussi à ceux qui ont de graves ennuis de retourner dans le passé pour les régler une fois pour toutes.

Il est l'Ange que doivent prier toutes les victimes de viol ou de violence physique. Il leur permet de retourner en arrière et de prendre conscience de l'acte, de le guérir, pour ensuite avancer sur un chemin beaucoup plus lumineux. Il remplit votre vie d'amour, d'espoir et de paix pour que vous puissiez l'apporter aux autres. Sitaël est donc un Ange important pour ceux qui ont été victimes de blessures humaines et physiques ainsi que pour ceux qui ont subi de graves traumatismes.

4 – ELEMIAH (du 5 au 9 avril)

Elemiah est un « Dieu caché » parce qu'elle se trouve dans le cœur des êtres humains. Elle s'y cache pour permettre à chaque être d'exploser de Lumière. Ses ailes sont magnifiques et empreintes d'une grande douceur. Elles sont d'un rose pâle luminescent et de couleur violette. Son prénom se prononce tout doucement. Elle aimerait être perçue comme de la soie au toucher. Elle aimerait que ses enfants la voient comme de la ouate, comme la douceur même. C'est ainsi qu'est la vibration de ce magnifique Ange.

Chacun des mouvements d'Elemiah est fait tout en douceur comme de la soie qui glisse sur votre main. Son parfum préféré est le lilas. Sachez que si vous humez cette odeur près de vous, c'est qu'Elemiah y est aussi. Notez aussi que Vehuiah et Elemiah ont une grande complicité. Ensemble, elles font une explosion d'étincelles. Lorsque l'Ange Mahasiah se joint à elles, ces Anges vibrent et produisent une énergie extraordinaire. Lorsqu'elles se retrouvent, une explosion de Lumière se produit.

Elemiah dit qu'elle a un côté très « enfant », rempli de candeur, de joie et de paix. Parfois, quand elle vient vers l'humain, on ressent sa vibration comme s'il s'agissait d'un enfant ou d'un Ange très doux et très illuminé. Elemiah n'est pas un grand Ange, mais son pouvoir est immense. Elle aime travailler pour que ses enfants soient heureux.

Cet Ange est comme une Lumière dans le cœur de chaque enfant; elle illumine la route de ses enfants. Si vous la priez, vous verrez un rayon de Lumière venir vers vous. Elle sera ce rayon. Elemiah a le pouvoir d'aider les êtres qui vivent une période difficile en illuminant leur chemin de sa Lumière. Ceci aidera ses enfants à sentir sa vibration et à être en paix avec celle-ci. Elemiah veut semer le bonheur dans leur vie. Elle apporte à ses enfants des récompenses. Elle leur donne le pouvoir de concrétiser leurs projets et leur permet de retrouver la foi en Dieu et en les Anges.

Ceux qui naîtront sous la gouverne de cet Ange pourront la prier pour mettre un terme à un moment pénible à vivre. Elle les aidera à retrouver leur autonomie et leur harmonie. Cet Ange est indispensable dans le Chœur des Séraphins, car elle rayonne. Elle est la joie pure de tous ses frères et sœurs. Elle est en quelque sorte leur rayon de soleil. Lelahel, qui fait aussi partie de ce Chœur, est un Ange très talentueux. Il se plaît à regarder Elemiah dans sa douceur, car il dit qu'elle est une source d'inspiration pour lui.

Puisque Elemiah est un « Dieu Caché », tous ceux qui sont sous sa gouverne ne seront pas très bavards en ce qui concerne leurs émotions. Cependant, ils le seront sur tout autre sujet. En amour, ils seront certainement sur leurs gardes, puisqu'ils doivent observer et analyser. Pendant ce temps, ils ne sont pas bavards. Parfois, leurs paroles n'ont aucun sens; c'est tout simplement qu'ils essaient de camoufler une émotion. Ceux qui sont sous la gouverne d'Elemiah et qui vivent un chagrin d'amour parleront de tout autre sujet sans intérêt, pour finalement exprimer ce qu'ils ont dans leur cœur.

Elemiah régit aussi le pouvoir de réparer. Elemiah répare ce que vous avez brisé. Elle répare vos fautes et vous donne la force d'aller de l'avant et d'avoir confiance en vous, en vos paroles et en vos gestes. Une de ses forces est d'apporter à chaque être la solution qu'il recherche. Pour ce qui est de leur plan de vie, ceux qui ne prennent pas soin de communiquer avec leur Ange vont toujours se trouver en période de questionnement. Ces êtres vont chercher les réponses à leurs questions. Pourtant, la réponse se trouve simplement en eux, car Elemiah s'y trouve.

Cet Ange vous aide à mettre un terme à une période difficile et à en commencer une autre beaucoup plus heureuse. Ceux ayant un plan de vie sous sa gouverne sont des enfants qui vivront des périodes difficiles pour ne pas dire une vie difficile, et ce, jusqu'à ce qu'ils prennent conscience que leur Ange a le pouvoir de réparer les pots cassés et de ramener en eux le bonheur tant mérité.

Elemiah est un Ange de paix, un Ange très près du Divin. Elemiah est en rapport étroit avec Dieu; elle est l'un des Anges préférés de Dieu. Elemiah a comme mission de réparer ce que les humains ont détruit dans le but de créer un monde meilleur. Elle aide l'humain à s'élever spirituellement, d'où sa proximité avec Dieu. Elle travaille en harmonie avec Lui ainsi qu'en étroite collaboration avec Melkisédeq pour aider les êtres humains à vivre mieux et en paix. Elle a le pouvoir et la mission d'aider tous ses enfants, de leur donner l'illumination pour qu'ils puissent travailler l'amour dans leur plan humain.

Ainsi, elle travaille pour ses enfants ainsi que pour tous les enfants du monde qui demanderont son aide. Elle les aidera à retrouver leur foi, à aimer Dieu, à le respecter, mais avant tout, elle aidera l'humain à se respecter et à respecter son prochain. L'Ange Elemiah est important, car il veut le bien des êtres humains. Elemiah comprend pourquoi Melkisédeq veut travailler pour les humains, sa véritable passion.

5 – MAHASIAH (du 10 au 14 avril)

Mahasiah appartient aussi au Chœur des Séraphins. Elle est un « Dieu sauveur ». Mahasiah est grande et puissante. Elle est entourée d'énergie qui émane dans tous les sens. Ses ailes sont immenses et doublées d'autres ailes plus petites teintées de rose et de violet. Ce sont des teintes qu'elle aime. Sachez que tous les Anges ont des ailes pour voler, des ailes d'un blanc pur qui ne peut pas exister dans les yeux d'un humain. Tous les Anges ont des auréoles de couleur et certains Anges préfèrent certaines couleurs à d'autres. Ces couleurs angéliques ne sont pas les mêmes que les couleurs que voient les humains. Les couleurs des Anges sont d'une intensité pure, d'une couleur parfois indéfinissable pour l'être humain.

Mahasiah est un Ange qui ne veut pas voir souffrir les gens. Elle n'aime pas quand les gens pleurent. Elle est un Ange, avant tout, qui aime le sourire, qui aime la joie, qui aime voir ses enfants rire et être heureux. C'est un Ange qui permet à tous ses enfants d'échapper à leurs ennuis et à leurs problèmes. Alors, Mahasiah tend une main angélique à tous ses enfants et, dans cette main, elle leur apporte la solution pour régler leurs ennuis. Mahasiah est un Ange rempli d'énergie. Elle est un Ange qui trouve des solutions. Avec elle, tout peut être résolu. Cet Ange n'aime pas les gens inactifs. Elle donne à ses enfants l'énergie nécessaire pour qu'ils se sortent de situations embarrassantes ou difficiles.

Elle dit à ses enfants qu'elle les protège et qu'elle apporte dans leur cœur une grande bonté. Elle leur donne les moyens ainsi que la force pour régler leurs conflits et leurs problèmes. Sachez que ceux nés sous sa gouverne se retrouvent facilement dans des situations embarrassantes, conflictuelles et peuvent parfois être sans énergie. Alors, cet Ange a la bonté, la force et la capacité de sauver leur âme, mais aussi de sauver leur corps physique ainsi que leur cœur. Mahasiah est un Ange de douceur, un Ange de pureté, car son action est juste. Tous ceux qui la prieront trouveront une solution à leurs problèmes. Mahasiah les sauvera.

Mahasiah régit le pouvoir de l'équilibre et le rayonnement avec les autres. Cet Ange apporte à chacun de ses enfants l'équilibre entre le corps physique et le corps éthérique. Elle équilibre le cœur et l'âme. Elle permet à ses enfants de retrouver leur Lumière et d'être en contact avec le rayonnement de Dieu ainsi qu'avec leur propre rayonnement. Elle donne à ses enfants la capacité et l'envie d'aider les autres dans le respect. L'aide qu'elle apporte à ses enfants en est une qui équilibre celui qui la reçoit.

Mahasiah a un signe de paix dans son cœur. Cet Ange veut la paix en ce monde. Sa principale mission est d'œuvrer en faveur de la paix dans le monde puisqu'elle n'aime pas les disputes, les batailles. Elle aime la paix, mais surtout que les gens soient en paix avec eux-mêmes et avec les autres. Mahasiah est l'Ange que l'on doit prier quand une guerre éclate, car elle apportera la paix parmi les peuples qui se battent, parmi les peuples en guerre. En ce moment, Mahasiah a aussi comme mission de veiller sur les peuples de l'Orient et les peuples de l'Occident qui sont en guerre. Plusieurs peuples se battent, se déchirent, car la guerre sévit un peu partout dans le monde; il est donc du devoir de Mahasiah de les sauver tous.

Mahasiah travaille très fort et de concert avec l'Archange Michaël pour que la guerre cesse. Melkisédeq est aussi très présent. Cette guerre doit cesser parce qu'elle détruit des êtres, mais détruit aussi la foi qu'ils ont en Dieu. Elle travaille sans arrêt pour tous ceux qui portent l'uniforme militaire en ce moment. Cet Ange travaille très fort pour que chaque être puisse avoir dans son cœur la paix véritable, car certains êtres qui se font la guerre présentement la font pour une paix illusoire.

Mahasiah dit qu'une guerre est une guerre et quelle que soit sa raison d'être, il n'y a point de paix qui en résulte puisque l'on doit vivre avec cette énergie. Certains soldats pensent qu'ils sont utiles à leur pays, car l'État leur a dit : « Allez-vous battre pour entretenir la paix de ce monde. » Mais ce n'est pas la paix, si vous vous battez. Leur roi ou leur président les appellent à prendre les armes pour la paix de ce monde, mais cela ne peut pas fonctionner. C'est un non-sens. Comment voulez-vous qu'il y ait la paix en ce monde si vous vous battez pour cette paix? Ces soldats vont au front aveuglément en suivant ce qu'on leur dicte, mais ces soldats n'ont pas la paix dans leur cœur, étant donné qu'ils ne sont pas en paix avec l'idée de faire la guerre.

Par conséquent, Mahasiah est présente dans ce monde pour aider les soldats à retrouver la paix en eux. Et lorsque les soldats retrouveront la paix en eux, ils verront qu'ils n'ont pas besoin de se battre. Mahasiah travaille donc très fort pour aider l'humanité. Voyez-vous la puissance de cet Ange? C'est un Ange d'énergie, un Ange de paix. Tous les enfants sur Terre qui vivent dans la dualité, dans la bataille, devraient prier l'Ange Mahasiah. Elle ramènera la paix dans leur vie, dans leur cœur, dans leur âme de même que tout autour d'eux. Tel est le rôle de cet Ange puissant.

Mahasiah améliore aussi votre caractère et votre aspect physique. Son rôle est d'enrayer toutes vos pensées négatives, destructives, mauvaises. Elle améliore votre caractère, car elle donne aux humains l'envie d'aider les autres, l'envie d'être en paix avec soi et avec les autres. Ceux qui font partie du Chœur des Séraphins ont besoin de prouver aux autres qu'ils sont beaux. Mahasiah aide donc ses enfants à reprendre goût à leur personnalité et à l'aimer. Les gens qui veulent perdre du poids, retrouver un corps de jeunesse ou encore se remettre en forme, se verront donner le courage de travailler leur corps physique.

Cet Ange donne à tous ses enfants un charme séducteur, car ils sont trop peu sûrs d'eux-mêmes en ce qui a trait à leur personnalité. La faiblesse des enfants sous la régence de Mahasiah est qu'ils n'ont pas confiance en eux, qu'ils n'aiment pas le corps qu'ils habitent et qu'ils ne se trouvent pas séducteurs. Ils se trouvent laids. Pourtant, elle veut qu'ils soient resplendissants d'énergie, de bonheur. Alors, elle les gratifie du pouvoir de la séduction.

Sachez avant tout que ce sont les yeux qui séduisent et non pas le corps. Les yeux scrutent, les yeux regardent… Les premiers contacts se font avec les yeux. Si l'on vous envoie un regard séducteur, vous serez pris au piège quand ce regard croisera le vôtre et se jettera sur vous! Ce regard monopolisera l'attention tant et si bien que le corps physique passera inaperçu. Il y aura dans ce regard séducteur toute la bonté et tout le magnétisme nécessaire. Mahasiah donne ce regard séducteur à ses enfants quand ils sont en paix, en harmonie avec leur âme et leur cœur.

6 – LELAHEL (du 15 au 20 avril)

Lelahel est un « Dieu louable » qui donne des chances à tous ceux qui sont aptes à les saisir. Ses ailes sont magnifiques et d'une beauté incommensurable. C'est un Ange qui embellit tout. On pourrait comparer Lelahel à un diamant qui brille au soleil. Ce diamant étincelle de toutes les couleurs et de tous les reflets, embellissant par le fait même tout ce qui se trouve autour de lui. À titre de taquinerie, nous disons qu'il est un Ange « savon », puisqu'il a comme mission de tout nettoyer. Cet Ange n'aime pas la saleté, alors les enfants sous sa gouverne aimeront nettoyer. Toutefois, certains pourront être plus négligents; non pas de leur personne, mais plutôt de leur environnement.

Lelahel est un Ange d'une grande beauté. Quand il descend sur Terre vers un humain pour lui montrer qu'il est près de lui, il lui fait voir de petites étincelles en forme de cœur accompagnées de petites notes de musique. Toutefois, lorsque ses enfants boudent, tournent le dos à l'amour et qu'ils sont maussades, Lelahel prend un savon et nettoie leur visage pour y ramener le sourire! Il adore ses enfants, il adore les humains.

C'est un Ange qui aime être représenté avec une harpe, car il aime la musique. Il est d'une grande douceur. Il est comme une note de musique, comme le son de cette note, car sa vibration change selon la note. De cette façon, il peut habiter plusieurs notes, plusieurs formes d'énergie.

Cet Ange aidera ses enfants s'ils exercent leur talent musical, leur don pour la musique. Lelahel fera de ses enfants, de même que de tous ceux qui ont du talent, d'excellents chanteurs, acteurs ou musiciens. C'est un Ange vaste et grand. Il a une douce énergie d'une très grande « rayonnance ». Quand il passe près d'un humain ou qu'il enlace ses enfants, ceux-ci ressentiront une sensation de bien-être. Il développe chez ses enfants, et chez tous ceux qui veulent bien le prier, le talent pour la musique. Il aide à développer toutes ses qualités : l'oreille, le doigté, la voix.

Il apporte de la couleur, de la beauté, de la magie dans les lieux sombres de nos villes. L'Ange Lelahel permet à ses enfants de s'imaginer un oasis de paix et d'amour. Si un enfant vit dans un endroit sans arbre, ni oiseau, ni fleur, ni soleil, l'Ange Lelahel lui permettra d'embellir ce lieu dénué de beauté. Il agira avec force et redonnera à cet endroit une saveur d'amour et de beauté. Si, par contre, un endroit n'a rien à mettre en valeur, Lelahel vous permettra d'avoir la force d'y demeurer et d'embellir votre propre vie. Il vous donnera la force d'être vous-même un rayon de soleil pour ceux qui vous côtoient. Lorsqu'un enfant de Lelahel entre dans une pièce, tous voient un rayon de soleil, sa bonne humeur, son bonheur et sa joie de vivre. Tous ces êtres sont attirés vers ce rayon qui est si enrichissant, si agréable à voir.

Lelahel met en valeur votre beauté naturelle. Il permet à ses enfants et à tous ceux qui le prient de mettre leur propre beauté en vue. Nul besoin d'appliquer toutes sortes d'artifices pour être joli. Votre beauté rayonne de l'intérieur. C'est ce que votre âme dégage qui est important. Vous êtes votre propre beauté naturelle; le reste n'est qu'accessoire. Mahasiah donne des yeux séducteurs, Lelahel donne un corps séducteur et Vehuiah embellit. Ainsi, tous ceux qui sont dans le Chœur des Séraphins ont un charme irrésistible.

Malgré tout, les enfants de Lelahel ne s'aiment pas. Ils ne se trouvent ni beaux, ni attirants, ni à la hauteur de la situation. Ils sont pourtant les maîtres de la séduction. Lelahel met en valeur votre vraie nature. Nul besoin de mettre l'accent sur votre portefeuille bien garni, car cela n'est qu'artifice. Montrez plutôt ce que vous êtes vraiment. Montrez la paix et la gentillesse qui habitent votre cœur, votre âme. L'essentiel est invisible aux yeux. Avec les yeux du cœur, tout se voit.

Lelahel a aussi comme mission de rendre heureux tous les gens qui ne le sont pas. Il n'aime pas voir les gens de son Chœur malheureux. Il dit que la vie humaine n'est pas facile à vivre. Toutefois, si on la vit dans la joie et dans l'harmonie, ce sera une vie remplie d'amour, de bonheur, car la vie apparaîtra sous un jour différent. Il apporte à chacun de ses enfants la paix de son cœur et l'équilibre en leur dictant toutes les solutions nécessaires pour être heureux. C'est pour cette raison qu'il apporte à ses enfants une note de musique qui leur permettra de trouver leur note et de jouer leur propre musique, d'orchestrer leur propre joie.

Lelahel est le Dieu des amoureux, le Dieu de l'amour véritable. Il est aussi le protecteur des amoureux puisqu'il aide ses enfants, et tous ceux qui le prient, à trouver l'amour véritable. Non pas de l'amour qui fuit, mais bien de l'amour qui reste. Lelahel veut que ceux-ci soient heureux en trouvant l'amour véritable, l'amour qui pourra servir le cœur de cette personne en particulier. L'amour qu'il leur apportera sera la paix du cœur, l'équilibre cérébral et spirituel. Il leur donne une musique mutuelle, une note à chacun d'eux pour qu'avec cette note ils puissent faire leur propre musique. Ainsi, l'Ange Lelahel va permettre à ceux qui le prient et à ceux qu'il protège, de trouver l'amour qui leur est dû, l'amour qui leur est destiné. Dans le fond, il les aidera à trouver l'être qui leur permettra de grandir en tant qu'humain, en tant qu'âme. Cet amour sera un amour équilibré.

Nous conseillons à ceux qui ont des difficultés dans leur vie amoureuse de faire appel à lui dans le but de trouver le partenaire idéal. Cela fait partie des faiblesses de ses enfants que de ne pas trouver le partenaire idéal. Priez Lelahel et vous verrez des miracles s'accomplir. Cette faiblesse deviendra une force et Lelahel vous enverra l'amour véritable. Vos notes seront au diapason pour ainsi faire une belle chanson d'amour... On pourrait qualifier Lelahel de romantique, car l'amour est extrêmement important pour cet Ange. Parfois, il s'amuse à former un cœur avec ses ailes arrière. Il se voit comme un artiste, mais sa véritable mission est d'être le protecteur des amoureux.

Cet Ange travaille conjointement avec l'Archange Melkisédeq afin d'offrir à chaque être humain l'amour véritable. Car si l'amour véritable est donné à chacun des êtres humains, la vie sera remplie d'amour et de joie. Melkisédeq est aussi de cet avis. Mais Dieu a dit : « Comment allons-nous faire? Il y a beaucoup trop de monde sur cette planète pour accomplir une telle tâche! » Lelahel a dit à Dieu de ne pas s'inquiéter, car eux, les Séraphins, enverront à chacun des humains un petit « cœur » dans leur cœur, une flamme, pour que chacun puisse trouver la flamme correspondante. Dieu a dit : « Je vous accorde cette mission. Alors, donnez à tous ceux qui vous prieront ce cœur enflammé pour qu'ils puissent trouver l'autre flamme. »

Nous disons à tous les humains : « Demandez à recevoir la flamme qui vous permettra de trouver la personne qui vous convient le mieux. » Dieu ajouta : « Lelahel, je t'autorise à donner aux humains l'amour véritable qu'ils méritent. Toutefois, l'humain doit faire appel à ton aide d'abord. Et s'il fait appel à toi, je t'autorise à lui envoyer ce cœur amoureux pour qu'il puisse trouver le véritable amour, cette flamme qui lui appartient. »

Sachez que l'être qui vous sera envoyé aura aussi ce cœur amoureux pour que la rencontre soit possible, mais surtout pour que l'étincelle du bonheur puisse s'allumer. Nous n'enverrons pas quelqu'un qui a un cœur fermé ou qui n'est pas disponible. Un secret divin vient de vous être révélé. Empressez-vous de prier. Lelahel vous trouvera ce cœur correspondant, votre moitié. Cette moitié pourra allumer le feu sacré de l'amour.

7 – ACHAIAH (du 21 au 25 avril)

Achaiah est un « Dieu bon et patient », un Dieu qui prend le temps d'observer ses enfants et de leur demander comment ils se sentent. Achaiah donne à ses enfants la bonté et la patience. La patience dans l'attente d'obtenir ce qu'ils désirent et d'être en harmonie avec leur vie.

Achaiah est un Ange très petit, mais tellement resplendissant et puissant dans sa beauté et dans sa patience. Achaiah est comme une petite boule de Lumière qui bouge très lentement. C'est la raison pour laquelle il est assez facile de voir cet Ange pendant plusieurs secondes. Vous pouvez voir cette petite boule d'énergie qui reste sur place et qui vous regarde. Vous vous demandez alors : « Qui va faire les premiers pas? » Ce ne sera pas elle… Elle fera le premier pas seulement si ce pas est important pour son enfant et qu'il lui apporte la Lumière dont il a tant besoin. Puisqu'elle fait partie du Chœur des Séraphins, Achaiah a beaucoup d'amour à donner. Elle remplit d'amour le cœur de tous ses enfants. Elle dit aussi qu'il faut être patient parce que ses enfants méritent l'amour véritable tel que Lelahel peut le donner.

Cet Ange prend peu de place, mais il vous donne la possibilité d'analyser chaque pas pour que celui-ci soit bien fait. Achaiah vous dit d'attendre et de voir ce qui se passe avant de prendre une décision. Ainsi, quand vous ferez ce pas, ce sera un pas assuré et ancré dans la Lumière.

Ses enfants font parfois des pas dans l'Ombre parce que ceux-ci ne sont pas réfléchis. Ils sont faits à la hâte, et ce, sans en connaître la destination… Vous êtes dans l'Ombre, car vous ne savez pas où vous allez, vous êtes déroutés. Il faut alors recommencer. Achaiah dit à ses enfants : « Je vous donne la force d'être patients puisque vous devrez peser chaque pas pour le comprendre. De cette façon, chaque pas sera fait dans la Lumière et il vous sera alors beaucoup plus facile d'avancer. » Achaiah est un Ange qui soulève ses enfants et qui les aide. Elle est d'une grande douceur et, si vous allez vers elle, vous sentirez cette douceur.

Cet Ange régit l'intelligence et la bonté du cœur. Son rôle est de vous aider à penser intelligemment tout en étant en harmonie avec votre cœur. C'est la raison pour laquelle elle vous fait faire un pas à la fois, un pas réfléchi et exécuté avec amour. Quand cet Ange travaille en faveur de ses enfants, elle leur permet d'avancer dans la vie avec lucidité et amour. Achaiah leur permet de grandir et de bien grandir, c'est-à-dire en harmonie avec qui elle est vraiment.

Sachez que le rôle d'Achaiah est d'une importance capitale en ce qui concerne la Hiérarchie Angélique. Elle est le pont entre le cœur et la tête. Sa mission est d'apprendre à l'être humain à penser avec le cœur. Achaiah comprend qu'il est difficile de nos jours d'avancer avec le cœur étant donné que la tête domine davantage en ce xxie siècle. Toutefois, une absence d'équilibre entre ces deux pôles crée un profond déséquilibre par rapport à l'âme. Achaiah permet aux êtres déchirés entre le cœur et la raison d'équilibrer ces forces complémentaires et d'avancer en harmonie avec eux-mêmes.

Achaiah permet aussi aux enfants qui la prient de connaître le chemin de vie qui leur est réservé, car elle est en eux. Vous avez tous un chemin de vie qui vous est propre et elle a comme mission de vous guider tout le long de celui-ci et de vous faire ressentir où vous mènera ce chemin. Elle veut vous guider en vous tenant la main et en vous indiquant la route à suivre. « Regardez, je vais vous donner la force et la patience d'avancer vers la beauté de ce chemin. Quand vous trébucherez, je serai là pour vous aider à vous relever. Sachez que je vous donnerai aussi les outils pour éviter cette chute. » Achaiah permet à tous les enfants qui la prient d'avoir une vision claire de leur propre chemin. Elle travaille de concert avec l'Archange Uriel car, ensemble, ils peuvent voir ce qui se passe dans la vie de leurs enfants. Uriel donne à Achaiah certains atouts dès que ses enfants la prient.

La faiblesse de ses enfants est le manque de perspective, l'impossibilité de trouver leur propre voie, leur propre chemin, la direction qu'ils doivent prendre. Ces êtres auront souvent des coups de tête, ils avanceront sous l'impulsion d'une idée, ou encore sous l'impulsion du cœur. L'équilibre sera plus difficile à atteindre. En priant leur Ange, ils seront en mesure de retrouver qui ils sont et de retrouver l'équilibre entre le cœur et la raison : le seul chemin possible vers la Lumière.

Cet Ange a comme mission de résoudre les problèmes les plus difficiles, car il permet de voir le problème en face et vous aide à trouver une solution. En atteignant l'équilibre du cœur et de la tête, tous les problèmes disparaîtront comme par enchantement. La plupart des problèmes naissent en raison de l'impulsivité rationnelle ou émotionnelle. Si les êtres humains prenaient le temps de combiner ces deux forces, de penser avant d'agir ou de parler, ils auraient pu éviter de nombreuses catastrophes et faire un grand pas.

À tous les êtres aux prises avec un problème difficile et qui ne peuvent s'en sortir, car la solution demeure impossible à trouver, nous leur disons ceci : « Priez l'Ange Achaiah puisqu'elle vous permettra de ressentir le problème, de penser au problème en question et de le résoudre. » Le désespoir fera place à la Lumière.

8 – CAHETEL (du 26 au 30 avril)

Cahetel est un « Dieu adorable ». Son énergie est tel un petit ourson en peluche qui procure un sentiment de sécurité, une certaine chaleur. La vibration de l'Ange Cahetel est ainsi. Il est si adorable que tous les Anges veulent aller vers lui et le serrer dans leurs bras. Il les prend tous sous ses grandes ailes et leur donne des câlins. Si vous recevez une de ses caresses, vous serez charmés. C'est un sentiment de douceur qui envahit tout votre corps.

Cahetel est un grand Ange, pour ne pas dire immense. Son immensité lui permet de prendre sous ses ailes tous les enfants qui ont besoin de sa bonté, de son amour, de sa protection. C'est l'Ange qui prend soin de votre foyer de même que de toutes les familles. C'est l'Ange que vous devez prier pour ramener l'harmonie dans les familles désunies. Cahetel veille à ce que votre maison resplendisse de bonheur, à ce que votre maison soit un havre de paix. Il apporte dans chacune des pièces une sensation de bien-être, de paix et de calme.

Nous disons donc à tous les enfants de Cahetel, de même qu'à tous ceux qui recherchent la paix dans leur demeure, de demander à Cahetel de purifier chacune des pièces. Celui-ci fera le ménage tout en douceur et veillera sur cet endroit pour y ramener le calme. Vous pouvez aussi faire appel à lui, si vos nuits sont remplies de cauchemars ou que vous faites de l'insomnie. Il apportera la tranquillité et le repos.

Cahetel travaille beaucoup avec l'Archange Michaël puisque ce dernier chasse les mauvais esprits hors des maisons. Il chasse les fantômes et les âmes qui ne doivent pas être dans ces lieux. Ainsi, toute personne qui a des ennuis avec sa demeure, ou qui pense que celle-ci est hantée, peut faire appel à Cahetel qui se fera un plaisir de chasser ces mauvaises énergies qui ne vous appartiennent pas. Vous pouvez faire de même si certains membres de votre famille ne sont pas en harmonie avec la Lumière, c'est-à-dire ceux qui attirent l'Ombre ou qui sont très négatifs.

Un humain qui quitte la Terre, qui décède, ne peut pas envahir la pièce d'un autre humain qui est vivant sans avoir l'autorisation de ce dernier. Certains êtres qui décèdent restent attachés au monde physique; ils ne veulent pas quitter certains endroits. Cahetel de même que Michaël ont l'autorisation de chasser ces personnes du plan physique et de ramener leur âme défunte vers la Lumière. Toutefois, si vous donnez l'autorisation à un membre de votre famille de l'autre côté du voile de venir vous voir, alors il le pourra. Après un certain temps, si vous jugez qu'il y a trop de vibrations dans votre demeure parce que vous avez donné l'autorisation d'être présents à plusieurs êtres décédés, vous pouvez toujours demander à Cahetel de faire le ménage. Sachez que vous êtes maître de votre demeure. Les âmes en question remontent donc vers la Lumière.

Cahetel chasse aussi tout ce qui pourrait nuire à votre évolution spirituelle, repoussant par le fait même tous ceux qui vous nuisent : êtres ou amis. Si vous voulez faire un grand ménage dans votre vie, il chassera tout ce qui est négatif autour de vous et tout ce qui vous empêche d'évoluer. Si cette personne est votre partenaire affectif, il le mettra à l'écart. Vous devez être conscient que si vous demandez à Cahetel de faire le ménage, il le fera. Il éloignera toutes les personnes qui ne méritent pas votre amitié, toutes les personnes qui nuisent à votre vie. Cela suppose parfois des êtres près de vous.

Qui plus est, ce nettoyage doit être en harmonie avec votre plan de vie. Metatron doit donner son accord, car si une leçon de vie doit être tirée, le ménage devra être reporté à un moment ultérieur. Il pourra être fait plus tard, mais vous devrez vivre certains événements avant de procéder au nettoyage. Toutefois, en priant Cahetel, vous serez en mesure de tirer plus rapidement une leçon de ces événements. Cette leçon, donnée par l'Archange Michaël, a pour but de vous faire grandir.

Les enfants nés sous la gouverne de Cahetel ressentent beaucoup les fantômes et les mauvais esprits présents à l'intérieur des maisons. Leur faiblesse est qu'ils joueront avec ces esprits, et en auront ensuite peur. Ils auront de graves ennuis, car ils approcheront l'Ombre. Il est important de mentionner à ces enfants spéciaux, nés avec un talent de médiumnité, de ne pas attirer les mauvais esprits, les esprits du bas-astral qui ne sont pas dans la Lumière, et surtout de ne pas attirer l'Ombre, car ils subiront de profonds traumatismes cérébraux. Ces enfants qui grandissent dans la mauvaise voie auront aussi tendance à tout arracher aux autres; ils seront très possessifs. Priez l'Ange Cahetel et il vous ramènera sur un chemin beaucoup plus lumineux.

Ces enfants Séraphins de l'Ombre ne seront pas maternels ou paternels avec leurs enfants. Ils n'auront pas le goût de bâtir une famille solide, n'auront pas l'esprit familial. Ils seront prédisposés aux disputes familiales et sèmeront la discorde partout où ils passeront. Ils se disputeront avec un frère, une sœur… Ces êtres seront considérés comme les « moutons noirs » de leur famille. Ils auront beaucoup de difficultés à percevoir l'amour que les gens autour d'eux cherchent à leur donner. Ils s'éloigneront volontairement de leur famille et créeront leur propre rejet.

Cahetel permet de recevoir les bénédictions divines. Sachez que cet Ange travaille avec Dieu et avec tous les Archanges de Dieu. Quand il fait le ménage dans votre vie, c'est que Dieu lui a donné sa bénédiction pour que ses enfants soient heureux et en harmonie avec eux-mêmes. Ainsi, lorsque les enfants demandent à Cahetel de faire le ménage, ils obtiennent en même temps la bénédiction de Dieu. Par conséquent, Cahetel nettoiera et chassera les fantômes en eux et autour d'eux.

Cahetel est aussi le gardien de la gratitude. Il dit : « Si je donne à tous mes enfants la gratitude, ils la transmettront aux autres qui, à leur tour, pourront manifester de la gratitude entre eux. » L'Ange Cahetel vous donne cette grande qualité pour que vous puissiez aider les autres sans rien attendre en retour. Comme tous les Anges, il est la manifestation divine de l'amour inconditionnel.

CHAPITRE VII

Le Chœur des Chérubins

Les Roues qui Tournent
Du 1ᵉʳ mai au 10 juin

Huitième étage à franchir pour l'humain

Dirigé par l'Archange Raziel (Secret de Dieu)

Les huit Anges qui composent ce deuxième Chœur Angélique sont :

9 – Haziel (du 1ᵉʳ au 5 mai)

10 – Aladiah (du 6 au 10 mai)

11 – Lauviah I (du 11 au 15 mai)

12 – Hahaiah (du 16 au 20 mai)

13 – Yezalel (du 21 au 25 mai)

14 – Mebahel (du 26 au 31 mai)

15 – Hariel (du 1ᵉʳ au 5 juin)

16 – Hekamiah (du 6 au 10 juin)

La mission du Chœur des Chérubins

Tous les Anges du Chœur des Chérubins sont très puissants. Ce Chœur possède quatre missions importantes.

Leur première mission consiste à être les gardiens de la porte d'Éden. C'est la raison pour laquelle ils sont plus près de Dieu. Ce sont des Anges qui transmettent les connaissances de Dieu et qui ont, par le fait même, accès au Livre de la Connaissance, d'où leur grande érudition. Les Chérubins sont de tout petits Anges qui se déplacent rapidement dans le ciel, telles des étoiles filantes. Ce n'est pas étonnant qu'on représente les Chérubins comme de petits cupidons joufflus! Ils ont une spontanéité enfantine d'où le fait qu'on leur attribue un corps d'enfant. Sachez aussi que la plupart des Chérubins vont venir vers l'humain en empruntant un corps d'enfant. Et quand ils viennent sous leur forme angélique, ils sont de tout petits points illuminés de la grosseur d'un pois vert.

Leur deuxième mission consiste à apporter leur aide à tous les enfants qui ont séjourné dans le Chœur des Trônes, car le Chœur des Trônes (chapitre VIII) est un Chœur très difficile. Or, il arrive parfois que tous ceux qui y ont séjourné en garde des séquelles. Et la mission du Chœur des Chérubins est de permettre aux Trônes de retrouver l'harmonie et la paix du cœur pour qu'ils puissent par la suite accéder au Chœur qui suit sans difficulté. Lorsqu'un être humain franchit avec succès le Chœur des Trônes, il reçoit des récompenses de la famille des Chérubins. De plus, il n'est pas rare de voir un enfant Trônes chercher la compagnie d'un enfant Chérubins. Les paroles de l'enfant Chérubins auront beaucoup d'importance aux yeux de l'enfant Trônes.

La troisième mission que Dieu leur a donnée, c'est de prendre soin de la santé mentale de tous les humains qui les prient.

Finalement, la quatrième mission est de prendre soin de la planète Terre, du lieu où résident les enfants de Dieu. Les Anges du Chœur des Chérubins aideront les chercheurs qui s'acharnent à trouver des solutions de rechange afin d'assurer la survie de la planète Terre et des êtres qui y vivent. Ces Anges Chérubins sont conscients que si la Terre se détériore davantage, les humains ne pourront pas y survivre. Voilà donc l'importance des Anges Chérubins de travailler en collaboration avec les chercheurs. Ces Anges les aident à mettre en œuvre un médicament, un changement ou une technique servant à préserver un équilibre entre les divers écosystèmes.

Ces Anges Chérubins sont des Anges joyeux et créatifs. Ils aiment la beauté sous toutes ses formes : la danse, les arts, la musique, le rire. Le Chœur des Chérubins aimerait tant que tous les humains puissent prendre le temps de s'amuser et de rire comme des enfants. Surtout lorsqu'ils vivent des moments difficiles et que leur moral est en train de s'écrouler. Voici le message des Anges de ce Chœur : « Lorsque vous croulez sous le poids des responsabilités, des difficultés de la vie, faites appel à nous. Nous serons en mesure de régler vos problèmes tout en douceur et nous vous aiderons à retrouver l'enfant qui sommeille en vous. Nous allons vous libérer de tout ce qui vous enchaîne en vous redonnant le goût de vous amuser, de rire et de chanter. »

Leur message est simple : « Faites comme les enfants : jouez et amusez-vous! Ainsi, vous aurez l'esprit libre, ce qui vous permettra de trouver de meilleures solutions pour régler vos soucis. Un esprit préoccupé ne peut pas trouver les meilleures solutions, car il est trop rempli d'inquiétudes et rien ne vient. Cependant, un esprit libre peut tout voir et tout régler. Notre devoir envers vous est ainsi : vous permettre de ressentir à nouveau une tranquillité d'esprit afin que vous puissiez retrouver le chemin qui vous conduira vers votre bonheur et, surtout, vers votre paix intérieure. »

C'est le Chœur des Chérubins qui permet aux humains de devenir des auteurs de livres fantastiques. À tous les auteurs de livres pour enfants, priez les Anges du Chœur des Chérubins et ils vous amèneront dans un jardin enchanté pour vous aider à écrire sur papier votre histoire.

Qui peut prier le Chœur des Chérubins?

Tous ceux qui désirent trouver une solution à leurs problèmes et qui ne savent plus comment s'en sortir. Tous ceux qui cherchent une manière efficace pour prendre leur vie en main ou pour avoir une meilleure qualité de vie.

Tous ceux qui veulent parfaire leurs connaissances en ce qui concerne l'amélioration de l'état actuel de la planète Terre. Ces Anges Chérubins vous guideront vers les lectures ou les cours les plus enrichissants, vers les meilleures techniques qui vous permettront de perfectionner votre travail et d'avancer plus rapidement.

Tous ceux qui désirent se débarrasser d'une maladie mentale. Sachez que l'Ange Aladiah est une experte dans ce domaine. Priez cet

Ange, particulièrement ceux qui souffrent d'angoisse et d'agoraphobie. Aladiah vient immédiatement en aide à l'enfant qui la prie. Sa mission est de le calmer lorsqu'une crise de panique survient.

Aussi, nous conseillons à l'enfant Trônes, qui a besoin d'apaiser les tempêtes de sa vie, de prier les Anges du Chœur des Chérubins. Ces Anges apporteront de la magie ainsi qu'une joie de vivre dans sa vie. Cela l'aidera à mieux poursuivre son incarnation et à devenir conscient de son propre rôle au sein de l'humanité.

La vibration du Chœur des Chérubins (Comment les ressentir?)

Leur vibration s'apparente aux rires joyeux des enfants qui s'amusent dans un parc. Le sentiment de joie et de liberté qu'ont ces enfants en s'amusant ensemble en faisant toutes sortes de pirouettes pour amuser leurs copains. La vibration de ce Chœur est ainsi : un sentiment de joie et de bonheur. Leur message est simple : « Faites comme les enfants : jouez et amusez-vous! »

Le rôle des enfants Chérubins sur le plan terrestre

Les enfants nés dans le Chœur des Chérubins sont des êtres courageux qui apportent de la Lumière à ceux qui vivent dans la noirceur. Ils se soucient beaucoup de la planète. Sachez que la nature est leur endroit privilégié pour se ressourcer. Ces êtres apporteront leur aide dans le but d'embellir la planète, s'ils le peuvent. La plupart d'entre eux sont les rois du recyclage et ne laissent aucun déchet par terre. Ils peuvent même balayer leur trottoir pour enlever la saleté sur la Terre. Mais malheureusement, l'enfant qui est dans l'Ombre polluera beaucoup la planète en jetant ses vidanges un peu partout.

Les natifs de ce Chœur ont un talent inné qu'ils doivent développer. Ce sont aussi des êtres qui possèdent une imagination très fertile, tout en étant très intuitifs. Ils ont un véritable talent pour les arts ou encore pour tout ce qui concerne l'embellissement de leur environnement. Ils font d'excellents paysagistes ou écologistes. Certains deviendront de grands artistes, des compositeurs ou des peintres de renom.

D'autres, auront un intérêt prononcé pour tout ce qui est ancien : des monuments, des artefacts, divers objets ayant appartenu à une époque ou à une civilisation ancienne. À leurs yeux, ces objets représentent leurs racines, l'histoire de leur évolution en tant qu'être humain. Ne soyez pas surpris de voir des enfants Chérubins devenir de grands historiens, des anthropologues ou des antiquaires. Certains mettront même leur talent à profit en préservant des monuments historiques, soit en les rebâtissant, en les peaufinant ou en les restaurant. Comme travail ou comme passe-temps, ces enfants Chérubins aimeront préserver ces trésors d'autrefois.

Quand ces êtres sont dans la Lumière, il est impossible de résister à leur regard, à leur charme surtout lorsqu'ils allument la petite flamme en vous. Tous ceux qui font partie de ce Chœur ont un sourire rayonnant, une personnalité joviale; tout comme ces adorables Anges Chérubins. Cette sage innocence qui les habite fait en sorte qu'ils sont en contact permanent avec l'énergie de Dieu. De plus, ces enfants Chérubins sont des êtres fidèles. Vous pouvez toujours compter sur eux lorsqu'ils vous donnent leur parole.

La faiblesse de l'enfant Chérubins quand il n'est pas en harmonie avec son plan de vie

Il se plaint continuellement et il n'apprécie pas la valeur de ses biens. Avec lui, l'herbe est toujours plus verte chez le voisin. En amour, il recherchera constamment le bonheur. Toutefois, la plupart du temps, le bonheur sera là, mais il ne le verra pas.

Avec le temps, cet enfant Chérubins deviendra dépressif et il se repliera sur lui-même. Son corps et son âme n'auront plus d'énergie. Alors, il deviendra comme un robot. Petit à petit, il se laissera mourir. Souvent, l'enfant Chérubins, hors phase avec son plan de vie, mourra en solitaire. Certains regretteront même des moments de leur vie où ils auraient pu vivre plus intensément.

Ainsi, la faiblesse majeure des enfants Chérubins se rattache à la vie psychique : angoisse, phobie, dépression, surmenage. En priant leur Ange, ils éviteront ces ennuis et recouvreront la santé.

Nous conseillons donc à plusieurs de ces êtres, aux hommes en particulier, de consulter un psychologue pour libérer toutes les émotions refoulées afin de les débloquer et d'abattre les obstacles qui les empêchent d'avancer. Ils se sentiront beaucoup mieux avec eux-mêmes et avec les autres, car leur plus grande peur est « d'appartenir » à quelqu'un, de s'abandonner, de dire « je t'aime ». Lorsque la confiance s'est installée, ces êtres deviennent les meilleurs amants du monde puisqu'ils possèdent une grande détermination; ce qui les aide à surmonter les épreuves dans leur vie de couple. Toutefois, ils possèdent, eux aussi, de grandes faiblesses : l'orgueil, la rancune et l'égocentrisme. Ils ont de la difficulté à accepter leurs faiblesses. Si des membres de sa famille lui font des reproches, l'homme issu du Chœur des Chérubins va réagir négativement à ces reproches en rejetant la faute sur eux. Au lieu d'en discuter, il fait la sourde oreille et devient évasif par la suite. Il peut même bouder la personne qui lui a fait un reproche dans le but qu'elle se sente coupable. Il en est de même pour la femme Chérubins.

Que devez-vous faire pour être en harmonie avec votre plan de vie?

D'abord, vous devez accepter que les Anges existent et qu'ils sont là pour vous aider. Croire en leur pouvoir, c'est faire un très grand pas vers le chemin de la guérison. Ensuite, commencez à prier votre Ange personnel. Prenez également le temps de regarder plus profondément votre vie et prenez conscience de tout le potentiel que vous possédez autant humainement que matériellement et financièrement. Cela vous aidera à apprécier davantage ce que la vie vous donne.

Pour mieux analyser votre situation, faites un bilan de votre vie. Vos avoirs, vos amis, vos amours, vos enfants, etc. Autrement dit, évaluez ce que vous possédez. En écrivant votre vie sur papier, il vous sera plus facile de voir tous les atouts que vous avez. En prenant conscience de tout cela, vous ne chercherez plus le bonheur ailleurs. Vous aurez compris que vous possédez tout ce dont vous avez besoin pour être heureux, vous possédez votre propre bonheur.

L'enfant du Chœur des Chérubins

L'enfance de ces êtres est souvent marquée par l'absence physique ou psychologique d'un parent ou encore par un manque d'amour au foyer. En vieillissant, ces êtres ont peur de ne pas être à la hauteur de la situation. Ils ont donc un très grand besoin d'être aimés, mais surtout d'être rassurés. Les enfants Chérubins sont des êtres qui ont la parole facile, mais ils ont beaucoup de difficultés à exprimer leurs émotions profondes. N'oubliez pas que ce sont de tout petits Anges et qu'ils souffrent facilement d'un sentiment d'infériorité.

Ces enfants vivent dans leur bulle, dans leur monde. Pour y entrer, vous devez vous comporter comme un enfant. Il faut regarder ces êtres droit dans les yeux en se plaçant à leur hauteur. En faisant cela, ils prendront le temps de vous écouter et ils grandiront avec fierté. Dans le cas contraire, ils se replieront sur eux-mêmes et le contact deviendra très difficile à l'adolescence de même qu'à l'âge adulte.

Ces jeunes enfants Chérubins n'aiment pas particulièrement l'école, surtout l'enfant masculin. Il préfère jouer dehors et salir son linge. Souvent, cet enfant Chérubins fera une part de son apprentissage à l'école de la vie. Il peut quitter tôt les bancs d'école pour travailler dans un domaine quelconque et y réussir sa vie. Notez que l'enfant Chérubins est un travailleur acharné; il est loin d'être paresseux physiquement, mais à l'école, il est parfois paresseux mentalement. C'est qu'il ne se donne pas la peine d'apprendre et d'étudier. Il aime parfaire ses propres connaissances avec ses propres erreurs. Comme il est un travailleur acharné, c'est à lui que revient la charge des travaux les plus ardus. Pour sa part, la jeune fille Chérubins sera beaucoup plus studieuse, mais elle sera très rêveuse; elle rêve à son prince charmant avec lequel elle aura beaucoup d'enfants. Si tel est le cas, ces notes peuvent en souffrir.

L'une des faiblesses des enfants de ce Chœur, c'est qu'ils ont la tête dure. Alors, il est difficile de leur imposer quoi que ce soit. Cela n'est pas de tout repos pour un parent que d'élever un Chérubins têtu. À moins d'y mettre tout votre amour et toute votre patience. De cette façon, vous parviendrez à faire de votre enfant un enfant exemplaire qui réussira bien sa vie.

Une autre de leurs faiblesses, c'est le manque de confiance en eux. Ils ont peur d'être jugés et d'exprimer leur amour. En fait, ils ont tout simplement peur de ne pas être à la hauteur et de décevoir leur entourage. Ils sont peu sûrs d'eux-mêmes, sensibles aux jugements émis par les autres ainsi qu'à leur propre jugement et ils ont peur d'avancer dans la vie en raison de leur très grande sensibilité émotive. Cependant, en tant que parents, si vous les encouragez ou les félicitez, ces enfants deviendront des adultes confiants marchant tête haute, défiant tous les obstacles qui se présenteront sur leur chemin.

L'adulte du Chœur des Chérubins

Physiquement, les Chérubins sont habituellement de taille moyenne. Ils ont une bouche bien formée avec de petites fossettes sur les joues. Ils sont tous pourvus d'un charme séducteur qui nous attire. Ils ont un visage d'une grande beauté rempli d'étincelles de joie. Les dames ont un corps svelte, mais lorsque la maturité s'installe, le corps se transforme quelque peu. Les hommes, eux, dans leur jeunesse, ont un corps athlétique. En vieillissant, celui-ci se transforme aussi. Ces Chérubins développent une « ceinture » de graisse autour de la taille. Toutefois, cela n'altère aucunement leur charme irrésistible.

Les célibataires peuvent attendre des années avant de trouver la personne qui leur convient le mieux. Toutefois, lorsqu'ils trouvent leur perle rare, leur douce moitié, ils deviennent des amoureux pour la vie, et leur union devient très importante. Ils chercheront à la solidifier soit en se mariant ou en bâtissant une famille. Les dames de ce Chœur se limitent à un seul partenaire qu'elles conserveront longtemps avec ses défauts et ses qualités. Ces dames sont coquettes et très jolies. Elles ont un charme irrésistible. Ce sont des rêveuses qui attendent le grand amour. Sachez que si ce grand amour dépérit avec le temps, ces dames sauront raviver la flamme. Ces dames sont d'une patience hors du commun. « Stabilité » est le mot qui les caractérise le mieux. Si elles sont déçues en amour, elles auront rarement plus de deux partenaires de vie et elles choisiront plutôt de vivre seule. Il sera alors difficile pour les autres d'entrer dans leur bulle.

Leurs grandes faiblesses sont la jalousie et la possessivité. Ces deux sentiments négatifs risquent de nuire à leur relation amoureuse. Ce qui peut provoquer des séparations amoureuses qui seront très douloureuses et dramatiques pour elles. Les femmes issues du Chœur des Chérubins n'aiment pas être rejetées par leur partenaire. Ainsi, surmonter une rupture devient une épreuve très pénible. Cela peut causer leur mort; non pas physique, mais émotionnelle et mentale. Pour s'en sortir, ces dames auront besoin de médicaments et de thérapie. Si une situation semblable survient, priez votre Ange afin qu'il vous aide à passer au travers cette épreuve plus rapidement et sans conséquences néfastes.

Les hommes, de leur côté, n'aiment pas que leur douce moitié s'intéresse à d'autres hommes. Ils aiment être l'objet de toutes les attentions. Ironiquement, les hommes Chérubins aiment que leur partenaire se rangent de leur côté et les appuient même s'ils ont tort. Ces hommes sont beaux, fiers et joviaux. Ils ont un regard mystérieux. Sachez que ces hommes sensibles et timides parlent de tout, mais pas d'amour… Pourtant, l'amour est le moteur de leur existence tout comme ceux qui font partie du Chœur des Chérubins. Ils ont besoin plus que quiconque d'amour, de câlins et de réconfort.

Sachez aussi que ces êtres sont fidèles à ceux qui les entourent et à ceux qui les aiment. Lorsqu'ils donnent leur parole, ils sont honnêtes et sincères. Ils n'iront jamais à l'encontre de ce qu'ils vous avaient promis.

L'Archange Raziel

Raziel est l'Archange recteur du Chœur des Chérubins. On le nomme « Secret de Dieu ». Cet Archange est très peu connu, voire mystérieux. Il a une fonction très spéciale : il est le gardien des Mystères de la Vie et de Dieu. Pour cela, il est tout petit, mais il prend beaucoup de place. Raziel possède quatre ailes serties d'étoiles. Sachez que, contrairement aux autres Archanges, Raziel a volontairement laissé tomber une paire d'ailes. Cet Archange ressemble à une étoile qui brille au loin; un peu comme lorsque, couchés sur le sol, vous regardez le rayonnement de toutes les étoiles dans le ciel. Raziel est donc un Archange puissant qui possède une forte densité lumineuse.

Raziel est l'Archange du mystère, car il possède en lui tous les Écrits Célestes, c'est-à-dire le Livre de la Vie de Metatron. Ce livre contient toutes les informations au sujet de chacune des âmes humaines. Si ce livre venait à disparaître pour des raisons incontrôlables, Raziel serait en mesure de rétablir toutes les informations nécessaires, toutes les copies de secours. Dieu l'a ainsi créé.

Ce magnifique Archange est celui qui descendit sur Terre pour indiquer la venue de l'enfant Jésus. Il est l'étoile qui est apparue aux trois Rois Mages pour leur indiquer le chemin à suivre. Raziel est aussi l'Archange qui guide ceux qui désirent guérir la planète, notamment les écologistes. Il aide l'humanité à approfondir ses connaissances, surtout dans le domaine de la recherche. Ainsi, il peut aider les chercheurs à trouver de nouveaux remèdes afin de guérir des maladies graves, les physiciens à trouver une équation quelconque, les archéologues à trouver un artefact. De plus, Dieu lui a donné une nouvelle mission. Celle de prendre soin des enfants qui naîtront d'ici 2012, les

« Explorateurs ». L'Archange Raziel formera une équipe avec l'Archange Metatron pour veiller sur ces enfants. Ces deux Archanges infuseront beaucoup de leur savoir dans ces enfants pour qu'ils puissent trouver les remèdes qui guériront la planète de tous ces maux. Autant physiquement qu'écologiquement parlant.

Cet Archange excelle aussi lorsqu'il s'agit de guider les enquêteurs, les policiers et les détectives dans leurs recherches, principalement dans la recherche de corps disparus. Sachez toutefois que certains corps ne sont jamais retrouvés puisque l'âme de la victime en a voulu ainsi. Cette âme a choisi de quitter le plan terrestre sans laisser de trace, car son enveloppe physique, son corps, n'avait aucune importance à ses yeux. D'autres âmes se sont tout simplement libérées du cycle des réincarnations en faisant la dernière ascension, en s'élevant, avec leur corps physique.

De plus, Raziel permet à l'humanité de comprendre la réalité concrète et métaphysique des choses. Par conséquent, il est celui qui guide les âmes perdues, communément appelées « fantômes », afin qu'elles puissent retourner vers la Lumière. Raziel a sous sa régence huit Anges de la Lumière : Haziel, Aladiah, Lauviah I, Hahaiah, Yezalel, Mebahel, Hariel et Hekamiah.

9 – HAZIEL (du 1ᵉʳ au 5 mai)

L'Ange Haziel est un « Dieu miséricordieux ». Il n'est pas grand, mais il a toute une vivacité en lui. Il ressemble à un bébé joufflu et il est beau à croquer. Haziel vient vers les humains sous la couleur blanche, mais il est entouré de parcelles de teintes vertes, un peu comme l'herbe verte. Ce qui donne énormément de charme à ses magnifiques ailes. Il donne la sensation de se rouler dans l'herbe. Son énergie est tel un être qui marche pieds nus dans l'herbe fraîche. La liberté d'être, la liberté de se laisser emporter, le contact avec la Terre mère… Quand un adulte touche l'herbe, il replonge dans son enfance lorsqu'il y faisait des culbutes et cela éveille en lui le sentiment d'être à nouveau un enfant. Au contact d'Haziel, vous sentirez renaître un sentiment de joie et d'harmonie.

Son aide est importante et instantanée. Lorsque vous vivez une période difficile, que vous voulez retrouver vos origines, allez marcher dans l'herbe et priez-le. Il vous redonnera cette force et exaucera vos vœux.

Haziel donne à tous ceux qui le prient l'ardeur et le goût de la jeunesse de même que la force de réparer les fautes ou encore de réparer ce qui a été détruit. Cet Ange vous fait comprendre que, si parfois les humains font des fautes, elles doivent être pardonnées. Haziel dit : « La faute est humaine et parfois, pour avancer dans la vie, il faut faire des fautes pour mieux comprendre le sens réel de la vie. C'est en comprenant la nature de vos erreurs que vous grandirez. »

Cet Ange peut dénouer les situations angoissantes et préoccupantes par sa seule présence. Vous remarquerez que tous les Anges du Chœur des Chérubins viennent en aide à ceux qui ont des ennuis sur le plan mental. Ils peuvent guérir ce qui ne fonctionne pas bien sur ce plan. Ces Anges peuvent aider les êtres à se libérer de tout ce qui les angoisse pour qu'ils retrouvent une meilleure qualité de vie.

À tous ceux qui vivent une situation angoissante, qui se sentent coincés, l'Ange Haziel va vous libérer en vous montrant sa Lumière et en vous faisant sentir sa présence. Voici un exemple qui illustre la force de cet Ange. Si vous êtes pris dans un endroit sombre, dans un ascenseur, derrière une porte fermée et que vous ne savez pas comment vous en sortir, demandez à Haziel d'être présent à vos côtés et il vous indiquera la porte de sortie. Il vous donnera la confiance nécessaire pour surmonter la situation dans laquelle vous vous trouvez. Il vous aidera, vous réconfortera, et la peur disparaîtra comme par enchantement.

Haziel réconcilie, il aime faire la paix. Cet Ange a comme rôle de donner à ses enfants la paix du cœur. Cet Ange est aussi une source d'amour et d'amitié, puisqu'il ne connaît pas de limites. Tous ceux sous sa gouverne auront besoin de ces deux éléments. Le plus bel amour que vivront les enfants de cet Ange sera un amour amical, un amour non passionnel, car l'amitié ne meurt jamais, alors que la passion peut s'évanouir.

Haziel dit à tous ses enfants : « Aimez, tout simplement. Ne cherchez pas à faire jaillir des étincelles comme les êtres qui sont sous la régence de Vehuiah; ne cherchez pas la passion, car ce dont vous avez le plus besoin est la sécurité de l'amour, un amour honnête. Ce qui importe est davantage l'échange entre vous et cet être, l'amitié qui vous lie. » Cela ne veut pas dire de ne pas aimer passionnément. Vous pouvez aimer passionnément mais, par la suite, cette passion se transformera en une amitié profonde. La passion aura alors disparu pour laisser place à une relation fondée sur la sécurité, la stabilité, le dialogue et la présence.

Haziel est un Ange de miséricorde divine qui donne tout et qui accorde le pardon ainsi que la réconciliation. Cet Ange n'aime pas les disputes et prône l'honnêteté. Il ne juge pas et même si vous avez commis une erreur, il l'acceptera et vous accordera ce que vous lui demanderez. Ainsi, si un meurtrier prie Haziel en lui demandant de l'aider, il ne sera pas jugé sur ce qu'il a fait. Haziel aidera sans regarder le geste fait et sans porter de jugement. C'est la raison pour laquelle nous disons qu'il est la miséricorde divine, parce qu'il pardonne comme Dieu.

La mission première d'Haziel est donc d'aider tous les êtres humains sans examiner qui en fait la demande, mais plutôt en examinant le contenu de cette demande. En fait, tous les Anges ont cette mission qui consiste à travailler en fonction de la demande. Toutefois, Haziel demeure l'Ange que vous devez invoquer initialement, si vous avez commis des actes indignes et que vous êtes submergés par l'Ombre, et que vous cherchez à vous faire pardonner et à vous libérer de cette Ombre.

10 – ALADIAH (du 6 au 10 mai)

Aladiah est un « Dieu propice ». En effet, elle arrive toujours au moment propice quand vous lui faites appel. Son aide est instantanée. Tous les Anges du Chœur des Chérubins sont, comme nous l'avons dit, très fidèles à l'être humain.

Aladiah aimerait que tous ceux qui la prient la voient comme un Ange créatif. C'est une artiste et elle aime se décorer. Cet Ange possède de jolies ailes. Ses ailes sont très grandes relativement à sa taille. Lorsqu'elle replie ses ailes, on ne la voit plus. Elle dit que ses ailes sont dessinées à l'image des lys blancs et que lorsque vous sentez ce parfum, c'est qu'elle n'est pas très loin. L'Ange Aladiah adore aussi les belles fleurs. Ses fleurs préférées sont les violettes et elle aime la couleur bleu-violet. Cet Ange aimerait être perçu comme une fontaine de violettes, de lys blancs et de fleurs de toutes sortes. Elle est belle comme un lys entouré de violet.

Aladiah s'occupe de tous ceux qui souffrent d'angoisse, d'agoraphobie, de crises de panique, de nervosité, ainsi que de ceux qui se sentent étouffés, emprisonnés, possédés par d'autres énergies. Elle aide ces gens; elle est un remède pour tous ceux qui souffrent d'un problème d'ordre mental. Elle permet de régénérer le corps, de guérir les autres et soi-même. Pour ce faire, vous n'avez qu'à la prier.

Les enfants d'Aladiah sont très imaginatifs et parfois leur esprit peut en souffrir. Ces êtres ont de la difficulté à faire la différence entre le réel et l'irréel, surtout lorsqu'ils se mettent à rêver. Ils vont souvent se demander s'ils ont vraiment vécu un certain événement ou s'ils l'ont tout simplement rêvé. Avec le temps, cela peut engendrer des désordres mentaux. Voilà l'importance de prier cet Ange et de croire en son énergie.

Aladiah aime la beauté intérieure de chacun de ses enfants. Ils sont d'une grande beauté spirituelle lorsqu'ils sont dans la Lumière. Aladiah aime ses enfants même s'ils ne la prient pas ou qu'ils n'ont pas confiance en elle. Elle travaille fort pour faire accepter à ses enfants sa véritable nature. Ces derniers sont un peu sceptiques en ce qui concerne l'univers des Anges. Certains enfants nés sous la gouverne d'Aladiah ne croiront pas aux Anges. L'Ange Aladiah comprend ses enfants et ne les juge pas. Cependant, si ses enfants la prient, elle fera rapidement acte de sa présence afin de les rassurer et de leur montrer qu'elle existe vraiment. Elle n'attend que leur accord pour se manifester et leur faire ressentir sa présence.

C'est la mission d'Aladiah que de redonner confiance en la vie et de réinstaurer chez ses enfants la croyance en les Anges. Il est important pour ces êtres d'y croire pour bien régler ce karma. S'ils commencent à prier Aladiah, elle va leur permettre d'harmoniser leur vie et de l'équilibrer dans le but de réussir leur plan de vie et de passer à l'étape suivante. Ainsi, les enfants qui croiront en Aladiah et qui la prieront seront ceux qui franchiront cette étape avec succès. L'importance de cet Ange est donc capitale, car tous ceux sous sa gouverne doivent recommencer un karma qui n'a pas été réussi précédemment et le refaire. Ils n'ont pas réussi à tirer les leçons antérieures de leur Chœur, et Aladiah est présente dans leur vie afin de les aider à épurer ce karma.

Aladiah consacre ses énergies à aider ceux qui n'ont pas accompli ce qu'ils devaient accomplir. Elle les aide dans leur cheminement, elle les aide à se retrouver. C'est la raison pour laquelle tous ceux qu'elle guide n'ont pas eu une enfance facile ou, souvent, ils ont une vie amoureuse houleuse parce qu'ils ont de la difficulté à exprimer leurs émotions. Ils ont aussi de la difficulté à accepter qui ils sont et à accepter leur corps, leur véhicule. Ce ne sont pas des êtres en harmonie avec eux-mêmes et Aladiah se doit de les aider à retrouver l'harmonie.

Aladiah aime la musique et elle donne à ses enfants le talent pour en jouer ou pour en composer. Lauviah I est aussi un Ange qui donne le talent nécessaire à ceux qui veulent faire de la musique. Cet Ange est un grand poète. Nous disons donc à tous les artistes de prier ces deux Anges afin d'être inspirés lorsqu'ils joueront de la musique ou en composeront.

11 – LAUVIAH I (du 11 au 15 mai)

Lauviah I est un « Dieu loué et exalté ». Lauviah I aime être perçue comme un Ange double, évidemment, mais aussi pourvue d'une ombre. Cette ombre n'est pas noire, elle est le double. Ainsi, en voyant Lauviah I, elle nous semble large, car elle a derrière elle la forme d'un nuage. Cet Ange lumineux porte derrière lui une ombre lumineuse, ce qui donne l'impression qu'il y a deux Anges dos à dos. Ses ailes sont magnifiques et ressemblent à de la ouate.

Lauviah I s'apparente parfois à un écho lorsqu'elle vient vers vous. Quand elle est près d'un humain ou qu'elle parle à ses enfants, on a la nette impression qu'elle se répète, car il y a réverbération, telle une parole qui se prononce et qui s'enchaîne aussitôt. Lauviah I projette une image qui s'agrandit comme se propage l'écho. Elle trouve plaisant de dire un mot et d'entendre ce mot répété à son oreille. Imaginez que vous êtes au sommet d'une montagne et que vous criez « Lauviah! », entendez-vous « Lauviah » à votre oreille? Telle est la vibration de cet Ange.

Sachez qu'il y a aussi Lauviah II. Ce sont des jumelles. Ces Anges ont pour mission d'aider ceux qui ont vécu dans le corps de la même mère. Tous ceux qui ont un frère jumeau ou une sœur jumelle sont en mesure de comprendre Lauviah I et Lauviah II. Elles ont été créées pour aider ces êtres et surtout ceux qui vivent une dualité avec leur frère jumeau ou leur sœur jumelle. Ces deux Anges ramèneront le bon accord entre ces êtres qui se disputent, qui essaient d'être uniques bien qu'ils soient deux.

Il est important de préciser que tous les êtres qui ont été deux ou plus, dans un même utérus, ont chacun une âme différente et que ces âmes sont très proches l'une de l'autre. Ces âmes jumelles ont été créées pour s'aider mutuellement et pour travailler en harmonie.

Certaines personnes se demandent : « Comment se fait-il que ces deux Anges soient dans deux Chœurs différents? » Nous avons préféré que ces Anges soient dans deux Chœurs différents, car leurs forces sont différentes. C'est aussi une autre façon de dire aux jumeaux que leurs forces sont visiblement différentes, même s'ils ont séjourné ensemble dans le ventre de leur mère. Cela ne veut pas dire qu'ils ont la même mission. Sachez toutefois que ces âmes ont une mission commune à celle de leur jumeau ou de leur jumelle, mais qu'elles ont aussi une mission unique, spécifique. Les jumeaux ont besoin de l'un comme de l'autre pour accomplir leur plan de vie. Par conséquent, l'un des jumeaux peut être quelqu'un de très spirituel, alors que l'autre ne l'est point. Celui qui est spirituel doit alors aider celui qui ne l'est pas à retrouver la foi en nous, les Anges, la foi en Dieu, mais aussi à retrouver sa propre spiritualité. C'est la raison pour laquelle l'Ange Lauviah I favorise aussi la vie spirituelle. Elle fait découvrir à chaque âme provenant d'une grossesse gémellaire sa force unique. Son but premier est de leur faire découvrir leur propre Lumière.

Nous voulons toutefois préciser que 98 % des naissances sous la gouverne de Lauviah I ne sont pas des naissances de jumeaux, mais bien d'enfants à noyau unique. Leur moitié est restée de l'autre côté du voile, mais le contact se fait tout de même. Le jumeau cosmique a tout simplement décidé de ne pas s'incarner sur Terre en même temps que l'autre. Ces êtres sont comme des jumeaux, mais non pas dans le sens humain du terme. Les enfants nés sous la gouverne de Lauviah I auront ainsi le sentiment d'avoir eu un jumeau ou une jumelle, ou encore le sentiment qu'ils ne sont pas seuls. Il n'est pas impossible que ces êtres se parlent à eux-mêmes. Tous les jumeaux sur Terre, même s'ils ne font pas partie de ce Chœur (Lauviah I) ou encore du Chœur des Trônes (Lauviah II), apprendront à accepter qu'il y a un être semblable à eux, à accepter l'autre en cas de dualité, et ce, grâce à ces deux Anges.

Lauviah I, qui appartient au Chœur des Chérubins, aidera les êtres qui s'interrogent sur leur mission terrestre. Elle aidera aussi tous ceux qui sont dans l'Ombre. Elle apportera à celui qui est dans l'Ombre la Lumière et la paix du cœur. Cet Ange participe au processus de guérison. Elle guérit l'âme lorsqu'elle se retrouve dans la noirceur. Ce n'est pas une guérison du corps physique, mais plutôt une guérison du corps éthérique, de l'âme.

Sa mission est de ramener un être mort à la vie. Nous ne parlons pas de mort physique, mais plutôt de la mort de l'âme. Cet Ange donnera une chance à cet être et ravivera son âme. Lorsqu'une âme est morte, le corps physique l'est aussi. Cet être humain n'a pas de direction ni de but. Il voit la vie sous des angles négatifs. Lauviah I permet à cette âme de retrouver sa vie, de retrouver sa voie. Elle vous aide à refaire vos forces, à retrouver votre personnalité, à redécouvrir en vous ce qui était caché, à reprendre le contrôle de votre vie pour que vous puissiez avancer de nouveau.

Lauviah I a aussi comme mission d'aider ceux qui traversent des périodes difficiles et qui ne voient plus la lumière au bout du tunnel. Elle aide tous ceux qui se disent : « Je ne m'en sortirai jamais! » Lauviah I leur dit : « Non, non! Je suis Ange, je suis Lumière, je suis direction. Je suis là pour vous orienter vers des situations lumineuses, vers des situations qui vous amèneront à votre propre bonheur. Je vais prendre la situation en main et je vous guiderai afin que le soleil puisse entrer dans votre vie et dans votre cœur, et que vous ressentiez la chaleur de ceux qui vous entourent. »

Lauviah I vous protège aussi contre la jalousie et la culpabilité. Elle aide les humains à éloigner ces sentiments qui les empêchent de grandir en tant que personnes ainsi qu'à voir la Lumière qui se trouve en eux. Selon Lauviah I, ces émotions négatives font partie de l'Ombre et tous les enfants qui en sont aux prises devraient s'en libérer, car l'Ombre peut devenir très mesquine. Lauviah I aide tous les enfants qui ont cette difficulté à reprendre confiance en eux, à se libérer de leurs sentiments négatifs.

En invoquant Lauviah I, on peut potentiellement obtenir tout ce qui existe ici-bas. Entre autres, cet Ange vous apporte la Lumière et la force. Elle ne travaille pas pour la prospérité, mais plutôt pour l'humanité, pour la Lumière. Elle vous donnera une vie heureuse et lumineuse, tout comme elle vous fera rencontrer la personne idéale avec qui partager votre vie.

Lauviah I peut aussi vous apporter du réconfort en faisant en sorte que vous ayez une maison. Elle peut vous apporter la stabilité au travail, mais elle ne vous donnera pas d'argent, sauf si vous en avez vraiment besoin ou si c'est pour servir une cause humanitaire. D'autres Anges sont chargés de cette fonction. Elle travaille avec acharnement afin que l'Ombre laisse place à la Lumière. Savez-vous que tous ceux qui se retrouvent dans l'Ombre, qui la côtoient ou qui en ressentent encore la présence, n'ont qu'à prier Lauviah I? Cette dernière leur permettra de sortir l'Ombre en eux et de la chasser définitivement en y substituant la Lumière.

Tous les enfants nés sous la gouverne de Lauviah I sont des êtres joviaux. Parfois, ils doivent se répéter. C'est leur faiblesse. Peut-être est-ce l'écho que nous entendons? Quand il parle, l'enfant de Lauviah I dira : « Je viens de me lever. Eh oui, je viens de me lever. » Peut-être doivent-ils répéter ce qu'ils viennent de dire pour se le confirmer à eux-mêmes? Toutefois, ces êtres ne répètent pas chacune de leurs paroles, mais seulement les propos qu'ils jugent importants.

Une autre de leurs faiblesses est de ne pas écouter ce que les autres ont à dire. Lauviah I leur dit : « Prenez le temps d'écouter les paroles des autres, car ces paroles auront un sens quant au cheminement que vous aurez à faire. » Par la suite, lorsque ces enfants ont développé leur capacité d'écoute, ils s'amusent à répéter à voix haute les connaissances nouvellement acquises.

L'intuition et le talent poétique que donne Lauviah I peuvent conduire à la renommée. Lauviah I est un Ange très poétique et elle aime transmettre des messages empreints d'une douceur poétique. Elle a comme mission d'aider ceux qui ont la poésie dans l'âme et qui veulent percer dans ce domaine. Elle leur permet d'ouvrir cette porte en leur donnant l'intuition des mots, l'intuition des paroles.

La mission de Lauviah I est de faire reconnaître ces poètes, non pas à l'échelle internationale, mais davantage en ce sens que les gens pourront apprécier la qualité de leur travail. Il y a des poètes qui souhaitent rester dans l'anonymat, mais qui deviennent tout de même connus parce que certains lecteurs peuvent les faire connaître au grand public. Nous disons donc aux poètes qui veulent être reconnus : « Priez Lauviah I, car elle vous en donnera la possibilité. » En ce qui concerne les autres, Lauviah I s'occupera aussi d'eux étant donné qu'elle adore la poésie. Elle aime quand les êtres parlent et que de leurs paroles surgit un chant.

N'oubliez pas que cet Ange a de l'oreille… La poésie, quand elle est bien citée, est comme une tendre musique à l'oreille de celui qui l'écoute. Lauviah I permet donc qu'un poème ainsi récité puisse sonner à toute oreille comme une douce mélodie et que ce poème puisse pénétrer au plus profond des corps et des âmes. Elle aimerait que ces êtres puissent vibrer au son de chaque mot prononcé et de chaque phrase récitée.

12 – HAHAIAH (du 16 au 20 mai)

Hahaiah est considérée comme un « Dieu refuge ». Hahaiah a des ailes immenses afin de pouvoir y abriter tous ses enfants. Hahaiah est un Ange très illuminé et quand ses enfants se réfugient sous ses ailes, elle les entoure, elle leur envoie des rayons d'amour, des rayons d'or, des rayons violets et verts. Telles sont les couleurs qu'elle aime envoyer à ses enfants. Elle est un bel Ange, mais ce sont ses ailes que l'on remarque le plus. Hahaiah a les plus longues ailes du Chœur des Chérubins et peut-être même parmi ses confrères et consœurs. Elle prend le temps de placer, dans le cœur des humains, le refuge dont ils ont besoin et, par conséquent, l'amour.

En effet, cet Ange est un refuge pour ceux qui ont besoin d'amour, de tendresse, de câlins, d'une oreille attentive. Elle donne à ses enfants la qualité de pouvoir aider les autres, de pouvoir aider ceux qui ont besoin de ce refuge. Elle est un Ange très réservée. Cet Ange travaille pour le bien de ses enfants. Elle aime venir les voir par l'entremise de leurs rêves et entrer en contact avec eux de cette façon. Ses enfants pensent qu'ils rêvent mais, en fait, elle entre dans leur monde et les amène dans le sien.

L'Ange Hahaiah veut être perçue comme un doux sentiment, une musique douce à votre oreille. Quand vous pensez à elle ou que vous l'invoquez, votre cœur fait un petit battement de plus, un peu comme un cœur amoureux. Elle transmet la couleur or à ses enfants, car l'or résiste au temps; il ne meurt point, ne se brise point. Le vert rappelle la nature. C'est une couleur qu'il fait bon regarder, qu'il fait bon sentir. Le violet, pour sa part, est une émotion, l'amour spirituel. Quand on voit la couleur violette, on voit une émotion douce.

Cet Ange aimerait que chaque être puisse trouver l'amour qui lui permettra de vivre heureux à deux. Selon Hahaiah, si tous les enfants, soit tous les humains de cette Terre, pouvaient trouver l'être qui leur convient le mieux, il n'y aurait pas autant de violence, de divorces, de séparations et d'enfants qui pleurent. Puisqu'elle est très sensible, Hahaiah aidera ceux qui veulent trouver l'unité dans leur vie affective. Elle œuvre pour que la Terre puisse vivre en harmonie.

La faiblesse de ceux qui sont sous la gouverne de l'Ange Hahaiah est qu'ils ont de la difficulté à trouver un partenaire qui leur convient, à ressentir une émotion, car ils ont peur de choisir, ils ont peur d'aimer. Cet Ange apportera, dans le cœur de ses enfants, la tendresse et la sécurité de l'amour. Hahaiah dit à ses enfants : « Ne regardez pas l'avenir, regardez plutôt le présent à la lumière de l'amour que vous avez en ce moment. Ne pensez pas au lendemain, pensez plutôt au jour où nous sommes. »

Les enfants d'Hahaiah ont de la difficulté en amour parce qu'ils recherchent une union qui durera longtemps. Ils s'imaginent qu'ils doivent choisir la personne parfaite pour vivre cette union à long terme, mais Hahaiah dit qu'un couple se bâtit jour après jour. Ce qui solidifiera votre union, c'est l'amour que vous lui consacrerez chaque jour. Votre union est comme une fleur. Vous prenez une graine, vous la mettez en terre et vous l'arrosez tranquillement. Chaque jour vous lui parlez et chaque jour elle grandit. Elle deviendra ainsi de plus en plus forte et se transformera en un arbre magnifique. Cet arbre fleurira et produira des fruits. Personne ne pourra l'abattre. Pourquoi? Parce que vous aurez pris le temps, chaque jour de votre vie, de nourrir cette plante et d'en prendre soin. L'amour n'y fait pas exception.

Cet Ange permet à tous ceux qui veulent une union solide, un amour fort, une unité, de trouver les qualités nécessaires pour que cet amour puisse être aussi durable que l'or. Car l'or ne ternit pas, ne se brise pas à moins de négligence majeure. Hahaiah aidera tous ceux qui désirent une vie heureuse, stable et remplie d'amour à bien arroser leur arbre humain, afin que cette union puisse grandir et devenir aussi forte qu'un arbre en fleurs, aussi vigoureuse et chaleureuse.

Si vous êtes en couple et que vous vous rendez compte que cette union ne peut rien vous apporter, que c'est une union malheureuse, Hahaiah vous fera voir que vous ne devez pas y demeurer. Cet Ange vous indiquera que vous pouvez aller vers une autre union qui vous apportera un grand bonheur. Elle travaille conjointement avec l'Ange Yezalel. Ensemble, ils vous aideront à trouver l'amour pour mieux vous épauler dans votre vie humaine et dans votre cheminement.

Hahaiah représente la cuirasse la plus solide et la plus efficace contre l'adversité. Hahaiah est comme une armure. C'est la raison pour laquelle Hahaiah aime l'or puisque tout ce qui se transforme en or devient solide, telle une cuirasse. Grâce à ses ailes immenses, elle vous protège contre ceux qui veulent vous détruire. Elle vous donnera cette protection pour ne pas que vous tombiez, pour ne pas que vous vous blessiez. Cette armure est utilisée par ceux qui vivent une union difficile, qui côtoient des gens dans l'Ombre ou qui disent des paroles qui ne sont pas toujours belles à entendre. Nous disons à tous ceux qui vivent des situations difficiles, qui se trouvent face à des êtres qui ne leur sont pas favorables, qui essaient de les détruire, qu'Hahaiah leur permettra de ne pas laisser entrer ces êtres à l'intérieur d'eux. Elle les protégera afin que leur cœur humain ne soit pas touché. Elle les aidera à rester humbles malgré tout le mal qui fait rage autour d'eux. Hahaiah les aidera dans les moments les plus difficiles, elle leur donnera les outils qui leur permettront d'avancer dans la Lumière.

Cet Ange est celui de toutes les femmes battues par leur conjoint. Elle leur permet d'avoir une cuirasse en elles pour ne pas que les coups les blessent sur le plan des émotions. Physiquement, il y aura peut-être des ecchymoses, des marques, mais mentalement et « émotionnellement », Hahaiah apportera sa protection afin d'aider ces dames sous l'emprise d'un « diable », d'un manipulateur, d'un être méchant. Hahaiah permettra à ces dames de le combattre et de se sortir de cette impasse. Toutes celles sous l'emprise d'un être qui leur fait du tort, d'un être qui les blesse, qui les dérange, doivent prier Hahaiah. Celle-ci vous protégera pour que vous ne receviez pas ces coups. Elle vous aidera à mieux nettoyer vos états d'âme et à mieux comprendre que, physiquement, mentalement et « émotionnellement », vous ne pouvez pas accepter de tels coups. Hahaiah vous donnera le courage d'aller vers votre paix. Elle vous aidera à comprendre que vous avez besoin d'un amour qui vous apportera la stabilité et le bonheur.

Une autre des faiblesses de ceux sous la gouverne d'Hahaiah est qu'ils auront souvent des partenaires colériques qui les agresseront physiquement pour leur montrer qu'ils sont les chefs. Toutefois, la force de cet Ange est de permettre à ses enfants de ne pas se laisser détruire, de ne pas se laisser violenter et de leur apporter l'amour, le vrai. Telle est aussi la force de l'Ange Yezalel. Ces Anges travaillent ensemble pour apporter l'unité, l'amour et la paix du cœur.

L'Ange Hahaiah amplifie l'amour maternel, développe la sensibilité, la douceur, le côté yin, la protection et la discrétion. C'est la raison pour laquelle cet Ange protège beaucoup les femmes, car le côté yin est la polarité féminine de toute chose. Hahaiah amplifie l'amour maternel, étant donné qu'elle apporte à ses enfants la protection d'une mère, d'où la grandeur de ses ailes. Qu'il est bon lorsque nous sommes enfants de nous blottir dans les bras de notre maman après nous être blessés! Hahaiah vous protège et vous réconforte de la sorte. Elle veut que tous ceux qui iront dans les bras de ses enfants puissent revivre le sentiment qu'ils éprouvaient quand leur mère les embrassait.

Hahaiah est l'Ange des prodiges et des dons surnaturels. Elle permet à ceux venus au monde avec un talent d'en prendre conscience et de le développer. S'ils veulent savoir le talent qu'ils possèdent, ces êtres devront prier Hahaiah tout simplement. Cette dernière prend soin des enfants qui ne ressemblent pas aux autres, des enfants qui sont des êtres très illuminés. Elle leur permet, malgré leur grande intelligence, de demeurer humain, d'agir comme un humain « normal ». Les enfants nés sous sa gouverne auront un pouvoir et devront le découvrir. Par contre, ceux qui ne croient pas en elle auront de la difficulté à trouver le sens réel de la vie, à donner un sens aux banalités du quotidien. C'est là leur faiblesse.

Hahaiah est un Ange très sensible et d'une grande douceur. Elle n'aime pas que ses enfants subissent des atrocités. Telle est sa mission : embrasser ses enfants et leur apporter le bonheur. Elle leur donnera la force de réveiller leurs talents, les protégera contre l'adversité, contre ceux qui essaieront de les détruire, et leur apportera l'amour tant désiré.

13 – YEZALEL (du 21 au 25 mai)

L'Ange Yezalel est une fontaine d'étincelles et de magie agréable à regarder. Cet Ange possède de magnifiques ailes et il aimerait être perçu comme un Ange rempli de Lumière et d'étincelles, comme un feu d'artifice aux multiples couleurs. On peut le regarder pendant des heures et des heures, et on ne se lassera jamais, car il est impossible de prédire la couleur qui en jaillira. Sa magie fait de lui une boîte à surprises!

Yezalel est un « Dieu glorifié dans toute sa splendeur ». Chaque fois qu'il entreprend une mission, il est heureux. Il glorifie chacune de ses missions et les amène vers Dieu en louangeant chaque acte. C'est un Ange qui amplifie tout. Avec Yezalel, un petit point blanc devient grand et lumineux. Yezalel est un grand artiste. Il a un talent poétique et créatif, voire théâtral, qui lui permet d'amplifier les histoires et les situations. Il met de la vie dans tout ce qu'il touche. Pour lui, une montagne difficile à escalader est un défi extraordinaire. Il voit un côté positif en chaque épreuve. Cet Ange ne regarde jamais le côté négatif des choses; il regarde plutôt ce qu'il peut acquérir de positif.

Cet Ange a une énergie semblable à celle qui se dégage lorsque l'on raconte une histoire à son enfant. Il est un véritable magicien des mots, mais aussi des êtres, puisqu'il permet à ses enfants de se dire : « Ce n'est pas grave si j'ai trébuché, ce qui importe, c'est que je puisse me relever. » Il dit aussi à ses enfants : « Regardez toute l'expérience que vous avez acquise en trébuchant; c'est ce qui compte. Je suis certain que vous ne trébucherez plus parce que vous savez maintenant ce qu'il faut faire. »

Yezalel permet à ses enfants de recevoir instantanément la réponse à leurs questions. De plus, il veille à ce que leurs pas soient faits dans la bonne direction. Le puits de Lumière qu'il dégage permet à ses enfants de voir, de regarder et d'aimer. Yezalel ressemble à l'Ange Hahaiah en ce qui a trait à l'amour puisque son but ultime est d'aider l'humain à trouver son complément parfait pour former une unité.

Il est un Ange très créatif et il veut que ses enfants le soient aussi. Il donne donc à ses enfants l'amour de la création, l'amour de soi. Il apporte le bien-être en eux et leur redonne la foi et l'amour.

La faiblesse des enfants nés sous la gouverne de Yezalel est qu'ils ont perdu la magie qui les éveillait tant lorsqu'ils étaient enfants. Or, lorsque cet être s'éteint, que l'étincelle disparaît, on se retrouve face à un robot. Il devient froid, sans lueur dans les yeux. Cet être est sombre et il est de plus en plus difficile pour les autres d'aller vers lui, car son attitude les éloigne. Lorsqu'on le touche, on ressent le froid, la mort du corps. Ces enfants peuvent demeurer longtemps dans cet état, dans cette bulle. Ils auront également tendance à vivre et à fonctionner comme des robots. Ils travaillent, mangent et dorment. Yezalel leur dit : « Pourquoi agir ainsi? Soyez vous-mêmes. Voyez la magie autour de vous. Ne fonctionnez pas comme un robot. Marchez de travers s'il le faut, mais marchez en harmonie, en cadence et vous serez plus heureux. » Voici ce qu'apporte Yezalel à tous les enfants de la Terre : leur faire prendre conscience de toute la magie qui existe sur la Terre.

De plus, Yezalel porte un message de fidélité dans le but de faire savoir à ses enfants qu'ils ne sont pas seuls. Lorsque ces derniers se trouvent dans cet état, ils s'imaginent que personne ne les aime, qu'ils sont seuls au monde et que personne ne veut les aider. Telle est la faiblesse de ces êtres. Yezalel dit : « Vous n'êtes pas seuls, je suis près de vous. Vous n'avez qu'à demander mon aide et je vous l'accorderai immédiatement. »

Il est donc très important pour ceux qui liront ce livre de se re-connaître puisqu'ils pourront, par la suite, prier leur Ange pendant des périodes difficiles. Celui-ci ramènera la force en eux. Yezalel dit : « Si votre vie est routine et que vous vous sentez comme un robot, priez-moi. J'enverrai dans votre vie de la magie, un puits de magie, d'amour et de Lumière, qui vous permettra de danser, de chanter et de rire. Ces feux d'artifice susciteront en vous le goût de vivre et vous feront prendre conscience que la vie est extraordinaire. Quand nous dansons et chantons, nous pouvons par la suite vivre notre vie et, par conséquent, vivre l'amour. »

Lorsque nous sommes sur le mode « survie », que nous sommes assimilés tels des robots, comment pouvons-nous vivre l'amour? Comment trouver le bonheur, si toute notre essence n'est dictée que par des marches à suivre et que notre cœur s'atrophie? Toutefois, si vous êtes maître de votre vie et que vous savourez chaque moment, chaque geste, vous aimerez la vie tout simplement. Vous aimerez chaque événement que la vie amènera sur votre route. Alors, priez Yezalel et il y aura des étincelles dans vos yeux, dans votre cœur, et vous serez très heureux.

Une autre faiblesse des enfants de l'Ange Yezalel, c'est qu'ils manquent de confiance en eux. Parfois, ils reculent d'un pas parce qu'ils ne sont pas certains si ce pas était le bon. Ils doutent beaucoup de leurs capacités, et leur vie devient de plus en plus terne et dépourvue de magie. En retrouvant cette magie, ils redeviendront cette explosion d'amour et de joie qu'ils étaient jadis. Tous ceux qui les regardent vibre-ront à cette énergie, à cette vivacité contagieuse. Ils seront charmés par la grandeur de cette âme.

Yezalel est aussi une fontaine d'amour et d'amitié, car il per-met à ses enfants de vibrer à ses cadeaux divins. Il donne beaucoup d'amour, ce qui permet à ces êtres de pouvoir en donner en retour. Ils deviennent alors eux-mêmes des fontaines d'amour et d'amitié. Ces enfants feront vivre des étincelles d'amour à ceux qui les entourent de même qu'à ceux qui les aiment. Lorsqu'ils ne sont pas dans leur vibration, mais plutôt dans l'Ombre, il n'y a pas d'étincelles en eux. Saviez-vous que les Chérubins sont comme les étoiles qui brillent dans le ciel lorsqu'ils expriment leur nature angélique?

Yezalel rétablit l'harmonie dans les couples, consolide l'amitié, réconcilie les ennemis et réintègre les marginaux dans la société. Ceux qui se butent à des écueils dans leur vie amoureuse, car c'est là la faiblesse des enfants de Yezalel, risquent d'avoir des relations déchirantes. Yezalel rétablit donc l'harmonie chez ses enfants et tous ceux qui le prient, ainsi que chez toute personne qui vit des moments difficiles dans sa vie amoureuse.

Cependant, si Yezalel s'aperçoit que les efforts sont vains, il demandera l'aide de ses confrères et de ses consœurs pour vous donner la force de vous retrouver, et aussi de retrouver l'harmonie avec une autre personne que votre conjoint actuel. C'est la raison pour laquelle il travaille avec l'Ange Hahaiah et tous les Anges du Chœur des Chérubins, et ce, parce que ces Anges ont tous une mission commune : l'amour. Tous les Chérubins uniront leurs efforts pour que cet amour soit puissant.

Yezalel aide aussi les êtres marginaux à se tailler une place dans notre société. Ces êtres différents, au lieu de croire en ce qu'ils sont, s'éloignent étant donné qu'ils se sentent rejetés. Yezalel les encourage à ne pas abandonner et il dit : « Dans une société, il doit y avoir des êtres marginaux pour permettre aux autres de s'équilibrer davantage. » Puisque nous sommes dans le Chœur des amours, ces êtres marginaux ont une façon bien différente d'exprimer leur amour. Que ce soit par l'homosexualité, la prostitution ou en aimant une personne d'une autre nationalité, d'une autre culture, d'une autre religion.

Yezalel permet à ceux qui sont hors-normes de ne pas se juger ni de se cacher, mais de demeurer exactement comme ils sont. La société a besoin de ces êtres pour s'éveiller et s'équilibrer. Nous disons à ces enfants : « Mêlez-vous aux autres, ne restez pas à l'écart. Comment voulez-vous que l'être humain grandisse, si vous êtes à l'écart? Comment voulez-vous que l'être humain accepte qui vous êtes, si vous vous cachez? »

Par contre, si vous vous affichez et que vous vous dites : « Je suis comme je suis; je fais partie de ce monde comme les autres, je suis un humain comme tous les humains, je ne vis pas selon la norme, mais il reste que je suis un humain et que je fais partie de ce plan. » Les autres vous accepteront et vous aurez accompli votre mission.

« Vous êtes avant tout humains, vous êtes venus sur Terre en choisissant d'être marginaux et nous l'avons accepté. Maintenant, continuez votre mission parmi les humains et non pas à côté d'eux. » Les étincelles de votre luminosité pourront rejaillir sur les autres, ce qui perpétuera ce courant d'amour et de magie, car les marginaux sont des magiciens qui font parler d'eux. Alors, faites parler les autres!

14 – MEBAHEL (du 26 au 31 mai)

Mebahel est un « Dieu très conservateur » qui n'attire pas beaucoup l'attention. Même si cet Ange est très puissant, il est discret et timide. C'est l'Ange de l'humilité. Il ne fait pas trop de bruit. Cependant, il agit avec force et instantanément. Il aime que ses enfants le prient. Il n'a pas besoin de gesticuler autant que son frère Yezalel puisque, de toute façon, personne ne peut imiter ce dernier. Il se contente de ce qu'il est tout simplement. Mebahel a des lèvres magnifiques. Il aime siffler. En contact avec lui, on entend un sifflement joyeux, tout doux. C'est sa façon de vous montrer qu'il est à vos côtés et qu'il vous protège.

La force véritable de Mebahel réside dans sa parole. C'est un Ange qui vibre avec la parole. C'est la raison pour laquelle il donne à ses enfants de belles lèvres. Toutefois, la principale faiblesse de ses enfants est qu'ils prononcent des paroles méchantes. Mebahel leur dit : « Je vous ai donné de belles lèvres pour que chaque mot qui sort de votre bouche soit comme une note de musique, et non pas pour blesser l'autre. »

Mebahel dit qu'il est un sage. Il a la parole juste, le mot juste. Il n'a rien de spécifique comme les autres Anges. La seule façon de le voir ou de le ressentir, c'est au travers de ses forces, de la vibration qu'il vous apporte.

Les êtres nés sous la gouverne de cet Ange ont une voix douce, romantique et mielleuse. Parfois, cela peut être dangereux pour ceux qui écoutent leurs paroles, car celles-ci peuvent les endormir. Ces enfants sont de grands romantiques, mais pas nécessairement de grands amoureux.

Les enfants de Mebahel sont très solitaires. Ils ont besoin d'amour, mais ils ne se sentent pas contraints de cohabiter avec cet amour. Lorsqu'ils n'ont pas encore trouvé la personne qui leur convient, ils préfèrent rester seuls plutôt que d'être mal aimés. Les enfants de cet Ange recherchent une grande sécurité dans leur vie amoureuse. S'ils ne la trouvent pas avec leur partenaire actuel, ils la chercheront en se livrant à une activité quelconque ou encore en tissant des amitiés. Ils préféreront toutefois la solitude à un chagrin d'amour étant donné que ces êtres ne peuvent pas supporter cette peine. Ils ont peur d'avoir mal, mais ils ont davantage peur que le cœur verse des larmes. Ces personnes essaient alors d'aimer des êtres qui leur seront fidèles. Mebahel, avec l'aide de Yezalel, essaiera d'aider ces enfants à trouver leur complément, leur unité fondamentale.

Cet Ange apporte au monde l'amour et la beauté, de même que l'inspiration et la liberté en provenance des mondes supérieurs. L'Ange Mebahel donne à ses enfants l'amour, l'amour de la spiritualité, l'amour de l'autre monde. Lorsque ses enfants n'ont pas un partenaire qui leur convient, Mebahel leur permet d'entrer dans le monde des rêves et d'avoir une vision, un songe concernant un amour à venir. Mebahel leur apportera un amour pur, un amour angélique.

Mebahel redonne courage à ceux qui ont perdu espoir. Ceux qui vivent des moments difficiles devraient le prier. Surtout ceux qui sont malades, qui souffrent d'un cancer ou qui ne voient aucune issue possible, notamment dans leurs relations amoureuses. Il leur redonnera le courage de se battre jusqu'à la fin, surtout les malades en phase terminale. Mebahel vous dit de ne pas perdre espoir puisque l'espoir nourrit et l'espoir guérit. Il vous redonnera la force d'avancer, la force de croire en lui et en les Anges qui vous entourent.

Mebahel développe l'intégrité, l'honnêteté, la droiture et la stabilité puisqu'il est un Dieu conservateur. Il n'aime pas que ses enfants se dirigent dans des voies non lumineuses, pourtant c'est justement la faiblesse de ses enfants. Ils peuvent facilement tomber sous l'influence de la drogue, de l'alcool, du jeu et de tout ce qui les empêche d'avoir une vie lumineuse. Ils pourront même faire des vols à répétition. Mebahel redonnera à ses enfants le courage de reprendre leurs forces et de devenir honnêtes avec eux-mêmes, les autres et la société.

Mebahel aide ceux qui ont besoin de stimuler leur intuition. Il leur donne la sensation de deviner, de voir les choses. Son travail est de vous diriger, de vous montrer, de vous amener à un endroit, sans toutefois déplacer de l'air. Il préfère agir de cette façon, car personne ne le voit. Mais vous, vous saurez ce qu'il faut faire lorsqu'il sera présent.

Les enfants nés sous la régence de cet Ange peuvent devenir de véritables créateurs. Ils ont reçu le don de la créativité. Toutefois, ils doivent créer de leurs mains leur propre paradis. Il leur donnera tous les outils requis, même s'ils doivent être solitaires dans ce paradis. Cependant, ils ne ressentiront pas cette solitude; ils grandiront plutôt à travers celle-ci. Nous disons à tous ceux dont l'Ange est Mebahel que celui-ci vous permettra de vous aimer, de trouver en vous le paradis idéal, et qu'il vous aidera à grandir en tant qu'être humain.

Mebahel dit à tous ses enfants qui ont besoin de vivre en harmonie de lui faire appel. Même si vous êtes seuls sur Terre, il vous aidera à trouver votre véritable paradis et à le former à l'aide des amitiés qui vous entourent. Trop souvent, ces enfants vivent dans la solitude puisqu'on se rend à peine compte qu'ils sont là. Mebahel aide donc ses enfants à retrouver une belle qualité de vie, entourés des gens qui le respectent.

15 – HARIEL (du 1er au 5 juin)

L'Ange Hariel est un « Dieu créateur ». Sa Lumière est si intense et profonde qu'il s'amuse à dire qu'elle est comme un rayon de citron. De plus, il a la forme d'un citron : une petite tête, un gros tronc où sont normalement les ailes et de petites ailes en dessous. Cet Ange vous taquine évidemment. Hariel est un grand Ange, très grand et très puissant puisqu'il aide tous ceux qui le lui demandent. Il a beaucoup de jaune en lui. Lorsque vous le prierez, vous ressentirez – et sentirez – une petite odeur acide, un parfum de citron.

Idéalement, il est l'Ange que devraient prier tous ceux qui veulent perdre du poids. Hariel est un Ange mystérieux tout comme les planètes Uranus et Mercure. Ses enfants ont, à son image, cette aura de mystère qui les entoure. Son travail consiste à purifier le corps et il permet à tous les enfants qui le prient d'avoir un corps qui leur est cher et satisfaisant.

Hariel voudrait dire à tous les enfants qui veulent désintoxiquer leur corps de le prier. Il les aidera à libérer toutes les toxines pour protéger leur corps contre ces dangers. En le nettoyant, leur poids s'en trouvera allégé. Sachez aussi qu'Hariel nettoie le corps de ceux qui se droguent, qui boivent ou qui se nourrissent mal. Cet Ange leur permet de se désintoxiquer en profondeur.

Hariel dit : « Nous regarderons votre corps, et si nous trouvons que celui-ci n'a pas besoin d'être purifié ou désintoxiqué parce qu'il est parfait, rien ne sert de me prier, car je ne vous aiderai pas. Nous ne vous aiderons que si votre corps a réellement besoin d'aide. Certaines personnes ont un corps parfait et cherchent encore à le perfectionner. D'autres encore veulent perdre du poids, alors qu'ils n'en ont pas en trop. Nous les aiderons à prendre conscience que leur corps est bien tel qu'il est. »

Pendant le processus de désintoxication, il est important que chaque être boive un verre d'eau aromatisée d'une tranche de citron. Hariel bénira l'eau étant donné que le citron est sa couleur et sa force. Hariel adore la couleur du citron et son odeur. Il dit qu'il est un « Ange citronné »!

La faiblesse des enfants nés sous la gouverne d'Hariel est l'abus de nourriture, d'alcool et de drogue. Parfois, ses enfants ressembleront à un citron puisqu'ils auront une rondeur à la ceinture, de petites jambes et la tête directement vissée sur les épaules. Hariel les aidera à rééquilibrer ce corps physique. Il les aidera à enrayer ces faiblesses et ces dépendances en redonnant un corps sain à ceux qui le prient. Telle est sa force.

Hariel est un Ange qui aime beaucoup la propreté du corps, à l'intérieur comme à l'extérieur, et la propreté de l'âme. Il est celui qui vous aidera à faire le grand ménage de votre vie et de votre être. Cet Ange permet à toutes les victimes de viols de se libérer de toute séquelle. Souvent, ces personnes n'aiment pas leur corps; elles pensent que ce corps est « sale » et elles le dédaignent. Hariel dit à toutes ces victimes de violences sexuelles, psychologiques, physiques ou mentales : « Si vous détestez votre corps parce qu'une autre personne l'a touché sans votre consentement, priez-moi et je le nettoierai. »

Hariel vous aidera à purifier votre corps, à le nettoyer au plus profond de votre âme, ce qui vous permettra non seulement d'accepter votre corps, mais aussi d'apprendre à l'aimer. Une fois votre corps et votre âme purifiés, vous serez en harmonie avec vous-mêmes et avec les autres. Cette guérison vous amènera à vous ouvrir davantage aux autres et à les laisser venir vers vous sans être constamment sur vos gardes.

Hariel oriente l'intelligence vers la vérité, la science et la spiritualité. Il permet à ses enfants de voir leur propre cheminement et de le comprendre. Hariel permet à ceux qui ne veulent pas voir la vérité d'ouvrir les yeux, car il est un Ange de pureté et de purification. Le mensonge est inacceptable pour lui; il n'aime pas que ses enfants ferment les yeux sur des événements qu'ils devraient sonder en profondeur. Il permet de faire ressortir la vérité, que ce soit dans la vie amoureuse, professionnelle ou encore par rapport à une injustice. Hariel fait en sorte que la vérité se fasse entendre. Il donne à ses enfants l'intelligence qu'il leur faut pour qu'ils puissent bien mener leur vie et accomplir d'importantes réalisations. Aussi, l'Ange Hariel aide à promouvoir la paix, favorise l'expression orale et écrite, et maintient la paix du corps.

Cet Ange combat également toute forme d'intégrisme et de sectarisme. Il cherche à faire éviter les guerres de religion et à libérer les êtres de l'emprise des sectes. C'est un point très important. Puisque Hariel est un Ange purificateur, il éloigne des sectes tous ceux qui se font prendre dans le piège d'une religion qui n'éveille pas l'esprit ou l'âme. Il y a des êtres à la recherche d'un Dieu, d'une voie, d'une vocation. Ces êtres vivent parfois des périodes difficiles et deviennent donc très vulnérables. Ils se joignent alors à des sectes qui ne peuvent ni aider leur âme ni guérir leurs blessures humaines.

Plusieurs sectes sont des sectes de l'Ombre, car leur but premier n'est pas de prendre soin de l'âme, mais plutôt de bourrer le crâne de toutes sortes d'histoires qui ne sont pas véridiques. Certaines sectes sont passées maîtres dans l'art de contrôler les sentiments, de manipuler et de faire peur. L'Ange Hariel purifie donc les êtres subjugués par ces sectes pour qu'ils puissent s'en libérer.

Cependant, les Anges aimeraient préciser qu'ils ne jugent pas les religions ni les sectes quelles qu'elles soient. Ils sont conscients que lorsque certains liront ces lignes, ils diront : « Vous êtes vous-mêmes une secte! » Par conséquent, nous aimerions leur répondre que les Anges ne forment pas une secte. Ils sont, dans votre vie, la Lumière qui éclaire votre chemin dans la tempête ou l'obscurité. Les Anges viennent vers vous lorsque vous avez besoin d'eux et que vous les priez. Ils ne vous dictent pas quoi faire; ils vous aident et vous soutiennent dans vos propres décisions. Les dirigeants de sectes, quant à eux, dictent chaque pas, chaque geste, et infligent à leurs adeptes une façon de penser, voire une façon de se comporter.

Ce qui compte pour nous, les Anges, c'est de dire ceci aux humains : « C'est vous qui décidez ce que vous aimez de nous. C'est vous qui décidez de nous prier ou de ne pas le faire. Notre mission est de vous soutenir dans votre vie humaine. Nous sommes toujours présents à vos côtés. Nous n'exigeons rien de votre part. Nous attendons simplement votre amour et votre respect. Et même si vous ne nous respectez pas, nous allons tout de même vous respecter. Nous avons été conçus dans l'amour; nous sommes des messagers d'amour et de Lumière. »

C'est une grande erreur que de vouloir contrôler la vie des gens et nous sommes peinés lorsque nous voyons certaines religions contrôler des vies ainsi. Une religion saine, pure, doit permettre à ses adeptes de l'aimer ou non, de leur donner le privilège de choisir la façon dont ils la pratiqueront, sans exiger rien en retour. Tout devrait être fondé sur la liberté. Aimer et prier librement. Nous avons donc conçu l'Ange Hariel afin qu'il n'y ait plus de guerre au sein de chacune des religions.

Toutes les religions ont un Dieu et se ressemblent jusqu'à un certain point. Ce n'est pas parce que vous êtes dans l'énergie d'une religion en particulier que vous n'êtes pas bons. Nous devons dire aux humains : « Ne jugez pas l'autre, si vous ne voulez pas être jugés. » Ce qui compte, c'est de croire en Dieu et de respecter la croyance que vous avez envers ce Dieu. Mais si cette énergie divine en laquelle vous croyez, ce Dieu, exige de vous de l'argent ou des rencontres hebdomadaires, entre autres, et que vous n'avez pas le libre choix, ce n'est pas une bonne religion pour vous.

Cependant, nous sommes conscients que, sur la Terre, l'argent existe comme forme d'échange. Vous donnez de l'argent lorsque vous recevez un service quelconque. Il est donc acceptable d'offrir une somme d'argent à quelqu'un qui vous a permis d'évoluer, de vous accepter et de retrouver votre paix intérieure. Nous devons même vous dire que ce geste est recommandable, c'est ce que nous appelons la « gratitude ». Il existe plusieurs façons de gratifier un geste, mais sur Terre, gratifier est souvent lié à une somme d'argent donnée. Sachez toutefois que l'univers de Dieu est en harmonie avec cette forme de gratification; en autant que vous le faites avec votre cœur et que vous ne vous sentez pas obligés ou contraints de le faire, car vous avez peur des conséquences qui pourraient vous arriver, si vous ne le faites pas.

Nous sommes conscients que ces paroles bouleverseront certaines personnes. Toutefois, les religions devraient encourager la liberté individuelle. Elles devraient laisser leurs adeptes croire en qui ils veulent et prier quand ils le veulent. Il ne doit pas y avoir de contraintes. Ce n'est pas honnête de dire que, si on n'accomplit pas ses tâches quotidiennes, on ira en enfer. Personne ne va en « enfer » si sa vie est bien structurée.

Nous sommes peinés de voir que, depuis quelques siècles, la religion a détruit les gens, qu'elle a maintenu les gens dans la peur et dans l'ignorance. Ce n'est pas ce que Dieu voulait. Dieu voulait apporter dans le cœur de ses enfants un sentiment de joie, le sentiment de se sentir épaulés par une divinité. Mais ceux qui ont agi au nom de Dieu, ceux qui se sont faits messagers de Dieu, ne se sont pas toujours bien comportés. Certains d'entre eux n'étaient pas des messagers de Lumière; ils ont plutôt utilisé cette force pour qu'on les craigne. C'est la raison pour laquelle Dieu a décidé, dans les années 1990, d'étaler au grand jour ce qui n'était pas honnête.

Nous, les Anges, sommes donc présentement de plus en plus présents. Les religions doivent changer. Elles doivent être rebâties positivement dans le but d'aider leurs fidèles et, surtout, de leur apporter la sécurité d'un Dieu aimable. Lorsqu'un être va dans la Maison de Dieu, peu importe sa religion, il doit s'y sentir en harmonie, ressentir la paix, non pas les jugements. Tous les humains qui se disent « mariés » à Dieu, qui représentent l'autorité de Dieu, devront réformer en profondeur chacune des religions s'ils ne veulent pas que celles-ci meurent. Ils devront les modifier afin que l'harmonie puisse régner et supprimer toutes formes de contraintes qui briment la liberté individuelle.

Nous disons à tous les humains de la Terre : « Si vous pratiquez une religion et que vous avez peur de la renier étant donné que vous croyez que Dieu va vous punir, nous vous disons que ce ne sera pas le cas. » Si le ministre d'un culte vous dit qu'en quittant sa religion vous serez punis, dites à cet être que lui-même le sera en prononçant ces paroles, car il n'a aucun droit sur vous. Ce n'est pas à lui de juger, mais à Dieu. Dites-lui qu'il n'a aucun contrôle réel sur qui que ce soit.

Plusieurs dirigeants de cultes, de sectes et de religions sont des êtres de l'Ombre. La plupart le sont parce qu'ils effraient les gens avec des contraintes inventées de toutes pièces. Cependant, lorsque vous entendez une personne parler d'amour et que celle-ci laisse à ses adeptes le choix de croire ou non et qu'elle n'exige absolument rien en retour, sachez que cet être est dans la Lumière.

Voyez-vous comment cela peut être difficile pour un adolescent ou un jeune enfant de se faire agresser sexuellement ou physiquement par une personne qui dit travailler pour Dieu? Comment pensez-vous que cet enfant puisse aimer Dieu lorsqu'il grandira? Il aura probablement de la difficulté à avancer dans la vie, à s'accepter. Il vivra dans la peur en se disant : « Est-ce moi qui ai mérité cela? Peut-être l'ai-je mérité étant donné que je n'ai pas bien agi dans mes autres vies ou encore dans celle-ci? » Nous voulons dire à tous les enfants qui ont subi ou qui subissent ces atrocités qu'ils ne sont pas coupables. L'Ange Hariel vous libèrera et vous serez en mesure de grandir en paix avec vous-mêmes et en paix avec votre Dieu.

Dieu le Père a envoyé un Fils sur Terre pour y ramener la paix, Fils qui est d'ailleurs présent dans plusieurs religions. Dieu est là pour transmettre l'amour et le bien-être aux humains. Dieu est tout de même conscient qu'il y a l'Ombre et que cette Ombre est dangereuse.

Nous disons à tous les êtres qui ont vécu des expériences avec l'Ombre, et qui en portent encore les séquelles et les traumatismes, de demander à l'Ange Hariel de les purifier et d'éloigner toutes les ondes négatives en eux ou autour d'eux. Ils se sentiront mieux et en harmonie avec eux-mêmes. La Lumière jaillira à nouveau.

16 – HEKAMIAH (du 6 au 10 juin)

Cet Ange est un « Dieu qui érige l'Univers ». Hekamiah est un Ange grandiose car, pour ériger l'Univers, il faut beaucoup de force et d'énergie. Hekamiah peut être aussi vaste et aussi large que l'Univers. Il est en fait impossible de décrire cet Ange puisqu'il est l'Univers même. Lorsqu'on est près de cet Ange, on se sent en sécurité. Cet Ange a une énergie extraordinaire. Hekamiah est d'une grande gentillesse et d'une grande bonté. Il n'est pas à craindre. Hekamiah est comme un ruisseau qui coule dans la montagne. Écoutez-le.

Pour vous donner une petite idée de l'ampleur de son énergie, imaginez-vous au sommet d'une montagne où coule une cascade d'eau. Vous ressentez la peur, car vous êtes tout en haut, surtout lorsque vous regardez en bas. Vous éprouvez le même vertige lorsque vous êtes en bas et que vous regardez vers le haut. Mais si vous fermez les yeux et que, tout en sentant le vent, vous écoutez le murmure de cette cascade d'eau, vous serez alors en extase. Cela devient une peur positive. C'est une peur, mais en même temps une joie. C'est un sentiment indescriptible, tout comme l'est Hekamiah.

La force d'Hekamiah est très grande. Cet Ange donne à ses enfants le pouvoir d'harmoniser la réalité avec le rêve. Il donne aussi à ses enfants le pouvoir de se sentir en paix avec eux-mêmes. En effet, l'Ange Hekamiah aidera tous ceux qui éprouvent des désordres sur le plan psychologique : angoisses, peurs, dépressions, agoraphobies. Sa force se manifeste sur le plan mental étant donné que la faiblesse de ses protégés est cette peur qu'ils ressentent en eux, mais dont ils ne connaissent pas l'origine.

La mission d'Hekamiah est donc d'aider ceux qui ont des ennuis psychologiques à accepter leurs peurs et leurs angoisses, à les voir de façon positive pour ensuite les enrayer. Hekamiah n'aime pas voir ses enfants vivre dans l'angoisse, dans l'insécurité. Cet Ange aime plutôt les voir en harmonie avec leur vie, leur personnalité et leur force intérieure. Si vous le priez, il vous donnera la force de surmonter toutes ces peurs et de continuer à avancer.

Beaucoup d'informations sont emmagasinées dans le cerveau et lorsque celui-ci ne fonctionne pas bien, cela déclenche une peur, un problème. Hekamiah vous permettra de confronter ce problème, cette peur, pour ensuite en rire et vous en libérer. Ces problèmes s'en iront comme par magie.

Les enfants sous la gouverne d'Hekamiah portent la marque de l'amour divin et de la droiture. Puisque cet Ange érige l'Univers, ses enfants portent le sceau de Dieu en eux. Ainsi, ceux qui ont foi en Hekamiah, seront en harmonie avec leur vie et avec Dieu. Ces êtres seront proches du Divin. Ils auront la capacité de vibrer avec ce qui se passe dans le Plan de Dieu.

Toutefois, les êtres sous l'influence de l'Ombre ne croiront ni en Dieu ni en aucune autre religion. Ils seront athées. Cependant, si ces êtres prient Hekamiah, celui-ci leur fera voir que Dieu existe. Il leur fera sentir le sceau et la foi qui permettront à ces êtres de voir la Lumière et d'y entrer. Nous disons aussi à ceux qui ne croient pas en Dieu que nous les respectons puisque nous sommes Amour.

Si un jour vous voulez connaître Dieu et les Anges, priez Hekamiah parce qu'elle vous permettra d'entrer directement en contact avec le Plan Divin. Elle fera un travail sur vous, sur vos émotions et sur vos croyances. Elle éveillera ce sceau que vous portez en vous. Ce sceau permettra à ces êtres non croyants de voir que Dieu existe vraiment et de le sentir. Le rôle d'Hekamiah est donc d'aider ceux qui ne croient pas en Dieu. Elle leur donnera la Lumière, elle leur indiquera le chemin à suivre pour aller vers Dieu.

Hekamiah donne à ses enfants le désir d'aider les autres, de contribuer à l'avènement d'un monde meilleur. Le but premier de cet Ange est d'aider son prochain. Hekamiah transmet donc cette qualité à ses enfants puisque, s'ils aident leur prochain, ils aident aussi l'humanité tout entière. Si j'aide mon prochain, cette aide sera appréciée, Dieu l'appréciera, et je sais que je ne récolterai que du bien parce que moi-même, je sème le bien.

Ceux qui ne croiront pas en Hekamiah seront égoïstes. Ils ne garderont que pour eux leur savoir et leurs biens. Toutefois, en ne donnant pas, en gardant tout pour soi, on ne reçoit pas d'aide, et il devient impossible d'évoluer. Hekamiah dit à tous ceux qui ont de la difficulté à donner, car cela les déchire, ainsi qu'à tous ceux qui aident, mais qui espèrent être rémunérés en retour : « Priez pour moi et je ferai une force de cette faiblesse qui est en vous. Je vous donnerai le courage de tendre la main pour aider votre prochain tout en ne regardant pas si vous recevrez de l'argent en bout de ligne. Regardez plutôt le geste que vous faites, tout le bien que vous apportez à celui que vous aidez. » Ainsi, tous ceux qui prient Hekamiah, et qui ont confiance en elle, recevront ce désir de donner et d'aider pour ensuite apprécier ce qui leur sera remis en retour.

Hekamiah est un Ange qui bouge. Elle aime circuler et faire circuler l'énergie. Elle est un tourbillon doux, une roue énergétique qui tourne. Elle dit à ses enfants : « Donne un billet de cinq dollars à quelqu'un et j'en ferai un billet de cinquante dollars. » Ceci est un exemple ancré dans la réalité humaine parce que pour nous les dollars ne comptent pas.

Hekamiah développe l'intuition, la sensibilité et le don de prophétie. Hekamiah, comme nous le disions précédemment, aide ceux qui n'ont pas confiance en eux. Elle les aide à comprendre, par intuition, que nous sommes près d'eux. Elle leur fait grâce du don de prophétie pour leur permettre de voir que les Anges existent vraiment. Hekamiah fut l'Ange de tous les prophètes qui ont existé sur cette Terre. Dieu lui a dit : « Hekamiah, tu prendras soin de tous les prophètes. »

Lorsque Jésus est descendu sur Terre, Hekamiah était à ses côtés puisqu'elle réside dans le cœur de tous les prophètes qui ont acclamé la parole de Dieu. Hekamiah a aussi aidé des prophètes provenant d'autres religions et d'autres nations. Hekamiah est présente en tous ceux qui prophétisent la parole de leur Dieu. Elle les gratifie de ce don afin que ces êtres puissent vraiment parler de la parole de Dieu et que ces paroles soient sincères.

Les enfants nés sous sa gouverne peuvent être des enfants intuitifs, qui croient en Dieu, qui ressentent Dieu et qui le voient. Ces enfants sont alors dans une bonne dimension et en harmonie avec leur plan de vie. La faiblesse des enfants d'Hekamiah, de ceux qui doivent recommencer le Chœur des Chérubins ou de ceux qui éprouvent des difficultés dans ce Chœur, c'est qu'ils seront révoltés par l'Église et par tout ce qui a trait aux Anges. Ils n'écouteront pas leur voix intérieure. Tout ce qui concerne la religion les dégoûtera. Le rôle d'Hekamiah est de ramener la Lumière en eux et de leur faire prendre conscience que Dieu existe. Il leur suffit d'ouvrir la porte de la foi.

Les enfants d'Hekamiah ont parfois de la difficulté à tendre la main et, par conséquent, à se faire des amis. Hekamiah les aide à établir des liens amicaux, car elle n'aime pas la dispute ni la bataille; elle préfère le calme et la paix. Hekamiah fera part à ses enfants d'une stratégie conforme à la loi des Anges pour parvenir à se sortir des impasses négatives et à mettre de côté ce qui doit être mis de côté dans le but de se sentir en sécurité.

Pour clore le chapitre de ce Chœur, disons que l'Ange Hekamiah est un Ange que devraient prier tous les athées ou les gens égoïstes. Cet Ange ramènera la foi en eux et leur fera comprendre que partager est gratifiant. Ainsi, ils retrouveront la paix et l'harmonie intérieure. À la suite des cataclysmes qui ont secoué la Terre, plusieurs ont perdu la foi en Dieu, mais aussi la foi en l'entraide. Toutefois, ces tornades, ces ouragans et ces tremblements de terre, qui sont hors du contrôle des êtres humains, surviennent pour faire comprendre aux humains que, s'ils s'entraidaient, il n'y aurait pas de guerre et que la paix régnerait dans tout l'Univers. Voilà l'essence du message de ce grand Ange.

CHAPITRE VIII

Le Chœur des Trônes

Les Vaillants
Du 11 juin au 22 juillet

Septième étage à franchir pour l'humain

Dirigé par l'Archange Tsaphkiel (Lois de Dieu)

Les huit Anges qui composent ce troisième Chœur Angélique sont :

17 – Lauviah II (du 11 au 15 juin)

18 – Caliel (du 16 au 21 juin)

19 – Leuviah (du 22 au 26 juin)

20 – Pahaliah (du 27 juin au 1er juillet)

21 – Nelchaël (du 2 au 6 juillet)

22 – Yeiayel (du 7 au 11 juillet)

23 – Melahel (du 12 au 16 juillet)

24 – Haheuiah (du 17 au 22 juillet)

Avant d'entrer dans le vif du sujet, voici quelques explications qui vont vous permettre de mieux comprendre le Chœur des Trônes; le Chœur le plus important dans la Hiérarchie Angélique.

Il nous est difficile d'exprimer en langage humain ce que sont les Trônes. Sachez cependant que l'âme de tous ceux qui se retrouvent dans ce Chœur en ressort grandie, une fois qu'elle a bien terminé son plan de vie (karma). Pour le Trônes, il est très important et valorisant de bien accomplir ce Chœur; les cadeaux de l'âme seront alors infinis et votre âme deviendra très puissante pour aider l'humanité à évoluer et pour mieux comprendre le sens réel de ses vies humaines.

Le Chœur des Trônes concentre en quelque sorte les neuf étapes de l'Arbre Séphirotique en une seule. Ainsi, une seule vie au sein du Chœur des Trônes équivaut à presque toutes les étapes de l'Arbre. La sagesse qu'une âme peut acquérir à la fin de cette vie est extraordinaire. Les récompenses que recevront les êtres du Chœur des Trônes sont incalculables!

Les caractéristiques des Trônes

Tous ceux qui font partie du Chœur des Trônes sont des êtres qui n'ont pas accompli correctement leurs devoirs humains dans leurs vies antérieures. Le Chœur des Trônes est un peu comme **une prison**. C'est, en quelque sorte, **la sentence que les êtres doivent payer pour se racheter.** Ce n'est pas une sentence punitive, évidemment, mais plutôt **une série d'épreuves plus difficiles à vivre.** Cependant, si vous lisez ces lignes, c'est que vous êtes conscients que nous sommes là, que nous existons et que nous pouvons vous aider. Prenez conscience de tout le travail que nous faisons pour vous et libérez-vous! Vous êtes en « prison », mais nous vous donnons une clé pour vous en sortir. La clé, c'est nous, vos Anges!

Ainsi, priez-nous. Demandez-nous de vous libérer et nous vous libérerons, nous guiderons vos pas vers le chemin de votre liberté, car **nous avons l'autorisation de le faire.** Nous venons de vous transmettre une information secrète, divine, que nous n'étions pas censés vous donner, mais Dieu a accepté que ce message vous soit transmis. Nous disons à tous les Trônes : « Si vous nous priez, si vous croyez en nous, en votre Ange personnel, cela ne veut pas dire de vous rendre dans un lieu de culte et de prier sans cesse. Ayez plutôt confiance en nous et les résultats seront extraordinaires. Il y a une Lumière auprès de vous et cette Lumière se promène constamment. Si vous mettez cette Lumière dans votre cœur, vous sortirez de votre prison, vous vous libérerez et vous serez, par la suite, en harmonie avec votre plan de vie. Vous serez comme un papillon aux couleurs rayonnantes et vous volerez vers d'autres horizons. Libérez-vous, car c'est vous et vous seul qui pouvez le faire, et non pas les autres. »

Nous éprouvons de la difficulté à peindre un portrait des Trônes, car nous ne voulons pas que ces êtres nous aient en aversion. Nous voulons tout simplement les aider à comprendre pourquoi ils vivent tant de dualité, pourquoi il est si difficile pour eux de passer à une autre étape et pourquoi ils doivent surmonter autant d'épreuves. Nous voulons aussi leur faire prendre conscience qu'ils ont tous les outils en main pour réussir à passer dans l'autre Chœur. Qu'ils le fassent! Ce n'est pas en fuyant qu'ils y arriveront. Ces êtres fuient l'amour. Ce n'est pas en fuyant ceux que vous aimez que vous récolterez l'amour.

La fuite de la réalité par la drogue, les médicaments et surtout l'alcool est une autre faiblesse du Chœur des Trônes. Laisser infuser l'alcool dans leur corps leur donne l'illusion qu'ils peuvent tout oublier. Ils seront donc très vulnérables lorsqu'ils seront sous l'influence de ces tentations de l'Ombre. Ces enfants ont peur de la réalité, peur de découvrir qui ils sont vraiment. Ils sont donc incapables de se regarder dans le miroir. Chacun des Anges de ce Chœur leur donne la force et le courage de se voir, mais aussi de voir combien ils seraient forts s'ils apprenaient à s'aimer. Ces Anges leur font comprendre qu'ils possèdent tous les outils en eux. Ils n'ont qu'à s'en servir.

Nous disons donc aux Trônes de faire un pas en avant lorsque quelqu'un cherchera à les embrasser ou à leur faire une caresse. Acceptez le geste tout simplement. N'entre pas qui veut dans la bulle d'un enfant Trônes. Sans sa permission, vous allez en ressortir très vite. Les Trônes sont de véritables bâtons de dynamite susceptibles d'exploser à tout moment. Leurs paroles sont parfois si explosives qu'elles risquent de vous atterrer. Ensuite, les Trônes auront du chagrin, car ils vous auront causé de la peine.

Pourquoi êtes-vous dans le Chœur des Trônes?

Plusieurs circonstances peuvent amener les êtres à s'incarner dans le Chœur des Trônes, mais ces circonstances sont rarement positives. Nous ne voulons pas blesser les Trônes, mais nous devons réveiller la force qui sommeille en eux. Nous vous mettons en garde! Si vous êtes nés au sein du Chœur des Trônes, c'est que vous avez échoué une leçon; vous n'avez pas fait ce que vous aviez à faire. Vous avez parfois vécu dans l'Ombre.

Sachez qu'un bon nombre d'humains iront dans le Chœur des Trônes puisque cela est une étape que l'âme doit traverser. D'une part, ils y retournent soit comme humain dans le but de purger leur sentence (échec du plan de vie, suicide, pacte avec l'Ombre) ou de faire évoluer leur âme. D'autre part, ils y retournent soit comme Ange terrestre ayant terminé le cycle de vie.

Échec du plan de vie

La majorité des âmes qui se trouvent dans le Chœur des Trônes n'ont pas réussi à accomplir une des étapes de l'Arbre Séphirotique.

Généralement, lorsqu'une âme a bien fait ses devoirs et ses leçons, elle passe à l'étape suivante. Cela s'appelle « la graduation de l'âme ». En passant à l'étape suivante, elle a le privilège d'acquérir de nouvelles connaissances, de faire évoluer son âme. Ainsi, plus on monte les étapes, plus l'âme grandit et elle devient davantage en harmonie avec son plan de vie.

Par contre, si elle n'a pas bien fait ses devoirs et que sa vie n'a pas été trop négative, que sa vie a tout de même été bonne, nous discutons avec elle et avec son professeur qui est son Ange. Nous disons à cette âme : « Retourne à la première étape, là où tu étais, et refais tes devoirs. Tu auras toutes les qualités, toutes les possibilités en toi et nous sommes certains que tu apprendras rapidement, ce qui te permettra de monter à l'étape suivante beaucoup plus facilement, car ton âme aura acquis des connaissances et des atouts qui te permettront de mieux gérer ta vie humaine. »

Toutefois, si cet être ne réussit pas ce qu'il est venu faire après trois, quatre ou cinq tentatives, on lui propose d'aller dans le Chœur des Trônes. Ce ne sera pas facile, mais cela lui permettra d'avancer plus vite. Peut-être réussira-t-il à aller directement à la deuxième ou à la troisième étape, par exemple? Non seulement aura-t-il appris sa leçon, mais il aura aussi intégré plus rapidement d'autres notions favorisant son évolution. Tout dépendra de ses réalisations dans le Chœur des Trônes.

Dans la plupart des cas, **l'âme accepte cette chance inouïe**, car elle a la possibilité de franchir quelques Chœurs après avoir tenté à quelques reprises de terminer le premier Chœur. Cela se passe comme à l'école. Si on ne fait pas ses devoirs, on doit reprendre ses cours jusqu'à ce que les leçons soient bien apprises. Et si on ne réussit toujours pas, on ira dans une classe de rattrapage. Le monde des Anges fonctionne de la même manière. Toutefois, si on réussit son plan de vie (karma), on reçoit de belles récompenses et la clé pour accéder à l'étape suivante.

Bref, tous ceux qui n'ont pas réussi un karma se retrouvent dans le Chœur des Trônes, de même que tous ceux qui se sont enlevés la vie. Quelques-uns se verront accorder une deuxième chance, soit pour s'en sortir soit pour recommencer.

Suicide

La plupart des gens qui séjournent dans le Chœur des Trônes ont des idées suicidaires. Au cours de leur séjour sur Terre, les Trônes penseront souvent au suicide et la plupart en feront au moins une tentative. Un jour ou l'autre, ils passeront à l'acte. Certains y parviendront, alors que d'autres échoueront. L'envie de se suicider est très forte chez eux.

Les individus qui parviennent à mettre fin à leurs jours, sans que cela ne soit accepté par les Plans Divins, iront séjourner dans le Chœur des Trônes pour purger leur sentence. Généralement, quelqu'un qui se suicide doit recommencer toutes les étapes de l'Arbre Séphirotique. Toutefois, nous avons aussi mentionné qu'une grande part des suicides seront acceptés, alors que les autres déchoiront dans la Hiérarchie de l'Arbre. De ces chutes, 80 % des âmes pourront aller dans le Chœur des Trônes pour se racheter et refaire leurs leçons, surtout si elles ont eu de belles vies auparavant. Nous évaluons leur situation en les envoyant dans le Chœur des Trônes. Si ces personnes profitent de cette chance qui leur est donnée et qu'elles réussissent, elles pourront monter à l'étape suivante et poursuivre leur évolution. Si elles échouent, l'âme recommencera à la case départ, dans le Chœur des Anges, et on effacera à tout jamais ses acquis, ses connaissances. Cette âme devra recommencer à zéro.

Prenez par exemple un Séraphins qui, rendu à la dernière étape, décide de mettre fin à sa vie. Cette âme dégringole et se retrouve à la première étape, à la case départ. Cependant, si cette âme a réussi dans toutes ses autres vies, nous analysons la situation dans son ensemble et nous pouvons décider de ne pas la faire chuter, mais plutôt de l'envoyer dans le Chœur des Trônes pour qu'elle continue son apprentissage. Une fois le Chœur des Trônes terminé et bien accompli, nous lui redonnons la possibilité de quitter le monde terrestre et d'aider l'humanité tout entière en tant qu'Ange terrestre (« graduation » du Chœur des Séraphins). Nous lui donnons la possibilité de se racheter en quelque sorte.

Si ces Trônes parviennent à voir la force qu'ils recèlent, ils en sortiront gagnants et ils apprécieront davantage la vie.

Pacte avec l'Ombre

Tous les individus qui ont fait usage de la magie noire, qui ont conclu des pactes diaboliques ou qui ont été membres d'une secte de l'Ombre se retrouvent dans le Chœur des Trônes. De plus, toutes les Ombres qui veulent racheter leur âme en retrouvant la Lumière se retrouvent également dans ce Chœur. Si cette âme réussit à intégrer la Lumière dans sa vie, elle pourra débuter à l'étape première avec tous les outils qu'elle aura intégrés lors de son séjour dans ce Chœur. Ainsi, l'Ombre ne pourra plus venir la détruire ou l'influencer. Si elle échoue, elle devra recommencer le Chœur des Trônes tant et aussi longtemps qu'elle n'aura pas acquis la sagesse d'aller vers les autres Chœurs. Cependant, si elle laisse l'Ombre l'envahir en commettant un meurtre ou autres atrocités, l'Ombre l'emportera et cette âme retournera vers l'Ombre.

Bref, toute sentence exigée par les Plans Divins est dirigée vers le Chœur des Trônes. Dans le fond, être dans ce Chœur est une sentence que des âmes doivent purger pour les aider à évoluer et à comprendre l'importance de la vie humaine. Dans leurs vies passées, certains Trônes n'ont jamais tenu compte de la vie des autres ou des avis et des commentaires concernant leur évolution. Ils vivaient leur vie comme bon leur semblait, fermés à toutes croyances. Ils se prenaient pour Dieu en s'attribuant eux-mêmes tous les droits. Dieu leur a dit : « Il n'y a qu'un seul Dieu et c'est moi. Vous ne pouvez vivre comme moi ou essayer d'être moi, vous devez acquérir cette sagesse, ce privilège. »

Évolution de l'âme

Il y a des êtres qui, une fois toutes les étapes franchies, choisissent de revenir sur Terre dans le Chœur des Trônes parce qu'ils n'y sont jamais allés auparavant et veulent apprendre à connaître en profondeur ce Chœur. Par ce geste, ils iront chercher tous les acquis que contient ce Chœur, soit la force, la sagesse, le respect, l'amour et l'harmonie. L'âme s'enrichira et évoluera afin de devenir plus rapidement un Ange terrestre, un guide spirituel ou un Ange gardien qui sera doté d'une forte puissance remplis de solutions pour aider l'humain vers la quête de sa liberté.

D'autres iront dans ce Chœur afin d'aider les Trônes dans leur cheminement. Ces Trônes, s'ils ont bien dirigé leur vie terrestre, s'ils ont apporté à l'humanité la paix dans le monde ou si les messages qu'ils ont transmis étaient inspirés, gagneront la confiance de Dieu et pourront être exemptés des autres étapes (Séraphins et Chérubins). Ils deviendront alors des Anges terrestres au sein du Chœur des Trônes et ils aideront les humains dans leur vie spirituelle. Ces derniers êtres deviennent donc des Anges terrestres.

Toutefois, dans près de 99 % des cas, tous ceux qui réussissent leur plan de vie n'iront jamais faire un tour au sein du Chœur des Trônes puisque les leçons ont été bien apprises. Ils ont tous les acquis en eux pour devenir des Anges terrestres, des guides spirituels ou des Anges gardiens.

Le Chœur des Trônes est donc l'endroit où l'âme doit apprendre. Quand nous dirigeons l'âme dans cette Maison, nous lui donnons une clé et nous lui disons : « Voici ta clé. Maintenant, trouve toi-même la solution pour ouvrir la porte et te libérer. » Cela n'est pas difficile, car la porte se trouve devant lui; il n'a qu'à mettre la clé dans la serrure et à ouvrir la porte pour se libérer. Notez que votre Ange est celui qui peut vous aider. Il est la clé pour ouvrir votre porte, et la porte représente la prière. Bref, priez votre Ange, et il sera en mesure de vous guider et de vous montrer le chemin de votre liberté.

En tant qu'être humain, il s'agit de prendre conscience de qui vous êtes, des raisons pour lesquelles vous êtes ici et d'apprécier la vie sans y mettre fin plus tôt que prévu. Si vous mettez un terme à votre vie pendant que vous êtes dans le Chœur des Trônes, il sera beaucoup plus difficile de vous racheter puisque vous retournerez à la première étape, à la case départ, afin de comprendre ce qui doit être accompli. Le Chœur des Trônes est l'occasion dont dispose l'âme pour s'en sortir. Si vous ne saisissez pas cette occasion, vous ne pourrez plus l'obtenir et vous devrez repartir à zéro, au début, pour nous prouver que vous êtes en paix avec vous-mêmes.

Il en est de même dans votre vie. Il y a des moments où l'on vous donne la possibilité de vous rattraper, mais si vous n'en profitez pas, vous devrez repartir à zéro. Vous ne referez plus les mêmes erreurs, car vous aurez appris. Si vous répétez les mêmes erreurs, c'est que vous n'avez rien appris et vous serez malheureux. Nous donnons toutes les occasions à l'âme d'atteindre le sommet, d'atteindre la paix. Tout ce qui est en notre pouvoir, nous le transmettons à l'âme, mais parfois celle-ci ne veut pas comprendre. Alors, nous devons être un peu plus sévères avec elle, car nous l'aidons à faire son chemin. Pour y arriver, le mot clé est « équilibre », équilibre émotionnel et équilibre mental. Vous devez vous aimer tels que vous êtes. N'essayez pas de changer qui vous êtes, soyez vous-mêmes et aimez-vous inconditionnellement.

Qu'advient-il de l'âme qui franchit avec succès le Chœur des Trônes?

Tout dépend du degré de la réussite. Le Clan de la Justice analysera sa vie humaine dans le Chœur des Trônes et évaluera tout le bien qu'elle a apporté lors de son séjour sur Terre. L'âme obtiendra le mérite qui lui revient. Voici les cinq « diplômes » que l'âme peut recevoir.

Retour dans son Chœur d'origine pour terminer les étapes de son âme

L'âme qui séjourne normalement dans le Chœur des Trônes, avec ses difficultés et ses ennuis, retournera dans son Chœur d'origine. Autrement dit, l'âme qui n'a pas mis fin à ses jours prématurément, l'âme qui a quitté son corps terrestre sans trop d'amertume, rejoindra son Chœur d'origine en amenant avec elle une force supérieure. Ce diplôme représente une note normale, la note minimale exigée pour passer l'examen.

Accès au Chœur des Chérubins

Si l'âme obtient de bonnes notes lors de son cheminement dans le Chœur des Trônes, et qu'elle a surmonté les épreuves avec force et courage, il est possible qu'elle reçoive une grâce et qu'elle aille vers un Chœur supérieur. Par exemple, si une âme se trouve dans le Chœur des Principautés et obtient une grâce, elle peut facilement se retrouver dans le Chœur des Chérubins. Si cette âme accepte d'y aller, elle sera exemptée de faire les étapes 4, 5 et 6. Cependant, si elle veut retourner dans son Chœur d'origine, elle aura le libre choix et on lui accordera des faveurs qui l'aideront dans son cheminement. Autrement dit, dans sa prochaine incarnation, elle recevra souvent des cadeaux providentiels. Elle complétera donc son Chœur d'appartenance beaucoup plus facilement et accédera plus rapidement au Chœur suivant. Bref, ce diplôme représente une note supérieure à la normale.

Choix de sa vie humaine

Lors de sa prochaine incarnation, l'âme choisit sa vie, son partenaire amoureux, sa famille, sa richesse et ses défis (pour le peu qu'il y en aura). Cette âme aura tous les droits réservés à ceux qui franchissent avec succès la dernière étape de l'incarnation. Ce diplôme équivaut à une note presque parfaite, grandement supérieure à la normale.

Ange terrestre

L'âme peut retourner sur Terre à titre d'Ange terrestre pour aider l'humanité dans son évolution. Plusieurs âmes ayant cheminé dans le Chœur des Trônes voudront revenir dans ce même Chœur pour aider leurs semblables à cheminer plus facilement. Ce diplôme représente également une note presque parfaite, grandement supérieure à la normale.

Ainsi, les âmes qui reviennent dans le Chœur des Trônes par choix, une fois le cycle de l'Arbre terminé, auront une vie très différente. Elles aideront les autres dans le but de faire évoluer l'humanité. Si c'est votre cas, vous tenterez d'éveiller les autres et vous leur donnerez beaucoup d'amour. Vous leur donnerez la force de croire en Dieu et de l'aimer.

Exemptée avec mention honorifique

Pendant sa vie terrestre, l'âme qui a séjourné dans le Chœur des Trônes et qui a surpassé les attentes en aidant l'humanité, soit par ses gestes gratifiants envers autrui ou sa façon de vivre, sera exemptée de ses vies humaines. Elle pourra alors rester de l'autre côté du voile afin de devenir un guide spirituel, un Ange gardien ou l'Ange personnel d'un humain. Ce diplôme représente une note parfaite.

Dans le but de mieux vous faire comprendre ces concepts, regardons le passage terrestre d'une personnalité très connue de votre société : Lady Diana, née le 1er juillet 1961. Lorsqu'on jette un coup d'œil sur sa vie, on remarque qu'elle avait à travailler un karma lié à l'amour. Sa vie amoureuse fut très difficile.

Cependant, durant sa vie terrestre, elle a grandement aidé l'humanité en accomplissant des actes de charité, et ce, malgré son titre de noblesse. Elle aura le privilège d'accéder au Chœur des Séraphins et de choisir sa vie. Si elle choisit de s'incarner, elle recevra un grand nombre de récompenses divines et sa vie sur Terre sera remplie de Lumière, de joie et de bonheur. Si elle choisit de demeurer de l'autre côté du voile, elle pourra devenir un Ange gardien ou l'Ange personnel d'un membre de sa famille. Sachez que Lady Diana était dans le Chœur des Trônes parce qu'elle a vécu des moments difficiles dans d'autres vies. Retenez seulement que Lady Diana a bien accompli le Chœur des Trônes et qu'elle s'est détachée du karma lié à l'amour.

Ainsi, cette grande dame fut, à la fin de sa courte vie, en harmonie avec les autres et on lui a décerné une « médaille angélique » lui permettant de sauter le Chœur des Chérubins et de s'installer dans le Chœur des Séraphins, si elle désire revenir sur Terre. Lady Diana a été guidée par une autre grande dame : mère Teresa. Ensemble, elles ont œuvré pour le bien de l'humanité. Nous examinerons également l'âme de cette autre grande dame dans le chapitre qui suit, soit « Les Dominations ».

Qu'advient-il de l'âme qui échoue de nouveau?

Retour à la case départ

Si l'âme se suicide à nouveau, elle retournera à la case départ, à la première étape de son évolution. Elle se retrouvera dans le Chœur des Anges gouverné par l'Archange Gabriel. Cela signifie qu'elle doit recommencer son évolution au début. Elle devra, une fois de plus, se choisir une famille et des amis qui reviendront sur Terre avec elle. Ceux qu'elle avait déjà choisis au début de son incarnation précédente cheminent différemment d'elle et ils continueront d'évoluer sans cette âme. À moins qu'une âme ne décide de revenir l'aider en tant qu'Ange terrestre, mais cette âme doit avoir complété les neuf étapes de l'Arbre pour avoir accès à ce privilège. Pour une âme, repartir à zéro est la sentence la plus pénible puisqu'elle doit fonder une nouvelle famille. Cette âme n'a pas le choix, si elle veut continuer d'évoluer. Toutefois, si l'âme se réincarne et réussit bien ses étapes, le Plan Divin lui accordera des cadeaux providentiels tels que revoir ceux qu'elle avait dû quitter lors de sa chute.

Recommencement du Chœur des Trônes

Si l'âme ne réussit pas correctement son Chœur, mais qu'elle a tout de même appris de ce Chœur, on va lui permettre de le recommencer en gardant tous les atouts qu'elle aura assimilés lors de son séjour dans le Chœur des Trônes. Autrement dit, on lui permet de recommencer son Chœur avec tous les outils qu'elle possède maintenant ainsi qu'avec toutes les expériences de vie qu'elle a acquises durant son séjour dans ce Chœur. C'est la raison pour laquelle certains d'entre vous diront, après avoir lu ces lignes, que votre vie n'est pas si pire que cela. Peut-être êtes-vous dans ce Chœur depuis quelques vies et que vous commencez à bien le connaître ainsi que les défis qui se montrent à vous? L'important est de bien analyser les faiblesses de votre vie et de bien les régler avant de mourir. Ainsi, vous aurez le privilège d'accéder à l'étape suivante.

Retour dans l'Ombre

Si vous étiez dans l'Ombre, que vous n'avez rien fait pour vous en sortir et que l'Ombre vous a convaincu de revenir vers elle, votre âme retournera vers l'Ombre. Généralement, ceux qui retournent dans l'Ombre ont commis des meurtres ou de graves attentats. Dans le fond, ils ont volontairement causé la perte d'autres vies.

Quel est le plan de vie des Trônes?

L'amour sous toutes ses formes. Apprendre à s'aimer comme ils sont. Apprendre à aimer les autres. Apprendre à aimer leur corps, leur « véhicule », sans trop le transformer. Les Trônes vont souvent avoir recours à la chirurgie plastique, car ils détestent leur corps et ils cherchent constamment à ressembler aux autres, sauf à eux-mêmes.

Nous voulons dire à tous ceux qui font partie du Chœur des Trônes que tel est votre plan de vie (karma) : le manque d'amour et la fragilité du mental. Vous aimez, mais vous n'aimez point la bonne personne ou encore vous aimez quelqu'un qui ne vous aime pas en retour. Ainsi, vous avez grand besoin d'amour et de sécurité affective. Les Trônes peuvent tout donner à ceux qu'ils aiment, mais cela prend du temps avant qu'ils apprécient tout l'amour que ces êtres leur envoient. Personne ne peut leur faire des câlins, car ils n'aiment pas cela. Pourtant, ils ont tant besoin qu'on les embrasse et qu'on leur dise « je t'aime ».

Nous disons à ceux qui sont nés dans le Chœur des Trônes qu'ils peuvent découvrir l'amour sous un autre angle lorsqu'ils auront atteint l'âge de 45 ans. C'est vers cet âge que les Trônes pourront trouver la personne qui leur conviendra le mieux. Dans leur vie, ils peuvent avoir en moyenne deux partenaires ou plus. Certains Trônes, au moment où ils atteignent l'âge de la maturité, comprennent que l'amour est important : l'amour de soi et l'amour des autres. Ils doivent apprendre à accepter l'autre avec ses qualités de même qu'avec ses défauts, car personne n'est parfait.

Un Trônes en harmonie avec sa vie et avec son partenaire passera à l'étape suivante. Toutefois, un Trônes qui vit dans la discorde, qui n'accepte pas son incarnation et qui perçoit sa vie comme un enfer reviendra dans le Chœur des Trônes tant et aussi longtemps qu'il n'apprendra pas sa leçon. Le Chœur des Trônes est celui qui comporte le plus de gens devant refaire un Chœur. Certaines personnes peuvent revenir jusqu'à dix fois dans ce Chœur, car elles n'ont pas encore compris ce qui devait être fait.

La faiblesse du Chœur des Trônes est l'amour, la confiance et le respect de l'amour. La faiblesse, ou le défaut, de certains êtres de ce Chœur a trait à leur corps physique. Par exemple, certains laisseront n'importe qui toucher leur corps. Le respect du corps est très important. Nous disons à ces êtres de se respecter en tout premier lieu, ensuite les autres les respecteront. Soyez honnêtes avec vous-mêmes et les autres le seront aussi. Comme nous l'avons déjà mentionné, tous les Anges œuvrent de concert pour que les Trônes soient bien dans leur peau, autant physiquement que mentalement. Les Anges savent que l'âme des Trônes a énormément souffert. Ils savent aussi que leur âme souffre encore parce qu'elle a d'autres épreuves à surmonter. Ce qui peut engendrer, chez certains Trônes, des maladies mentales telles que l'anxiété, la dépression, la bipolarité, la schizophrénie, le manque d'énergie et, surtout, le mal de vivre.

Ainsi, les Anges de ce Chœur cherchent tout simplement à aider ces âmes à retrouver l'harmonie et la paix parce que certaines d'entre elles se révoltent et peuvent parfois engendrer la guerre, la rébellion ou le suicide. Toutefois, ce sont des êtres qui peuvent donner beaucoup d'amour, s'ils sont bien avec eux-mêmes. S'ils ont trouvé leur clé : la paix de l'âme et la paix du corps.

Que devez-vous faire pour retrouver le chemin de la liberté?

Pour retrouver votre liberté, priez les Anges. Des huit Anges qui composent le Chœur des Trônes, sachez que l'Ange Caliel représente la clé amenant à la libération, le premier pas vers le bonheur. Cependant, le plus important, c'est de vous aimer tel que vous êtes et de vous respecter. Si vous y parvenez, vous venez de franchir l'étape la plus importante de votre plan de vie.

La mission du Chœur des Trônes

Tous les Anges du Chœur des Trônes sont très puissants et possèdent des forces extraordinaires dans le but d'aider leurs enfants à retrouver leur équilibre ainsi que la joie de vivre. La grande mission de ce Chœur consiste à faire découvrir aux Trônes qu'ils possèdent en eux la clé qui les délivrera de leur karma; la clé qui leur permettra d'accéder à leur liberté.

Ce Chœur permet à tous ses enfants de retrouver l'harmonie, la paix et l'amour dans sa vie. À tous les enfants Trônes qui ne voient pas la lumière au bout du tunnel, priez les Anges de votre Chœur afin de recevoir leur force, leur énergie. Ils vous guideront et ils vous aideront à surmonter avec courage les obstacles et les défis liés à votre plan de vie (karma).

Les êtres qui font partie du Chœur des Trônes se sentent souvent dépassés par les événements qui surviennent dans leur vie. Les Trônes n'auront pas une vie facile. Ils subiront plusieurs épreuves. Tous les Anges qui régissent ce Chœur ont donc une grande force en eux qu'ils transmettent à chacun de leurs enfants. Ils leur donnent ainsi le courage de passer à travers de dures épreuves et d'en comprendre les motifs. Les Anges du Chœur des Trônes sont donc très importants. Ils possèdent une grande sagesse, une immense force, une puissance colossale; d'où l'importance de les prier.

Toutefois, cette puissance n'est pas attribuable à leur taille, mais à leur sagesse, à la force que Dieu a créée pour que ces Êtres de Lumière puissent aider ceux qui vivent dans la noirceur, qui ont des soucis et qui doivent surmonter les épreuves de la vie. Ces Anges vous donnent la force de comprendre ce qui se passe en vous. Ils veillent sur vous et vous le font savoir. Priez ces Anges et vous serez **au diapason** de votre mission de vie. Vous retrouverez vos forces mentales et physiques étant donné que ces Êtres de Lumière travaillent principalement sur ces plans. Ils travaillent aussi sur le plan émotionnel, mais non sur les émotions qu'un être humain peut ressentir. Nous parlons plutôt des émotions difficiles à gérer, difficiles à contrôler. Ces Anges vous aident à maîtriser ces émotions en chassant les idées noires, les idées suicidaires.

La faiblesse de ces enfants Trônes, justement, c'est qu'ils sont obsédés par leurs faiblesses et qu'ils ne voient pas la façon de s'en sortir. Ils croient subir les affres d'un Dieu punitif. Ils pensent qu'ils ne sont point aimés, qu'ils travaillent toujours en vain et que personne ne les comprend. Nous disons à ces Trônes : « Comment voulez-vous que les gens vous comprennent, si vous ne vous comprenez pas vous-mêmes? Comment voulez-vous que les gens vous aident, si vous fermez la porte à cette aide? Si vous voulez retrouver l'harmonie dans votre vie, changez votre façon de voir les choses, changez votre façon d'être. » Ceux qui ne suivront pas cette voie devront faire face à une autre faiblesse : l'autodestruction. Sachez que même si vous vous êtes quelque peu embrouillés dans votre évolution, Dieu n'a pas voulu vous détruire. Il a plutôt cherché un moyen de vous aider en créant le Chœur des Trônes. De plus, tous ceux qui s'y trouvent ont eux-mêmes choisi d'y être, ils ont eux-mêmes choisi cette « sentence » pour guérir leur âme.

Le Chœur des Trônes ne se présente donc pas comme une suite logique au sein de la Hiérarchie de l'Arbre. Une personne née dans le Chœur des Principautés, par exemple, pourrait s'être suicidée dans une vie antérieure. Elle irait alors faire un stage dans le Chœur des Trônes, si cette permission lui est accordée. Ensuite, si la leçon a bien été apprise, elle retournera au sein de son Chœur afin de poursuivre son évolution.

Qui peut prier le Chœur des Trônes?

D'abord, il est important que l'enfant Trônes prie les Anges de ce Chœur. Ils vous aideront à découvrir votre clé magique qui vous permettra de vous libérer plus rapidement de votre prison et de retrouver une meilleure qualité de vie. Puis, tous ceux qui veulent retrouver la joie de vivre et d'exister devraient prier ce Chœur. Ensuite, tous ceux qui ont besoin d'une force inébranlable pour surmonter les obstacles qui se présentent à eux. Notez que tous les Anges du Chœur des Trônes représentent la puissance même et ils peuvent vous aider à passer à travers les pires épreuves que la vie vous envoie.

La vibration du Chœur des Trônes (Comment les ressentir?)

Leur vibration est aussi puissante que leur force. Imaginez-vous la joie ressentie lorsque vous recevez une excellente nouvelle. Par exemple, vous désirez un enfant et vous découvrez que vous êtes enceinte! Vous regardez votre billet de loterie et vous découvrez que vous venez de gagner le gros lot! Cet instant de fébrilité que vous ressentez à l'intérieur de vous, ce sentiment puissant qui vous rend heureux, c'est la vibration du Chœur des Trônes. C'est la force des Anges qui l'occupent. Ce Chœur représente la solution pour éliminer les problèmes. La clé pour ouvrir la porte de la liberté. La lumière au bout du tunnel. Quand vous êtes en contact avec le Chœur des Trônes, vous êtes en contact avec la vie, la joie, l'extase, le bonheur et, surtout, le réconfort.

Le rôle des enfants Trônes sur le plan terrestre

Notons que les enfants de ce Chœur trouvent toujours sur leur chemin des êtres en détresse. Ironiquement, ils sont leurs « bouées

de sauvetage ». Ils sont d'excellents psychologues, thérapeutes, médecins ou infirmiers puisqu'ils ont un cœur tendre et une oreille attentive. Ces Trônes sont les mieux placés pour aider leur prochain parce
qu'ils connaissent la douleur, la souffrance, le mal de vivre. Tous ceux
qui recevront leur aide les adoreront. Toutefois, leur plan de vie les
contraint à régler leurs blessures avant d'aider à cicatriser celles des
autres. C'est un véritable défi de l'âme!

Les Trônes ne voient pas la même facilité de s'aider eux-mêmes
que d'aider leur prochain. Inconsciemment, ils apportent de l'aide à
leur prochain comme ils aimeraient en recevoir. Autrement dit, ils
guérissent les autres comme ils devraient être guéris. Il est donc recom-
mandé aux Trônes d'analyser profondément l'aide qu'ils apportent aux
autres. Ainsi, ils découvriront leurs propres faiblesses, ce qui les aidera
à mieux comprendre l'aide dont ils ont eux-mêmes tant besoin. Les
Trônes ont de la difficulté à se regarder dans un miroir, cependant
leur reflet prend vie dans le miroir des autres.

Les Trônes se sentent beaucoup mieux en compagnie d'enfants
que d'adultes, car ils sont eux-mêmes des enfants. Ne vous surprenez pas de voir les enfants aller vers eux. Ils font d'excellents psychologues pour ces enfants, car ils sont en mesure de les comprendre. Ce
sont les Trônes qui peuvent mieux aider les jeunes enfants à se tailler
une place au sein de la société. Ils les encouragent, les aident à avoir
confiance en eux et leur font découvrir leur potentiel unique. Si ces
Trônes appliquaient ces recommandations dans leur propre vie, cela
serait tellement plus facile pour eux. Ils pourraient retrouver le chemin de l'amour, de la paix et de l'harmonie. Ainsi, ils seraient beaucoup plus en accord avec leur plan de vie.

Les Trônes ont en eux la force de nous sentir, la force de nous
voir. Certains seront sceptiques et nous les comprenons, mais sachez
que leur intuition est tout de même inouïe. Quant à leur vie spirituelle,
si elle s'éveille, elle peut s'épanouir de façon exponentielle. Par contre,
le plus souvent elle demeure à l'état latent. Ces êtres attendent…

Ceux qui se retrouvent dans ce Chœur doivent apprendre certaines leçons de vie qu'ils n'ont tout simplement pas comprises en les
refaisant. Leur grande force est qu'ils sont très intelligents, remplis
de connaissances. Ils savent pourquoi ils sont sur Terre; ils savent ce
qu'ils ont vécu, mais ils ferment les yeux sur ces connaissances et sur
ces forces.

Nous pourrions dire qu'ils sont, en quelque sorte, les auteurs de leur propre souffrance. Et pourtant, Dieu leur a donné la clé en leur disant : « Voici tous les outils dont vous avez besoin. Voici la clé qui servira à ouvrir la porte du prochain étage, la clé qui vous permettra d'accéder aux Chérubins. » Il n'appartient qu'à vous de décider, car le défi ultime du Chœur des Trônes est d'apprendre à faire confiance aux autres en s'ouvrant à l'amour (à l'amour de soi et à l'amour des autres) ainsi que d'apprendre à s'aimer inconditionnellement avec ses faiblesses et ses forces.

L'enfant du Chœur des Trônes

L'enfant Trônes est un enfant adorable qui prend soin de tout le monde autour de lui. Pourtant, cet enfant a grandement besoin qu'on en prenne soin. Souvent, pour éviter les chicanes, l'enfant Trônes se laisse manger la laine sur le dos. Il a une patience d'ange. Cependant, lorsqu'il en a assez, il explose. Cela peut surprendre ses proches. Il n'est pas rare de le voir faire une crise hystérique, au moment où vous vous en attendiez le moins. Quand cela arrive, il est important de le réconforter, au lieu de le gronder. L'enfant Trônes n'est pas méchant, au contraire. Il peut tout vous donner pour vous rendre heureux, mais il est important de ne pas l'oublier et de le respecter en tant qu'être.

L'enfant Trônes qui sera le cadet de la famille sera beaucoup plus heureux que l'aîné, car l'attention des gens sera dirigée vers lui. L'enfant Trônes aîné deviendra rapidement le soutien de tout le monde et, avec le temps, il oubliera qu'il existe. Voila l'importance des parents de lui faire comprendre qu'il est tout simplement un enfant, et non un parent pour ses frères et sœurs. Apprenez-lui son rôle le plus tôt possible. Ainsi, cet enfant grandira en étant beaucoup plus serein et il lui sera plus facile de prendre sa place dans la société.

Les Trônes, tout le long de leur vie, mais aussi dès leur jeune âge, auront à surmonter des épreuves. Ils vivront des pertes de toutes sortes : parents, amis, êtres chers, animaux. Plusieurs verront leurs parents se séparer et seront déchirés en choisissant d'aller rester avec l'un ou l'autre. Leur premier grand amour sera aussi très décevant, car il ne sera jamais choisi comme il se doit. Les enfants de ce Chœur ont besoin d'affection et de sécurité. Ils ont grand besoin de se faire dire qu'ils sont aimés.

Les enfants du Chœur des Trônes gèrent difficilement la venue d'un autre enfant, car ils ont peur de perdre leur place, ils ont peur de ne plus être aimés. Si les parents accordent davantage d'attention au nouveau-né en négligeant l'enfant Trônes, ce dernier deviendra alors jaloux et il essaiera de le blesser. Il appartiendra donc aux parents de ne pas faire trop d'éclats et de dire à cet enfant : « Tu sais, je t'aime autant que ton petit frère ou que ta petite sœur. » Ces parents devraient lui assigner des tâches. Ils pourraient, par exemple, l'inviter à donner le biberon au bébé ou encore à lui apporter sa sucette au moment du coucher. Vous verrez que votre enfant Trônes sera ravi de pouvoir vous aider et de prendre soin du bébé. Il le protégera et en prendra grandement soin.

Il est aussi important de prendre le temps de parler à votre enfant Trônes, car il a peur de tout. Ces enfants sont de grands craintifs. Ils ont besoin de sentir la chaleur familiale et la sécurité du foyer. Lorsque cela fait défaut, ces enfants s'éloignent du foyer parce que la peur les envahit.

La plupart des êtres nés dans ce Chœur ne veulent pas toujours regarder la réalité en face. Ils s'éloignent, le plus souvent, en déménageant dans une autre ville. Pourtant, ces êtres ont grand besoin de leur famille, mais au lieu d'aller vers elle, ils choisissent l'étranger. Ensuite, ils se morfondent en se demandant pourquoi leur mère ne les appelle pas. Ils se disent : « Ma mère ne doit pas m'aimer. Pourquoi mon frère, ou mon père, ne vient pas me voir? Je ne suis donc pas important à ses yeux? Et si ma sœur ne m'appelle pas, c'est qu'elle doit aimer ma mère plus que moi. » Nous disons aux Trônes : « C'était votre décision. Vous avez décidé de vous installer dans une autre ville. Ainsi, il est normal que ces êtres ne viennent pas vers vous. »

L'adulte du Chœur des Trônes

Savez-vous comment nous décrivons les Trônes? Nous les décrivons comme un porc-épic. Lorsqu'on s'approche de cet animal et que celui-ci sent venir le danger, il dresse ses piquants pour se défendre. Il se roule en boule, et si on l'approche trop, il se hérisse. Il en est de même pour les Trônes. Si on avance trop brusquement vers eux, dans leur zone d'intimité, ou s'ils se sentent en danger parce qu'ils savent qu'on a raison et qu'ils ont tort, ils se mettront en boule et se hérisseront.

C'est ce que nous essayons d'inculquer aux Trônes : ils devraient analyser la situation avant de se hérisser, car après avoir prononcé des paroles blessantes, ils versent des larmes. Par la suite, ils regrettent d'avoir causé tant de peine. Ironiquement, ces êtres ont un grand cœur. Ce sont des êtres très sensibles qui éprouvent une grande tristesse lorsqu'ils savent qu'ils ont causé de la peine à quelqu'un. Mais cela ne les empêche pas de dire ce qu'ils ont à dire. Ils ne savent pas toujours comment exprimer leurs émotions et comment bien les formuler. Ils le font en se lamentant, alors tout sort de travers. Dans un tel cas, avant même qu'on ne puisse faire quoi que ce soit, une parole, un « piquant », blessera celui qui ne cherchait qu'à aider.

Il est important que ces Trônes apprennent à penser avant de parler. Ils doivent s'interroger à savoir quelle serait leur réaction si on leur disait des paroles blessantes. Les Trônes doivent apprendre à analyser la situation avant de la provoquer. Ils devraient prendre le temps d'écouter ce qu'on a à leur dire. Les propos de cette autre personne sont peut-être importants. Il serait sage pour eux de les écouter avant de réagir ou de se sentir attaqués puisque la plupart des gens ne cherchent qu'à les aider et à les aimer.

Les Trônes ont de la difficulté à aimer. Ils ne savent jamais s'ils aiment ou s'ils n'aiment pas. Ces enfants ont beaucoup de difficulté à dire à quelqu'un : « Je t'aime ». Dans leurs relations amoureuses, ce sont des passionnés, mais ils fuient l'amour en choisissant tout ce qui est compliqué au lieu de ce qui est simple et paisible. Cela ne veut pas dire qu'ils n'auront pas de partenaire, bien au contraire. Ils pourront vivre pendant des années avec le même partenaire. Toutefois, tout au court de ces années, ils s'interrogeront à savoir si ce partenaire est le bon. Ils peuvent vivre avec un partenaire pendant de nombreuses années sans toutefois lui donner leur amour, car ils ne savent pas s'ils l'aiment vraiment. Certains d'entre eux seront infidèles et ils regarderont souvent ailleurs; surtout les Trônes de sexe masculin. Ils vivront tout de même avec leur conjointe, mais ils auront de la difficulté à rester fidèles.

Certaines dames de ce Chœur seront fidèles, mais critiqueront constamment leur partenaire. Elles diront souvent qu'elles ne sont pas heureuses et qu'elles aimeraient partir. Elles le diront à qui veut l'entendre. Elles exprimeront cette émotion devant tout un chacun, même si cela ne concerne qu'elles et leur partenaire. Ces femmes feront comme si leur partenaire n'était pas important à leurs yeux. Cependant, si un jour il décidait de partir, ce serait dramatique. Elles verseraient alors toutes les larmes de leur corps et de leur cœur en disant qu'elles ont été abandonnées et en le maudissant. Essayez d'y comprendre quelque chose! Tout le long de leur vie commune, ces femmes ont tout fait pour que leur conjoint parte. Et lorsqu'il s'en va, c'est la fin du monde et elles feraient tout pour le ramener vers elles.

La vie amoureuse des Trônes est très houleuse parce qu'ils ont de la difficulté à faire la distinction entre l'amour et l'amitié. Ils n'acceptent pas qu'il faille aussi donner. Cela ne veut pas dire qu'ils sont égoïstes, bien au contraire. Ces personnes donnent tout ce qu'elles possèdent à leur entourage, mais pas à leur amoureux. Pourtant, lorsqu'elles ont besoin d'aide, c'est vers celui-ci qu'elles se tournent. Le plan de vie des Trônes est donc d'apprendre à aimer l'autre dans le respect, tout comme ils aimeraient se faire respecter. Il faudrait aussi qu'ils apprennent à parler aux autres avec respect.

Les Trônes disent souvent que rien n'est beau dans leur vie, qu'ils n'obtiennent jamais rien. Parfois, ces Trônes ont de beaux enfants et ils ne s'en rendent pas compte. Ils peuvent aussi avoir un partenaire de vie extraordinaire à leurs côtés et être incapables de l'apprécier à sa juste valeur. Les dames des Trônes sont de très bonnes mères. Par contre, les hommes de ce Chœur sont de bons pères seulement lorsque les enfants atteignent l'adolescence.

Tous les Anges qui dirigent ce Chœur sont d'une importance capitale puisque c'est ce Chœur qui a le plus besoin d'eux, le plus besoin d'amour. C'est la raison pour laquelle nous disons ceci à ces enfants : « Tournez-vous vers quelqu'un qui fait partie du Chœur des Anges ou encore du Chœur des Séraphins, car seules les personnes issues de ces deux Chœurs pourront vous aider à voir qui vous êtes, à reconnaître vos forces et à atténuer vos faiblesses. » Les Trônes se tourneront vers la famille des Séraphins et la famille des Anges afin d'avancer et d'évoluer dans leur spiritualité.

Le côté positif du Chœur des Trônes est que ces enfants sont des artistes. Ce sont des passionnés qui ont un côté créatif très développé. Ces êtres sont très talentueux et s'ils exploitent leur talent, ils peuvent connaître la gloire. Ils peuvent jouir d'une grande renommée, mais peut-être qu'ils ne trouveront pas l'amour. Nous aimerions aussi ajouter que ces enfants sont très craintifs. Ils ont toujours peur. Ils ont peur du noir, ils ont peur de l'Ombre. Nous leur disons de nous prier et ces peurs disparaîtront.

Nous savons que ceux qui font partie du Chœur des Trônes et qui liront ces lignes n'aimeront peut-être pas tout ce que nous disons ou encore diront-ils que cela est faux, que cela ne leur ressemble pas. Nous vous disons tout simplement que oui ce portrait vous ressemble et que votre plus grand travail, votre premier travail, sera d'accepter ce que nous vous disons.

Si vous convenez de la véracité de nos paroles, vous venez de faire un très grand pas. Mais si vous vous obstinez à penser que c'est de la foutaise, qu'il n'y a rien de vrai là-dedans, comment voulez-vous grandir? Nous ne vous jugeons pas. Nous aimons très profondément toutes celles et tous ceux qui sont dans le Chœur des Trônes. Nous, les Anges, compatissons avec vous puisque nous avons un travail très important à faire auprès de tous les enfants de ce Chœur.

L'Archange Tsaphkiel

Le Chœur des Trônes est le Chœur le plus difficile à franchir de tout l'Arbre Séphirotique. L'Archange qui dirige ce Chœur doit donc être différent des autres. Il doit rayonner d'une intensité lumineuse inimaginable afin de transmettre un message à ses Trônes : « Ne vous découragez pas, avancez en ouvrant grand votre cœur et vous comprendrez alors que vous détenez toutes les solutions à vos problèmes. » L'Archange Tsaphkiel est immense et d'un blanc très pur. Sa Lumière est très dense. Elle est comme un rayon profond entouré d'étincelles éclatantes bleues, vertes et mauves.

Tsaphkiel fait penser à un animal majestueux : le paon. Quand ce dernier déploie son plumage en éventail, une teinte jaune vif agrémente ses rayons de Lumière. Il est magnifique et sûr de lui puisqu'il connaît sa beauté. Tsaphkiel aime déployer ses ailes et éblouir ses enfants par leur grandeur et leur beauté. Il n'est toutefois pas aussi vaniteux que le paon, bien que son plus grand plaisir soit d'en mettre plein la vue. Il dit à chaque être humain : « Quand vous regardez la beauté d'un paon qui déploie sa queue, vous êtes en extase devant toutes ces couleurs extraordinaires. » Tel est l'Archange Tsaphkiel et la façon dont il aimerait être perçu lorsque ses ailes sont grandes ouvertes.

Les enfants du Chœur des Trônes ont la mauvaise habitude d'être complètement absorbés par leurs ennuis et leurs problèmes. Ce faisant, ils ne voient aucune solution possible. L'Archange Tsaphkiel leur conseille de le regarder, de regarder sa force et sa splendeur. Même si sa mission auprès des Trônes n'est pas facile, il demeure quand même beau sur tous les plans. Sa mission lui donne la force nécessaire pour faire vibrer sa couleur. Tous les enfants des Trônes devraient faire de même. Tel est le message de Tsaphkiel.

Tsaphkiel est très près de l'Archange Tsadkiel, quoique la prononciation de leur nom diffère quelque peu. Ils sont comme des frères jumeaux; ils ne peuvent vivre l'un sans l'autre. D'ailleurs, leurs forces respectives se complètent. Tsaphkiel est un Archange immense et ses responsabilités le sont aussi. Il reçoit, dans sa demeure, tous les enfants qui ont échoué, tous les enfants qui doivent refaire leurs leçons.

Tsaphkiel est l'Archange du karma. Il est d'une importance capitale puisque c'est lui qui décide si vous devez monter, redescendre ou encore recommencer une étape de l'Arbre. Il regarde tout ce que vous avez accompli. Il connaît tous vos défauts et toutes vos qualités. Il conjugue vos qualités, vos dons ainsi que vos réalisations et les renforce dans votre prochaine incarnation pour que vous puissiez éliminer vos faiblesses.

L'Archange Tsaphkiel vous aide également à travailler votre prochaine incarnation, votre prochaine vie. Il est celui qui vous aide à voir clair dans vos vies antérieures et dans celles que vous vivrez. Ce qui lui importe, c'est la réussite de votre vie terrestre. C'est un Archange immense puisque, dans son énergie, il connaît toutes vos vies de même que toutes vos faiblesses. Il a le pouvoir de transformer vos faiblesses en forces.

Il peut sembler paradoxal que Tsaphkiel soit dénommé le Seigneur du karma. Quand les humains pensent au karma, cela évoque en eux un aspect punitif. Certains pourraient donc percevoir Tsaphkiel comme un être méchant, qui sévit au moindre écart de conduite à l'égard de l'évolution spirituelle des humains. Par contre, il n'en est rien, car Tsaphkiel est très clément et bienveillant. Sa mission est de nous faire comprendre que la vie est belle, malgré toutes les missions qui nous incombent. Les épreuves de la vie n'enlèvent rien à la beauté de l'âme. Tsaphkiel vous invite à vous regarder de l'intérieur, à regarder toute la beauté et toutes les forces que vous détenez. Mettez-les à profit!

Tsaphkiel est l'Archange recteur des Anges de la Lumière suivants : Lauviah II, Caliel, Leuviah, Pahaliah, Nelchaël, Yeiayel, Melahel et Haheuiah.

17 – LAUVIAH II (du 11 au 15 juin)

Cet Ange est un « Dieu admirable ». Lauviah II est un Ange d'une grande puissance qui déploie ses ailes pour vous signifier qu'il est près de vous. Lauviah II est une source de sagesse pour ceux qui la prient. Elle est d'une Lumière intense. Lauviah II dit : « Pour ressentir la force que j'ai en moi, visualisez une fontaine d'eau qui coule. » Elle est cette fontaine qui coule en vous pour permettre à toutes vos énergies de bien circuler. Sa force et sa sagesse se trouvent à l'intérieur de chaque être, ce qui vous aide à mieux voir ce qui se passe dans votre vie.

Lauviah II est comme cette fontaine qui fait doucement couler l'eau tout comme elle fait circuler le sang qui coule dans vos veines en y infusant son énergie divine. Elle manifeste sa présence en vous faisant ressentir des étincelles d'eau, des gouttes d'eau qui tombent de la fontaine. Lauviah II est douce comme cette eau qui tombe goutte à goutte. Ressentez-vous le calme qu'elle peut transmettre à ses enfants quand ils écoutent ruisseler l'eau d'une fontaine et qu'ils se laissent bercer par cette musique? Lauviah II illumine les eaux stagnantes et impropres afin de faire place à la pureté de son eau divine.

Lauviah II aide particulièrement ceux qui ont des ennuis psychologiques. Elle apaise l'esprit de ceux étant sous sa gouverne étant donné que leur faiblesse est de faire des dépressions, de l'agoraphobie, de la schizophrénie ou de l'angoisse. Lauviah II permet à ces êtres de guérir toutes ces maladies psychologiques et de bien maîtriser leurs états d'âme. Il est alors plus facile de prendre soin de leurs corps et de leurs esprits pour bien les guérir.

Lauviah II aide à rétablir la paix chez les êtres nés sous sa gouverne, car ils ont parfois de la difficulté à contrôler leur esprit. Ils ont des idées suicidaires ou des idées noires. Nous aidons donc ces enfants à reprendre confiance en eux, à reprendre confiance en leur propre pouvoir. Nous les aidons aussi à cesser de prendre des médicaments. Cela ne veut pas dire que nous sommes contre la prise de médicaments. Nous sommes conscients qu'un corps physique doit être traité avec l'énergie des médecins qui peuvent les guérir. Les Anges, eux, sont les médecins de l'âme. Ainsi, nous aidons les enfants du Chœur des Trônes à mieux contrôler leurs émotions, sans l'aide de médicaments.

Lauviah II aide aussi ceux qui ont des peurs nocturnes, c'est-à-dire ceux qui ont peur de dormir seuls ou qui ont peur du noir. Elle permet de surmonter ces peurs néfastes qui sont parfois liées à leur passé. Les personnes nées sous la gouverne de cet Ange ont, dans des vies antérieures, vécu dans le noir lorsqu'ils étaient enfants. La mission de Lauviah II est donc de ramener la Lumière en eux. Certains de ces êtres ont développé ces phobies parce que, dans des vies passées, ils ont été enterrés vivants. Quand ils se sont « réveillés », ils ont eu très peur. La mort s'est ensuivie peu après et ils en gardent un souvenir douloureux. D'autres ont été enfermés dans des cachots où il n'y avait aucune source de lumière. Ils n'ont pas eu une mort douce et aujourd'hui ces sentiments sont encore vifs dans leur mémoire.

Parmi ces enfants, on retrouve aussi des êtres qui se sont enlevés la vie. Ils n'ont pas trouvé le chemin parce que le suicide n'a pas été accepté. Ils se sont retrouvés devant un trou noir, un ravin. Lauviah II permet à ces êtres d'oublier ces expériences traumatisantes du passé et leur fait voir la Lumière. Certains êtres, qui font partie du Chœur de cet Ange, ont aussi été trouvés morts à la naissance ou sont morts par avortement puisqu'ils n'ont pas été autorisés à naître.

Saviez-vous que nous permettons parfois l'avortement? En effet, dans certaines situations, nous acceptons que la dame décide de retourner l'âme dans le Plan Divin. Par exemple, lorsque nous voyons que la vie de cette femme est chambardée par toutes sortes de situations hors de son contrôle. Par contre, si cette dame se fait avorter à maintes reprises puisqu'elle a fait preuve de négligence, en n'utilisant aucune méthode de contraception, ou si elle n'est pas consciente du mal qu'elle fait à cette âme et à son propre corps, elle retournera dans le Chœur des Trônes sous la tutelle de Lauviah II. C'est une autre raison pour laquelle ces êtres ont peur du noir ou de dormir seuls : nous leur faisons ressentir ce que l'âme a ressenti lorsqu'elle a été retournée ou refusée plusieurs fois.

Prenez l'exemple d'une jeune fille de dix-sept ans qui tombe enceinte à la suite d'un viol. Dans ce cas, l'avortement est permis puisqu'il n'y avait aucun consentement à la venue de cette âme. Nous préparons l'âme en lui disant : « Veux-tu tout de même aller dans le ventre de cette dame, car une personne qui s'est fait violer a souvent de la difficulté à aimer l'enfant qu'elle porte en elle. Cet enfant peut provoquer la haine et le dégoût. L'âme qui choisit de grandir en elle a comme mission d'aider cette dame à développer l'amour et à lui faire oublier ce qui s'est produit. »

Prenons l'exemple d'une dame d'âge mûr qui a consenti à une relation non protégée. Si elle n'est pas prête à recevoir ce petit être qui grandit en elle, nous acceptons qu'elle puisse interrompre cette grossesse. Nous comprenons que l'humain peut parfois faire des erreurs. Toutefois, si cette même dame refait la même erreur, quelque temps plus tard, nous ne serions pas aussi compréhensifs parce que l'avortement est une procédure très pénible pour tous. D'ailleurs, c'est encore plus pénible pour l'âme de subir un avortement, car elle est en attente d'une incarnation. Elle doit donc revenir une deuxième fois. Si cette dame se fait avorter une deuxième fois, cela devient très lourd à supporter pour l'âme qui doit s'en retourner encore une fois. L'âme comprend le premier refus qui peut être justifié par toutes sortes de raisons valables; elle comprend qu'une grossesse peut être interrompue volontairement ou non. Elle est en quelque sorte préparée à cette éventualité puisque les Anges l'aident à accepter et à comprendre ce qui a pu justifier un deuxième avortement. Toutefois, cette âme ne comprend pas un troisième, un quatrième, voire un cinquième refus étant donné qu'elle tente par tous les moyens d'intégrer un corps et qu'elle doit recevoir l'amour d'une mère pour s'incarner.

Les Anges non plus ne comprennent pas. « Nous nous demandons pourquoi cette dame fait autant de tort à son corps ainsi qu'à l'âme qui essaie de s'incarner. Durant cette incarnation, si cette dame ne franchit pas son étape, il y a de fortes chances que nous décidions qu'elle doive ressentir ce que l'âme a vivement éprouvé à chaque refus de sa part. Ainsi, certaines personnes nées dans le Chœur des Trônes peuvent parfois ressentir les émotions engendrées par la peur, le noir, les gouffres obscurs qui font partie d'un karma lié à l'avortement. »

« Nous voulons préciser que les êtres qui séjournent dans le Chœur des Trônes ne sont pas méchants. Bien au contraire! Ils ont un grand besoin d'être aimés, d'être compris. Ils ont grand besoin de savoir qui ils sont et de découvrir les forces qu'ils recèlent. Sachez que c'est vous qui avez choisi de vivre cette expérience et de connaître cette "sentence". Pour nous, le mot "sentence" n'a rien de punitif. Il est même plutôt valorisant; il revêt un aspect évolutif. Ainsi, tous les enfants nés au sein du Chœur de Lauviah II ont vécu, dans leurs vies passées, des expériences qui n'ont pas été faciles. Ils revivent encore, dans cette existence-ci, des expériences similaires, des expériences difficiles. »

Si vous priez l'Ange Lauviah II, elle vous aidera à vous purifier intérieurement, mentalement et physiquement. Lauviah II est comme une immense fontaine. Elle est transparente et invitante comme l'eau. L'eau est importante pour assurer la survie des humains, car sans eau la vie serait impossible. Il en est de même pour les enfants de Lauviah II : sans cet Ange, ils ne pourraient survivre. Si ces enfants refusent de la prier parce qu'ils ne croient pas en elle, s'ils refusent de voir qu'elle est leur source de sagesse, leur force, ils continueront à se chercher. Ces êtres auront donc le sentiment d'être morts à l'intérieur d'eux. Ils auront le sentiment de ne pas avoir de vibrations ni d'émotions. Il sera difficile de comprendre ces enfants, étant donné qu'ils ne laisseront pas libre cours à leurs émotions. Ils resteront fermés, prisonniers de leurs sentiments. Cela sera autant difficile pour cette âme que pour tous ceux qui l'aimeront.

Les enfants de Lauviah II aiment parler : ils sont de véritables moulins à paroles. Ce sont des êtres très communicatifs et expressifs. Quand ils parlent, ils gesticulent beaucoup. Cependant, leur faiblesse est de ne pas laisser les autres s'exprimer et, par conséquent, ils ne prennent pas le temps d'écouter ce que les autres ont à dire. Ils parlent sans arrêt au point où l'on se demande de quoi ils parlent. Il serait important qu'ils reconnaissent la sagesse et la force de Lauviah II; deux qualités qui leur permettraient de parler de choses utiles et d'écouter les paroles des autres.

Les enfants de Lauviah II ont tendance à monologuer. Ils se parlent à eux-mêmes et n'ont pas conscience qu'ils sont en présence de quelqu'un d'autre. De plus, ils ne parlent que d'eux-mêmes et ils prennent plaisir à étaler leurs réalisations. Ces êtres se lancent des fleurs parce qu'ils n'ont pas confiance en leurs moyens. Cependant, s'ils prenaient véritablement conscience de l'être fascinant qu'ils sont et s'ils utilisaient leurs outils intérieurs de façon adéquate, ils n'auraient pas besoin de se pavaner et de se prendre pour d'autres. Lauviah II aide ses enfants à être eux-mêmes, à se respecter en jouant la carte de la transparence puisque ses enfants ne se regardent pas dans un miroir. Ils préfèrent regarder leur reflet dans le miroir de l'autre.

Lauviah II permet à ceux qui ont un talent artistique de le développer. Elle leur donne les outils nécessaires pour intégrer ce talent dans leur vie. Cela ne veut pas dire qu'ils deviendront tous des chanteurs. Ils auront plutôt des talents dans diverses disciplines telles que la danse, le dessin, le théâtre. Les enfants nés sous la gouverne de cet

Ange sont surtout doués avec leurs mains, peu importe la forme que prend ce don.

Lauviah II fait comprendre le sens caché des épreuves et permet d'en tirer une leçon positive. Elle sait que ses enfants vont trouver difficile ce qu'ils ont à vivre, mais elle leur permettra de se dire : « Ce n'est rien, je sais que je vais m'en sortir. C'est une corde de plus à mon arc. » Elle fait voir à ses enfants qu'un virage s'effectuera par la suite et que leur vie sera beaucoup plus positive. Ses enfants se diront : « Ce n'est rien si je vis des moments difficiles dans ma relation amoureuse, car je sais que le temps que je prends pour bâtir cette relation rendra mon couple plus fort. »

Lauviah II aide aussi à développer la spiritualité, l'intuition et la vibration énergétique étant donné que ses enfants ne croient ni aux Anges, ni en Dieu, ni en eux. Pourtant, ils ont cette force, cette intuition qui leur permet de voir et de ressentir qui nous sommes. Ils ressentent des choses, mais sans comprendre ce qui se passe. Lauviah II permet à ceux qui la prient de développer cette intuition. Elle leur fait comprendre que la voix qu'ils entendent, c'est celle de l'intuition, et que la spiritualité est une source importante à la saine survie de leur âme. L'âme a besoin de cette source pour faire jaillir ses dons, elle a besoin de spiritualité pour qu'ils s'épanouissent. Tout ce qu'ils ont à faire, c'est d'écouter leur propre voix.

De plus, Lauviah II aide à surmonter les épreuves avec sagesse et à les comprendre. Les enfants nés sous sa gouverne auront souvent de grandes épreuves à traverser; des épreuves pénibles pour le cœur qui surviennent sans que l'on comprenne pourquoi. Sachez que ceux qui réussissent le Chœur des Trônes deviennent des êtres extraordinaires par la suite. Ils acquièrent une grande sagesse. Lauviah II guide bien ses enfants et leur tend souvent une aile. Elle les aide, les soutient, les enveloppe de son amour. « Soyez conscients que je suis à vos côtés dans tout ce que vous vivez et un jour vous en rirez. »

18 – CALIEL (du 16 au 21 juin)

Caliel est un « Dieu prompt à secourir » ses enfants. Il court tout le temps pour venir rapidement en aide à l'enfant qui le réclame. Caliel est un Ange immense ayant de grandes ailes. Il est fort et puissant; vous ressentirez chacun de ses gestes. Inclinées vers l'arrière, ses ailes

sont d'une teinte rougeâtre, signifiant l'amour, entremêlée d'un soupçon de jaune et d'orangé. Lorsqu'on entre en contact avec Caliel, il
agit comme un baume et soulage nos douleurs. Il agit instantanément
et tous nos malaises disparaissent quand on le prie. Il dit à tous ses
enfants de le prier et qu'il enlèvera tous les malaises corporels qui les
importunent en ce moment. Il leur dit aussi de foncer. Lauviah II est
une douce énergie qui coule telle l'eau dans une fontaine, tandis que
Caliel, pour sa part, est la fontaine même d'où l'eau jaillit. Il est, en
quelque sorte, la statue qui constitue cette fontaine solidement érigée.
D'un jet, il montrera à ses enfants tout ce qu'ils doivent voir et éliminera tout le reste.

Les enfants de cet Ange voudront venir en aide à tout le monde :
ils voudront changer la planète. Ils sont si secourables que, parfois, les
gens tombent amoureux d'eux, sont en adoration devant eux. Pourtant, ils offrent leur aide sans avoir d'intérêts personnels en jeu. Cela
peut les placer dans des situations inconfortables puisque, de leur
côté, ils n'ont pas d'arrière-pensées.

Les enfants de Caliel sont spontanés et ils laissent parler leur
cœur avant leur tête. Ce sont des êtres qui ressentent le besoin de
câliner, de toucher et de faire la bise, sans toutefois éprouver de
l'amour. Ils sont l'incarnation de la bonté; ils ont le cœur sur la main.
Ils sont adorables. Ces enfants, s'ils cherchent à vous aider, c'est
qu'ils n'éprouvent que de l'amitié pour vous. Quand l'amour naît
chez ces êtres, ils deviennent timides. L'amour les intimide et ils deviennent très doux. Si vous représentez plus qu'un ami à leurs yeux,
ils mettront du temps à aller vers vous. Ils ne sauront pas quoi dire et
ils opteront plutôt pour un simple sourire. À ce moment-là, vous vous
direz : « Il ne m'aime pas puisqu'il embrasse tout le monde, sauf moi.
Il fait tout pour les autres, mais à moi il ne fait que sourire ou parler. »
Sachez alors qu'il vous aime! Vous devenez importants à ses yeux et il
vous étudie. Si, par la suite, vous êtes la personne élue, il vous appro-
chera tout doucement. Cela peut être quelque peu déroutant. Lorsque
cet être n'aime pas quelqu'un, il ne lui adressera même pas la parole et
poursuivra son chemin. Sachez toutefois que les enfants de Caliel ne
sont pas conscients de ce comportement. Faire le bien est le moteur
de leur existence. Les caresses, les bisous et les accolades font partie
de leurs outils, rien de plus. À travers ces propos précédents, nous
voulons prévenir tous ceux qui ont un être né sous la régence de cet
Ange dans leur entourage : ne vous inquiétez pas, s'il ne vous caresse

pas. S'il vous sourit ou qu'il vous adresse la parole tout simplement, c'est que vous comptez à ses yeux et il cherche un moyen simple de vous courtiser.

Caliel est un Ange qui peut aider ceux qui ont des ennuis et qui ne savent pas où se diriger. Il donne des forces à ceux qui se trouvent dans un tunnel noir. Il est la force, il est la Lumière. Il est la solution qui permettra à ses enfants, de même qu'à tous ceux qui le prient, de se libérer d'une émotion ou d'un ennui. Caliel dit à ses enfants : « Soyez toujours à l'écoute des événements. Ayez la force d'aller jusqu'au bout de votre peine ou de votre problème. Ne vous résignez pas car, ce faisant, vous devrez tout recommencer. Toutefois, en allant jusqu'au bout, vous gagnerez beaucoup puisque par la suite vous ne vivrez pas dans le doute et l'incertitude. »

Caliel sait qu'il n'est pas facile de vivre des épreuves. Il est conscient que l'être humain éprouve des émotions et que, parfois, il a de la difficulté à en comprendre l'origine ou à trouver le moyen de s'en libérer. Cet Ange vous permet de vous libérer de toute émotion et de tout problème. Caliel ajoute : « Mes enfants, je suis la force, je suis votre force. Je suis la réponse à vos questions comme je suis le résultat positif de chacune de vos actions. » Les enfants de Caliel auront à vivre des épreuves. En fait, ces êtres accumulent les épreuves et ont peine à surmonter ces obstacles. Les épreuves que vivront ses enfants seront davantage axées sur l'émotion. En effet, tout ce qui arrive accable ce cœur qui ne cherche qu'à aimer, qui ne cherche qu'à vivre en paix et en harmonie. Caliel dit donc à ses enfants : « Il est important de me prier, de demander mon aide. Je serai le soleil dans votre cœur. Je vous donnerai la force ainsi que les moyens nécessaires pour que vous n'éprouviez pas d'émotions négatives et que vous puissiez sourire à la vie, sourire devant des événements difficiles et, par-dessus tout, que vous puissiez avoir foi en vous et avoir la certitude qu'en surmontant l'obstacle qui se dresse devant vous, vous aquerrez une plus grande sagesse. »

Caliel est un Ange puissant « émotionnellement ». Or, ses enfants se replient souvent sur eux-mêmes. Ils ont de la difficulté à croire que leur Ange existe, car ils se disent que la vie ne les a pas gâtés. Ils se disent : « Je suis malheureux; tout arrive à moi. Pourquoi donc? Qu'ai-je fait au bon Dieu pour que le ciel me tombe sur la tête? » Caliel répond que le bon Dieu n'a absolument rien à faire avec ce que vous vivez. Vous vivez en fonction de vos émotions. D'ailleurs, vous vivez ce que vous avez demandé de vivre. Il faut donc vous libérer de ces états d'âme qui ne vous apportent rien. Libérez-vous de ces peurs et de ces angoisses qui vous empêchent d'avancer. En vous libérant, vous verrez que la vie vaut la peine d'être vécue. Vous verrez qu'en ayant le sourire aux lèvres, vous ferez aussi sourire ceux que vous croiserez.

Si vous ne faites que critiquer et vous plaindre tout le temps, comment voulez-vous que les autres écoutent ce que vous avez à dire? Vous cherchez la compassion d'autrui, mais vous ne vous intéressez pas en retour à ce qu'ils vivent. Vous aimeriez être remarqués, mais vous ne remarquez pas que les autres ont aussi besoin de vous et de vos conseils. Lorsque vous êtes uniquement centrés sur vos problèmes, que vous ne parlez que de vous, de ce que vous ressentez, de ce que vous vivez, cela fait fuir les gens, car vous répétez sans cesse les mêmes choses. Vous ne guérirez pas, si vous en parlez trop.

Évidemment, il est important de parler de ses émotions, mais non pas d'en parler sans cesse et de toujours se répéter parce que les gens se lassent d'entendre les mêmes choses. Tous ceux qui racontent les mêmes histoires devraient prendre le temps de s'écouter. Analysez les propos que vous adressez aux autres. Encore mieux, enregistrez-les pour mieux les écouter, pour mieux les analyser.

Comment vous sentiriez-vous si vous étiez celui qui devait écouter les paroles désobligeantes de quelqu'un d'autre? Vous verriez à quel point vous êtes critiques, à quel point vos paroles découragent et épuisent celui qui les entend. Lorsque quelqu'un parle et qu'il ne dit rien de positif, qu'il ne peut encourager celui qui l'écoute ou qu'il endort son interlocuteur, il lui faut tout simplement s'abstenir de parler. Il vaudrait mieux garder ses réflexions pour soi.

Parfois, les enfants de Caliel ont de la difficulté à comprendre le sens de leurs émotions, car ils ne s'écoutent pas. S'ils s'écoutaient, ils pourraient comprendre le sens de leurs paroles et de leurs émotions. Quand Caliel travaille pour ses enfants et qu'il entre en eux, il leur ouvre grandes les oreilles afin qu'ils apprennent à écouter. Il leur ouvre aussi les yeux pour que ses enfants puissent voir. Écouter, voir et comprendre sont les principaux atouts qu'il donnera à ses enfants pour que ceux-ci puissent parler positivement.

Par conséquent, la faiblesse de ses enfants est qu'ils sont portés à la médisance. Ils ont rarement de bons mots à dire. Ils sont toujours fatigués, découragés et tout le monde leur en veut. Au travail, leurs collègues ne leur parlent pas. Ils en veulent à la société, mais ce sont eux qui ont de la difficulté à vivre en société. Ils font fuir les autres. Nous ne voulons pas réprimander les Trônes ni les enfants de Caliel. Notre but n'est pas de vous faire de la peine, mais de vous faire prendre conscience de qui vous êtes.

Vous avez une telle force en vous que vous pourriez être Lumière, être heureux. Pourquoi ne pas utiliser cette force à bon escient? Et lorsque vous trouverez votre Lumière, que vous vous brancherez avec la Lumière divine, vous serez resplendissants de bonheur. Vous savourerez ce bonheur, car vous êtes de grands émotifs, de grands sensibles.

Tous les enfants nés sous la régence de Caliel ont grand besoin d'amour, de tendresse et d'affection, mais lorsque les gens s'avancent pour leur en donner, ils les repoussent. **Eux peuvent avancer vers vous, mais ils n'aiment pas lorsque ce sont les autres qui font les premiers pas.** Faites un effort et laissez l'amour venir à vous, laissez les gens venir à vous, laissez-les vous aider. Ne soyez point sarcastiques. Soyez aimables, soyez adorables et vous aimerez votre vie. Telle est la mission de Caliel à votre égard : rendre votre vie paisible, harmonieuse, remplie de bonheur, de joie et de sourires. Acquérir les forces de Caliel, c'est acquérir vos propres forces. Si vous travaillez en harmonie avec votre Ange, vous serez définitivement libérés de votre prison mentale, ce qui vous permettra de franchir une étape et de mettre fin à votre karma.

Caliel est un « Dieu prompt à secourir » puisqu'il est toujours disponible. Dès qu'un enfant fait appel à lui, il se rend aussitôt parce qu'il est conscient que son enfant a besoin de lui sur-le-champ. Une autre des faiblesses de ses enfants, c'est qu'ils sont impatients. Caliel agira donc sans délai pour ne pas que cette faiblesse se manifeste. Il veut dire à ses enfants : « N'ayez pas peur, je suis là. » Son aide est immédiate.

Caliel aide ses enfants à lutter contre le découragement et le pessimisme, car ils ont tendance à se laisser abattre très facilement. Il leur permet donc de garder le moral et de prendre conscience que l'épreuve fortifie, que l'épreuve leur apportera une force de caractère ainsi qu'une force physique et, au bout du compte, la libération de l'âme.

19 – LEUVIAH (du 22 au 26 juin)

Leuviah est un Ange extraordinaire. C'est un « Dieu qui secourt les pécheurs ». C'est l'Ange que doivent prier ceux qui commettent un péché humain et ceux qui trahissent leur partenaire amoureux en ne respectant pas leur union. Leuviah leur permettra de se sortir de ces moments difficiles et leur dictera les paroles à prononcer pour que l'être blessé puisse pardonner l'acte qui a été commis. Leuviah est un Ange rempli d'amour, de force et de vérité. La vérité est très importante pour cet Ange.

Elle est un bel Ange. Parfois, elle s'amuse à former un cœur avec ses ailes. Quand on la regarde, on a l'impression de voir un cœur immense qui scintille. Elle est comme un battement de cœur. Leuviah est un Ange d'un blanc très pur et très illuminé. Évidemment, elle sait qu'un cœur est rouge, alors sa Lumière est teintée de cette couleur. Sa vibration résonne comme le battement que l'on entend lorsqu'on pose une oreille sur le cœur d'un enfant. Les battements légers de ce cœur correspondent exactement à la vibration de Leuviah. Cette dernière amplifie le cœur de ses enfants. Elle leur donne l'amour dont ils ont besoin et, en même temps, elle fait battre leur cœur en harmonie.

Leuviah aimerait tant que ses enfants entendent ce rythme, car la faiblesse de ces êtres est qu'ils ne s'accordent pas de temps pour eux. Ils ne consacrent pas de temps à leur santé et attendent que leur corps sonne l'alarme. C'est alors qu'ils prennent conscience qu'ils sont en très mauvais état. Leuviah dit à ses enfants : « Je vais vous donner la force de surmonter les épreuves. Vous pouvez foncer tête première. » Quand les enfants de Leuviah la prient, ils deviennent plus forts mentalement, physiquement et « émotionnellement ». À l'opposé, si ses enfants ne la prient pas, ils s'affaiblissent et deviennent dépressifs. Ils parlent beaucoup, mais ils ne parlent de rien sinon que de leurs peurs. Ces enfants ont peur que leur cœur arrête de battre. Pourtant, il doit battre pour réveiller en eux les êtres qu'ils sont vraiment.

Leuviah dit qu'il ne faut pas commettre de péchés, car de tels actes ne sont bénéfiques ni pour l'humain ni pour l'âme. Ce qui compte, toutefois, c'est de réparer ce péché et de ne pas le faire en se fermant les yeux ou en ne voulant pas en discuter. Si vous vous rendez compte que vous avez commis un péché et que vous vous repentez, ce péché deviendra sagesse. Plus tard, il pourra vous aider et aider une autre personne qui serait tentée d'en faire autant.

Leuviah est en quelque sorte un filet de sûreté pour une personne qui chute. Elle vous protège. Sachez que Leuviah ne peut empêcher la chute, mais elle fera en sorte que celle-ci soit moins pénible pour votre corps et votre âme. Leuviah dit qu'elle ne peut pas effacer votre péché, mais elle vous aidera à rester debout, malgré le geste que vous avez fait. Cet Ange vous aidera à faire face au péché, à faire face à la personne que vous avez blessée. D'abord et avant tout, elle vous aidera à réparer le tort que vous avez causé. Leuviah sait aussi que ses enfants manquent parfois de courage, qu'ils préfèrent se retirer plutôt que de parler. Elle leur dit ceci : « Pourquoi garder en vous une parole ou un geste qui pourrait aider l'autre à mieux comprendre votre réaction ou à mieux comprendre qui vous êtes? »

Leuviah sait que ses enfants masquent leur personnalité. Ils ont peur d'être jugés, alors ils se cachent. Il est difficile pour ceux qui aiment ces êtres de comprendre leurs émotions. Il serait donc sage que ces enfants parlent de leurs émotions, qu'ils se laissent cajoler puisqu'ils ne veulent pas être l'objet de tendresse. Par contre, ils ont besoin de ces petites preuves d'amour.

Sachez que les enfants de Leuviah sont eux-mêmes des enfants et qu'ils s'entendent mieux avec les jeunes enfants ou les adolescents parce qu'ils se sentent à la hauteur de la situation. Ces enfants sont mal à l'aise avec les adultes étant donné qu'ils sentent qu'ils doivent constamment faire leurs preuves. Ils pensent qu'ils devraient être différents pour qu'un autre adulte accepte de leur parler. Ils doivent se surpasser parce qu'ils ne veulent pas que les autres pensent qu'ils sont inférieurs.

Voyez combien il est pénible pour ces enfants de se faire des amis et de les garder. Ils doivent constamment se surpasser pour épater les autres. Ils ont tendance à s'abaisser et à se dénigrer. Leuviah leur donnera la force de devenir des adultes compris, des adultes respectés, qui pourront également respecter les autres adultes. Leur faiblesse est qu'ils ont peur des responsabilités qui se rattachent au mot « adulte ». Ils se replient alors sur eux-mêmes.

Ces êtres sont d'éternels enfants, autant sur le plan de leur comportement que de leur habillement. Même à cinquante ans, ils s'habilleront comme s'ils en avaient vingt. Ils ne veulent tout simplement pas vieillir. Vous remarquerez que les enfants de Leuviah ont souvent des conjoints beaucoup plus jeunes qu'eux, car ils ont peur de vieillir et ils ne veulent pas assumer leur vie en tant qu'adultes. Ils ne pensent qu'à s'amuser.

Il arrive parfois qu'ils se sentent seuls et différents des autres. Ils ne comprennent pas pourquoi les adultes ne viennent pas vers eux ou ne restent pas. Leur plus grande faiblesse est que, s'ils sentent qu'ils doivent se surpasser pour plaire à l'autre, ils se mettent à mentir sur qui ils sont vraiment. Ces êtres croient qu'ils doivent bien paraître pour attirer l'attention et les éloges. Les mensonges fusent alors de toutes parts.

Franchir le Chœur des Trônes sous la régence de Leuviah consti- tue un premier pas vers le paradis. Cependant, les enfants de Leuviah trouveront plus difficilement la clé qui ouvre la porte de leur Chœur Angélique. Or, une fois cette porte ouverte, ils auront un accès direct au paradis, car ces enfants ont une vie plus difficile que quiconque faisant partie du Chœur des Trônes. En fait, c'est qu'ils sont moins conscients qu'ils peuvent ouvrir eux-mêmes cette porte. Mais lors- qu'ils auront réussi, ils auront tant appris qu'ils pourront aller directe- ment vers leur propre paradis.

Leuviah est un Ange qui permet de lutter contre les idées suici- daires et les chagrins puisque les enfants de ce Chœur, comme nous l'avons déjà mentionné, pensent souvent au suicide. Leuviah leur per- met d'effacer ces idées noires. Ces êtres se sentent seuls, abandonnés, parce qu'ils ne veulent pas être adultes et qu'ils ont peur de commu- niquer avec eux. Conséquemment, ils se sentent à part des autres et la seule solution qui leur vient à l'esprit, c'est de quitter ce monde. Leuviah leur donne donc la force de devenir un adulte équilibré qui pourra aider son prochain. Ils vieilliront en force et en sagesse. Ils pourront ouvrir la porte de cette prison qui les retient et faire un pre- mier pas dans leur paradis, un pas vers leur propre bonheur.

Nous disons aux enfants de Leuviah : « Laissez votre Ange tra- vailler pour vous et vous ne le regretterez pas, car il sera tel le cœur qui bat en vous. Leuviah vous fera prendre conscience que vous avez un cœur et que vous avez une vie. Cette vie doit être au diapason de l'amour. »

Leuviah permet aussi à ses enfants et à tous ceux qui la prient de faire jaillir l'abondance, la richesse et la fertilité. Elle permet de faire fructifier une action et de rendre une relation amoureuse épanouis- sante en y apportant de l'amour en abondance. Cette relation pourra devenir très féconde et donner de beaux enfants. Leuviah permet aussi de faire fructifier une somme d'argent, mais sachez que sa mission première est d'aider son enfant à se retrouver, à trouver l'abondance dans sa vie.

Ce n'est pas exactement de l'abondance financière dont nous parlons. Leuviah aidera ceux qui vivent dans la pauvreté tout comme ceux qui dépensent leur argent pour se procurer de la drogue ou de l'alcool, ou encore pour jouer, parce qu'elle porte secours aux pécheurs. Consommer raisonnablement de l'alcool n'est pas un péché. Toutefois, boire pour détruire tout ce qui est auprès de vous, boire à un point tel que vous n'avez plus d'argent pour autre chose, c'est péché.

La force de Leuviah sera de pouvoir regarnir le portefeuille de cet être qui a trop dépensé pour satisfaire son péché, mais elle ne le fera qu'une seule fois. Elle ne le fera que dans la mesure où cette demande est importante et qu'un changement positif s'annonce dans sa vie. Elle le fera seulement s'il lui promet de ne pas se ruiner. Alors, elle l'aidera à se relever et elle l'épaulera. Cet Ange lui donnera donc la chance de se racheter. Dans le cas contraire, si cet être ne sait pas profiter de l'aide qu'elle lui apporte, elle ne le jugera pas. Elle essaiera plutôt de lui faire prendre conscience de la gravité de la situation. Telle est l'abondance, la richesse dont elle peut faire preuve sur le plan financier.

Par la suite, si cet être la prie pour obtenir plus d'argent, elle ne l'aidera pas. Elle n'a pas l'autorisation d'aider à nouveau cette personne, sauf si les Anges, ou encore ceux qui étudient votre âme, considèrent que vous avez commis un acte de bravoure et que vous gagnerez en sagesse. Dans ces circonstances, elle l'aidera à nouveau. En créant Leuviah, Dieu l'a autorisée à n'aider qu'une seule fois.

Leuviah aide aussi ceux qui œuvrent dans le domaine des arts. Ses enfants sont souvent des artistes, mais comme ils cherchent à atteindre la perfection dans tout ce qu'ils font, elle leur donne la possibilité de comprendre qu'ils n'ont pas à être perfectionnistes. Le véritable talent artistique doit obligatoirement passer par le cœur, sinon, il ne peut exprimer clairement ce que l'âme cherche à partager.

20 – PAHALIAH (du 27 juin au 1er juillet)

Pahaliah est un « Dieu rédempteur ». Pahaliah est un Ange grandiose qui se tient droit comme un mât. Ses ailes immenses contiennent le reflet du soleil, le reflet de l'amour ainsi qu'une Lumière intense et des étincelles de Lumière. Regarder Pahaliah, c'est regarder les étoiles qui scintillent la nuit, c'est regarder le soleil qui brille dans le ciel. Le jour, elle est le Soleil, la nuit, les étoiles. Pahaliah représente l'équilibre, la droiture. Elle est un Ange exceptionnel qui peut vous donner la force et le courage de surmonter vos épreuves. Elle a le pouvoir de changer votre vie. Cet Ange joue un rôle important auprès des gens nés sous sa gouverne. Elle les aide à reprendre leur chemin, à franchir les différentes étapes de leur vie et à ne pas voir leurs échecs simplement comme des moments pénibles, mais bien comme une sagesse à acquérir. Pahaliah permet à ses enfants de voir leurs faiblesses sans toutefois en être complètement obnubilés. Elle ne veut pas que ses enfants se disent : « Pourquoi cela m'arrive-t-il? » Elle veut plutôt entendre : « Ce n'est pas grave, car j'ai appris de mes erreurs. » Voilà sa force.

Pahaliah permet donc à ses enfants de percevoir leurs épreuves comme des étapes évolutives de leur vie. En ce sens, la faiblesse de ceux qui ne la prieront pas sera de ne voir que le côté négatif de ces épreuves et d'en être obsédés à un point tel qu'ils en seront fragilisés sur le plan psychologique. Pahaliah permet à ses enfants d'évoluer dans l'épreuve comme dans la joie. Selon Pahaliah, les épreuves ne sont pas négatives, car elles font partie de l'évolution de l'âme humaine. Elle dit : « Quand un humain doit affronter à une épreuve, il doit en voir le côté positif. Ainsi, il deviendra plus fort, il se tiendra bien droit pour faire face à ce défi. En redressant les épaules, vous vous préparez à affronter les défis, vous vous armez. » Toutefois, Pahaliah est consciente que la faiblesse de ses enfants est de se rouler en boule et de baisser les bras devant les défis. C'est la raison pour laquelle elle dit à ses enfants : « Je redresse vos épaules, je les relève pour que vous soyez fiers du travail que vous accomplissez afin de relever ce défi. » Pahaliah est d'une grande douceur. Avec le bout de ses ailes, elle vous cajole pour vous aider à reprendre vos forces et, en même temps, elle redresse vos épaules.

Lorsqu'un humain a une charge trop lourde sur ses épaules et qu'en plus celles-ci sont courbées, cette charge devient encore plus pénible à supporter. Par contre, si vos épaules sont droites, le poids de la charge est réparti également. Il est ainsi plus facile d'être en contrôle et de vous débarrasser de cette charge puisque cette dernière vous nuit dans votre quotidien. Elle nuit aussi à votre prise de décision, car elle vous empêche d'avancer; elle est une entrave sur votre route. Il est donc important de vous libérer de ces charges inutiles pour être en meilleure santé, mais aussi pour obtenir de meilleures conditions de vie. En vous délestant de cette charge, elle ne vous empêchera plus d'avancer étant donné qu'elle appartiendra désormais au passé.

On remarque souvent une attitude défaitiste lorsqu'une personne est assaillie par la maladie. Ceux qui courbent les épaules vers l'avant et qui se laissent crouler sous le poids de ce défi auront beaucoup de difficulté à s'en sortir. Ils seront obsédés par cette maladie. Ils parleront de façon très négative et ils perpétueront son emprise. Ces êtres n'auront pas su se libérer, se laver de cette charge négative. Toutefois, si vous avez relevé les épaules et que vous avez jeté cette maladie derrière vous en vous disant que vous pouvez la vaincre, vous ne serez plus incommodés par cette maladie puisqu'elle ne fera plus partie de vous. Elle ne pourra plus faire obstacle à votre évolution, car vous vous en serez débarrassés.

Pahaliah dit à tous les enfants de la Terre : « Redressez donc vos épaules et osez affronter les défis qui s'offrent à vous puisqu'ils sont source de croissance. Votre route en sera facilitée. » Si vous vous apitoyez sur votre sort et que vous accumulez les problèmes sans les régler, ils resteront entiers et cela vous empêchera d'avancer puisque, tôt ou tard, vous croulerez sous le poids cumulé de ces défis. Ni votre corps ni votre esprit ne pourront continuer à coopérer.

Il est important que les enfants nés sous la gouverne de Pahaliah redressent leurs épaules et changent leur attitude. Physiquement, ces enfants ont souvent les épaules courbées. Ils doivent les redresser, car c'est en adoptant une attitude positive qu'ils retrouveront leur autonomie ainsi que leur propre force intérieure. Pahaliah est donc un Dieu rédempteur parce qu'il vous permet de réparer vos erreurs, de reprendre votre vie en main et d'aller de l'avant en prenant des initiatives. Tel est son rôle et telle est sa force.

Pahaliah aide ses enfants à lutter contre l'agressivité et la méchanceté puisque leur faiblesse est justement d'être agressifs devant les événements. Certains de ses enfants sont convaincus que la seule façon de régler un problème, c'est de se battre. Parfois, leurs paroles sont blessantes ou encore incompréhensibles pour ceux qui les entourent. Ils ne disent pas que des mots d'amour. Ils verbalisent aussi la haine, la frustration et la rancune.

Pahaliah leur dit : « Mes enfants, vous ne pouvez pas régler vos problèmes, si vous-mêmes en êtes la cause. Vous ne pouvez pas non plus les régler, si vous utilisez les mots comme des armes, et ce, dans le but de détruire votre prochain. » Elle dit tout simplement à ses enfants que leur grande force est leur facilité d'élocution. Ainsi, faites en sorte que les paroles que vous prononcez soient des paroles d'amour, des paroles accueillantes, douces et aimables afin que ceux qui les écoutent puissent comprendre vos états d'âme.

Pahaliah permet de conjuguer la sexualité et la spiritualité. Les enfants nés sous la direction de cet Ange ont parfois de la difficulté à s'affirmer sur le plan sexuel et à s'affirmer en tant que personnes. Cela touchera davantage les femmes, surtout celles qui croient en Dieu. Certaines femmes, mais aussi des hommes, pensent que la sexualité est diabolique, malsaine, sale. Pahaliah leur permet d'accepter la sexualité et de l'intégrer dans leur vie malgré les croyances qu'ils ont en Dieu ou en leur Dieu. Elle leur permet de consentir à la fusion des corps tout en conservant leur spiritualité.

Sachez que d'autres personnes auront aussi de la difficulté à accepter leur corps, le contact physique. Pahaliah donnera à ceux qui ont peur de la sexualité ou qui la voit comme étant malsaine, la force nécessaire pour voir la sexualité sous un autre angle et apprivoiser cette énergie sur le plan sexuel. Pahaliah est avant tout un Ange d'amour qui soutient chacun de ses enfants inconditionnellement. Toutefois, Pahaliah est consciente que certains êtres qui font partie de ce Chœur ont été violés ou qu'ils ont eu des relations sexuelles abusives avec des partenaires qui n'ont pas respecté leur corps. Ils ont donc simplement rayé cette facette de leur vie. Hélas, cela entrave fortement leur évolution. Pahaliah aidera ces personnes à apprivoiser ces blocages relationnels et sexuels. Elle les aidera à ne plus voir la sexualité de couple comme quelque chose de malsain, mais comme un partage, une communion entre deux âmes qui s'aiment.

Pahaliah aide à surmonter les épreuves quotidiennes, tant sur le plan mental que physique. Elle aidera ceux qui vivent une période difficile à remonter la pente en leur donnant la force et le courage nécessaires pour entreprendre ce qui doit être fait. Elle les aidera également à avancer comme il se doit et à éviter que les corps physique et mental n'en ressentent des séquelles. Elle dit à ses enfants : « Si vous avez en vous la force ainsi que le courage, vous n'aurez pas de problèmes psychologiques et physiques, car vous vaincrez vos peurs et remporterez vos batailles internes et externes. »

21 – NELCHAËL (du 2 au 6 juillet)

Nelchaël est un « Dieu seul et unique » en son genre. Nelchaël, en ce qui a trait à ses vibrations angéliques, arbore toutes les couleurs du spectre lumineux. Il y a des moments où cet Ange est violet, d'autres où il est rouge, jaune, vert… Nelchaël aime les couleurs de l'arc-en-ciel. Il est un Ange d'un blanc pur entouré de rayons multicolores. C'est un Ange très joli lorsqu'il décore ses ailes. Un peu excentrique, peut-être, mais très compréhensif. Nul n'est comparable à Nelchaël. Il a du caractère. Comme le caméléon qui a la faculté de changer de couleur, Nelchaël peut prendre la forme qu'il veut au gré de son humeur et de la température environnante. Cet Ange est si près de l'humain qu'il l'imite.

Nelchaël sait que lorsqu'il pleut, certains matins, ses enfants ont tendancc à faire la moue. Parfois, il place ses ailes en forme de parapluie parce qu'il trouve cela joli. Cependant, ce tour est compliqué à exécuter et, après un certain temps, il a mal aux ailes. Il vous taquine… C'est un Ange qui aime rire. Il est toutefois difficile d'expliquer la nature fondamentale de Nelchaël étant donné qu'il peut prendre la forme de votre choix. Il vous laisse le percevoir comme bon vous semble.

Nelchaël aime aussi prendre le corps de plusieurs personnages différents. Ainsi, tous ceux sous sa gouverne feront d'excellents artistes, à l'image de Nelchaël qui est un Ange artiste, un Ange-comédien. C'est un Ange qui change de personnalité pour plaire à son public. Ses enfants cherchent aussi à plaire à tout le monde, alors ils changent de personnalité selon le contexte. Certains jours, ses enfants vous diront qu'ils se sentent d'une telle façon et, le lendemain, ils auront une version complètement différente. Ne soyez pas surpris par cette volte-face.

Les enfants de Nelchaël ont habituellement l'air de gitans, de nomades, car leur tenue vestimentaire n'est pas une de leurs priorités. Vous pouvez les voir porter des vêtements excentriques. Parfois, ils n'ont rien du tout sur le dos, alors qu'à d'autres occasions leur corps croule sous le poids de leurs vêtements. Ce n'est pas qu'ils manquent de goût, c'est qu'ils ne suivent pas la mode puisqu'ils sont eux-mêmes les initiateurs de leur propre mode. Ils peuvent, par exemple, porter une blouse qui coûte les yeux de la tête et l'agencer à un pantalon complètement troué. Souvent, ils porteront un bijou qui vaudra plus que tous les vêtements qu'ils portent. Pour eux, cela n'a pas vraiment d'importance.

L'enfant de Nelchaël peut faire briller toute la société. En d'autres occasions, il s'efface complètement et on parvient difficilement à le voir. Nous lui demandons alors la raison pour laquelle il s'efface de cette façon. Il dit qu'il a simplement besoin de se retrouver, qu'il ne veut pas être dérangé. En se faisant tout petit, personne ne le remarque. Par contre, lorsqu'il revient à son état naturel, tout le monde sait qu'il est là!

Il existe deux catégories d'enfants sous la gouverne de Nelchaël : les faibles et les forts. Certains feront des flammèches, alors que d'autres s'exprimeront dans la passivité la plus complète. Ensuite, ce sera l'inverse. Ces enfants sont quelque peu déroutants parce que nous ne savons jamais ce qu'ils feront ou ce qu'ils diront.

Nelchaël vous aidera à retrouver votre autonomie et à maîtriser vos pensées. Cet Ange agit comme un calmant sur l'esprit de ses enfants étant donné qu'ils sont souvent agités. Ses enfants ne font que penser, penser et encore penser. De plus, ils dépensent sans compter… Nelchaël calmera donc leur esprit ainsi que leurs insécurités et il atténuera leurs faiblesses. Il dit à ses enfants : « N'ayez pas peur d'être vous-mêmes puisque c'est ce qui forme votre caractère, c'est ce qui vous donne votre personnalité. » Cependant, il est conscient que ses enfants sont à son image puisque, parfois, ils se cachent sous d'autres aspects, d'autres traits de caractère.

Nelchaël essaie de combiner rêve et réalité, car il sait que ses enfants fuient la réalité et qu'ils empruntent parfois une personnalité différente de leur identité fondamentale. Ils joueront eux-mêmes les caméléons. Cela peut être plaisant de jouer les caméléons, mais il est important d'être francs avec vous-mêmes. Vous devez garder votre personnalité fondamentale même si vous décidez un jour d'être policiers, le lendemain pompiers et ensuite médecins. Ce ne sont que des masques, des costumes. Ce qui compte, c'est que vous demeuriez authentiques. Le costume n'est pas important; ce qui l'est, c'est l'essence de celui qui le porte. Nelchaël dit à ses enfants : « Vous pouvez mettre un costume, mais n'empruntez pas la personnalité de ce personnage. » Il est important d'être vous-mêmes. Parfois, les enfants de Nelchaël conteront de petits mensonges. Ils se cacheront derrière la réalité et ils emprunteront une autre personnalité. En faisant cela, ils ne seront pas heureux. Pour atteindre le bonheur, ces enfants doivent être qui ils sont dans leur essence.

Nelchaël est l'Ange de la bonté et de la charité. C'est un être très bon et charitable envers son prochain. Il veut que ses enfants le soient aussi et qu'ils donnent sans attendre en retour. Ils recevront sur le Plan Divin l'équivalent de tout le bien qu'ils ont fait. Cependant, les enfants de Nelchaël auront de la difficulté à donner. Ils doivent apprendre à être bons envers les autres et envers eux-mêmes.

Nelchaël apporte à ses enfants bien-aimés l'ordre, la justice et la fidélité par rapport à leurs engagements. Il fera de ses enfants des êtres que l'on écoutera avec confiance, car ils seront fidèles à ce qu'ils diront. Pourtant, la faiblesse de ces êtres, c'est le mensonge. Nelchaël n'aime pas le mensonge; il aime la vérité même s'il s'amuse à prendre différents costumes. Sachez que, malgré ces changements de costumes, Nelchaël demeure le même Ange et qu'il se consacre toujours à la même cause. Ainsi, il donnera à ses enfants la facilité d'élocution et les mots qu'ils prononceront seront puissants, importants. Ce seront des mots que leurs interlocuteurs retiendront. Conséquemment, ils ne parleront pas pour le simple plaisir de parler, mais bien pour agir. Telle est la mission de l'Ange Nelchaël auprès de ses enfants.

Les enfants de Nelchaël qui font une carrière politique pourront pratiquer leur métier tout en étant conséquents avec leurs gestes et leurs paroles. Ainsi, tous ceux qui font de la politique et tous ceux qui prêchent, devraient demander à l'Ange Nelchaël de les guider, car il leur permettra d'être vrais envers ceux qui les écouteront. Nelchaël vous permettra d'établir un lien de confiance avec eux. Ces êtres auront confiance en vous et ils vous seront fidèles. En outre, vous-mêmes serez fidèles aux engagements que vous prendrez avec eux.

Nelchaël est un Ange qui donne le goût d'apprendre et de transmettre ses connaissances. Puisqu'il est bon comédien, il aime aussi que ses enfants s'orientent vers le théâtre. Ils doivent aussi apprendre que la vie doit être vécue dans l'amour, la joie et le plaisir. Lorsqu'il vous arrive d'emprunter un costume, vous devez aussi en tirer quelques leçons de joie. Ensuite, vous pourrez diffuser ces énergies aux autres en leur disant qu'il ne faut pas avoir peur de s'amuser. Amusez-vous et vous verrez que vous vous sentirez mieux.

Nelchaël vous protège contre ceux qui essaieront de vous déstabiliser dans votre vie personnelle et professionnelle. Nelchaël a le pouvoir d'emprunter un costume pour voir la façon dont se comportent les êtres avec vous. Il formera une armure pour vous parer aux influences malsaines. Parfois, ses enfants sont très craintifs, très incertains et certains êtres entrent dans leur vie pour déstabiliser la confiance qu'ils ont en eux. Telles sont leurs faiblesses. Nelchaël leur dit : « Mes enfants, n'écoutez pas ces êtres qui essaient de vous déstabiliser. Vous avez déjà assez de vos inquiétudes et de vos incertitudes. Ne laissez pas ces êtres prendre le dessus et vous tourmenter. Endossez votre armure et tout ira mieux par la suite. Priez-moi et je vous donnerai la force de relever les défis qui se présenteront à vous. »

Pour conclure, Nelchaël aimerait simplement insister sur le fait que l'on peut emprunter un costume, si on le désire. L'image physique, la profession, ce n'est pas important. Ce qui compte, c'est qui vous êtes à l'intérieur. Ce n'est pas parce que vous exercez une profession de prestige que vous n'avez pas de faiblesses. Soyez vous-mêmes. On peut emprunter un corps ou jouer le rôle, mais il faut être conscient que l'on a qu'une seule âme et que l'on est qu'un seul être. Vous êtes unique et vous devez rester comme vous êtes. Un nom n'est qu'un symbole, un corps n'est qu'un vêtement… Nous ne le répéterons jamais assez!

La faiblesse des enfants de Nelchaël, et de la société en général, est de se cacher derrière des artifices, de montrer une fausse image d'eux-mêmes. Certains diront que cela ne les atteint pas puisqu'ils sont présidents de telle ou telle compagnie. Sachez que tout peut vous atteindre, si vous n'avez pas conscience que vous n'êtes qu'un seul être. Le risque, c'est d'adopter de multiples personnalités et de ne plus être mentalement en mesure de trouver votre identité profonde puisque vous cumulez plusieurs personnages dans un seul corps. Acceptez-vous comme vous êtes. Il ne sert à rien de changer votre corps, de vivre d'illusions et d'artifices. Cela n'apporte rien. Vous devez plutôt comprendre la raison pour laquelle vous sentez le besoin de changer tout cela.

Découvrez qui vous êtes, surmontez vos faiblesses et vous n'aurez plus besoin de fuir de la sorte. L'image s'effondrera tôt ou tard. Apprenez à faire face à votre réalité quotidienne; votre bonheur en dépend. Priez Nelchaël et il vous donnera la force de retrouver le bonheur véritable. Remerciez la vie d'être qui vous êtes. Vous êtes uniques!

22 – YEIAYEL (du 7 au 11 juillet)

Yeiayel est un Ange qui aide beaucoup ceux qui ont de la difficulté sur le plan émotionnel et mental à retrouver leur équilibre. Il est la « droite de Dieu ». Cela signifie qu'il travaille pour lui. En travaillant pour lui, il acquiert la sagesse, il est « sagesse ». Yeiayel apportera à tous ses enfants cette sagesse. Ils auront donc la possibilité de s'asseoir à la droite de Dieu, d'être un Dieu à l'intérieur d'eux. La mission de Yeiayel est d'amener la Lumière de Dieu en eux. La présence de Yeiayel peut être ressenti comme un reflet lumineux. Il est très difficile à cerner puisqu'il est très près de Dieu. Tous les Anges sont près de Dieu, mais quelques-uns sont tout juste à ses côtés. Ce sont des Anges puissants qui ont un grand rôle à jouer dans la société et auprès de leurs enfants.

Yeiayel a une énergie très puissante. Il est d'une grande beauté. Ses ailes sont immenses et recouvertes d'étincelles or, argent et bleu roi. Pour représenter la divinité royale, Yeiayel porte aussi une couronne en or. Il en est le reflet, la luminosité. Sa Lumière se reflète sur vous. Il est une lueur intense remplie d'amour. Plusieurs artistes inspirés ont rendu cette lueur dans leurs peintures et dans leurs œuvres.

Les enfants nés sous la gouverne de Yeiayel piqueront souvent de petites crises, car ils passent leur vie dans l'insécurité. Yeiayel apportera la Lumière à ses enfants qui sont habituellement athées. Ils ne croiront pas en Dieu ni aux Anges, et ils ne chercheront pas à voir la Lumière. Ces êtres auront de la difficulté à dormir dans la noirceur profonde. Yeiayel est là pour faire jaillir la Lumière de ses enfants, pour les éveiller, car ces êtres ont tous le pouvoir de communiquer avec Dieu, d'entrer en contact direct avec Dieu. Ils n'ont pas besoin de prier tous les Anges; ils n'ont qu'à prier Yeiayel qui les enverra tout de suite vers Dieu. Les êtres nés sous sa gouverne qui ont déjà intégré sa Lumière iront directement vers Dieu. Ils auront ainsi accompli leur Chœur avec succès et auront le privilège d'aller s'asseoir près de Dieu.

Tous les enfants de cet Ange sont très spirituels lorsqu'ils acceptent la Lumière de Yeiayel, mais ils sont complètement dépourvus de spiritualité, s'ils ne l'acceptent pas. Sachez que, s'ils acceptent la Lumière de Yeiayel, ils deviendront des Anges terrestres dans leur prochaine incarnation.

Les enfants de cet Ange ont choisi de prendre part au combat entre l'Ombre et la Lumière. Ils sont donc très puissants. S'ils choisissent l'Ombre, ils seront des Ombres très puissantes et ils détruiront la Terre. Par contre, s'ils choisissent la Lumière, ils deviendront des dieux créateurs, car ils auront Dieu en eux. Ils sauveront alors la Terre et la libéreront de tout le mal qui y sévit. Ces enfants sont des sauveurs nés et rares sont ceux qui osent se dresser sur leur chemin.

Bref, les enfants de Yeiayel sont les enfants les plus importants du Chœur des Trônes parce qu'ils ont en eux un atout extraordinaire : la porte de Dieu. S'ils arrivent à ouvrir cette porte, ils seront illuminés. Ils seront ensuite en mesure d'éclairer leur entourage de cette Lumière intense qui se trouve au fond de leur âme. Leurs paroles seront alors révélatrices; elles seront empreintes de messages d'amour qu'ils transmettront à leur prochain. Par contre, si ces êtres sont du côté de l'Ombre, leurs paroles seront destructrices. Ces êtres pourront même anéantir leur prochain, et ce, sans aucun remords.

Ainsi, les enfants de Yeiayel jouent un rôle crucial pour l'humanité quand ils sont dans la Lumière, mais ils sont très dangereux lorsqu'ils sont de connivence avec l'Ombre. Nous devons surveiller ces enfants très étroitement, sinon, ils détruiront tout sur leur passage. Le mot « pitié » ne fait pas partie de leur vocabulaire. Ils chercheront à détruire ce que Dieu a construit. Toutefois, les enfants illuminés continueront, de leur côté, à bâtir ce que Dieu a créé. Non seulement vont-ils inspirer tous les peuples de la Terre, mais ils se donneront aussi comme mission de combattre l'Ombre. Ce sont de véritables piliers de Lumière.

Yeiayel aide à développer l'impartialité, la dignité et la noblesse de l'âme. Ainsi, l'âme qui accepte la Lumière s'ennoblira et pourra accéder, par la suite, au Plan Divin et devenir un Ange terrestre. Ceci est un cadeau pour l'âme. On récolte ce que l'on sème!

Cet Ange permet à ses enfants d'avoir le sens des proportions, de l'équilibre, entre le bien et le mal, dans les rapports sociaux. Ces êtres, s'ils se dirigent vers l'Ombre, iront vers le mal. Cependant, si ces êtres se dirigent vers la Lumière, ils iront vers le bien. Yeiayel permettra à ses enfants de choisir entre le bien et le mal. Son travail consiste donc à vous faire voir le bien, puis il vous fera prendre conscience qu'il est préférable de travailler avec la Lumière plutôt qu'avec l'Ombre, et ce, pour votre propre évolution. Cependant, il ne jugera pas puisqu'il est amour. Il respectera le choix de votre âme.

Ceux qui choisissent le chemin de l'illumination auront la chance d'être très talentueux et de connaître la renommée et la fortune. Ce sont des cadeaux qui leur seront offerts parce qu'ils ont choisi la Lumière. Au contraire, si ces êtres choisissent l'Ombre, ils connaîtront les affres d'une âme déchue. Ce ne sera pas facile pour eux.

Ces êtres jouent un rôle d'une importance capitale à l'échelle planétaire. Yeiayel leur dit : « Recevez ma Lumière et vous recevrez aussi des avantages humains tels que la Lumière divine, la fortune, la noblesse, la renommée et la protection angélique. » Les messages qui proviennent de ces êtres sont purs, honnêtes et véridiques. Ces derniers auraient avantage à diffuser leur savoir ne serait-ce qu'en donnant des conférences ou encore en publiant un livre. Ce sont de véritables Guides de Lumière pour l'humanité.

Yeiayel éloigne aussi les êtres méchants et hypocrites puisqu'il est pur et rempli de Lumière. Il permet aussi à ses enfants qui rayonnent de Lumière de savoir si une personne leur convient ou pas. Yeiayel est conscient que les faiblesses de ses enfants sont l'hypocrisie et le mensonge. Il a comme mission de faire disparaître ces défauts chez ses enfants, mais ceux-ci doivent d'abord le prier. Il ramènera alors la Lumière en eux. Yeiayel dit : « Pourquoi porter de fausses accusations à quelqu'un, si vous ne connaissez pas son histoire personnelle? Pourquoi discuter avec quelqu'un quand vous en parlez en mal par la suite? Pourquoi ne pas être honnête avec cette personne et lui dire tout ce qui a été dit dans son dos? » Selon Yeiayel, vous n'avez pas besoin de ces personnes autour de vous ni d'agir de cette façon. Il chasse donc cette mauvaise énergie, car il veut que ses enfants soient honnêtes, justes et bons.

23 – MELAHEL (du 12 au 16 juillet)

Melahel est un « Dieu qui délivre de tous les maux » tant sur le plan mental que sur le plan émotionnel. Il dit qu'il est un bel Ange. Ses ailes sont teintées d'or pour signifier sa puissance et l'importance de son travail, de sa mission. Il aime le vent. Sa physionomie fait penser à une colombe sur le point de prendre son envol. Melahel est un Ange voyageur. Il se promène à proximité de ses enfants. Quand il recouvre ses enfants de ses ailes, il enlève tous leurs maux en s'envolant avec ceux-ci afin de les jeter dans le Feu Divin pour qu'ils soient brûlés, consumés à tout jamais. Melahel dit à ses enfants, de même qu'à tous les enfants de la Terre : « Quels que soient les maux qui vous accablent, qu'ils soient d'ordre physique, financier ou affectif, notez-les sur un bout de papier que vous déposerez sous votre oreiller ou sur votre table de chevet. Lorsque ces soucis seront complètement disparus, vous pourrez jeter le bout de papier. » Aussi invraisemblable que cela puisse paraître, Melahel fera parfois disparaître lui-même ce bout de papier comme preuve qu'il est constamment à vos côtés.

Melahel est un Ange important parce qu'il plane au-dessus de tous ceux qui sont frappés de quelque mal que ce soit. Ce peut être des maux de tête, des douleurs physiques, des douleurs morales, des casse-tête à résoudre, des difficultés avec les enfants ou le conjoint ou des problèmes financiers. Melahel dit : « N'ayez pas peur de noter ce problème sur papier, mais sachez que vous ne serez délivrés que d'un seul problème à la fois, même si vous en avez plusieurs. Pour guérir, il faut me prier pendant neuf jours consécutifs. Je réglerai ce problème. Neuf jours plus tard, vous pourrez écrire un deuxième problème. »

Certains se demanderont pourquoi ils doivent prier pendant neuf jours. Melahel répond que c'est parfois le temps qu'il faut aux Anges pour voler jusqu'à vous. Certains Anges agissent instantanément, d'autres non. Il leur faut du temps pour se rendre jusqu'à vous, puis se diriger vers Dieu ainsi que vers leurs confrères et leurs consœurs afin qu'ils s'attaquent à ce problème ensemble et le fassent disparaître. Tout cela peut prendre jusqu'à neuf jours, selon le calendrier terrestre.

Le rôle de Melahel est de soulager votre douleur, mais aussi d'apporter ce problème à l'Ange qui pourra le régler. Toutefois, cet Ange pourra commencer à vous soulager dès qu'il transportera votre demande sous ses ailes. Il parlera à Dieu et ce dernier dira : « Melahel, l'Ange Seheiah peut t'aider à effacer ce mal. » Dieu pourrait aussi bien dire : « Melahel, nous ne pouvons faire disparaître ce mal, mais nous pouvons l'alléger. » Telle est la mission de Melahel : se promener d'un être à un autre, aller vers Dieu et vers les Anges afin que vos prières soient entendues.

Melahel ne se repose pas beaucoup étant donné que les êtres humains ont de nombreux maux. Par contre, il constate que ceux-ci ne prennent point la peine d'écrire leurs maux afin d'en être soulagés; ils préfèrent pleurer. Certes, vous pouvez pleurer à cause de vos souffrances et demander en pensée à être libérés de ces maux. Toutefois, si vous écrivez cette souffrance sur papier, vous vous en libérerez.

La faiblesse des enfants de Melahel est d'avoir tant de maux qu'il leur est impossible de trouver la solution pour les régler. Melahel est la solution recherchée; il est celui qui pourra vous soulager. Lorsque cet Ange vous couvre de ses ailes, il agit un peu comme une couverture de laine dont on s'entoure quand il fait froid. Cette couverture réchauffe votre corps et votre cœur, et vous pouvez mieux dormir par la suite. Ainsi, Melahel vous réchauffe et vous réconforte tout en apportant vos maux vers Dieu afin que vous puissiez mieux dormir, mieux respirer et, surtout, être en paix avec vous-mêmes.

Melahel est un Ange qui aide ses enfants à développer l'amour et le respect de la nature. Il aime les plantes. Il dit qu'elles sont source de vie et qu'elles guérissent tous les maux de la Terre. Vous pouvez donner de l'amour à votre plante, tout comme vous pouvez lui raconter vos tracas; elle vous écoutera. L'énergie que vous donnez à cette plante vous sera rendue. Certaines plantes guérissent des maux physiques, tandis que d'autres guérissent des maux psychologiques.

Melahel est un atout pour tous ceux qui s'intéressent aux plantes de près ou de loin. Grâce à son confrère Manakel, vous aurez le « pouce vert » et vos plantes seront resplendissantes. Pour sa part, Hahasiah vous donnera le pouvoir d'harmoniser la médecine traditionnelle avec une médecine complémentaire, celle des plantes. Melahel aidera tous ceux qui choisissent de devenir végétariens à accepter les changements qui s'opèrent en eux. Il dit que les plantes sont les guérisseurs des maux et qu'au début de la Création du monde, les gens se guérissaient exclusivement de plantes.

Melahel donne à l'être humain la capacité et le potentiel de voir l'énergie qui se dégage de la plante. Cependant, il insiste pour dire qu'il n'y a pas que l'argent qui compte dans la fabrication de remèdes à base de plantes. Ce qui importe le plus, c'est de percevoir l'énergie, le taux vibratoire de cette plante. Nous sommes conscients que vous n'avez pas le choix de vendre ces produits, car il faut bien vivre, mais si vous cherchez une plante en particulier pour faire beaucoup d'argent, vous ne comprendrez pas du tout l'essence même de cette plante. Vous ne respecterez pas son côté sacré.

Par contre, si vous cherchez une plante qui vous aidera à guérir, si vous voulez trouver un remède pour ceux qui souffrent, vous comprendrez la fonction première de cette plante. Elle vous donnera exactement ce que vous attendez d'elle. Les plantes permettent la circulation de l'énergie vitale. Lorsque vous cherchez une plante ou un remède destiné à une guérison en particulier, ne vous arrêtez pas au prix de ce remède. Les résultats seront extraordinaires. Cet Ange vous amènera directement à l'endroit où se trouvent ces plantes divines qui vous permettront de guérir complètement les gens qui croiront en vous et en vos services.

Melahel est un Ange qui protège ses enfants contre certaines maladies, notamment les maladies pulmonaires. Dieu a dit : « Melahel, je te charge de la santé des poumons de tous les êtres humains puisque ces organes sont d'une importance capitale. Sans poumons, la respiration ne serait pas possible. Tout ce qui est dans l'Univers respire, et l'être humain doit respirer en harmonie avec la Terre et avec la même énergie. » D'autres maux sont tout aussi importants que les maladies pulmonaires, mais Melahel fut spécialement créé pour aider ceux dont les poumons sont fragiles, malades. Vous comprendrez que la faiblesse majeure de ses enfants sera de cet ordre. Ils seront atteints de pleurésie, de pneumonie, du cancer des poumons ou de bronchites à répétition.

Melahel dit : « Je ne peux pas vous guérir, mais je peux soulager vos maux. J'apporterai vers Dieu et vers les Anges les maladies, ces maux dont vous voulez être soulagés, et s'il leur est permis de les guérir, ils les guériront. Le pouvoir de Melahel consiste donc à vous soulager, mais certains Êtres de Lumière pourront aussi vous guérir complètement. L'Archange Raphaël est celui qui guérit les maux relatifs à la santé. Si Dieu lui dit : « Raphaël, viens en aide à cette personne! », celui-ci guérira l'être qui souffre et qui a de la difficulté à respirer. Dieu dit qu'il est si bon de respirer l'air frais, de respirer l'énergie divine, mais surtout de respirer l'énergie dégagée par votre propre essence.

24 – HAHEUIAH (du 17 au 22 juillet)

Haheuiah est un « Dieu d'une extrême bonté ». Son nom doit être prononcé avec une grande douceur. Il est difficile de vous décrire dans des termes humains la façon de ressentir cet Ange puisqu'il possède la bonté et la sagesse que les mots ne peuvent exprimer. Prenez un enfant dans vos bras et ressentez sa petite main douce qui vous touche. Voyez la douceur et la sagesse de cet enfant lorsqu'il dort paisiblement. Tel est l'Ange Haheuiah. Haheuiah est comme cet enfant qui dort dans son berceau, enveloppé de dentelles. Elle n'est pas très grande, mais sa taille est dans les normes. Ses ailes sont très douces, douces comme le premier duvet qui recouvre un nouveau-né ou encore un petit poussin. Haheuiah possède cette douceur propre au premier toucher, à la première caresse; voyez combien il est important, combien il est doux de faire une caresse à un enfant qui vient de voir le monde pour la première fois.

Les faiblesses des enfants d'Haheuiah sont la rudesse et le manque de délicatesse. Parfois, ses enfants sont durs, catégoriques et tranchants. Haheuiah leur apporte sa douceur et elle éclaire leur corps pour leur donner la force de comprendre et d'accepter la douceur qu'ils ont en eux. Ces derniers ont la peau douce tel du velours quand ils acceptent la Lumière d'Haheuiah. Ils peuvent rendre, à tous ceux qui les entourent, tous les services dont ils ont besoin. Ces êtres sont toujours prêts à se porter au secours de tout le monde. Cela est bien, mais Haheuiah leur dit de ne pas oublier qu'ils sont eux-mêmes très sensibles et que, parfois, ce sont eux qui auraient bien besoin d'être secourus. Par ailleurs, lorsque les enfants d'Haheuiah ne croient pas en elle, leur peau devient rugueuse et abîmée. C'est leur vibration qui rend la peau rugueuse et dure comme un ongle.

Haheuiah dit à ses enfants : « Si vous me priez, je vous redonnerai l'équilibre psychologique, émotionnel et physique. Je vous apprendrai à aimer qui vous êtes et à ne pas penser que vous êtes laids, que l'autre est plus joli que vous… » Elle vous aidera à voir les côtés positifs de la vie, car la faiblesse de ses enfants est de broyer du noir. Ils deviennent donc très critiques. Haheuiah dit : « Pourquoi critiquer? Si cela vous dérange, agissez et réglez le problème à la source! »

Les enfants qui acceptent la Lumière empreinte de sagesse et de bonté d'Haheuiah seront bien servis par la société. Ils auront la chance de réaliser leurs rêves et verront le monde à leurs pieds. À l'inverse, les enfants d'Haheuiah qui ne croiront pas en leur Ange auront une vie remplie de complications, et ils se rebelleront pour tenter d'éviter ces problèmes. C'est la raison pour laquelle nous disons à ces êtres de prier leur Ange. Celle-ci assouplira votre carapace dans le but de vous apporter douceur et souplesse. Toutefois, cette carapace vous protégera contre tous ceux qui essaieront de vous faire du mal, notamment en vous faisant éviter la compagnie de personnes négatives et mal intentionnées.

Vous trouverez en Haheuiah la vérité et le chemin nécessaire pour comprendre cet Ange et y revenir en cas d'égarement. Haheuiah vous donne la liberté de ne pas croire en elle, mais elle apportera dans votre plan terrestre des événements et des situations qui vous ramèneront vers elle. Haheuiah vous permettra de la connaître et de l'aimer. Elle vous prouvera hors de tout doute qu'elle existe et vous ne pourrez faire autrement que de revenir vers elle. Cet Ange vous montrera qu'elle ne vous a pas laissés tomber et qu'elle ne vous juge pas. C'est grâce à cette grande bonté qu'elle a en elle que ses enfants l'apprécieront.

Haheuiah est un Ange qui protège ses enfants contre les assassins, les exilés, les prisonniers et les voleurs. Ses enfants qui vivent dans l'Ombre sont de grands criminels. Malgré tout, Haheuiah ne juge pas ces enfants en raison de leurs faiblesses. Au contraire, elle les aidera à retrouver leur chemin et à faire en sorte qu'ils ne répéteront pas l'acte destructeur qu'ils ont commis. Lorsqu'ils seront en prison, elle les protégera contre tous ceux qui essaieront de les ramener dans l'Ombre. Elle aidera celui qui la priera, et ce, même si le geste qui a été fait est difficile à accepter pour l'être humain et la société. Haheuiah lui dit : « Je te comprends, je ne te juge pas et je te protégerai. Ma mission est de prendre soin de toi. » Voyez le respect qu'elle voue à ses enfants et à ces êtres qui ont commis des actes hostiles.

Ces êtres verront en Haheuiah une alliée d'une importance capitale. C'est la raison pour laquelle cet Ange ramènera vers elle les êtres qui ont dévié de leur chemin. Elle leur montre, par sa force, qu'elle ne les a pas abandonnés. Cet Ange dit : « Je ne vous ai pas abandonnés. Suivez-moi et je vous ramènerai vers votre propre Lumière. » Dans le cas où ces enfants sont prêts à la suivre, elle les ramènera vers la Lumière. Toutefois, si ces enfants ne sont pas prêts à la suivre, elle l'acceptera sans préjugés. Elle restera à leurs côtés et les protégera malgré tout. Haheuiah leur fera comprendre que le geste qu'ils ont fait est inacceptable pour la société et les Êtres de Lumière. Elle fera en sorte d'aider ceux qui sont dans l'Ombre et de les ramener vers la Lumière, et ce, tout le long de leur vie terrestre. L'Ange Haheuiah est un véritable phare dans l'obscurité.

Sachez qu'à la fin de leur vie terrestre, les êtres qui n'ont pas suivi la Lumière d'Haheuiah reviendront dans le Chœur des Trônes, alors que d'autres recommenceront à la première étape. Tout dépend de la façon dont ils auront réagi. Cet Ange aide tous ceux qui ont des ennuis avec la loi, tous ceux dont le karma est très difficile. Sa mission première est de ramener ces êtres vers Dieu. Cela n'est pas facile car, sur Terre, ces êtres sont constamment jugés par les autres. Ceux qui ont commis des vols, par exemple, seront jugés et punis puisque cela n'est pas acceptable dans votre société. Nous voulons dire à ces êtres qu'il y a un Ange pour eux et que cet Ange s'appelle Haheuiah.

Haheuiah est un Ange très important pour l'humanité qui souffre, pour l'humanité qui tend à évoluer dans l'Ombre puisqu'elle a le pouvoir de la sortir de l'Ombre. Nous disons aux assassins, aux gens malhonnêtes, aux voleurs, à ceux qui font du mal autour d'eux, par leurs gestes et par leurs paroles, de prier l'Ange Haheuiah, car elle vous aidera à revenir vers votre Lumière. Cependant, elle ne vous aidera pas, si vous vous laissez aller à vos faiblesses ou encore si vous n'avez pas vraiment l'intention de vous repentir.

Les enfants sous la gouverne d'Haheuiah auront la force et le don d'aider ces êtres. Ils feront d'excellents avocats, détectives, psychologues ou criminologues étant donné qu'avant de juger ces personnes, ils essayeront de comprendre la raison pour laquelle elles ont fait ce geste. Les êtres nés sous la gouverne d'Haheuiah et qui ont la Lumière de cet Ange en eux vont apprendre à connaître la personne avant de la juger. Telle sera leur force. S'ils s'aperçoivent que ces êtres ne sont pas sincères, ils ne resteront pas dans cette énergie et ils partiront.

Par contre, les enfants n'ayant pas la Lumière d'Haheuiah en eux, les plus faibles d'entre eux, devront s'abstenir d'aider ceux qui vivent des situations difficiles puisque ceux-ci viendront puiser toute leur énergie. Haheuiah dit : « Aidez-vous vous-mêmes avant d'aider les autres. »

Une autre fonction de l'Ange Haheuiah est d'équilibrer les élans du cœur, car ses enfants ont une telle soif d'amour qu'ils se ruent sur la première personne qui vient vers eux, pour se rendre compte ensuite qu'ils n'éprouvent pas de l'amour, mais plutôt de l'amitié. Les élans du cœur ne sont pas toujours positifs. Par exemple, avoir une relation sexuelle sur-le-champ ou encore faire un aveu sans penser aux conséquences de cet acte sont des moments de faiblesse caractéristiques des natifs de ce Chœur. Tout ce qui est lié aux émotions, à ce que le cœur ressent, peut provoquer une chute de l'âme. Haheuiah donnera à ses enfants l'équilibre nécessaire pour ne pas se lancer à l'aveuglette dans des histoires impossibles et lourdes de conséquences. Ils seront plutôt centrés sur ce qu'ils ressentent.

Tous les enfants nés sous la gouverne d'Haheuiah sont des mères et des pères attentionnés. Ils veulent aider tout le monde; ils veulent materner tout le monde. Cependant, l'une des faiblesses de ces enfants est de rechercher une autre mère, alors que la leur est toujours présente. Pourtant, leur propre mère est une très bonne mère. Elle fera preuve d'un soutien inconditionnel, mais ils ne le verront pas de cette façon. Ils chercheront chez les autres une mère de substitution, ou encore ils chercheront à être la mère de quelqu'un d'autre. C'est une erreur! Regardez profondément, avec les yeux de votre cœur, la dame qui vous a mis au monde et vous verrez que c'est la meilleure mère qui soit puisque c'est elle qui vous a donné la vie. En outre, n'essayez pas d'être la mère de tous les gens que vous connaissez; ils ont eux-mêmes une mère. N'essayez pas non plus d'être la mère de votre partenaire affectif, car vous le regretterez et vous ne serez pas heureux.

Soyez vous-mêmes avec vos goûts, vos faiblesses, vos passions et vos défis. Si vous demeurez vous-mêmes, vous réussirez votre vie. Cependant, si vous voulez être la mère de tout le monde, vous échouerez, car vous vous épuiserez et vous vous révolterez. Viendra un temps où vous aurez à prendre de grandes décisions et personne ne vous comprendra. Il est important que vous preniez votre propre vie en main et que vous laissiez les autres faire de même.

CHAPITRE IX

Le Chœur des Dominations

Les Foudres
Du 23 juillet au 2 septembre

Sixième étage à franchir pour l'humain

Dirigé par l'Archange Tsadkiel (Richesse de Dieu)

Les huit Anges qui composent ce quatrième Chœur Angélique sont :

25 – Nith-Haiah (du 23 au 27 juillet)

26 – Haaiah (du 28 juillet au 1er août)

27 – Yerathel (du 2 au 6 août)

28 – Seheiah (du 7 au 12 août)

29 – Reiyiel (du 13 au 17 août)

30 – Omaël (du 18 au 22 août)

31 – Lecabel (du 23 au 28 août)

32 – Vasariah (du 29 août au 2 septembre)

La mission du Chœur des Dominations

Le Chœur des Dominations est très puissant. Tous les Chœurs le sont à leur façon, mais sa puissance est liée à la spiritualité. Ce Chœur travaille en étroite collaboration avec l'âme et la spiritualité de l'être humain. Ce Chœur aide les gens à atteindre leur but spirituel, tout comme il aide les athées à capter les messages nécessaires pour qu'ils comprennent enfin que Dieu existe. Le travail des Dominations consiste donc à aider l'humain à retrouver son chemin spirituel, sa mission de vie. Pour ce faire, les Dominations se penchent davantage sur le plan de l'incarnation de l'âme humaine.

Les Dominations ne travaillent pas sur ce qui touche concrète-ment l'être humain. Ce n'est pas leur force. Si vous n'avez pas assez d'argent pour vous acheter quelque chose, ils ne vous seront d'aucune aide. Toutefois, si votre but est d'avancer, d'évoluer sur le plan spiri-tuel et que vous éprouvez certaines difficultés à le faire, les Domina-tions se feront un plaisir de vous ouvrir la porte et de vous montrer le chemin le plus simple afin d'y arriver.

Le Chœur des Dominations s'occupe également de distribuer les talents et les dons aux humains nés sous leur gouverne. Chaque en-fant de ce Chœur possède un talent, un pouvoir de guérison ou même un don surnaturel. Dans les Plans Divins, les êtres qui graduent à l'étape des Dominations reçoivent cette récompense divine sous la forme d'un don ou d'un talent. Rendus à cette étape de leur évolution, ces êtres sont prêts à recevoir cette récompense. Une fois incarnés, il leur appartient de le développer ou non. S'ils prient leur Ange, ce dernier leur donnera la force de travailler en harmonie avec ce don de Dieu et de bien le développer, car le travail des Dominations consiste à guider ses enfants afin qu'ils puissent accepter ce don, l'intégrer et le raffiner dans leur vie actuelle ou dans leurs prochaines incarnations, s'ils le désirent.

Votre âme jouera un rôle de premier plan à ce stade-ci de votre évolution. En effet, le but des Dominations est de prendre le bâton de feu d'artifice en vous et de le montrer aux autres. Ce faisant, vous exposerez au grand jour l'immensité de votre âme avec toutes ses richesses et ses ressources. Cette Lumière rejaillira sur les gens autour de vous, illuminant leurs yeux et les vôtres. Telle est la force de ces êtres.

Les Dominations sont aussi les dirigeants de tous les autres Anges qui appartiennent aux Chœurs des Puissances, des Vertus, des Principautés, des Archanges et des Anges. Bref, ils sont les dirigeants de tous les Chœurs Angéliques qui se trouvent sous le Chœur des Dominations dans la Hiérarchie de l'Arbre Séphirotique. Ils permettent aux Anges des Chœurs subséquents d'éveiller la spiritualité chez leurs enfants.

Les Anges du Chœur des Dominations sont extrêmement élevés spirituellement. Ils veulent aider l'âme à réaliser sa mission de vie. En outre, ils veulent vous savoir heureux. Tous les Anges de ce Chœur ont une facilité à apporter la beauté dans toutes les petites choses de la vie. Ces Anges travaillent avec acharnement afin que vous puissiez découvrir vos dons et les mettre au grand jour. Toutefois, la réalité matérielle ne fait pas partie de leurs forces et de leur champ d'expertise. C'est ce qui explique sans doute la raison pour laquelle les enfants de ce Chœur se sentent si seuls; ils arrivent rarement à entrer en contact avec leur Ange. Par contre, s'ils y parviennent, ils sont instantanément illuminés. Ils deviennent alors la manifestation terrestre de leur essence divine. Corps et âme ne font qu'un. Ils sont alors bien branchés sur le divin. Dans le cas contraire, ils erreront une bonne partie de leur vie.

Veuillez noter qu'une grande dame de votre époque fut sous la gouverne du Chœur des Dominations. Il s'agit de mère Teresa de Calcutta, née le 26 août 1910. Sa foi solide comme le roc, sa bonté, sa grande générosité ainsi que sa merveilleuse sagesse ont permis à plusieurs personnes de retrouver foi en Dieu, en la prière et en l'entraide.

Le grand dévouement de cette messagère lumineuse auprès de familles démunies lui a valu des prix honorifiques tel le prestigieux Prix Nobel de la paix. Selon ses dires, elle a reçu ces prix « pour la gloire de Dieu et au nom des pauvres ». Cette dame, remplie de Lumière, fut un Ange terrestre venu éveiller la spiritualité chez les humains. Elle est l'exemple parfait qui décrit bien son Chœur d'appartenance : les Dominations.

Qui peut prier le Chœur des Dominations?

Afin de vibrer au diapason du Chœur des Dominations, votre âme doit posséder une carte privilège, un code d'entrée, pour faire partie de ce groupe restreint. Toutefois, si vous n'en faites pas partie, n'allez pas penser que les Dominations vous tournent le dos.

Le Chœur des Dominations est très spirituel, mais cela ne veut pas dire que les Anges qui en font partie sont indépendants et inaccessibles. Ils le sont jusqu'à un certain point puisque la clé pour entrer en contact avec eux, le point de contact entre vous et eux, c'est l'ouverture spirituelle, aussi minime soit-elle. Comme ce Chœur représente la spiritualité, quelqu'un qui n'est pas spirituel, qui n'a aucune croyance, ne pourra pas entrer dans l'énergie de ce Chœur. Cet individu aura beaucoup de difficultés à communiquer avec le Chœur des Dominations, car les Anges qui en font partie communiquent davantage avec les êtres ayant une ouverture spirituelle.

Généralement, l'être humain est intimidé par les Dominations. Il sent qu'il n'est pas à la hauteur de ce Chœur qui, plus que tout autre, demande le plus d'abandon et de détermination de la part des humains. Ce Chœur constitue, en quelque sorte, le tremplin ultime qui entraîne l'humain dans une vie apaisante ou une vie épanouie dans la Lumière. Les Anges des Dominations ne vont pas particulièrement vers les êtres humains proprement dits, mais ils les protègent et ils sont présents auprès de leur âme. Toutefois, si quelqu'un demande de l'aide aux Anges des Dominations, ils accéderont à sa demande si cet être s'éveille à sa propre spiritualité.

Sachez que si vous priez un Ange de ce Chœur ou encore l'Archange Tsadkiel et que vous êtes sans réponse, c'est que la spiritualité est absente de votre quotidien. Comprenez qu'ils ne vous abandonnent pas, mais ils enverront d'autres Anges à leur place afin de vous venir en aide.

Ce Chœur est d'une puissance spirituelle inégalée. Si vous entrez dans ce Chœur et que votre intégration spirituelle retarde quelque peu, cela ne vous sera d'aucune utilité. Qu'allez-vous y puiser? Il ne sert à rien d'acheter un livre si vous n'avez pas, dans un premier temps, appris à lire. Vous serez vite dépassé par le contenu et la portée des mots. Peut-être que vous arriverez à en comprendre quelques notions, mais l'essence du message vous échappera sans doute.

Cependant, les enfants du Chœur des Séraphins ou du Chœur des Chérubins, en harmonie avec leur spiritualité, ont accès haut la main au Chœur des Dominations. Ils peuvent donc y entrer avec facilité. Il en est de même avec les enfants du Chœur des Anges qui ont complété toutes les étapes de l'Arbre et qui reviennent en tant qu'Anges terrestres. L'accès leur est permis puisqu'ils en possèdent la clé. Les enfants nés sous la régence des autres Chœurs devront toutefois redoubler d'ardeur pour parvenir à accéder au Chœur des Dominations.

Bref, pour atteindre le Chœur des Dominations, votre spiritualité doit résonner à un niveau très élevé. À l'occasion, vous pourrez écouter ce que les Anges ont à vous dire et le comprendre. Vous pourrez entrer dans leur univers. Tous peuvent y entrer, mais seuls quelques élus réussiront à saisir la portée vibratoire de cette famille angélique. Il est donc important de vous consacrer à la spiritualité dès les premières étapes de l'Arbre. Il vous sera alors plus facile, le moment venu, d'accéder à toutes les richesses dont recèle le Chœur des Dominations.

Dans ce Chœur, l'être humain entre en contact étroit avec la voix de son âme. S'il persiste dans l'apprivoisement d'un côté de sa personnalité qui lui fait peur, son âme recevra des récompenses inégalées. La vie trouvera alors son véritable sens! Toute la Lumière contenue à l'intérieur de ces êtres explosera enfin. Il n'y a pas de formule magique. Tous doivent gravir un à un les échelons de la spiritualité pour parvenir à intégrer l'univers des Dominations. Et cela vaut pour tous les enfants de l'humanité.

La vibration du Chœur des Dominations (Comment les ressentir?)

Le Chœur des Dominations se compare à un bâton de feu d'artifice. Au repos, il vous laisse indifférents, mais en même temps vous le craignez, car vous ne savez pas quand il s'enflammera. Sa composition et le moment de son explosion demeurent un mystère. Les Dominations sont ainsi. À première vue, nous ne comprenons pas qui ils sont. Nous ne devinons pas leurs intentions ni ce qu'ils sont venus faire sur Terre. Que peuvent-ils donc apporter à l'être humain?

Toutefois, lorsque le bâton explose en plein ciel, il produit des feux d'une beauté incommensurable. Le ciel s'illumine de couleurs éblouissantes et de formes splendides. C'est à vous couper le souffle! Tel est le Chœur des Dominations. Lorsque les Dominations « explosent », elles sèment des étincelles de bonheur dans le cœur de chacun de leurs enfants. Il en est de même lorsque les dons et les talents de ces enfants s'éveillent. Ces derniers explosent littéralement!

Le rôle des enfants Dominations sur le plan terrestre

Tous les enfants qui naissent sous la gouverne des Dominations sont talentueux et artistiques. Ils veulent embellir leur environnement et ils sont dotés de la capacité d'instaurer la paix autour d'eux. Leurs mains sont source de nouveauté et de créativité.

Tout enfant de ce Chœur qui œuvrera en faveur de la Lumière, de l'éveil de sa spiritualité, travaillera pour le bien de l'humanité. Ces enfants chercheront à améliorer la Terre et à réparer les pots cassés. Vous comprendrez que ces enfants sont d'une importance extrême à nos yeux, car ils ont une vocation hors du commun. Leur spiritualité, lorsqu'elle est bien maîtrisée et développée à bon escient, fait d'eux des prophètes et d'excellents maîtres spirituels telle mère Teresa. Ce sont des messagers et leur magnétisme attire vers eux des gens appelés à développer leur spiritualité. Tous ceux qui font preuve d'ouverture spirituelle ont une mission extraordinaire à accomplir. Par contre, lorsque ces enfants sont dans l'Ombre, ils sont à craindre. Ils peuvent tout détruire et nuire grandement à la société.

De nombreux médecins, guérisseurs et « canaux » sont issus du Chœur des Dominations. Ils feront aussi d'excellents artistes : chanteurs, danseurs, peintres visionnaires et musiciens. Ce Chœur compte aussi plusieurs voyants, médiums et prophètes. Toutefois, s'ils utilisent ces talents pour nuire aux autres, ils auront l'impact d'une bombe atomique. L'Ombre détruit, la Lumière crée!

Il est quasi impossible d'imaginer toute l'importance que prennent ces enfants lorsqu'ils travaillent dans la Lumière. Ils agissent à titre de missionnaires qui œuvrent pour mettre en place l'énergie divine sur Terre, l'amour divin. Ils sont les messagers et les guides qui dirigeront les humains vers notre Lumière. Ils sont un peu à l'image des prêtres qui prêchent leur religion avec amour, avec tendresse, dans la Lumière. Il en est de même avec les enfants des Dominations. Les gens qui iront vers eux savoureront chacune de leurs paroles.

La faiblesse de l'enfant Dominations quand il n'est pas en harmonie avec son plan de vie

Les natifs des Dominations passeront plusieurs années à chercher un sens spirituel à leur vie. Souvent, il s'installera en eux une dualité relative à leurs croyances. Ce qui provoquera en eux une dualité entre la Lumière et l'Ombre. Ceux qui seront au service de l'Ombre déclareront des guerres et tueront des hommes. Véritables fléaux pour l'humanité, ils s'acharneront à détruire ce que Dieu a créé.

Voilà l'importance de ne pas laisser l'Ombre venir détruire leur spiritualité. S'ils ne sont pas en harmonie avec leur spiritualité, s'ils refusent ce cadeau divin qui représente la raison d'être de leur existence humaine, ils échoueront leur vie. Ces êtres deviendront mauvais et fugaces. Ils n'auront personne avec qui partager leur vie, car ils ne seront qu'un fardeau aux yeux des gens qui les entourent. Ils chercheront à contrôler la vie des autres au lieu de contrôler la leur.

Cependant, s'ils sont en harmonie avec leur spiritualité, ils seront en mesure de chasser l'Ombre et de la vaincre puisqu'ils possèdent les qualités et les forces latentes de ce Chœur. En étant conscients de ce qu'ils font, ils pourront retrouver l'harmonie tant recherchée. Ce faisant, ils seront plus heureux et en paix avec eux-mêmes.

C'est la raison pour laquelle les Anges du Chœur des Dominations insistent sur le fait que leurs enfants doivent utiliser, dans la bonté, l'amour et la Lumière, le grand talent dont ils sont dotés. C'est ainsi qu'ils illumineront la vie des gens autour d'eux.

Que devez-vous faire pour être en harmonie avec votre plan de vie?

Si vous priez votre Ange, il vous donnera les qualités nécessaires pour reprendre votre vie en main sans contrôler celle des autres, autrement dit pour rester vous-mêmes. Ceux qui auront bien intégré une spiritualité profonde seront dotés d'une grande sagesse et d'une grande beauté intérieure. Ces êtres chercheront à aider leurs proches avec dévotion et disponibilité. Cependant, ces êtres auront un cercle d'amis très restreint. Ils préféreront consacrer le plus d'amour possible à leurs proches.

L'enfant du Chœur des Dominations

Tout jeune, l'enfant des Dominations sera très intelligent. Il aura de beaux grands yeux scintillants et un regard séduisant. Les adultes pourront difficilement résister au regard de ces enfants. Créatifs de nature, ils auront également la parole facile. Ces enfants auront besoin de beaucoup d'amour et de tendresse de leurs proches. Si ce jeune enfant est laissé à lui-même, il se renfermera et sera un jeune adulte malheureux à la recherche d'un parent de substitution ou encore d'un remède qui pourrait soulager sa peine. Il se mettra alors à consommer de l'alcool, des médicaments ou de la drogue. Tous les moyens sont bons pour tenter d'oublier les peines de jeunesse qu'il porte encore dans son cœur. Autrement dit, si ces êtres ont été mal aimés, blessés ou abandonnés lorsqu'ils étaient enfants, ils cacheront cette peine au plus profond de leur cœur. Les sentiments qu'ils ont éprouvés à cette époque les suivront tout le long de leur vie.

Cependant, s'ils grandissent dans la paix, l'harmonie et l'amour, ces enfants deviendront des adultes resplendissants. Ils exploseront d'amour et ils avanceront dans la vie avec fierté. Ils seront aptes à gérer leur vie avec réussite et harmonie.

L'adulte du Chœur des Dominations

Les enfants de ce Chœur sont très beaux. Ils ont une belle chevelure. Ils sont vaniteux; ils aiment bien paraître. Ils ont tendance à se regarder dans le miroir afin de s'assurer qu'ils n'ont rien de travers et que tout s'agence bien. Ces enfants affectionnent particulièrement le rouge qui est une couleur vivante ainsi que la couleur or qui, à leurs yeux, représente la richesse. Ces êtres aiment tout ce qui touche à la beauté sous toutes ses formes. Ils sont aussi très ordonnés. Ils aiment que tout soit bien rangé. Toutefois, ceux qui ne sont pas orientés vers la spiritualité ou qui n'ont pas confiance en eux sont tout le contraire.

Les dames de ce Chœur porteront de beaux bijoux et des robes ajustées. D'ailleurs, elles auront une taille de guêpe. Ces dames, à la chevelure majestueuse, seront gracieuses et d'une grande sagesse. Elles vieilliront en beauté jusqu'à la fin de leurs jours, si elles s'aiment et si elles s'acceptent comme elles sont. Elles seront sereines et resplendiront de joie. Les hommes aussi seront d'une extrême beauté. Ils auront des yeux extraordinaires et un sourire charmeur. Ils seront adorables. Ils seront la manifestation même de la Lumière s'ils sont bien guidés. Retenez que la Lumière apporte de grandes joies, à soi et aux autres, alors que l'Ombre n'apporte que des peines et des ennuis de toutes sortes. Ainsi, si ces êtres sont dans l'Ombre, on remarquera des cernes prononcés sous leurs yeux. Leur vie sera morne et sans éclats. Ils auront un regard malheureux et seront détruits intérieurement. Ils essaieront de faire du tort aux autres, de détruire ceux qui voudront les aider. Sachez qu'ils ne sont pas vraiment conscients du tort qu'ils font. Veuillez noter que plus vous médirez de quelqu'un, plus vous détruirez cette personne et plus vous vous détruirez vous-mêmes. En outre, vous vous mentirez à vous-mêmes et aux autres.

Les enfants Dominations sont de grands passionnés, de grands romantiques et de grands amoureux. Si leur Lumière est en vibration avec les Anges, ils sont heureux et comblés. Ils font d'excellents parents. Ils prennent soin des leurs et ils les comblent d'amour ainsi que de petites attentions. Par contre, si ces êtres ne sont pas en phase avec leur Lumière, ils auront plusieurs conjoints. Leurs relations sentimentales seront source de grandes déceptions parce qu'ils ne trouveront jamais ce qu'ils cherchent. Ils s'attarderont beaucoup trop à la recherche de la perfection au détriment de la recherche du véritable amour. N'exigez pas que les autres soient ce que vous n'êtes pas. Changez-vous d'abord avant de changer les autres.

Quand ces enfants vivent hors phase avec leur Lumière, leurs principales faiblesses sont : le mensonge, le contrôle, la perfection et le problème de dépendance. Nous conseillons aux enfants du Chœur des Dominations qui désirent se sortir d'un problème de dépendance de mettre au clair les événements liés à leur enfance. Souvent, leur dépendance est le résultat d'un manque d'amour parental ou elle est due au départ précipité d'un parent qui a quitté trop tôt le foyer. Ces événements ont amené dans le cœur de ces êtres une grande insécurité. Ils ont alors opté pour des méthodes qui les aident à fuir la réalité; des méthodes qui causent des torts irréparables au corps physique. Pourtant, vous n'avez pas à vous détruire ainsi. Tout chagrin peut se guérir. Nous disons donc à ces êtres : « Si vous désirez retrouver l'harmonie dans votre vie et vous défaire de tous ces problèmes à jamais, demandez à votre Ange de vous aider. Ensuite, retournez voir dans votre enfance l'événement qui a tant blessé votre cœur. » Toutefois, il est inutile d'en vouloir aux parents étant donné que ces derniers ont peut-être eux-mêmes une leçon de vie à apprendre. Il ne sert à rien de leur jeter le blâme. Il faut plutôt accepter ce qui s'est produit en essayant d'atténuer la peine que vous avez eue.

Demandez à votre Ange de prendre soin de votre âme et de votre corps physique. Cette émotion ne vous appartient plus. Elle avait sa raison d'être à une certaine époque de votre vie, mais ce temps est révolu. Ces émotions figées ne font qu'entraver votre propre bonheur. Retournez fouiller dans votre passé s'il le faut, mais libérez-vous une fois pour toutes. Vous êtes une personne merveilleuse et vous avez droit au bonheur. Il faut tourner la page. Par la suite, vous verrez les changements s'opérer en vous.

Nous comprenons que ces paroles ne sont pas faciles à accepter. Certains se demanderont comment panser leurs plaies, alors que d'autres se révolteront. Ils se diront : « Mes parents m'ont blessé et, selon vous, je devrais leur pardonner? Certainement pas! Pourquoi le ferais-je? » Vous avez raison de refuser de pardonner à ceux qui vous ont blessés. Toutefois, vous ne pouvez pas garder cette peine en vous. Pour vous libérer de la prison que vous vous êtes forgée et de la rancune que vous portez en vous, pardonnez! Ne pas accorder un pardon, c'est la principale faiblesse des enfants du Chœur des Dominations.

Ces enfants seront aussi perfectionnistes. Ils essaieront d'être parfaits dans tout ce qu'ils entreprendront. Les Anges de ce Chœur disent : « Tu n'as pas besoin d'être parfait, sois toi-même. Tu possèdes en toi tous les talents pour explorer la vie. Tu n'as donc pas à te lancer dans des batailles inutiles et dépourvues de sens. » L'orgueil règne aussi en maître à cette étape de l'Arbre. Sachez malgré tout que ces enfants sont aussi d'une grande beauté et d'une grande sagesse. Cependant, la recherche incessante de la perfection amènera chez ces enfants une dualité. C'est la raison pour laquelle les Anges des Dominations viendront fréquemment apaiser ces émotions néfastes, surtout si leurs enfants en font la demande.

L'Archange Tsadkiel

Tsadkiel est un Archange d'une grande puissance. Tout comme les autres Archanges, il possède six ailes. Chacune de ses ailes est en or afin de rehausser sa beauté. Tsadkiel porte une longue robe d'un rouge vif, car il doit être plus beau que quiconque. Il est un peu orgueilleux. Tsadkiel est la grâce et la fierté mêmes; qualités qu'il a d'ailleurs transmises à ses enfants. Il adore déployer ses ailes vers le haut, car cela démontre sa puissance.

Tsadkiel aime être bien en vue. Sa vibration fait penser à un chanteur vers qui tous les projecteurs sont tournés. Les Lumières qui se dégagent de cet Ange alternent entre le blanc, le rouge et l'or. Il brille de tous ses feux. Lorsqu'il entre dans la maison de ses enfants ou dans leur cœur, il les éclaire de tous ces reflets rouges et dorés. Tel un artiste sous les projecteurs, tous le regardent. Il prend place avec ses grandes ailes et il éblouit les spectateurs.

Tsadkiel aidera ses enfants à avancer sur le chemin de la vérité, à voir le côté positif de la vie ou d'un événement. Certes, cet Archange aime attirer l'attention, mais sachez qu'il est tout aussi dévoué que généreux. Il apporte à ses enfants chaleur et sécurité. Il vous envoie toutes les couleurs de la scène et partage ainsi sa force, sa Lumière et son amour. Alors soyez prêts à le recevoir! C'est un être éblouissant. Tous les Anges sont émerveillés devant une telle beauté, devant cet amour inconditionnel, cette grande générosité.

Tsadkiel vous transmet une étincelle afin que vous vous sentiez mieux. Il vous donne l'envie de partager vos beautés et vos talents avec autrui. Si vous avez un doute concernant un trait de votre personnalité, il l'effacera. Il mettra en valeur votre propre personnalité afin que vous puissiez l'exprimer librement. Il fera briller ce petit diamant qui se cache en vous pour que vous vous aimiez un peu plus.

Cet Archange va chercher toutes les qualités encore latentes en vous et s'amuse à les mettre en valeur. Il lèvera le voile sur vos forces insoupçonnées, vos dons et vos talents. Vous serez alors en mesure de prendre la place qui vous revient sur cette Terre et de briller de tous vos feux. Tel est le Chœur des Dominations : spiritualité, dons, talents et beauté.

Tsadkiel a sous sa régence huit Anges de la Lumière : Nith-Haiah, Haaiah, Yerathel, Seheiah, Reiyiel, Omaël, Lecabel et Vasariah.

25 – NITH-HAIAH (du 23 au 27 juillet)

Tous les enfants nés sous la gouverne de Nith-Haiah auront la chance d'avoir des rêves prémonitoires. Elle leur envoie, par l'entremise des songes, les événements de leur vie future. Nith-Haiah signifie « Dieu source de sagesse », car elle a une force inébranlable. Elle apporte à ses enfants cette force qu'elle a en elle afin que leur véritable beauté puisse rayonner.

Cet Ange est aussi gracieux que l'Archange Tsadkiel. Elle est d'une grande beauté quoiqu'elle dise ne pas posséder d'attributs particuliers. Puisqu'elle adore agencer toutes sortes de couleurs, elle porte sous ses ailes différentes colorations, selon ses humeurs. Nith-Haiah affectionne tout particulièrement le rose pétillant, le vert lime, le jaune citron et, surtout, l'or. Elle aime les couleurs qui rayonnent et qui captent l'attention. Ce sont ces couleurs qui émanent d'elle. Le reste de son corps énergétique est d'un blanc d'une telle pureté qu'il forme des auras blanches en couches superposées. Lorsqu'elle ouvre grandes ses ailes, on peut y voir cinq différentes dimensions tels des étages. Chacune de ses ailes superposées est séparée par un filament or, rose pétillant, vert lime et jaune citron. Cela est très joli. Telle est la façon dont cet Ange aimerait être perçu.

On reconnaît aussi Nith-Haiah à sa douceur et à sa sérénité. C'est un Ange qui adore chanter et fredonner. Lorsqu'elle va vers ses enfants, ces derniers peuvent entendre ses refrains angéliques. Ce sont les Musiques des Sphères Célestes. Ses enfants aimeront la musique douce qui aura comme effet de les calmer. Ils aimeront aussi danser puisque Nith-Haiah volette en même temps qu'elle chantonne. Elle se laisse bercer au rythme de sa voix. Ses enfants feront de même.

Cet Ange a comme mission première de favoriser l'élévation spirituelle chez l'humain qui la prie, mais elle l'infusera tout particulièrement chez l'enfant né sous sa gouverne. Comme nous l'avons mentionné précédemment, la faiblesse des enfants du Chœur des Dominations est de ne pas avoir une spiritualité développée. Nith-Haiah tentera d'éveiller cette spiritualité, cette grande foi. Elle aidera ses enfants à prendre conscience de son existence en réveillant l'immense force qu'ils ont en eux de même que tous leurs talents. Si ces êtres arrivent à s'ouvrir aux Anges, leur plan de vie sera beaucoup plus facile à réaliser.

Par contre, s'ils ne laissent aucune place à la spiritualité, ils auront beaucoup plus de difficulté à se frayer un chemin dans la société, tout comme ils auront beaucoup de misère à se faire accepter par leur famille respective. Ils ne seront pas aimés. Ce manque d'amour fera en sorte qu'ils rendront difficile la vie des autres, soit par désir de vengeance ou par inconscience. Ces êtres refuseront toute aide, tout appui. Ils chasseront les autres de leur vie et tenteront de les écraser.

Nith-Haiah a aussi la mission d'aider ses enfants à retrouver l'espoir en leur redonnant la confiance qu'ils ont perdue. Elle leur accordera le don de percevoir et de ressentir les événements avant qu'ils ne se produisent. Nith-Haiah aidera aussi ses enfants à s'accepter tels qu'ils sont physiquement. Elle les aidera aussi à accepter leur vie et à l'aimer ainsi qu'à travailler en harmonie avec elle. Les enfants qui naîtront sous sa gouverne seront souvent sous les feux de la rampe. Ils travailleront dans le milieu artistique ou médical. Ces enfants seront très talentueux.

Nith-Haiah est l'Ange que vous devriez prier à la suite d'une intervention chirurgicale, d'une longue convalescence ou encore d'un épuisement professionnel. Elle vous donnera l'énergie qui vous fait défaut et elle éloignera la maladie. La fatigue est une autre faiblesse notable de ces enfants. En effet, ces derniers ont tendance à repousser leurs limites physiques. Nith-Haiah leur donnera la possibilité de retrouver la force physique, émotionnelle et psychologique. Elle leur donnera le courage de poursuivre leurs passions, le courage de continuer. Tous les enfants malades ou qui ont de la difficulté à retrouver leurs forces à la suite d'une longue maladie, de même que tous ceux qui refusent leur plan de vie, devraient prier Nith-Haiah. Cet Ange les guérira puisqu'elle possède le don de guérison. Elle leur donnera la sagesse dont ils ont besoin pour connaître le bonheur et retrouver la joie de vivre.

Nith-Haiah a aussi une influence sur l'agressivité et l'impatience de ses enfants puisque ce sont deux de leurs défauts majeurs. Son travail consiste donc à transformer ces défauts en qualités. Tous les enfants du Chœur des Dominations sont des êtres spontanés, francs et expressifs. Or, lorsque quelque chose les contrarie, que ce soit un problème d'ordre émotif ou physique, ils deviennent agressifs et fort impatients. Ils sont alors méchants et ils peuvent détruire tout ce qui se trouve sur leur passage lorsqu'ils sont dans cet état. Ils en perdent tous leurs moyens. Heureusement, ils ont aussi la capacité de reconstruire tout ce qu'ils ont détruit. Cette intensité peut leur jouer des tours. Ce sont des êtres impulsifs qui font parfois preuve d'une franchise excessive, surtout les enfants de Nith-Haiah. Ensuite, lorsqu'ils prennent un peu de recul, ils ont du chagrin. Cet Ange les aidera à ravaler leurs paroles et à réparer le tort qui a été fait.

Tous les enfants de Nith-Haiah qui travaillent dans le domaine de la santé feront d'excellents médecins, infirmiers et psychologues. Cet Ange favorise les vocations ayant trait à la guérison sous toutes ses formes, dont la massothérapie et le Reiki. Elle favorise aussi les professions ayant un lien avec la loi, notamment les policiers et les détectives, car ces derniers feront régner la paix sur Terre. Telles sont les forces que Nith-Haiah apporte dans le cœur de ses enfants. Retenez avant tout que Nith-Haiah est un Ange de paix doté d'une grande sensibilité. Si vous la priez, elle vous enverra des entités spirituelles remplies d'amour afin de vous guider dans vos canalisations et dans vos guérisons par imposition des mains.

Nith-Haiah est un Ange extraordinaire qui permet à tous ceux qui ont souffert de retrouver l'harmonie. Elle aide tous ceux qui ont vécu des moments difficiles à retrouver la joie intérieure malgré les malheurs qu'ils ont connus. Elle est leur refuge. Cet Ange aime régner, mais avec sagesse. Elle ne veut que le bien de ses enfants, c'est la raison pour laquelle elle travaille avec acharnement afin de leur apporter bonheur et quiétude.

26 – HAAIAH (du 28 juillet au 1er août)

Haaiah signifie « Dieu caché » ou « Dieu qui se cache pour mieux faire ressortir la vérité ». En effet, elle se cache afin de mieux voir ce qui se passe. Nous disons que cet Ange est invisible. Son énergie est difficile à capter, à moins que vous ne soyez très spirituels. L'essence divine de cet Ange est transparente, mais elle laisse de temps en temps refléter ses étincelles. On peut comparer Haaiah à une luciole. Il est impossible de la voir à moins qu'elle ne lance de petites étincelles lumineuses et cela ne dure que quelques secondes à la fois. C'est à ce moment précis qu'elle vous fait ressentir sa présence, sa vibration.

Haaiah est un Ange d'une grande puissance, mais elle est inaccessible à ceux qui ne vibrent pas à un haut niveau de spiritualité. Ceux qui seront très éveillés spirituellement auront le privilège de voir cet Ange. Lorsqu'on est en contact avec cet Ange, on ressent toute sa force, principalement son sens de l'honnêteté. Haaiah vous regarde dans les yeux avec une telle candeur, une telle chaleur, que vous ne pouvez pas détourner les yeux. Son regard vous transperce.

Haaiah est un Ange qui prône l'entraide. Elle offre aux Anges la possibilité de s'entraider. Les Anges cherchent à instaurer sur Terre la fraternité qui existe depuis la nuit des temps dans le Monde Angélique. C'est la raison pour laquelle Haaiah passe incognito d'un être à un autre, tout comme elle passe d'un Chœur Angélique à un autre. Elle veut que la paix règne, c'est pourquoi elle essaie de trouver des solutions avant qu'une guerre n'éclate. Toutefois, Haaiah fera en sorte que la vérité sorte, n'en déplaise à qui que ce soit. Tôt ou tard, la lumière sera faite là où dominent la malhonnêteté, le contrôle, la manipulation, la méchanceté et la dictature.

Haaiah a une grande influence sur tous ceux qui travaillent dans le domaine judiciaire ou légal. Elle veillera à ce que la paix l'emporte et à ce que la vérité prime. Cet Ange prend soin des avocats et des juges. Elle leur donne la facilité d'élocution pour qu'ils puissent faire la lumière sur tout ce qui est obscur afin que la vérité se fasse entendre. Comprenez qu'elle agit ainsi parce qu'elle cherche la vérité. Elle met au grand jour la vérité dissimulée derrière le mensonge et la révèle aux personnes concernées.

Haaiah est l'Ange de la justice, de la droiture, de l'honnêteté et de la vérité. Il lui est impossible de comprendre les motifs qui poussent quelqu'un à mentir ou encore à agir avec malhonnêteté. Haaiah aide donc les humains victimes d'un mensonge ou de toute autre forme d'escroquerie à faire la lumière sur cet événement. Elle leur fait voir et comprendre la vérité sous-jacente. Haaiah met sur leur chemin des situations ou des personnes qui les aideront à prendre conscience des arnaques dont ils sont victimes à leur insu. Elle les aide aussi à comprendre les raisons pour lesquelles ces êtres doivent expérimenter ces événements. Tous ceux qui éprouvent des ennuis avec la loi, qui sont victimes de fraude et d'injustice devraient prier Haaiah. Elle mettra la vérité au grand jour. Les enfants nés sous sa gouverne seront des êtres qui auront la réplique rapide et la parole facile. Si ces êtres sont équilibrés, leurs paroles seront justes, équitables et compatissantes.

Haaiah aide ses enfants à trouver leurs propres vérités, car l'une des faiblesses des enfants d'Haaiah est le mensonge. Ils s'amusent à dire des balivernes afin de duper leurs pauvres victimes. Ces mensonges sont dits dans l'intention de blesser les personnes concernées et de les détruire. Souvenez-vous que ceux qui vibrent négativement au sein du Chœur des Dominations sont des êtres destructeurs. Plusieurs chefs de sectes entrent dans cette catégorie. Par contre, lorsqu'ils vibrent dans la Lumière, ils deviennent créateurs. Les enfants de Haaiah qui ne croient ni en leur Ange ni en Dieu peuvent détruire leur prochain au moyen de la parole. Leurs paroles seront blessantes et malhonnêtes. Certains de ces enfants deviennent des voleurs et des assassins. Haaiah aide ses enfants, s'ils le désirent, à retrouver le chemin de la vérité, de la droiture, de l'honnêteté et de la paix intérieure.

Nous vous avons dit que tous les Anges des Dominations possèdent un don qui leur est propre. Celui de Haaiah, c'est la vérité. Elle transmettra à ses enfants le don de connaître, le don de savoir. Ses enfants auront de forts pressentiments qui leur permettront de ressentir les événements avant qu'ils ne surviennent. Ce don leur servira à connaître la vérité. Haaiah aidera ses enfants à être honnêtes avec eux-mêmes ainsi qu'avec autrui et à harmoniser leur vie avec celle des autres. Telle est la force de cet Ange.

Les enfants de Haaiah sont adorables, intelligents et quelques-uns jouiront même d'une certaine renommée. Cependant, il est difficile d'entrer dans leur monde à moins d'avoir fait ses preuves. Ils ont tendance à s'isoler. Ces êtres sont renfermés et cachent, tant bien que mal, une certaine timidité. Il faut donc prendre le temps de les connaître. Au cours d'une réception, les enfants de Nith-Haiah se feront remarquer par leur charme, leur beauté et leur pouvoir de séduction. À l'inverse, les enfants de l'Ange Haaiah passeront inaperçus puisqu'ils se tiendront à l'écart. Ils analysent, regardent, avant de s'intégrer au groupe. Ils sont difficiles d'approche, car les gens ont beaucoup de difficultés à les comprendre. Ceux qui travailleront en harmonie avec l'énergie divine, pour le bien de l'humanité, seront bien équilibrés. Ils seront alors plus ouverts aux autres et plus chaleureux. Vous serez en mesure de comprendre davantage ce qu'ils attendent de vous parce qu'ils vous le diront.

Par contre, ceux qui cheminent hors de l'énergie divine seront imprévisibles et, par le fait même, dangereux. Ces êtres sont les plus destructeurs de tout le Chœur des Dominations. Ils peuvent vous embrasser tout en volant votre portefeuille. Il faut donc s'en méfier. Sachez que nous ne jugeons aucunement ces êtres. Ces exemples nous servent simplement à expliquer le travail que doit accomplir l'Ange Haaiah lorsque ses enfants ne prennent pas le droit chemin.

Haaiah érige donc de solides barrières autour de ses enfants afin qu'aucune Ombre ne puisse entrer en eux. C'est la raison pour laquelle elle se cache. Elle veut les surveiller un peu à la manière d'un garde du corps. Elle observe à distance afin qu'aucun intrus ne réussisse à entrer dans le cœur et dans l'âme d'un de ses enfants. Si l'Ombre y parvient, elle protégera son enfant, s'il lui en fait la demande. Si un de ses enfants choisit la destruction, elle doit se résigner et l'accepter.

Sachez toutefois que Haaiah transmettra à l'Archange Michaël toute information nécessaire afin qu'il puisse aider ses enfants. Elle lui dira : « Archange, mes enfants sont des êtres extraordinaires; ils possèdent beaucoup de talents, mais ils les utilisent à des fins de destruction. Pouvons-nous les aider et apporter dans leur cœur la Lumière dont ils ont besoin? Pouvez-vous, Archange Michaël, indiquer sur leur chemin de vie qu'il est mieux de construire que de détruire? » Michaël travaillera avec la puissance qui se trouve à l'intérieur de ces enfants afin qu'ils puissent l'utiliser harmonieusement.

Haaiah est telle une luciole qui entre en vous afin de nettoyer tous les petits endroits obscurs, cachés, de votre personnalité et y amène sa Lumière. Si elle brille de temps à autre, c'est pour envoyer un éclat de Lumière à celui qui est dans l'Ombre. Haaiah agit comme un antiseptique sur une blessure. On peut éprouver une sensation de brûlure sur le coup, mais ensuite, la cicatrisation se fait instantanément. Lorsqu'une étincelle de Lumière est envoyée, la plaie se referme et disparaît complètement.

Haaiah agit aussi comme le moteur de vos ambitions. Elle vous aide à aller de l'avant et à réussir vos projets. Elle vous aide à avoir confiance en vous et vous donne le courage d'avancer. Sachez que les êtres sous sa gouverne sont des personnes chaleureuses avec des yeux hypnotiques d'une grande beauté. Ils possèdent un visage rond qui arbore un regard déterminé, mais mystérieux. On ne sait point s'il s'agit d'un regard d'amour ou de haine. Lorsque cette personne est en harmonie avec sa Lumière, vous ressentirez la puissance de son regard au plus profond de vous-mêmes. Si cette personne est dans l'Ombre, son regard déclenchera un sérieux avertissement en vous.

27 – YERATHEL (du 2 au 6 août)

Cet Ange est un « Dieu qui punit les méchants ». À l'image de l'Ange Haaiah, il n'aime pas l'injustice, pas plus que la méchanceté. Haaiah lui dévoile les méfaits des autres puisqu'elle voit tout de sa cachette, et Yerathel punit ceux qui doivent être punis.

Sachez qu'aux yeux des Anges le mot « punition » signifie « faire prendre conscience que l'acte qui a été commis n'était pas lumineux ». C'est en quelque sorte une façon de se repentir et de racheter une faute. Rien n'est fait avec méchanceté dans les Sphères Angéliques, pas plus qu'avec des châtiments barbares. Les Anges donnent une leçon de vie par l'intermédiaire d'une épreuve. Retenez aussi que l'Ange Yerathel travaille conjointement avec l'Archange Michaël.

Yerathel est un Ange très grand. Il possède des ailes immenses d'un blanc pur dont le bout est teinté de gris. Parfois, cette couleur grisâtre prend une nuance plutôt argentée. Lorsqu'il s'amuse à battre des ailes, cela produit de l'électricité statique. C'est un effet secondaire de l'énergie complémentaire des plateaux qu'il tient entre ses mains. En effet, il représente la justice dont le symbole est illustré par deux plateaux en équilibre. Dans le plateau de gauche se trouve l'acte commis, dans le plateau de droite, votre conscience. Yerathel mesure si la conscience est en harmonie avec les gestes que vous faites ou bien si vous n'éprouvez aucun remords quant à vos méfaits. Yerathel est ainsi en mesure de voir la façon dont votre conscience fonctionne par rapport à chaque geste de la vie quotidienne. Il en fait une analyse rigoureuse et prend ensuite une décision.

Beaucoup de gens sur Terre ont besoin de tirer des leçons de vie, car ils enfreignent les lois divines d'amour et de respect. Ils vivent dans l'inconscience de ce qui se passe en eux et autour d'eux. Sachez que ces leçons n'ont parfois aucun lien avec la vie exemplaire que vous menez, mais qu'elles sont liées à l'expiation d'un karma antérieur. Cela fait tout simplement partie de votre cheminement personnel. Rien n'arrive pour rien dans la vie. Tout est magistralement orchestré par la grande horloge cosmique et la source de toute vie : Dieu. Ne jugez pas ce qui vous arrive. Voyez-y plutôt une occasion extraordinaire de grandir, de vous dépasser et surtout d'effectuer un travail de purification karmique qu'il ne serait possible de faire autrement.

Par exemple, si quelqu'un tue un enfant, une leçon de vie lui sera alors donnée. Si quelqu'un vole une carotte chez son voisin parce qu'il n'a plus rien à manger, il ne sera pas puni pour ce geste, car nous comprenons qu'il en avait besoin. Il faut relativiser les choses. Sachez que nous ne punissons pas les petits actes répréhensibles. La justice terrestre s'en charge. Toutefois, nous sommes vigilants et consciencieux, et nous tenons compte des conséquences qui découlent des gestes faits.

Tuer un enfant est un acte violent et indigne qui doit être puni dans le sens évolutif du terme. Une leçon de vie sera alors assignée au responsable de ce geste. Tel est le travail de Yerathel. Sachez que tous les Anges pleurent lorsqu'un acte indigne d'une telle gravité est commis. Nous ne comprenons pas ce qui peut pousser une personne à agir ainsi, alors nous essayons de l'aider. L'Ange Yerathel a été conçu afin de montrer à ceux qui commettent des actes répréhensibles que ceux-ci étaient injustifiables. Ils subiront les conséquences de leurs gestes, se verront attribuer des leçons de vie, tout en étant soutenus par les Anges dans ce processus de purification.

Ces Anges les aideront à surmonter ces épreuves et à revenir sur le droit chemin. Aucun être n'est abandonné par le Plan Divin même si cette personne a commis l'acte le plus condamnable qui soit. Les Anges ont été créés pour accompagner l'être humain tout le long de sa vie terrestre, et ce, de façon inconditionnelle et sans jugement.

Yerathel est l'Ange que vous devriez idéalement prier si vous êtes convoqués devant les tribunaux. Il vous aidera en vous donnant la force d'accepter le verdict quel qu'il soit. Vous pouvez également le prier, si vous avez été injustement accusés.

Certains Anges aident les humains à prendre conscience de la raison pour laquelle ils font face à certaines épreuves. C'est leur spécialité. Ils les aident aussi à cheminer afin d'en arriver à résonner avec leur Lumière intérieure et à mieux comprendre les conséquences des actes qu'ils ont commis. Il suffit de nous prier, de demander notre aide et nous accourrons afin de guider ces personnes et de les aider. Nous leur apporterons la paix et ferons la lumière sur le geste qui a été fait. Cependant, si un être repousse définitivement et volontairement notre aide, s'il décide de nous ignorer, nous respecterons son choix.

Yerathel est également l'Ange à qui vous devez faire appel lorsque vous avez de sérieux problèmes financiers. Il vous favorisera dans les jeux de hasard ou les tirages. Cependant, veuillez noter qu'il n'est pas l'Ange à prier pour gagner à la loterie. Le rôle de l'Ange Yerathel est de vous aider à prendre la décision qui vous sera le plus bénéfique, le plus profitable pour vous remettre sur pied. Et si cela consiste à vous favoriser dans les jeux de hasard ou les tirages, il le fera.

La puissance de Yerathel réside dans son pouvoir de clairvoyance : il peut percevoir les gens malhonnêtes. Cet Ange aide ses enfants à retrouver leur chemin intérieur et à devenir bons. Il insuffle à ses enfants le goût d'aider l'autre au lieu de le détruire. Il apporte dans le cœur de ses enfants la bonté, la sagesse et l'amour. Cet Ange apporte aussi la joie. Il aime rire! Cet Ange n'aime pas voir ses enfants pleurer. C'est la raison pour laquelle il apporte, dans la vie de ses enfants, de grands moments de joie, de tendresse et des festivités diverses. Il leur redonne en outre le don de structurer leur vie entre le travail et l'amour ainsi que de l'harmoniser. Il est la solution à tous vos problèmes.

La faiblesse des enfants de Yerathel, c'est leur désir machiavélique d'accomplir des actes ingrats sous l'effet d'une impulsion ou d'une émotion. Ces actes sont accomplis par pure méchanceté. Les enfants de Yerathel vivent dans une espèce de prison remplie de problèmes de toutes sortes, ou encore ils sont véritablement incarcérés pour avoir commis des actes illégaux. Dans cette prison, l'amour sera absent. Toutefois, Yerathel a le pouvoir de vous sortir de cette prison, de vous redonner votre liberté et votre joie de vivre. Tous ceux qui se sentent accablés par les responsabilités de la vie ou étouffés par une situation ou une personne devraient prier cet Ange. Il vous aidera à mettre un terme à cette emprise physique ou psychologique. Tous ceux qui souffrent de dépendance affective devraient idéalement prier l'Ange Yerathel afin de retrouver leur autonomie et leur indépendance.

Saviez-vous que les Anges ont deux rôles distincts : l'un ayant trait à l'Ombre et l'autre, à la Lumière? Ils apportent aux enfants qui grandissent dans la Lumière toute la Lumière qu'ils sont appelés à recevoir. Cependant, ils donnent aussi des leçons de vie à ceux qui sont dans l'Ombre, tout en les aidant à se sortir de l'Ombre. Yerathel est un Ange juste et intègre. C'est l'Ange des solutions immédiates puisque son analyse est spontanée. Ainsi, son aide est instantanée et orientée vers la meilleure solution possible. Il est à l'image d'un éclair. Yerathel apporte à ses enfants le don de prophétie, le don de la parole. Ceux-ci prophétiseront la parole de Dieu lorsqu'ils travailleront dans la Lumière. L'Ange Yerathel forme certains de ces êtres à devenir de grands papes, de grandes moniales, de grands saints et des « mère Teresa ».

28 – SEHEIAH (du 7 au 12 août)

Seheiah signifie « Dieu qui guérit les malades ». Elle est l'Ange que vous devriez prier si vous voulez guérir de toutes vos maladies. Elle utilise tout son amour, sa force, sa grandeur et sa puissance hors du commun. Seheiah est un Ange de grande taille et de stature imposante. Avec ses ailes, elle peut facilement recouvrir un océan entier, si elle le désire. Ses ailes sont d'un blanc pur qui illumine toute la pièce lorsqu'elle y entre. Elle est d'une grande beauté. Sachez qu'on lui a donné quatre ailes afin qu'elle puisse se rendre immédiatement au chevet d'un malade. Son pouvoir est instantané ainsi que sa Lumière qui a l'effet d'un calmant.

Cet Ange est le médecin guérisseur, le remède, le pansement, bref, tout ce qui est nécessaire à ceux qui souffrent. Elle a la douceur d'une brise qui vous berce au son de la mer. Écoutez les oiseaux et installez-vous confortablement au bord de la plage. Laissez-vous bercer par les vagues, la brise et l'odeur de la mer. C'est à ce moment précis que vous ressentirez sa vibration. C'est comme si vous posiez votre tête sur un oreiller de duvet. Lorsque Seheiah entre dans le corps d'un humain, elle lui permet de ressentir sa vibration afin que toutes ses douleurs disparaissent; elle le calme, elle le soulage.

Seheiah protège ses enfants et tous ceux qui lui en font la demande à travers la prière. Elle est comme une alarme qui se déclenche lorsque certains signes apparaissent. Elle vous lance des mises en garde afin d'empêcher la maladie de se propager davantage. Seheiah demande à ses enfants d'écouter cette petite voix à l'intérieur d'eux, car c'est elle qui vous donne un avertissement, qui tire la sonnette d'alarme. Son but est de vous avertir du danger afin que vous puissiez éviter une catastrophe. L'une des faiblesses de ses enfants, c'est qu'ils ont une santé précaire. Souvent, ce sont des problèmes cardiaques qui sont en cause. Certains quittent subitement le plan terrestre à la suite d'un infarctus, d'un accident vasculaire cérébral ou d'un anévrisme. « Cependant, si mes enfants entendent l'alarme que j'ai sonnée, s'ils en sont conscients, ils pourront éviter ces conséquences désastreuses. Vivre dans la noirceur ne peut que nuire à mes enfants, mais s'ils vivent dans la Lumière, ils feront preuve d'une grande sagesse. » Elle les protège aussi contre la foudre et les accidents. Elle les protège sur terre, en mer aussi bien que dans les airs.

Cet Ange permet à l'humain de recouvrer sa santé à la suite d'un malaise ou d'une intervention chirurgicale. Seheiah prévient aussi les maladies, les accidents et les problèmes de toutes sortes. Priez-la et elle prendra soin de vous. Elle sera la béquille qui vous permettra de marcher à nouveau, de reprendre vos forces. Elle vous transmettra sa force de guérison et son amour afin que vous puissiez vous sentir mieux.

Seheiah peut apporter la guérison à un cœur blessé. Que ce cœur soit malade ou qu'il soit souffrant à la suite d'une rupture amoureuse ou de tout autre chagrin, cet Ange guérira ce mal en y apportant son amour. Pour elle, vos prières sont d'une importance capitale. Elle accourt et les exauce immédiatement. Sa disponibilité s'étend également à tous les enfants de la Terre. Seheiah travaille conjointement avec l'Archange Raphaël. Ils ont tous deux été conçus par Dieu afin de guérir à la fois la planète et le corps physique. Seheiah a été spéciale-ment créée pour guérir tous les maux dont un corps physique pourrait être affligé. Seheiah aide à développer la force morale. Tous ceux qui sont atteints d'un cancer ou d'un grave ennui de santé devraient la prier afin de retrouver la force morale nécessaire pour remporter la bataille. Seheiah vous donne ce regain d'énergie qui vous fait défaut. Elle vous permet d'adopter une attitude positive afin de lutter contre le découragement et de gagner la bataille.

Le rôle de Seheiah est de guérir le corps physique, le corps éthé-rique et l'âme dans leur ensemble. Sachez qu'elle ne peut pas vous guérir complètement si la maladie est déjà installée, mais qu'elle peut soulager vos maux. Toutefois, si l'Archange Raphaël, Dieu et Seheiah décident tous ensemble de faire disparaître votre douleur ou votre problème, ils pourront vous guérir. Votre corps sera purifié afin que vous puissiez recouvrer la santé. La purification est un moyen auquel les Anges ont souvent recours pour aider tous les enfants qui fument, qui se droguent, qui consomment de l'alcool ou qui intoxiquent leur système avec des médicaments ou des aliments néfastes pour leur santé. Nous aiderons tous ceux qui doivent, pour une raison ou une autre, aller séjourner dans un centre de désintoxication, à désintoxi-quer leur corps et à le purifier afin qu'ils puissent se sortir de leur état de dépendance plus facilement et plus rapidement. Seheiah joue un rôle de premier plan dans la vie de chacun des êtres humains et de sa guérison.

Tous les enfants sous sa gouverne excelleront dans le domaine de la santé, car elle leur accordera le don de guérison. Elle dotera les chirurgiens de mains de guérisseurs et d'une intuition pour trouver la maladie. Elle apportera aux massothérapeutes une force dans leurs mains pour soulager les douleurs du corps physique. Elle donnera à tous ceux qui travaillent avec les personnes âgées ou malades la force de les écouter et de les aider. Seheiah possède le pouvoir de rajeunis-sement. Elle est comme une fontaine de Jouvence. Avec cet Ange, vous ne vieillirez pas ou sinon vous vieillirez en beauté. Elle donne à ses enfants la possibilité de vieillir avec un corps, un cœur et une âme en harmonie avec le temps qui passe. Seheiah leur permet de vivre vieux et en santé, et ce, jusqu'à la fin de leur vie terrestre. D'ailleurs, plusieurs de ses enfants sont centenaires.

29 – REIYIEL (du 13 au 17 août)

Reiyiel est l'Ange des animaux. Cet Ange travaille en collaboration avec son confrère Omaël. Tous les deux sont les Anges gardiens des animaux. L'Ange Omaël protège l'animal en l'éloignant des pièges posés par l'humain, tandis que l'Ange Reiyiel est celui que vous devriez prier si votre animal est malade. Il prend soin de tous les animaux : chiens, chats, oiseaux, chevaux, etc. Il est l'Ange idéal que les vétérinaires devraient prier, car il leur donnera le don nécessaire pour guérir les animaux. Reiyiel se sent triste lorsqu'un animal est abandonné ou blessé. Sur Terre, certains animaux aident les êtres humains à se sentir mieux. C'est la raison pour laquelle l'Ange Reiyiel protège grandement les animaux. L'Ange Reiyiel sait que l'animal est une excellente thérapie pour certains humains. Celui-ci lui permet de se détendre et d'oublier les périodes difficiles de sa journée. L'Ange Reiyiel dit à son enfant qui le prie : « Rien de mieux que la caresse d'un animal qui vous aime. » En priant l'Ange Reiyiel, il vous aidera à mieux choisir votre animal de compagnie avec lequel vous passerez d'agréables moments. Voilà les raisons pour lesquelles l'Ange Reiyiel aime être perçu comme un animal que l'on cajole, que l'on câline. Il est la douceur même, à l'image d'un chat qui ronronne et qui se sent bien sous la caresse de son maître.

L'Ange Reiyiel a des ailes très douces et soyeuses, comparables à la texture des poils du chat ou de certains chiens. D'ailleurs, il préfère venir vers ses enfants en empruntant la forme de chiens, de chats et de chevaux, car ces animaux sont très spirituels. Mais il peut aussi venir vous voir sous un autre aspect. Sachez aussi que Reiyiel ressent le même sentiment que celui que vous éprouvez envers votre animal préféré.

Reiyiel apporte amour et aide à ceux qui sont dans le besoin. Lorsque ses enfants font appel à lui, il est tout enjoué. Il est heureux de pouvoir aller câliner ses enfants et de les aider. Il n'aime pas voir ses enfants aux prises avec des ennuis et des problèmes. Reiyiel est un Ange puissant qui aide tous les gens aux prises avec des ennuis de toutes sortes. Sa force est d'aider ses enfants à reprendre contact avec la vie. Cet Ange est un « Dieu prompt à secourir » lorsque vous êtes dans le besoin. Il conseille à ses enfants de ne pas forcer les choses ou de ne pas s'acharner à vouloir changer le monde, car ce serait en vain. Toutefois, si vous demandez à Reiyiel de vous aider ou encore de vous accompagner dans votre démarche, il le fera avec tout son cœur. Il vous permettra d'analyser ce qui se passe et de contrôler la situation qui vous cause des ennuis.

L'Ange Reiyiel permet à ses enfants d'entrer en contact avec le Divin. Par exemple, lorsque vous observez quelqu'un, il vous permet de voir au-delà de sa personnalité; de voir la spiritualité de cet être et de ne pas vous laisser berner par les apparences. De plus, il vous aide à garder la foi en votre Dieu et à bien comprendre les écrits liés à votre religion. Sachez que Dieu n'accorde aucune importance à la religion que vous pratiquez ni aux ouvrages que vous consultez. L'important, c'est de garder la foi en qui vous êtes et envers le Dieu que vous priez. La mission de l'Ange Reiyiel est de vous confirmer que les écrits que vous lisez sont purs et divinement guidés. Il vous aidera à mieux comprendre le sens réel des mots, provenant des écrits, ce qui vous aidera dans votre quête spirituelle. De ce fait, sa mission est également d'élever votre taux vibratoire afin que vous puissiez entrer en contact avec les Plans Supérieurs. Ainsi, votre compréhension des mots sera beaucoup plus facile et vous serez en mesure de mieux les intégrer dans votre quotidien, si tel est votre désir.

Cet Ange n'aime pas ceux qui sous-estiment une autre religion, car ce qui compte, c'est la foi que l'on porte envers sa religion. Aucune religion ne devrait exiger quoi que ce soit de ses disciples. Les religions pures laissent leurs disciples libres de se rendre dans les lieux de prière qu'ils désirent et de vouer à Dieu leur amour et leur foi. Si un disciple prie Dieu le soir dans sa demeure, cette prière a autant de force que si elle était faite à l'église ou dans un temple.

Dieu ne s'attarde pas à la manière dont vous priez ou encore à l'endroit où vous priez. Il regarde plutôt l'amour et la foi que vous lui vouez. Toutes les religions devraient suivre cet exemple et s'inspirer de cette façon de faire. Nous trouvons regrettable de voir que certaines religions exigent que leurs disciples s'habillent d'une façon quelconque pour prier Dieu. D'autres doivent manger une nourriture particulière pour s'adresser à Dieu. Dieu est partout et pour tous; que vous soyez vêtus de blanc, de noir, ou que vous n'ayez rien à vous mettre sur le dos. Cela lui importe peu.

Certes, nous sommes heureux lorsque vous préparez un autel pour nous recevoir. Par contre, si vous n'avez pas le temps de mettre la table, nous sommes tout de même heureux puisque vous nous consacrez du temps et c'est ce qui nous est le plus cher. Le reste n'est qu'accessoire; le reste n'est que secondaire. L'Ange Reiyiel est l'un des Anges qui incitent ses enfants à prendre le temps de nous parler. Il dit à ses enfants : « Ne vous inquiétez pas de la façon dont vous parlez à Dieu ni de ce que vous portez. Ce qui importe, c'est de le prier. » Établissez un contact direct à votre façon et vous en récolterez immédiatement les bienfaits. L'Ange Reiyiel aide tous ceux qui ont perdu la foi en Dieu et en la religion à la retrouver. Tout comme il aide ceux qui se battent au nom d'une religion à être en harmonie avec eux-mêmes. Reiyiel est un Ange qui ne juge pas et il inculque à ses enfants cette belle sagesse. Il leur dit ceci : « Ne jugez personne, si vous ne voulez pas être jugés en retour. »

L'Ange Reiyiel vous protège contre toutes les formes de maléfices et vous en libère. Lorsqu'il s'aperçoit que des êtres viennent vers vous et cherchent à vous déstabiliser, il les éloigne. De plus, grâce à sa puissance, il vous libère du mal qui circule en vous et du mal que les gens vous ont fait. Sa force est de chasser vos inquiétudes et de vous ramener vers votre propre filet de sécurité. Parfois, les enfants de l'Ange Reiyiel ont peur que le mal ne vienne les chercher; ils ont peur de l'Ombre et font de nombreux cauchemars. Cet Ange vous aide à éloigner ces mauvaises vibrations et ces peurs qui vous déstabilisent. Reiyiel est le gardien protecteur de ses enfants qui font des cauchemars durant la nuit. L'Ange Reiyiel aidera tous ceux qui le prient à passer des nuits calmes.

L'Ange Reiyiel apporte à ses enfants le don de parler aux animaux, de les comprendre et de lire leurs pensées. Ses enfants seront fascinés par les animaux. Ils ressentiront toute la détresse qu'un animal peut éprouver, puisqu'ils auront la capacité de capter son énergie. Certains feront d'excellents vétérinaires, d'autres travailleront dans des zoos ou au sein de sociétés pour la protection des animaux. Tous ceux qui travaillent de près ou de loin avec les animaux, les oiseaux, les reptiles ou les insectes devraient être à l'écoute de leur voix intérieure puisqu'ils ont la force d'entrer en communication avec eux. Reiyiel aidera également tous ceux qui, par la prière, formuleront le désir d'obtenir cette force, et ce, même s'ils ne font pas partie du Chœur des Dominations.

30 – OMAËL (du 18 au 22 août)

L'Ange Omaël est un « Dieu patient qui donne tout ». Comme son confrère Reiyiel, il protège aussi les animaux. En effet, cet Ange ne tolère pas que les animaux soient maltraités, alors il fera en sorte que l'animal puisse s'éloigner des pièges installés par l'humain. L'Ange Omaël prend la relève de Reiyiel lorsque celui-ci est occupé ailleurs. L'Ange Omaël est adoré par tous les êtres humains, car il donne tout. Peu importe ce que vous lui demanderez, il vous l'accordera. C'est un Ange d'une puissance inégalée. Il éclaire tel un phare dans l'obscurité. Sa Lumière intense permet à ses enfants de bien se diriger dans la vie. Omaël est un Ange d'une grande beauté. En raison de sa grande luminosité, il aidera ceux qui lui parleront ou l'invoqueront à trouver leur chemin.

Omaël est un Ange prospère, d'où son imposante stature. Il est très puissant et il arbore de grandes ailes, car il a beaucoup d'amour et de richesses à donner. Il apporte donc l'abondance à ses enfants. On le compare facilement à Dieu, car il a la capacité de travailler sur tous les aspects de la vie, qu'il soit question d'amour, de bonheur, d'argent, de travail ou de spiritualité. Omaël vous apportera l'âme sœur, la prospérité, la joie de vivre, un bon travail et l'élévation de votre âme. Il mettra en lumière un de vos talents et vous aidera à le porter à son degré le plus élevé. En ce qui a trait à votre santé, il trouvera la solution qui réglera vos problèmes. De plus, cet Ange permet à ceux qui désirent avoir un enfant, de l'obtenir.

Omaël est un Dieu qui donne tout, un Dieu qui permet à tous vos désirs de se concrétiser. Toutefois, il prendra connaissance, au préalable, de la raison qui vous pousse à faire cette demande. Dieu a dit : « Omaël, je te donne l'autorisation d'exaucer tous les vœux de tes enfants et de tous les êtres de la Terre, mais tu devras cependant vérifier pourquoi ils font cette demande et analyser où leur âme se situe. » Omaël peut donc prendre tout le temps nécessaire afin de s'assurer que ses enfants méritent bien la faveur demandée.

Omaël demande à ses enfants d'être patients, car il se peut qu'il ne puisse leur accorder immédiatement une faveur qui leur est chère. Celle-ci pourrait se réaliser dans un an ou deux. La force d'Omaël est de faire en sorte que votre rêve devienne réalité. Il essaiera de vous exaucer dans les plus brefs délais, mais parfois il doit prendre le temps d'analyser toutes les variables en cause. Puisque Omaël est très dévoué envers Dieu, il suit à la lettre les indications que ce dernier lui a données.

Tous les enfants d'Omaël ont en eux le pouvoir d'atteindre leurs buts. Omaël vous accorde le don de faire fructifier vos idées et d'apporter de l'abondance dans votre vie. Il vous permet d'être à l'écoute des événements afin que vous puissiez saisir toutes les occasions qui se présentent. Les enfants d'Omaël ont beaucoup de talent et ils peuvent le faire fructifier, s'ils le désirent. Tous les outils nécessaires pour être bien, connaître une vie amoureuse passionnante et être à l'aise financièrement sont en eux. Il leur suffit de croire, d'avoir confiance en eux et surtout d'avoir foi en Omaël.

Par contre, l'une des faiblesses des enfants d'Omaël est qu'ils travaillent fort sans jamais recevoir la reconnaissance qui leur est due. Ces enfants sont impatients et ne travaillent que pour gagner beaucoup d'argent. Cependant, même en travaillant à la sueur de leur front, ils ne gagneront qu'un salaire dérisoire. Certains d'entre eux auront deux, voire trois emplois afin de boucler les fins de mois. Priez Omaël et il vous apportera la prospérité et tout ce dont vous aurez besoin.

Omaël est aussi un Ange guérisseur. Puisqu'il peut exercer son pouvoir sur tout, il peut vous guérir autant sur les plans physique et émotionnel que psychologique afin que vous vous sentiez en harmonie, en équilibre avec vous-mêmes. Sachez que l'Ange Omaël, de par sa très grande puissance, a un devoir envers l'humanité. C'est un Ange que l'on prie beaucoup parce qu'il ne refuse jamais une demande ni une faveur. Il accorde tout ce qu'il y a de mieux et d'important à son enfant. Si le phare vous aveugle, sachez qu'il vous indique le chemin à suivre. Si vous êtes aveuglés par la Lumière, c'est qu'Omaël est à vos côtés afin de vous guider. Bref, quand vous pensez que tout est perdu, que vous vous dites : « J'ai beau prier mon Ange, mais je ne le sens pas et je ne le vois pas. » Sachez qu'il est là pour vous aider et éclairer vos lendemains. Omaël, tout comme les autres Anges de la Lumière, ne laisse jamais tomber ses enfants.

31 – LECABEL (du 23 au 28 août)

Lecabel est un « Dieu inspirant ». C'est un Ange qui aime le travail bien fait. Sa force est d'aider les êtres qui ont des ennuis avec la loi. Il aide à ce que la vérité se fasse entendre. Lecabel est l'Ange que devraient idéalement prier les juges, les avocats et les magistrats, tout comme ceux qui sont poursuivis en justice : les voleurs et les criminels de toutes sortes. Il permettra à ces derniers de comprendre la gravité de l'acte qu'ils ont commis et d'accepter le châtiment humain qui leur est infligé. De plus, Lecabel assistera les avocats pour que la sentence des criminels soit moins pénible.

Lecabel est l'Ange de l'impartialité. Que ce soit l'avocat ou le cambrioleur qui le prie, ces derniers sont égaux à ses yeux. Lecabel ne juge pas; il est tout simplement celui qui veillera à ce que la justice soit entendue. Il dit à son enfant qui a volé : « Ton geste n'est pas acceptable. » Il essaiera d'en comprendre la cause et travaillera afin que son enfant puisse recevoir une peine plus clémente. Cet Ange aidera aussi l'avocat qui essaie de faire la lumière sur une cause quelconque en lui donnant les mots justes, car Lecabel possède le don de la communication. Il apporte à ses enfants le don de communiquer. Ce sont des orateurs adulés. Leurs paroles sont importantes et bien pesées. Mère Teresa en est un bon exemple; elle était sous la gouverne de l'Ange Lecabel.

Lecabel est un peu à l'image d'un amplificateur, car sa voix est forte et elle porte loin. On pourrait le comparer à un chanteur d'opéra. Cet Ange d'un blanc pur est teinté des couleurs de l'arc-en-ciel et d'étincelles argentées. Ses ailes sont belles et immenses. Il possède une voix « d'animateur de radio ». Lorsque vous allumez cette radio, on dirait que les nouvelles fusent de toutes parts. Lecabel pourrait aussi se comparer à la musique, mais il préfère la parole. Si son enfant ne l'invoque pas, il reste là et fait battre ses ailes, car il a un désir profond de parler.

Lorsque Lecabel s'adresse à son public, il se doit d'être remarqué, bien qu'avec le timbre de sa voix, nul n'a besoin de le voir pour savoir qu'il est présent. Sa voix est hypnotique et mélodieuse quoique assez haute. À elle seule, elle attire toute l'attention. Même les Anges sont suspendus à ses lèvres lorsqu'il ouvre la bouche. Par contre, dès qu'il hausse le ton, les fréquences vibratoires élevées ont pour effet d'éblouir et de disperser les autres Anges qui n'ont pas l'habitude d'une telle assurance vocale. Ensuite, ces derniers reprennent leur place et se laissent absorber par la profondeur du discours. Les propos de Lecabel sont d'une très grande importance. En parlant, il fait jaillir quelques étincelles au-dessus de ses ailes afin que les gens remarquent aussi sa beauté.

Les enfants qui naîtront sous la gouverne de Lecabel feront d'excellents orateurs ou conférenciers, et ils prononceront des discours éloquents, s'ils se trouvent dans l'énergie positive de cet Ange. Lecabel permet donc à ses enfants de bien s'exprimer en public. Ceux-ci pourront être d'excellents chanteurs puisqu'ils possèdent une voix chaude et à la fois puissante. Tous les animateurs de radio nés sous sa gouverne auront un auditoire vaste et fidèle. Lecabel aide aussi les politiciens afin que leurs paroles soient justes, vraies et honnêtes. Ces politiciens œuvreront pour la justice et le respect du peuple.

Ceux qui ne travaillent pas dans l'énergie de Lecabel ne sont pas conscients de leur manque d'intégrité et leurs paroles sont fausses et malhonnêtes. Ils sont même dangereux, car ils essaient de manipuler les autres. Sachez que Lecabel a pour mission de ramener ces enfants vers leur propre Lumière. Il travaille également à ce que la vérité se fasse entendre, et ce, en toutes circonstances.

Lecabel possède la solution à chacun des problèmes que l'humain peut croiser sur sa route. Parfois, certains pensent que leur vie est sans issue, car ils sont dans la noirceur et le malheur le plus complet. L'Ange Lecabel vous dit qu'il y a une solution à tout et qu'il vous la montrera. Mais vous devez tout d'abord le prier. Se résigner, c'est tourner le dos à Dieu. Lecabel ira chercher l'aide de ses confrères et, ensemble, ils trouveront la solution pour que vous sortiez de cette impasse.

Lecabel aime se faire remarquer et ses enfants sont à son image. Ils ont des idées qui sortent des sentiers battus et ils tracent leur propre chemin dans la vie tout en étant en harmonie avec leurs différences. Ces êtres font d'excellents agents de publicité étant donné que Lecabel leur donne des idées novatrices et avant-gardistes pour réussir haut la main dans ce domaine. Tous ceux qui travaillent dans le domaine des communications devraient prier cet Ange, car il leur donne la force nécessaire pour bien s'exprimer et communiquer leurs idées.

32 – VASARIAH (du 29 août au 2 septembre)

Vasariah est un « Dieu juste ». C'est un Ange très sensible et émotif. Son désir le plus profond est l'égalité sociale. Il a horreur des passe-droits. Vasariah souhaite que chacun obtienne le bonheur et soit heureux. Vasariah ressemble à une « maman oiseau » qui nourrit ses petits tout en prenant soin de leur donner des quantités égales de nourriture et en faisant preuve de la même dévotion envers tous ses oisillons. Ses ailes sont toutes petites, mais très agiles. Vous pouvez ressentir cet Ange qui a la splendeur et la douceur d'un papillon en plein vol. Ses couleurs sont un mélange de blanc et de turquoise. Lorsque Vasariah déploie ses ailes, ces deux teintes se marient.

Si vous priez Vasariah, elle volera doucement autour de vous et vous nourrira de sa source lumineuse, de sa sagesse et de son amour. Vasariah permet à ses enfants de construire leur monde, de construire leur foyer dans le bonheur et l'harmonie. Son rôle angélique n'est peut-être pas aussi éclatant que celui des Anges de sa Hiérarchie, mais sachez qu'elle prend soin d'eux. Elle recèle un peu les forces de chacun des Anges de ce Chœur. C'est pourquoi elle peut aider tous les enfants qui font partie de ce Chœur Angélique. Son rôle semble secondaire, mais équité et égalité sont deux valeurs importantes dans le monde des humains.

Vasariah est la manifestation de la simplicité; c'est sa grande qualité, sa grande force. Vasariah paraît peut-être banale aux yeux des humains, mais derrière chacune de ses ailes se cache le don de chacun des Anges des Dominations. Cet Ange déploie ses ailes et accorde à chacun de ses enfants le don ou l'aide qu'il demande. Vasariah redistribue l'énergie spirituelle contenue dans le Chœur des Dominations. Telle est la force de cet Ange.

L'une des faiblesses des enfants sous la gouverne de Vasariah est qu'ils n'ont pas confiance en eux et qu'ils sont athées. Ces enfants ont beaucoup de difficultés à se faire des amis, de même qu'à s'intégrer dans la société ou un groupe. Vasariah leur redonne confiance en eux. Ses enfants sont dotés de dons spéciaux difficiles à apprivoiser. C'est d'ailleurs l'une des raisons principales de leur isolement. Ces enfants perçoivent des situations ou des événements auxquels la majorité des gens sont insensibles. Ils sont donc jugés en fonction de leurs capacités extrasensorielles. Vasariah brise leur isolement en leur expliquant que ces dons sont le prolongement de leur personnalité. Ce don de Dieu est en eux, mais il demande à être apprivoisé petit à petit.

Vasariah prend soin de tous les artistes : les créateurs et les musiciens. Elle les aide à prendre conscience de leur talent et à maîtriser leur art. Sachez que ces êtres sont divinement guidés. Les œuvres qu'ils produisent sont remarquables tant par leur intensité que par les émotions angéliques qu'elles dégagent.

Puisque Vasariah possède un soupçon de l'Ange Lecabel en elle, elle vous aide à surmonter les injustices. Elle atténue le sort qui vous est réservé. Elle vous aidera tout simplement à prendre vos responsabilités. Cet Ange vous fera comprendre qu'il faut être juste et honnête envers son prochain. Il vous aidera à prendre conscience de la gravité de l'acte que vous avez commis et à réparer vos erreurs. Vasariah a un rôle quelque peu compliqué, car elle accomplit avec douceur plusieurs choses qui, à première vue, ne vont pas de pair. « Polyvalence » est le mot qui résume bien son travail; elle porte donc plusieurs casquettes.

Vasariah a la force nécessaire pour vous sortir de l'Ombre et vous guider vers des situations beaucoup plus heureuses. Les enfants qui ne croiront pas en cet Ange auront souvent des démêlés avec la justice et des problèmes de toutes sortes. Vasariah tendra la main à ces enfants et leur dira : « Regardez ce chemin lumineux qui s'ouvre devant vous. Empruntez-le et vous serez beaucoup plus heureux. » Ce qui compte pour cet Ange, c'est le respect et la justice.

Les enfants nés sous sa gouverne auront souvent tendance à dévier de leur chemin. Vasariah doit donc être polyvalente étant donné que ceux-ci chuteront dans différents domaines. Ceux qui choisiront d'être du côté de l'Ombre n'auront pas une vie facile. Toutefois, Vasariah, telle une « maman oiseau » attentionnée, ouvrira l'œil et les ramènera, le plus tôt possible, dans le droit chemin. Priez cet Ange et vous connaîtrez une spiritualité florissante ainsi qu'une vie équilibrée, dépourvue d'embûches. Vous retrouverez votre voie et la joie intérieure.

CHAPITRE X

Le Chœur des Puissances

Les Brûlants
Du 3 septembre au 13 octobre

Cinquième étage à franchir pour l'humain

Dirigé par l'Archange Camaël (Force de Dieu)

Les huit Anges qui composent ce cinquième Chœur Angélique sont :

33 – Yehuiah (du 3 au 7 septembre)

34 – Lehahiah (du 8 au 12 septembre)

35 – Chavakhiah (du 13 au 17 septembre)

36 – Menadel (du 18 au 23 septembre)

37 – Aniel (du 24 au 28 septembre)

38 – Haamiah (du 29 septembre au 3 octobre)

39 – Rehaël (du 4 au 8 octobre)

40 – Ieiazel (du 9 au 13 octobre)

La mission du Chœur des Puissances

Le Chœur des Puissances a été créé pour aider l'humain à expier ses fautes commises sur Terre. Les Puissances sont à l'image d'un juge qui doit décider du sort d'un accusé, qui doit prononcer le verdict sans appel. Si le Chœur des Trônes constitue la « prison de l'âme », celui des Puissances en représente la clé, la porte de sortie. Les Puissances contribuent à ce que justice soit faite. Il serait donc important pour les enfants Trônes et pour tous ceux qui ont commis des actes répréhensibles de prier les Anges du Chœur des Puissances afin qu'ils puissent vous aider à épurer votre karma. Ce Chœur vous permettra de bien réparer vos erreurs et de demander pardon à ceux que vous avez blessés. Ainsi, avant de quitter la Terre, vous aurez eu le privilège d'épurer votre karma immédiatement et, lors de votre prochaine incarnation, cela sera beaucoup plus facile pour vous.

Les humains doivent comprendre que chaque événement qui n'est pas réglé ou chaque geste causant de la rancune qui n'est pas pardonné referont surface tout au court de leur vie, de même que dans les prochaines incarnations : c'est ce qu'on appelle le « karma ».

Certains se demandent : « Comment se fait-il que je revis toujours la même chose? Il me semble que j'ai fait ma part? Pourquoi est-ce que cela arrive toujours à moi? » C'est simple, votre problème n'est jamais résolu en profondeur. Vous ne l'abordez qu'à la surface ou vous tentez de le fuir. En réglant cette difficulté pour de bon et en demandant pardon du fond du cœur, cet événement ne reviendra plus vous hanter. Les leçons de vie ne sont pas faciles à surmonter pour l'être humain, et sachez que de vouloir les régler est tout aussi ardu. C'est l'apprentissage d'une vie. Il faut laisser le temps faire son œuvre.

Si vous priez le Chœur des Puissances en leur demandant de l'aide, celle-ci vous sera accordée instantanément. Vous serez épaulés, vous serez aidés. Les Puissances vous permettront de mieux comprendre les événements qui se produisent actuellement dans votre vie. Ils vous aideront à prendre conscience des dommages causés par ces écarts de conduite et à accepter les conséquences de vos actes. Vous serez alors en mesure de réparer les fautes commises au meilleur de vos capacités. Avec tous ces outils en main, vous pourrez grandir, libérés de ce malheur qui ne reviendra plus puisque vous l'aurez surmonté. Plus les énergies du Chœur des Puissances seront présentes en vous, plus la Lumière sera forte. Ainsi, il vous sera plus facile d'accéder à l'étape suivante.

Le Chœur des Puissances permet à tous ceux qui ont trébuché dans leur évolution, ainsi qu'à tous ceux qui ont commis des fautes graves de demander pardon. Le Chœur des Puissances est un Chœur de force et de courage. Tous les Anges de ce Chœur sont des êtres très lumineux, courageux et honnêtes. Ils permettent à leurs enfants de ressentir cette grande force qui recèle en eux. Ces Anges vous donneront le courage de surmonter les épreuves. Tel est leur rôle. C'est un rôle très important puisque chaque enfant est pour eux une bénédiction divine. Vous pouvez donc associer le Chœur des Puissances aux reflets du soleil qui illuminent la Terre. Regardez dans le ciel bleu tous les reflets que le soleil émet, toute cette brillance; tel est le Chœur des Puissances. Les Puissances sont la Lumière, les Puissances sont la porte de sortie. Ils sont la clé qui vous aide à solutionner un problème. Lorsqu'on travaille avec les Puissances, on travaille avec droiture, en harmonie avec les lois de la vie, les lois de l'amour et les lois des Anges!

Le Chœur des Puissances analyse votre chemin de vie et vous permet de voir vos erreurs et de les comprendre. Mais ce qui prime, c'est l'acceptation de vos erreurs. Sachez que l'Archange Camaël, qui veille sur tous les Anges et sur tous les enfants de ce Chœur, s'assurera que ses Anges apportent à chacun de leurs enfants le courage de surmonter les épreuves. Il leur donnera aussi la possibilité de comprendre le sens réel de la vie ainsi que les raisons pour lesquelles des épreuves ont été mises sur leur chemin.

Il est essentiel que ces enfants puissent comprendre la nature de leurs actes. Tous ceux qui se trouvent dans ce Chœur feront, à l'occasion, des actes sombres. Le rôle des Puissances sera de dire à cet enfant : « Regarde ce que tu as fait, sois-en conscient et analyse le geste que tu as fait. » Ensuite, chacun des Anges de ce Chœur lui diront : « Maintenant que tu as commis une faute, tu dois la réparer. » Ainsi, les êtres de ce Chœur ont le don de réparer leurs erreurs, de les accepter, de les analyser et, finalement, de se faire pardonner.

Sachez qu'il est permis de faire des erreurs, car l'humain doit obligatoirement en faire pour cheminer. Toutefois, ce qui compte davantage, c'est de les comprendre et d'accepter les conséquences qui en découlent. Vous avez fait un mauvais pas? C'est bien! Maintenant, vous devez en accepter les conséquences. Tel est le travail, le défi du Chœur des Puissances. L'énergie des Puissances permettra à tous ceux qui vivent une situation difficile ou qui ont commis une erreur, un acte désobligeant (vol, blessure ou meurtre), de raisonner de cette façon.

Le Chœur des Puissances protège également tout ce qui est lié au travail de la hiérarchie de l'Arbre ainsi qu'au travail terrestre. Il prend soin des travailleurs, des employés, des cadres et des propriétaires d'entreprises. Bref, de tous ceux qui créent du travail, de même que de tous ceux qui l'exécutent. Tous les Anges de ce Chœur sont des chefs qui dirigent le travail de chaque être humain.

Qui peut prier le Chœur des Puissances?

Tous ceux qui ont besoin de pardonner, de recevoir un pardon ou de réparer une faute. Le mot « pardon » a été créé par le Chœur des Puissances afin que les humains puissent le prononcer le temps venu. Pour évoluer, il est important de dire : « J'admets mon erreur! » Ce sont des mots à haute résonance vibratoire. Cela signifie : « J'accepte ma sentence et j'accepte aussi de réparer mon erreur. » Quand l'être humain parvient à faire ce cheminement, la réussite, terrestre comme céleste, lui est accordée.

Lorsqu'une personne refuse votre pardon, exprimez votre désolation quant à cette absence de réceptivité plutôt que de faire comme si cela vous était égal. Cette personne sentira que vous êtes sincère et comprendra que vous espéreriez son pardon. Elle prendra conscience, tôt ou tard, qu'elle est le barrage, le mur, qui empêche l'amour de circuler librement. Restez sur vos positions et vous verrez combien vous grandirez en passant à travers tout cela. L'Ombre, le doute et la rancœur laisseront place à un être épanoui et lumineux. Quel que soit l'acte que vous avez commis, nul ne peut vous juger parce que vous vous serez vous-mêmes rachetés. Bref, le Chœur des Puissances est le Chœur des puissants. Ceux qui ont commis un acte sombre ont ainsi le pouvoir de se racheter.

Les enfants du Chœur des Trônes devraient prendre le temps de prier le Chœur des Puissances. Ces enfants Trônes ont en eux la clé mais, parfois, ils ne peuvent l'utiliser. Les Puissances, elles, sont la clé. Autrement dit, nous conseillons à tous les enfants des Trônes de prier les Anges du Chœur des Puissances, car ils vous permettront de retrouver la clé qui gît au fond de votre âme. Telle est la force des Puissances. Ces dernières sont à l'image du soleil levant qui rayonne sur Terre pour la réchauffer et l'irradier de tout son amour. Il est la source de toutes formes de vie. Sans soleil, la Terre serait morne et sans vie. Sans les Puissances, les êtres humains seraient indisciplinés et les karmas difficiles à épurer.

La vibration du Chœur des Puissances (Comment les ressentir?)

Le Chœur des Puissances se compare à une ampoule que vous allumez pour vous éclairer. Si vous allumez une ampoule de 10 watts, la luminosité sera moindre que celle d'une ampoule de 100 watts. La luminosité de la deuxième ampoule vous permettra de voir beaucoup plus loin et dans les moindres détails puisque tout sera éclairé autour de vous. Ainsi, si vous possédez en vous l'énergie du Chœur des Puissances, vous trouverez votre chemin plus aisément. De même, si l'énergie est faible, voire absente, votre vie ne sera pas aussi illuminée. Priez les Puissances et vous pourrez briller de tous vos feux. L'invisible deviendra visible puisque vous pourrez voir devant vous, autour de vous et en vous. Cela vous permettra de mieux repérer votre chemin de vie et d'analyser les situations dans lesquelles vous vous trouvez.

Le rôle des enfants Puissances sur le plan terrestre

Chaque enfant qui fait partie du Chœur des Puissances est productif. Cet enfant produit, crée, vend, exporte. Bref, il est une véritable bête de somme. C'est lui qui fait tourner la roue de l'économie et qui s'occupe de développer le potentiel de la main-d'œuvre humaine, tant sur le plan physique qu'intellectuel. Pas étonnant que l'Archange qui dirige ce Chœur porte le nom « Rigueur de Dieu ». Camaël donne de la rigueur à tous ceux qui veulent travailler et avoir du succès afin qu'ils puissent avancer avec fierté dans ce vaste monde où la concurrence est omniprésente.

Le Chœur des Puissances a été conçu pour aider l'humanité à mener des recherches afin de trouver une réponse à toutes les interrogations possibles. Dieu a créé ce Chœur afin qu'il trouve les motifs des fléaux humanitaires ainsi que leurs solutions. Plusieurs enfants des Puissances sont d'excellents chercheurs; ils trouvent des remèdes pour apaiser les maux qui affligent les humains de la Terre. Ils possèdent en eux le pouvoir que lui confère le Chœur des Puissances et il n'en tient qu'à eux de les mettre en application ou non étant donné qu'ils possèdent leur propre clé.

Veuillez noter que chaque Chœur possède une clé, une force et si vous parvenez à intégrer les clés de chacun d'entre eux, vous deviendrez un être guidé par les Anges. Vous serez en harmonie avec votre mission de vie. Sachez que certains Chœurs n'ont pas toutes les forces requises pour accéder au Plan de Dieu. Chacun des enfants de Dieu doit donc aller chercher la clé de chacun des Chœurs afin d'y parvenir. La clé du Chœur des Puissances, c'est le travail conjugué à l'ouverture spirituelle.

Sachez que la force du Chœur des Puissances vient de l'intérieur. Les enfants de ce Chœur ont en eux une puissance extraordinaire pour réussir leur vie. Si vous êtes sans emploi, vous en êtes les seuls responsables. Bref, les enfants Puissances possèdent toutes les qualités imaginables pour trouver du travail ou en créer. Vous possédez donc la clé qui vous conduira au succès, à la renommée et au bien-être sur tous les plans. Qu'attendez-vous? Utilisez-la!

La faiblesse de l'enfant Puissances quand il n'est pas en harmonie avec son plan de vie

Les enfants Puissances feront des erreurs de jugement. Ils se retrouveront souvent dans des situations ambiguës et sans aucune porte de sortie. Les gens les fuiront. Ils seront en constante opposition avec leur vie, car ils auront plusieurs obstacles à surmonter. Les gens qui les entourent seront souvent indignés par leurs comportements vindicatifs et diaboliques. Ces enfants Puissances blesseront souvent les autres avec leurs paroles méchantes.

Si vous ne priez pas votre Ange ou si vous ne croyez pas en lui et que vous êtes dans l'Ombre, vous serez aussi très paresseux. Cela est l'une des conséquences directes qui découle d'une absence de Lumière en vous. Vous aurez de la difficulté à vous trouver un emploi, car aucun ne correspondra à ce que vous recherchez. En fait, vous vous dirigerez invariablement vers un travail qui ne vous convient pas. Ainsi, vous deviendrez vite un poids pour la société. Vous penserez que personne ne veut vous aider et que personne ne vous aime. Toutefois, vous ne ferez rien pour vous en sortir. Vous préférerez rester dans l'Ombre et vous apitoyer sur votre sort.

Si vous êtes dans l'Ombre et que vous ne voulez pas vous en sortir, vous vivrez de nombreuses épreuves au cours de votre existence terrestre. Par contre, si vous décidez de prier les Anges du Chœur des Puissances ou votre Ange personnel, ils infuseront à l'intérieur de vous la force, le courage et la paix. Ce Chœur vous donnera la motivation nécessaire pour traverser les épreuves. Ainsi, vous parviendrez facilement à changer votre direction et à obtenir rapidement des résultats positifs. La Lumière des Anges du Chœur des Puissances vous éclairera et vous conduira vers le chemin du bonheur et de la quiétude intérieure. Ce Chœur vous permettra de savourer à fond le bonheur et le succès que vous méritez.

Une autre de leurs faiblesses, c'est qu'ils prendront tellement leur travail à cœur qu'ils négligeront leurs propres sentiments ainsi que le côté sacré en eux. L'amour et la famille seront relégués au deuxième et même au troisième plan. Pourtant, cette fuite démontre qu'ils ont besoin d'amour plus que quiconque. Ils devront prendre conscience que leur force réside dans le travail, mais qu'ils doivent aussi accorder du temps et de l'énergie à leur vie amoureuse et familiale. Lorsque nous aimons et que nous sommes aimés en retour, nous sommes davantage productifs.

Sachez que la spiritualité n'est pas innée chez les enfants du Chœur des Puissances. Ils lutteront une grande partie de leur vie puisqu'ils oscilleront entre leurs propres croyances et celles de l'humanité. Ils prendront donc plus de temps à développer leur spiritualité que les individus de n'importe quel autre Chœur. Ces enfants devront travailler très fort pour y arriver, car ils n'y auront pas accès facilement. En accédant volontairement à cette spiritualité, la Lumière entrera en eux et leur spiritualité s'éveillera d'elle-même. La persévérance est donc de mise.

Ces enfants doivent aussi apprendre à accepter qu'ils ont des défauts, mais surtout à écouter ce que les autres ont à dire. C'est une autre faiblesse à laquelle ils devront faire attention, car ceux qui les entourent sont leur propre miroir. Pour entreprendre un cheminement spirituel, il faut d'abord observer l'image de nous-mêmes que les autres nous renvoient et l'étudier.

Que devez-vous faire pour être en harmonie avec votre plan de vie?

Premièrement, il faut prier le Chœur des Puissances. Demandez à l'Archange Camaël de vous aider, de même qu'à la force de Dieu, à la Puissance de Dieu. Cela vous permettra de vous redresser. Les Puissances forment un Chœur qui aide les gens, qui leur redonne confiance et qui leur apporte le courage. Ce Chœur fait comprendre aux humains la moralité de leurs actes. Lorsqu'une personne trébuche dans la vie, elle peut soit essayer de se relever soit rester par terre. L'Archange Camaël dira : « Tu as chuté et tu t'es sali. Maintenant, relève la tête bien haute et accepte que tes vêtements soient, pour l'instant, en lambeaux. Continue de marcher droit devant. À force de marcher droit, toutes les poussières finiront par tomber d'elles-mêmes. Ensuite, tu avanceras dans la pureté. »

Camaël vous aidera à comprendre que vous avez fait un geste inadmissible du point de vue de l'éthique. « Je ne juge pas, je ne veux pas que tu juges les autres et que tu dises : "c'est la faute d'un tel", ou encore que tu jettes le blâme sur les circonstances. Tu es maître de ta vie et de tes actions. Assume-les! Si tu te retrouves dans une telle situation, c'est que tu as bien voulu t'y retrouver. Ce qui compte, c'est d'avancer même si le fardeau est lourd à porter. »

« Si quelqu'un ne veut rien entendre de tes excuses, cela n'est pas grave. Remercie cette personne de t'avoir écouté et dis-lui que, dans ton cœur, tu regrettes les gestes que tu as faits. Transmets-lui tes ex- cuses et demande-lui pardon au nom des sentiments qui vous unissent. N'aie pas d'attentes, retourne-toi et poursuis ta route. Tu as fait ce qui devait être fait, car tu as tenté de réparer une situation épineuse. Mais si l'orgueil s'empare de toi et que tu te dis : "Je viens de m'excuser et on me réprimande de la sorte… Je ne m'abaisserai plus jamais de cette façon!" Tu commets à nouveau une erreur. Pour être puissant devant les difficultés, devant l'Ombre, il suffit de rester Lumière. Rester debout est ce qu'il y a de plus difficile à faire pour un être humain. »

Si tous les enfants se dirigeaient vers cette forme d'évolution, comprenaient le rôle de leur Archange ou de leur Ange, ils pourraient entrer dans la Lumière et comprendre la mission de leur âme, le rôle qu'ils doivent jouer sur cette planète. Ainsi, ils seraient beaucoup plus heureux et en harmonie avec leur plan de vie.

L'enfant du Chœur des Puissances

Les jeunes enfants Puissances sont des enfants très charmants qui possèdent du cran, de l'énergie et de la détermination. Ils sont intelligents, ils savent travailler avec leurs mains et ils sont très dévoués à ceux qu'ils aiment. La force qu'il possède en eux se reflète à travers leur regard. Par contre, lorsqu'ils côtoient l'Ombre, ces enfants deviennent rapidement influencés par elle. On remarque cette influence négative à travers leurs comportements désordonnés. Ils sont turbulents, vindicatifs, difficiles et très bornés. Ils dérangent tout le monde autour d'eux. En fait, ils ont un grand besoin d'attention et surtout énormément d'amour. Ils cherchent à contrôler tout le monde, même leurs parents. Voilà un danger à surveiller. En tant que parents d'un enfant Puissances, vous devriez être fermes, intègres, patients et surtout lui donner beaucoup d'amour. Ainsi, votre enfant sera influencé par votre Lumière et son comportement changera. Au lieu de vous déranger, il vous apportera de l'aide, du soutien et vous en serez fiers.

Les jeunes enfants Puissances devront aussi se sentir épaulés par leurs parents pendant la période d'examens ou leurs leçons. Lorsqu'ils n'ont pas l'appui du parent, ces enfants Puissances peuvent facilement devenir des décrocheurs en raison de leur manque de confiance en eux. Ils ont besoin de l'appui de leurs parents dès leur jeune âge, surtout dès leur première année d'études. Si ces enfants Puissances se sentent appuyés par leurs parents, ils travailleront très fort pour réussir à l'école. Ce ne sera pas toujours facile pour eux. Les matières scolaires basées sur la logique sont leur faiblesse puisqu'ils sont avant tout des artistes et des travailleurs manuels. Par contre, ceux qui auront la mission de trouver les meilleurs remèdes pour guérir la planète seront ultra-doués.

La plupart des enfants Puissances ont des idées qui sortent de l'ordinaire. Avec le temps, ces idées peuvent valoir beaucoup d'argent. Ils sont des enfants avant-gardistes. De là la difficulté de les suivre ou de les comprendre. Les enfants Puissances « créateurs et sauveurs » seront souvent isolés du monde et ils ne posséderont qu'un seul ami auquel ils voueront une grande amitié. Ils seront également très sélectifs dans le choix de leurs amis. N'entre pas qui veut dans sa bulle. Toutefois, s'il vous donne son accord, il vous sera dévoué, et ce, pour le restant de sa vie.

Au cours de la période de l'adolescence et du jeune adulte, ces enfants Puissances aimeront faire des expériences; surtout les enfants de sexe masculin qui aiment le danger. Toutefois, ils seront assez intelligents et aucune conséquence désastreuse ne découlera de ces expériences parfois dangereuses. Les enfants Puissances aiment leur liberté et ils ont une grande soif d'approfondir leurs connaissances, ce qui les amènera à quitter tôt le domicile familial pour explorer le monde à leur manière.

Il serait important que les parents d'enfants Puissances les encadrent dans leur spiritualité, et ce, dès leur jeune âge puisqu'ils ont tendance à s'aventurer vers toutes sortes de magie ou à ne croire en rien. Ces enfants possèdent le pouvoir de créer des êtres non lumineux et de les invoquer. Cependant, si le parent éveille sa spiritualité dans la bonne voie, cet enfant Puissances deviendra un enfant illuminé et bien branché aux sphères spirituelles. La force de l'enfant Puissances, épanoui dans sa spiritualité, est qu'il sera en mesure de réparer immédiatement le mal qu'il fera autour de lui. Il vous demandera pardon et ne recommencera pas sa faute, car il aura appris sa leçon.

L'adulte du Chœur des Puissances

Les natifs de ce Chœur sont des travailleurs acharnés. Ils sont dévoués à la recherche et à l'amélioration des conditions de vie. Ils chercheront à évoluer sur le plan professionnel. Certains d'entre eux iront même jusqu'à créer des emplois. La force et l'énergie de ces enfants sont axées sur le domaine du travail. Cette détermination les amène à avoir un corps physique ainsi que mental très fort et très puissant. Ces individus ne sont pas paresseux, ils sont des travaillants et ils ont un grand besoin de bouger, de s'occuper.

Généralement, ils ont une allure simple, mais ils peuvent être très charmeurs. Leur physionomie parle d'elle-même. Lorsque cet enfant est en harmonie avec son plan de vie, cela paraît dans sa figure, dans sa démarche. Il est souriant, joyeux et il propage cet enthousiasme partout où il va. Par contre, s'il n'est pas en harmonie, son visage sera morne, rempli de tristesse. Certains enfants Puissances auront même des cernes ou des rides très prononcées qui refléteront la tristesse, la maladie, le malheur, la critique. Ces êtres seront très négatifs et ils ne voudront pas voir la lumière au bout du tunnel. Ils préféreront vivre dans la noirceur absolue et se plaindre à qui veut l'entendre que leur vie n'est pas facile. La plupart d'entre eux jalouseront leur prochain. Ils diront souvent que tout le monde possède tout, sauf eux. Ils ne prendront jamais le temps de regarder dans leur propre jardin la beauté qui y vit. Souvent, les membres de leur famille sont là et ils n'attendent que d'être aimés par lui.

Les dames de ce Chœur optent beaucoup pour la beauté naturelle. Elles se maquillent peu, à part un peu de rouge à lèvres pour rehausser la beauté de leurs lèvres et peut-être des crèmes pour rafraîchir leur peau. Toutes les femmes de ce Chœur en harmonie avec leur plan de vie ont une très belle peau rosée, douce et en santé. Cependant, celles qui se laisseront influencer par des énergies négatives auront une peau terne et sans vie.

Les femmes Puissances sont très conservatrices dans leur tenue vestimentaire. Toutefois, elles aiment agencer leur tenue avec un beau bijou ou un foulard. Elles ont beaucoup de goût pour tout ce qui touche à la mode. Certaines femmes Puissances peuvent être d'excellentes designers de mode féminine. Une grande qualité des dames Puissances, c'est qu'elles sont toujours prêtes à aider leur prochain, à les accueillir dans leur demeure. Lorsqu'il s'agit d'aider les autres, les femmes issues du Chœur des Puissances se démarquent à fond. Elles peuvent tout faire pour vous rendre heureux. Toutefois, elles n'appliquent pas toujours ces principes dans leur propre vie!

Tout comme les femmes de ce Chœur, la plupart des hommes Puissances sont simples autant dans leur apparence générale que dans leur tenue vestimentaire. Pourtant, ils sont tellement beaux lorsqu'ils sont bien vêtus. Mais, ils préfèrent davantage une vieille paire de jeans à un pantalon propre. Cependant, il y a des exceptions : certains hommes portent des vêtements à la mode; ils suivent les tendances. Ces derniers sont pires que les femmes. Ils font attention à leur corps, ils consultent des dermatologues pour que leur peau ne vieillisse pas, ils vont se pomponner et ils mettent des heures à se préparer. Ils possèdent plusieurs crèmes afin de rafraîchir leur peau et d'en conserver une apparence saine. Ces êtres vous hypnotisent avec leurs grands yeux qui resplendissent de vie et, surtout, qui resplendissent de sensualité. Ils sont adorables, charmeurs et très sexuels.

Les unions des enfants du Chœur des Puissances ne durent habituellement jamais bien longtemps. Par contre, si ces enfants travaillent leur spiritualité, leur force et leur Lumière intérieure, leur vie amoureuse sera plus spirituelle et plus heureuse. Ils pourront alors terminer leur vie avec le partenaire qu'ils auront choisi.

Mais sachez que plusieurs d'entre eux connaîtront maintes unions, alors que d'autres ne découvriront jamais ce qu'est l'amour. Ils finiront leurs jours seuls ou se lieront à quelqu'un dans le but de satisfaire leurs propres plaisirs. Ils ne seront pas conscients du tort qu'ils causent aux autres, pas plus qu'à eux-mêmes. Ces êtres finiront seuls et sans amour parce qu'ils n'auront pas apprécié l'amour qui leur aura été donné... Telle est la faiblesse de ses enfants.

Toutefois, lorsque ces enfants Puissances possèdent en eux la Lumière divine, ils sont en harmonie avec leur plan de vie, et ce, sur tous les points. Ils choisiront toujours le partenaire idéal avec lequel ils bâtiront leur foyer, leur bonheur. Leur famille passera au premier plan. Ils en deviendront rapidement les piliers. Les gens iront vers eux pour obtenir les meilleurs conseils ou tout simplement pour recevoir l'amour qui jaillit en eux. Ces enfants Puissances lumineux représentent la force, l'équilibre, la droiture, le courage et la détermination. Ils deviennent un exemple à suivre.

L'Archange Camaël

Les Puissances sont un Chœur qui a aussi été formé par Dieu. Il est d'une grande importance. L'Archange Camaël est celui qui dirige ce Chœur. Il est grand et possède un énorme pouvoir sur ceux qu'il protège. Camaël doit être considéré comme un Dieu, semblable au Dieu Soleil. Il est celui qui apporte le soleil, la joie et le bonheur dans le cœur des gens. Pour l'imaginer, prenez un grand soleil très lumineux et ajoutez-y six ailes. Chacune des rangées de plumes est brillante, car le soleil illumine chacune de ses ailes. Cependant, il n'a pas la « rondeur » du soleil, mais bien sa puissance et sa beauté.

Sans Camaël, ce Chœur serait sombre. Cet Archange est véritablement la Lumière de cette famille angélique. Comme lorsque le soleil se lève, il illumine la Terre. Il apporte la chaleur et réchauffe tous ceux qui se dorent au soleil. Tel est le rôle de l'Archange Camaël de même que celui de tous les Anges qui travaillent avec lui.

Quand le soleil se couche, c'est que la nuit approche. Et la nuit, il fait froid et c'est sombre. Au matin, nous sommes heureux de revoir le soleil briller à nouveau dans le ciel. Camaël est un Archange qui resplendit par sa beauté, sa chaleur et sa puissance. Il aide la planète entière. Il apporte son propre soleil au monde pour que ce dernier puisse vibrer dans la chaleur et dans l'amour.

Camaël est un Archange qui aime venir en aide au monde entier. Il aime transmettre ses connaissances. Camaël aide ceux qui sont dans l'Ombre à comprendre les ficelles de la guerre de même que les actes horribles commis. Camaël dit : « Si tous les enfants qui font la guerre savaient pourquoi ils la font, peut-être n'y en aurait-il pas. »

Camaël travaille beaucoup, ces derniers temps, à cause de la guerre qui fait rage dans certains pays en ce moment. Il veut montrer aux enfants et à tous ceux qui le prient que la guerre doit cesser. Sa mission est d'amener la Lumière vers les soldats en leur disant : « Pourquoi te bats-tu et pour qui te bats-tu? » Et lorsqu'ils répondent, Camaël leur demande : « Est-ce une raison valable? » Il leur demande de prendre conscience de ces comportements insensés et les amène à réfléchir aux actes qu'ils font. « Maintenant que tu as compris pourquoi tu fais la guerre, la feras-tu différemment ou encore cesseras-tu de la faire? » Tel est le rôle de Camaël. Il ne jugera pas vos actions; il vous aidera à les comprendre.

Dieu a dit : « Camaël, va vers les peuples qui se battent et prends-en soin. Lorsqu'ils nous prieront, demande leur pourquoi ils se battent et fais-leur analyser les raisons de cette guerre. » Toutefois, Dieu est conscient que Camaël ne peut pas tout faire, ni transformer l'humanité en un seul claquement de doigts, mais qu'il peut aider ceux qui désirent changer.

Lorsqu'un soldat se bat contre son ennemi en pensant que ce dernier est dangereux, il se bat pour le tuer. Il ne saisit pas le sens réel de cette guerre. Toutefois, si ce soldat réfléchit et analyse la raison qui le pousse à se battre, qu'il accepte les conséquences de ses actes, il ne se battra plus pour les mêmes motifs ni de la même manière. Sa force spirituelle prendra le dessus et le dirigera vers une cause beaucoup plus lumineuse.

Se battre pour tuer n'est pas une cause noble. Si vous tuez, vous devez prendre conscience de l'acte que vous commettez et réfléchir à ses conséquences. Lorsque l'on vous demande de tuer et que vous le faites, ce n'est pas pour les bonnes raisons, si bonnes raisons il y a. Tuer est un crime. Cependant, si vous tuez pour vous défendre, nous analysons votre geste et la raison pour laquelle vous l'avez fait. Si tous les gens étaient conscients du tort qu'ils se font à eux-mêmes, en l'occurrence, nous parlons des soldats, la guerre serait moins répandue, sinon inexistante.

Le message de Dieu est simple : « Arrêtez de vous battre et personne ne se battra plus par la suite. Continuez de vous battre et tout le monde fera de même. » Dieu sait que la Terre change et que des guerres auront lieu pour changer le cours de l'humanité. Il sait qu'il y aura des pertes de vies innocentes et des naissances qui suivront... Dieu enverra à ceux qui naîtront sa Puissance angélique pour permettre à ces enfants de devenir des êtres d'amour, et que la guerre cesse une fois pour toutes. Dieu est conscient que la plus grande des guerres est celle des religions.

C'est la religion qui tue. Si chaque être suivait la leçon de Dieu, il n'y aurait pas de guerre. Il n'y aurait que de l'amour. Tous ceux qui se sont proclamés « Dieu », de même que tous ceux qui ont nommé Dieu comme étant leur Père et qui ont créé un monde à eux, une religion à eux, ont créé une guerre de toutes pièces. Quelle que soit la façon dont vous priez Dieu, il ne devrait jamais y avoir de haine, seulement du respect. Celui qui représente Dieu ne devrait jamais exiger quoi que ce soit. Il devrait plutôt donner inconditionnellement.

Camaël a sous sa régence huit Anges de la Lumière : Yehuiah, Lehahiah, Chavakhiah, Menadel, Aniel, Haamiah, Rehaël et Ieiazel.

33 – YEHUIAH (du 3 au 7 septembre)

Yehuiah affirme qu'elle est un bel Ange. Ses ailes sont d'un blanc très pur, aux contours d'un magnifique bleu azur. Ses yeux, également bleu azur, lui permettent de voir au loin. Ses oreilles, quoique plus grandes que la moyenne, sont teintées d'un bleu différent de celui de ses yeux et recouvertes d'un fin duvet. Ses oreilles sont peut-être un peu plus grandes que la moyenne, mais cela lui donne un certain charme qui la rend unique. Elle a de grands yeux lumineux qui transpercent tout ce qui se trouve devant elle. Yehuiah précise qu'elle arrive à voir dans l'obscurité la plus totale. Les enfants sous sa gouverne arriveront à voir ce qui se passe, et ce, même s'ils ne sont pas dans la clarté, même si la Lumière est loin d'eux. Ils verront avec leur propre Lumière, avec les yeux du cœur. Telle est la force que cet Ange transmet à ses enfants.

Yehuiah est un « Dieu qui connaît toutes choses ». Comme son nom l'indique, elle sait, elle sent, elle comprend, elle regarde et elle écoute. Ensuite, lorsqu'elle s'exprime, ce qu'elle dit est important puisque Yehuiah est un Ange qui analyse tout avant de parler. Elle donne à tous ses enfants cette même force. Elle est consciente de la puissance de la parole. Il est important de parler, mais il faut savoir que les mots prononcés doivent être véridiques et lumineux. Personne ne pourra alors vous contredire puisque ces mots seront justes, posés et calculés.

Yehuiah est l'Ange de la connaissance. On la représente habituellement tenant un livre entre les mains. Chacune des pages reflète une Lumière très puissante. Cet Ange connaît par cœur le contenu de ces pages remplies de sagesse. Yehuiah s'apparente à un dictionnaire. Lorsque vous tombez sur un mot nouveau, vous l'emmagasinez dans votre mémoire. Yehuiah fonctionne aussi de cette façon. Ainsi, elle possède la réponse à chacune des questions qui lui sont posées. Elle observe tous les événements qui se passent sur cette Terre et elle les analyse. Certains de ses confrères et de ses consœurs disent qu'elle a de bien grandes oreilles, car elle entend tout!

Yehuiah a le pouvoir de prendre soin de tous les chefs d'États et de leurs adjoints, des fonctionnaires, des ambassadeurs, de même que de tous ceux qui doivent représenter un pays. Si vous éprouvez des difficultés professionnelles, cet Ange peut vous aider à faire la lumière sur ce qui se passe. Elle protège contre la fureur ainsi que les attentats et elle fait en sorte que ses enfants ne prennent pas part à ces révoltes.

Yehuiah ne connaît pas le chômage puisque sa fonction principale est de vous gratifier d'un travail satisfaisant. Elle donne à ses enfants la force d'occuper un emploi créateur et d'évoluer sur le plan professionnel. Elle aide donc tous ceux qui œuvrent dans le domaine des communications, tels les journalistes. Sa curiosité la pousse à s'instruire et à interroger constamment. Elle assure donc à ses enfants un succès instantané au sein de diverses disciplines.

Les enfants de ce Chœur aiment travailler et construire dès leur plus jeune âge. Ils sont parfois assez turbulents parce qu'ils ont des idées hors du commun. Les parents qui ont des enfants nés sous la gouverne de Yehuiah auront régulièrement besoin de repos. Ces enfants sont si imaginatifs! Ils ont un besoin viscéral de manipuler des outils, et ce, tant la gent masculine que féminine. Créer, c'est le moteur de leur existence. En vieillissant, ces jeunes enfants deviendront de jeunes adultes talentueux et assoiffés de connaissances. Ces touche-à-tout veulent tout connaître et tout savoir. Ce sont aussi des êtres productifs. Chaque tâche qui leur est assignée est réalisée de façon exemplaire, et les résultats sont au-delà des espérances. Ces êtres sont des exemples à suivre.

Toutefois, l'une des faiblesses de ceux qui ne croiront pas en Yehuiah ni ne la prieront est qu'ils seront sans cesse à la recherche de leur identité propre. Ils ne connaîtront jamais le succès et la paresse sera leur lot. Bon nombre de personnes qui les entourent ne comprendront pas pourquoi ils sont si paresseux, étant donné que ces êtres sont si intelligents… Mais regardez la vie qu'ils mènent! Voici la différence entre une personne qui croit en sa puissance, en son talent, et une autre qui part à la dérive… Dans ce dernier cas, ils vivront aux crochets de la société, n'ayant jamais trouvé une façon d'extérioriser le génie qui sommeille en eux. Ils en voudront à la société qui les a rejetés, mais ce sont eux qui auront provoqué cette situation. Telles sont les grandes différences entre ceux qui œuvrent dans l'Ombre et ceux qui œuvrent dans la Lumière.

Pour conclure, sachez que cet Ange protégera ce qu'il y a de plus élevé en vous : votre puissance. Il protégera la puissance qui vous permet d'entrer en contact avec Dieu, celle qui vous permet d'obtenir tout ce que vous désirez et, surtout, la puissance de l'amour que vous vouez à Dieu. N'oubliez pas que les enfants de Yehuiah possèdent un don extraordinaire qui peut les amener à communiquer avec tous ceux qui ont quitté la Terre, ainsi que la capacité d'entrer en contact avec les Anges. Yehuiah a pour mission de prendre soin de ce talent, de ce cristal lumineux qui brille au fond de leur âme.

Yehuiah chassera toutes les Ombres qui essaieront de vous faire dévier de votre route, d'utiliser votre puissance à des fins destructrices. Elle est consciente, plus que quiconque, que si ses enfants mettaient leur intelligence au profit de l'Ombre, cela créerait un mélange dangereux pour l'équilibre du monde. Yehuiah protégera donc la Lumière et l'amour en vous. Elle veillera à ce que celui qui a emprunté un chemin obscur, qui est au service de l'Ombre, retourne vers sa Lumière. Tous ses enfants du côté de la Lumière sont ses alliés. Ils travaillent corps et âme pour ramener la paix sur Terre.

Ces personnes devront être particulièrement attentives au volet « amour » dans leur vie, car elles sont très indépendantes à cet égard, à l'inverse de ce qu'il en est dans leur vie professionnelle. Yehuiah essaiera d'harmoniser ces deux pôles opposés afin que ses enfants atteignent un équilibre entre le travail et la famille. Telle est sa mission.

34 – LEHAHIAH (du 8 au 12 septembre)

Lehahiah est un « Dieu clément ». Cet Ange, comme son nom l'indique, est prêt à vous donner toutes les chances. On le reconnaît à sa grande puissance, mais principalement à sa bonté et à sa générosité. Lehahiah est un Ange qui a, dans son cœur, beaucoup de sagesse. Ses ailes émettent une Lumière rosée. Elles sont teintées d'un rose paisible. Lehahiah tient dans ses mains une seule et unique fleur : la rose, la fleur du bonheur. Si elle vous offre cette fleur, c'est qu'elle vous accorde une deuxième chance, elle vous apporte le bonheur. Elle aimerait donc être perçue comme un Ange doux et généreux, qui se préoccupe d'amener dans le cœur de ses enfants une grande sagesse empreinte de compréhension.

L'Ange Lehahiah dit : « Mes enfants, je vous fais cadeau d'une rose à l'intérieur de vous. Cette fleur vous permettra de réfléchir avant de faire un pas ou de prendre la parole. » Elle leur dit cela, car la faiblesse de ses enfants est la spontanéité inconsidérée avec laquelle ils s'expriment. Tout sortira sans la moindre censure, sans la moindre analyse. Parfois, ces paroles sont encore plus blessantes puisqu'elles sont prononcées sans détour, sans retenue.

Lehahiah vous donne donc cette fleur afin que vous puissiez avancer sagement. Pour conserver sa beauté, une fleur doit être nourrie avec beaucoup d'amour. Vous devez donc en prendre soin et la placer à la lumière du soleil. Forte de tous ces soins, elle s'épanouira et fera place à d'autres fleurs tout aussi belles les unes que les autres, car vous leur aurez apporté votre force, votre puissance.

De même, Lehahiah apporte à ses enfants cette puissance, cette force qui leur permet de grandir intérieurement et de s'enraciner. Sachez que, pour s'épanouir de cette façon, il faut du soleil de même que quelques larmes de joie. Votre jardin intérieur savourera ces petits soins. Le rire est indispensable à la croissance de ce petit paradis. Pour faire une image, Lehahiah dit qu'elle dépose une petite graine dans chacun de ses enfants. Cette petite graine se transformera en une fleur majestueuse qui deviendra éventuellement un arbre fort et fier. Les fruits de cet arbre seront savoureux, si ce dernier a été nourri avec amour et attention. Lorsque nous sommes bien avec nous-mêmes, l'arbre est un symbole de puissance, de droiture, de force et de vie. Il devient bien ancré dans sa puissance.

Par conséquent, Lehahiah donnera à ses enfants un peu plus fragiles le courage de développer leur force intérieure. Elle leur révélera la beauté et la puissance de l'âme, du corps humain, afin que chacun puisse foncer dans la vie avec fierté. Vous comprendrez que la plus grande faiblesse de ses enfants est qu'ils seront déracinés au moindre coup de vent, au moindre faux pas. Se relever sera alors très pénible pour eux. D'ailleurs, certains ne se relèveront jamais. Ces enfants expérimenteront le rejet, l'abandon et la pauvreté. Ils erreront aveuglement à la recherche de leur propre Lumière.

D'autres réagissent plus violemment. Ils devront apprendre à dominer leur colère, leur ressentiment, et à en comprendre les raisons. Nous ne disons pas de les refouler, mais d'user de votre intelligence pour dominer ces états colériques qui, en bout de ligne, ne servent qu'à vous isoler et à vous détruire davantage. Plusieurs militaires et policiers se retrouvent sous la gouverne de Lehahiah. Instaurer la paix, malgré le tumulte extérieur, demeure leur véritable défi.

Or, si ces enfants demeurent dans la Lumière et prient l'Ange Lehahiah afin qu'elle leur vienne en aide, celle-ci les soutiendra dans ces moments difficiles. Dès qu'une tempête se pointera à l'horizon, elle veillera à ce que son enfant se tienne debout. Elle fortifiera toutes les dimensions de son corps afin qu'il devienne invincible devant l'adversité, devant les défis quotidiens de la vie. Telle est la mission de cet Ange.

Lehahiah apporte ses dons et ses pouvoirs à tous ceux qui sont au service d'une cause humanitaire et à ceux qui mènent des recherches portant sur les maladies de toutes sortes. Sa force est de trouver des solutions aux grands problèmes de l'existence. Dieu l'a aussi créée pour trouver une réponse à des fléaux humanitaires tels le cancer, le sida, la tuberculose, la méningite, le diabète et diverses maladies graves. Elle soutient donc tous ceux qui travaillent en laboratoire, qui consacrent leur vie à fabriquer des remèdes.

De concert avec l'Ange Yehuiah, Lehahiah vous permet de réaliser n'importe quel projet en y insufflant la Lumière nécessaire; elle vous permet de trouver le remède qui guérira la planète entière. Cette combinaison angélique est une véritable bénédiction pour les scientifiques et les chercheurs qui œuvrent afin d'améliorer la santé des humains. Ces Anges leur feront développer tous leurs sens, y compris l'intuition, afin qu'ils puissent élaborer un remède adéquat pour chacune des maladies. N'oubliez pas que ces enfants travaillent pour le bien de l'humanité et la paix dans le monde.

35 – CHAVAKHIAH (du 13 au 17 septembre)

Chavakhiah est un « Dieu qui donne de la joie ». C'est un Ange extraordinaire puisque sa puissance première est de rendre ses enfants heureux. Elle a un sourire lumineux et contagieux à un point tel qu'il fait sourire à son tour tous ceux qui croisent son passage. Elle est un peu comme une douce musique qui vous berce. Vous souvenez-vous de ces airs sur lesquels vous dansiez au temps de votre jeunesse? Ressentez-vous la joie qui vous anime lorsque, par hasard, vous retrouvez ces pièces musicales, ces trésors oubliés? Vous rappelez-vous de ces moments de folie où l'innocence, la légèreté et l'amour de la vie occupaient toute la place? Telle est la vibration de Chavakhiah.

Chavakhiah est celle qui vous permet de retrouver les joies de votre enfance. Outre sa puissance et sa beauté angélique, elle garde un air enfantin et un sourire heureux. Vous pouvez comparer son énergie à la réaction d'un enfant devant un magnifique sapin de Noël illuminé et entouré de cadeaux. Que le sourire est grand, que la paix dans son cœur est immense! La joie que ressent l'enfant dans son cœur qui palpite éveille tous ses sens. Tel est l'Ange Chavakhiah.

Elle est d'un blanc pur, illuminé. Cet Ange dit à ses enfants : « La couleur que vous préférez, celle qui vous procure le plus de joie, s'illuminera devant vous. » Lorsqu'elle descend vers ses enfants, elle ajoute au blanc pur de ses ailes des étincelles de leurs couleurs préférées afin qu'ils se sentent bien. Ces couleurs vous rappelleront nécessairement des moments de joie de votre enfance.

L'Ange Chavakhiah a été créé pour rendre ses enfants heureux. Sa mission consiste à conserver un foyer heureux, stable et uni, car les enfants sont ce qu'il y a de plus important. Chavakhiah fait référence aux jeunes enfants, mais aussi à l'enfant en vous. Cet Ange cherchera, tout le long de votre vie, l'enfant refoulé en vous afin de le ramener à la surface. Une fois que cet enfant se sera manifesté, le travail de Chavakhiah est de vous donner la joie que vous n'avez peut-être jamais connue et de vous dessiner un sourire véritable et durable sur les lèvres.

Chavakhiah dit qu'elle s'amuse parfois à vous faire la grimace, simplement pour vous faire rire. Elle vous taquine! D'ailleurs, elle conseille à ses enfants de faire des grimaces, des clins d'œil ou de mimer différentes expressions lorsqu'ils se regardent dans le miroir. Ainsi, vous apprendrez à rire de vous-mêmes et l'enfant en vous sera libéré. Cela permettra à l'adulte d'être en harmonie avec lui-même et, par le fait même, de voir sa vie sous un meilleur jour. Ce bonheur fera en sorte que l'adulte pourra avancer dans la vie avec une attitude plus conciliante, plus aimable. Ses décisions seront mûries et prises selon les valeurs d'une personne équilibrée. Elles ne seront plus le résultat d'une personne amère et aigrie par la vie.

L'Ange Chavakhiah prend soin de tous ceux qui travaillent en garderie, qui gardent des enfants à la maison ainsi que de ceux qui se font garder. Cet Ange nourrit une aversion profonde pour les disputes familiales. Au moment où vous choisissez de vous incarner au sein d'une famille, Chavakhiah vous conseille d'apprendre à vous connaître et à vous respecter.

Une cellule familiale heureuse et unie est ce qui compte le plus, car l'être humain y grandit et s'y développe. Comment un humain pourrait-il grandir avec fierté, si cette cellule n'est que dispute? Chavakhiah concilie les opinions divergentes et apporte la paix entre frère et sœur, mari et femme, père et enfant ainsi que mère et enfant. Elle protège votre cellule familiale afin que celle-ci soit harmonieuse.

Chavakhiah aidera tous ceux qui vivent des querelles familiales, une séparation ou un divorce à se réconcilier avec les personnes qui les ont profondément blessés. Elle ramènera la force dans votre famille, et surtout dans votre cœur. Tel est le rôle de l'Ange Chavakhiah. Elle est tout de même consciente que, parfois, des êtres ne veulent pas se réconcilier, mais elle dit à son enfant : « Je te donne le pouvoir de te réconcilier, de parler et de pardonner. Si cette personne ne veut pas recevoir ton pardon, alors ne t'agenouille point devant celle-ci, car cela est déjà fait. Apprends plutôt à grandir en te disant que tu as fait de ton mieux, que tu as pardonné et que l'issue de cette situation n'est plus de ton ressort. Si cette personne n'est point réceptive, tout ce que tu peux faire de plus, c'est lui envoyer des pensées d'amour. »

Chavakhiah aide également les personnes âgées ou retraitées parce qu'elles sont parfois victimes d'injustice. Cet Ange prend donc soin de ces personnes empreintes de sagesse. Il est important que les personnes d'un certain âge qui vivent dans un foyer d'accueil prient l'Ange Chavakhiah, car elle protégera leur foyer et l'harmonisera.

Tous ceux qui désirent obtenir une propriété, comme tous ceux qui veulent construire une maison de leurs mains, devraient prier Chavakhiah. Elle vous mènera à cette maison ou vous indiquera l'endroit le plus bénéfique pour fonder une famille ou tout simplement pour vous établir.

Tous les enfants sous la gouverne de Chavakhiah font d'excellents infirmiers et d'excellents médecins. Ces êtres prennent soin des personnes malades avec amour et les considèrent comme des membres de leur propre famille. Par contre, la faiblesse des enfants de Chavakhiah sera la critique. Ceux qui sont dans l'Ombre cherchent les disputes; ils cherchent à tout détruire. Ils cherchent la moindre petite faille qui pourrait être nuisible aux autres afin qu'une guerre éclate par la suite. Toutefois, Chavakhiah veille sur ces enfants pour que la Lumière transforme leurs pensées, leurs idées et leurs paroles.

36 – MENADEL (du 18 au 23 septembre)

Menadel est un « Dieu adorable » dans tout ce qu'il touche. Il est aussi connu comme l'Ange du travail. Outre sa grande beauté, Menadel est un Ange très grand, pour ne pas dire immense, et assez costaud. Ses ailes sont musclées à l'image d'un haltérophile. Ses confrères et ses consœurs les admirent.

Menadel est tellement fier que, tous les jours, il fait battre ses ailes pour les mettre en évidence. Cet Ange nous demande quotidiennement : « Comment trouvez-vous mes ailes? » Il est adorable cet Ange Menadel, mais il est orgueilleux. Ses ailes doivent être les plus jolies de toutes. Sachez toutefois que, si ses ailes sont les plus puissantes, nous volons bien plus rapidement que lui, car ses ailes sont lourdes. Menadel affirme que cela n'est point grave parce que sa satisfaction première est d'être capable de soulever tous ses enfants en même temps et de les amener avec lui.

Une partie de sa mission consiste à veiller sur les personnes qui œuvrent dans le domaine de la construction et dans toutes les professions où l'on doit se servir de ses muscles, de sa force physique ainsi que de sa force mentale. Guidés par cet Ange, vous ne manquerez jamais de travail puisque celui-ci vous conduira précisément à l'endroit où vous devez aller. Tous les enfants qui naîtront sous la gouverne de cet Ange travailleront toujours à quatre-vingts ans. Selon Menadel, le travail n'a pas d'âge, pas plus qu'il n'y a de moment propice pour arrêter.

Tous les enfants sous la gouverne de Menadel seront, dès leur jeune âge, de fiers travailleurs. Les parents devront veiller à ce que les jeunes enfants, de sexe masculin surtout, aient des outils à manipuler. Ces enfants auront une force physique considérable, mais n'aimeront pas du tout l'école. Ce n'est pas sur les bancs d'école qu'ils trouveront la vigueur, le défi physique, dont ils ont besoin. Les filles, elles, seront dotées d'une intelligence très vive. Elles seront pourvues d'une grande force mentale et intellectuelle.

L'Ange Menadel veille à ce que tous les êtres qui le prient trouvent l'emploi qui leur convient le mieux, à ce que la société engendre du travail afin que chacun de ses enfants arrive à nourrir sa petite famille. Cet Ange est aussi chargé de veiller à votre propre travail intérieur. Il s'occupe d'entretenir la puissance en vous et de chasser sa partie négative : l'ignorance.

Tout comme l'Ange Rochel, l'Ange Menadel aide à trouver les objets volés ou perdus en vous donnant la force physique et mentale nécessaires pour accomplir ces recherches. Entre autres, il veille sur les détectives, les policiers et les archéologues à la recherche d'objets volés ou perdus. Menadel est aussi celui que vous devriez prier si vous avez perdu un enfant ou un être cher, qu'il soit mort ou vivant. Il aidera aussi dans leurs recherches tous les enfants qui ont été adoptés et qui tentent de retrouver leurs parents biologiques.

L'Ange Menadel éloignera tous ceux qui essaieront de vous faire dévier de votre spiritualité, de votre travail d'élévation intérieure. Lorsque vous éveillez votre spiritualité, vous devez vous méfier des êtres qui cherchent à vous contrôler. Menadel luttera contre tous ceux qui iront à l'encontre de votre propre rythme d'intégration et d'expérimentation. Il luttera afin que l'Ombre n'entre pas en vous ainsi que dans le cœur de ses enfants. Tel est son rôle.

37 – ANIEL (du 24 au 28 septembre)

Aniel est un Ange d'un blanc sobre, sans éclat, possédant des ailes immenses qui battent à un rythme très rapide afin d'aider sur-le-champ son enfant en détresse. Mêlé aux autres Anges, on ne le remarque presque pas. Toutefois, si vous lui parlez, vous comprendrez que la puissance de cet être réside dans son dévouement, dans le respect de ses promesses et surtout dans l'aide qu'il apporte à ses enfants.

Aniel est un Ange de vérité, d'honnêteté. Il est le « Dieu des vertus ». Aniel est un Ange qui donne son temps aux autres sans compter. Il prend le temps de vous écouter et vous rend ce qui vous est dû. Avec cet Ange, vous serez toujours bien servi tout en ayant l'heure juste. Le respect est une valeur importante pour cet Ange.

Aniel est très dévoué envers ses enfants et il leur apporte tout l'amour qu'il lui est possible de donner. Il sera honnête et dira : « Mon enfant, je t'aiderai, je veillerai sur toi, et ce, tout le long de ta vie. » Aniel tiendra parole. De même que tous ceux qui naîtront sous sa gouverne. Il dira aussi à son enfant que, s'il ne peut l'aider pour le moment, il sera à ses côtés tout le long de cette épreuve. Il ne fait pas de promesses qu'il ne tient pas. Aniel parle avec honnêteté et agit ainsi avec chacun de ses enfants. Tel est le rôle de cet Ange.

À l'inverse, les enfants qui sont dans l'Ombre ne tiennent pas parole. Ils disent bien des choses et ne font rien en retour. Aniel dit à ses enfants : « Je n'aime point lorsque vous dites quelque chose et que vous n'en tenez point compte. Je préfère que vos paroles soient conformes à vos actions. Je vous fais grâce de la puissance, du désir de construire un monde meilleur et de tous les outils pour mettre ce projet à exécution. »

Les gens qui naissent sous la régence de cet Ange font d'excellents politiciens, s'ils œuvrent dans la Lumière. Ceux qui sont dans l'Ombre seront des êtres dangereux. Leurs paroles ne seront pas prises au sérieux. Ces gens parleront pour le plaisir de parler, tandis que ceux qui suivront un chemin lumineux verront leurs paroles respectées.

Cet Ange est très articulé et très responsable. Tous ceux qui ont beaucoup de responsabilités, dans leur travail, devraient prier Aniel. Notamment les employeurs qui cherchent des employés ponctuels, honnêtes et responsables. Ces employeurs n'ont qu'à lui demander d'amener ces êtres vers eux. Aniel choisira la personne dont le profil correspond le mieux à cet emploi, même si elle ne fait pas partie de son Chœur. Il choisira ceux qui manifestent des qualités comme l'honnêteté, le respect et la fiabilité.

L'une des faiblesses des enfants d'Aniel est qu'ils retournent constamment dans le passé. Ils ont de la difficulté à oublier. L'Ange Aniel dit à tous ceux qui ont éprouvé des difficultés par le passé et qui ne peuvent aller de l'avant, de le prier. Il les aidera à se défaire de ces chaînes. Il les aidera à surmonter l'émotion qui les retient et qui les détruit. Aniel permet de couper les liens avec le passé, même ceux rattachés à une séparation affective. Aniel peut vous donner la force de vous libérer pour de bon, si vous aimez encore une personne dans votre cœur et dans votre tête. Il peut couper tout lien qui, dans votre cœur et dans votre corps, vous dérange et vous empêche d'avancer.

Aniel aide tous ceux qui travaillent pour le bien de la nature, à savoir tous ceux qui œuvrent dans les sciences de la nature et de la Terre. Il les protège et les aide dans leurs recherches afin qu'ils puissent percer les secrets de la nature.

38 – HAAMIAH (du 29 septembre au 3 octobre)

Haamiah est le « Dieu, espérance de toutes les créatures de la Terre ». Elle est la représentation même de l'amour. En effet, cet Ange est entouré d'amour, d'une multitude de petits cœurs. Elle est d'un blanc illuminé et ses ailes sont serties de petits cœurs rouges scintillants. Haamiah a la puissance qui pourrait permettre à tous les êtres humains de trouver le partenaire idéal et de vivre une belle histoire d'amour. On la représente comme le petit cupidon d'une fête que vous célébrez : la Saint-Valentin. Elle vous demande de répondre sincèrement à la question suivante : « Que serait la vie sans amour? »

Haamiah protège les cardiologues de même que tous ceux qui ont un emploi en lien avec le cœur. Elle veille aussi sur les personnes ayant des problèmes de cœur; qu'il s'agisse d'une déficience cardiaque ou d'un chagrin d'amour. Grâce à son aide, votre cœur pourra à nouveau battre avec force. La mission première de l'Ange Haamiah est de vous aider à trouver l'âme sœur afin que vous puissiez vivre un magnifique conte de fées. C'est la raison pour laquelle l'Ange Haamiah dit : « Je fais partie du Chœur des Puissances, reconnu pour le travail qu'il effectue. Mon travail consiste à donner à l'être humain un cœur fort, un cœur qui bat pour un être spécial à ses yeux, ou encore pour une cause qui lui est chère. Ce cœur battra avec amour, avec bonheur. »

Haamiah vous aide également à trouver un travail qui vous plaira, qui vous comblera. Cet Ange a le pouvoir d'aider son enfant à conjuguer travail et amour. L'Ange Haamiah dit : « La puissance que je donnerai à l'enfant qui me priera lui servira à effectuer son travail avec droiture. » Elle aidera son enfant à s'appliquer afin que le travail soit bien fait.

Haamiah est l'Ange que vous devriez prier si vous voulez connaître vos vies antérieures. Elle aide ses enfants à voir qui ils étaient, surtout lorsqu'ils ont des blocages liés à une blessure émotive. Haamiah retournera en arrière pour vous aider. Son travail s'effectue en étroite collaboration avec l'Ange Aniel. Haamiah examine ce qui empêche votre cœur de s'épanouir. Ensuite, l'Ange Aniel coupe les liens qui vous unissent à ce traumatisme afin que votre cœur puisse « battre » de nouveau. À eux deux, ils arrivent, en vous guérissant, à instaurer le calme, la paix, la liberté et l'amour. N'est-ce point merveilleux?

Ces deux Anges forment une équipe extraordinaire pour tous ceux qui désirent se libérer d'un traumatisme qui se serait produit dans une vie passée : un rejet, un abandon, une dépendance, un chagrin d'amour, un lien amical brisé, une séparation, une déception, un décès. Ils peuvent vous aider à vous libérer de ces sentiments qui empêchent parfois l'être humain d'avancer dans la vie. Lorsqu'on est libre dans son cœur, on peut être heureux. Il est beaucoup plus facile d'accepter les gens qui viennent vers soi.

Cependant, l'une des faiblesses des enfants d'Haamiah est qu'ils sont têtus. Parfois, ils ne veulent rien entendre et s'ancrent dans une position illusoire. Haamiah dit : « Lorsque mon enfant est dans l'Ombre, tout en lui est fermé, y compris son cœur. » Le cœur d'un enfant qui a choisi l'Ombre est rempli d'amertume, de jalousie, de possessivité, de regret, de haine et de révolte. Ces êtres cherchent à détruire tout ce qui les entoure.

Ces enfants naissent souvent dans une famille dysfonctionnelle. Plusieurs sont maintenus dans un état d'ignorance, alors que d'autres sont constamment sur la défensive. C'est la raison pour laquelle ils ont de la difficulté à laisser entrer l'amour. Ils laissent rarement aux autres l'occasion de s'expliquer; d'où l'absence d'amitiés durables. Il s'agit d'une grande faiblesse chez ces enfants. Les êtres qui les entourent et qui les aiment auront de la difficulté à comprendre un tel comportement et à l'accepter.

Il est important de prier l'Ange Haamiah afin qu'il installe dans votre cœur un sentiment de bien-être, de bonté et d'harmonie. Là où réside la Lumière, toutes les émotions négatives se transforment en amour, en bonheur. Les enfants d'Haamiah cherchent à transmettre cet amour; ils cherchent la paix autour d'eux et en eux.

Certains des enfants d'Haamiah qui errent du côté de l'Ombre ne pensent qu'à l'argent. Ils n'arrivent pas à faire quoi que ce soit sans que le mot « argent » soit prononcé. Toutefois, ceux qui choisissent la Lumière donnent sans demander en retour. Telle est la grande différence entre l'Ombre et la Lumière.

39 – REHAËL (du 4 au 8 octobre)

Rehaël est un Ange très grand et très puissant. Vous pouvez percevoir Rehaël comme un Ange de couleur blanc et doré, avec des étincelles qui forment de petits cœurs rouges. Son cœur resplendit lorsque vous le voyez battre, car il palpite au rythme de l'amour et de la paix. Ironiquement, à côté de ce cœur magnifique se trouve une grande poubelle où chacun des péchés est jeté. Lorsque la poubelle est pleine, Rehaël la prend entre ses ailes et la met tout près de son cœur. La paix et l'amour qui émanent de son cœur détruisent, consument, chacun des péchés contenus dans cette poubelle et les transforment en amour pur, en de magnifiques rayons de soleil. Rehaël élimine ces péchés afin qu'ils disparaissent du cœur de ses enfants, mais aussi de la surface de la Terre.

Sous ses longues ailes, ils recouvrent tous ses enfants et il rassemble tous les enfants fautifs et leur dit : « Mes enfants, ressentez la chaleur de mon cœur, la bonté de mon âme, de même que tout l'amour que j'éprouve pour vous tous. Je ne vous juge point. Je vous donne cette paix, cet amour, cette bonté et ce respect en moi. Maintenant que vous avez tous les outils dont vous avez besoin, qu'allez-vous en faire? Quelle sera votre mission sur Terre? Continuerez-vous à pécher ou cesserez-vous d'engendrer le mal? »

Rehaël est un « Dieu qui reçoit les pécheurs ». Sa mission est très importante. Il prend soin des pécheurs, car il sait que, au sein de l'humanité, des péchés sont commis. Il accueille dans sa demeure tous ceux qui ont péché, qui ont banni Dieu de leur cœur et de leurs prières ou qui ont commis un meurtre ou un viol. Rehaël ne juge pas ces êtres, il essaie simplement de les aider à réparer leurs fautes. Cet Ange les reçoit dans sa demeure en disant : « Mes enfants, le geste que vous venez de faire est inacceptable. Ce geste n'aide pas l'humanité à grandir dans la paix. »

Rehaël est celui que nous nommons le « justicier ». Son énergie est très puissante, car il doit éclairer les chemins obscurs de tous ceux qui ne sont pas des Êtres de Lumière, qui sont dans l'Ombre. Il défendra ces êtres et essaiera de comprendre le pourquoi de leurs gestes, mais aussi l'état d'âme qui les a poussés à agir ainsi, à commettre ce péché. Son rôle est de voir si cet enfant est conscient du péché qu'il a commis et s'il fait preuve de la volonté voulue pour se racheter. Dans l'affirmative, Rehaël soutiendra cet enfant et il lui offrira la chance de retrouver à nouveau la Lumière. Par exemple, il leur donnera les outils pour apprendre à s'aimer, à aimer son prochain et être capables de demander pardon.

Rehaël est très près du Chœur des Trônes. Il dit à ses enfants : « Pour entrer dans la Lumière, vous devez aller vers la Lumière du Trônes, vers cette prison. » Toutefois, cela dépend du geste qui a été fait. Certains péchés, certains actes pourront être pardonnés, surtout s'ils ont été commis alors que la personne se trouvait sous l'influence de l'Ombre. Toutefois, si un enfant a commis de graves erreurs sur Terre et qu'il ne souhaite pas se repentir, il pourra tout de même aller directement vers Dieu s'il cherche à retrouver la Lumière au plus profond de son âme, une fois la mort venue. Et Dieu, de concert avec Metatron et Melkisédeq, décidera si cet enfant pourra se réincarner dans le Chœur des Trônes.

L'Ange Rehaël est comme un prêtre à qui l'on se confesse. Vous devez le percevoir comme un être très puissant, assis sur une chaise, avec tous ses enfants dans ses bras. Il les embrasse chaleureusement. Rehaël vous libère d'un péché, d'une peine. À la confesse, lorsque vous vous repentez d'un acte que vous avez fait, le prêtre ou celui qui représente Dieu vous dit : « Allez en paix, mon enfant. » La libération que vous ressentez à ce moment précis est exactement la même que vous éprouverez lorsque l'Ange Rehaël prendra soin de vous.

L'Ange Rehaël a été créé afin de permettre à tous ceux qui ont péché de venir vers lui. Il est l'Ange de la conscience. C'est l'Ange qui vous permettra de prendre conscience de votre erreur et de la réparer avant votre entrée en « prison ». Les enfants sous la gouverne de Rehaël ont pour faiblesse une conduite inconséquente et irresponsable.

Plusieurs pères de ce Chœur ne prennent pas leurs responsabilités. Certains abandonnent leurs enfants en bas âge. D'autres sont incestueux. Tous les enfants qui errent dans l'Ombre agissent de la sorte. Cependant, s'ils prient leur Ange, celui-ci leur donnera tous les outils qu'il leur faut afin de bâtir une vie nouvelle et de prendre conscience de tout le mal qu'ils ont causé autour d'eux. De plus, ces outils serviront à réparer leurs fautes. Ils leur permettront de ne pas se cacher, mais d'aller vers la personne blessée et de lui avouer qu'ils savent qu'ils ont détruit sa vie soit par leurs paroles soit par leurs gestes. Ils doivent lui dire qu'ils sont conscients du tort irréparable qu'ils ont fait et qu'ils ne demandent pas à être pardonnés, mais qu'ils leur offrent leurs excuses les plus sincères. Telle est la mission de l'Ange Rehaël devant l'enfant qui a péché. Il lui donnera l'amour et le courage nécessaires pour aller vers la personne qu'il a détruite et s'excuser.

Tous les enfants, sur cette Terre, qui ont péché et qui désirent demander pardon, conscients que le geste qu'ils ont fait contrevenait aux lois divines, peuvent le demander à Rehaël. Ce dernier guidera leurs pas vers la Lumière en les prenant sous ses ailes et en partageant avec eux tout l'amour contenu dans son cœur. Ils auront le privilège de lui confier tous leurs secrets, toutes leurs peines et toutes leurs fautes. Cet Ange ne jugera aucune des paroles de ses enfants. Il se contentera de les brûler et de les transformer en Lumière.

D'ailleurs, cet Ange est un peu à l'image d'un feu de foyer. Plus vous y jetez du papier, plus les flammes et la lumière qui s'en dégagent s'intensifient. Chaque papier, chaque péché jeté dans cette poubelle, apporte de la chaleur à ceux qui ont commis des fautes graves ainsi qu'à ceux qui désirent s'en sortir. Rehaël est le générateur du feu du pardon, de l'amour et de la compréhension. Les paroles et les gestes disgracieux sont brûlés afin que personne d'autre n'en soit informé et pour éviter leur propagation. La paix peut alors s'installer dans le cœur de ces êtres.

Les enfants illuminés par cet Ange sont des enfants d'amour, des enfants qui aideront leur prochain. Ils feront des pères exemplaires. Les hommes passeront beaucoup de temps avec leurs enfants. Ils leur apprendront à rire et à jouer. Les dames de ce Chœur, les mères, prendront soin d'élever leurs enfants avec amour et respect, et elles leurs donneront le goût d'aider les autres. Elles créeront un noyau familial solide afin que leurs enfants puissent s'y épanouir. Ces enfants pourront compter sur leur famille dans les moments les plus difficiles. L'amour, la bonté et la sagesse régneront au sein de ces familles.

Les jeunes enfants nés sous la régence de Rehaël sont adorables. Ils cherchent à faire rire ceux qui les entourent et à les rendre heureux. Toutefois, la progéniture des êtres qui seront dans l'Ombre sera rejetée par la société en raison de leurs actions destructrices. Il est de la mission de Rehaël de soutenir ces enfants. Certaines personnes, surtout celles qui ont été victimes de viol ou d'autres sévices, diront : « Ça n'a pas de sens, ils ne peuvent pas s'en sortir de cette façon! Ils doivent payer pour ce qu'ils ont fait! »

Nous disons à ces gens : « Nous comprenons la douleur que vous éprouvez. Vous avez le droit de penser de cette façon puisque vous êtes avant tout des êtres humains. Il est compréhensible que l'on soit révolté, même horrifié, lorsque l'on perd un enfant à la suite d'un meurtre ou lorsque celui-ci a été victime de viol ou d'inceste. Toutefois, sachez que les Anges pleurent devant de telles atrocités et qu'ils pleurent aussi les êtres qui ont commis de telles actions. Les Anges, toutefois, ne cherchent point à détruire les humains, mais bien à les aider.

Dieu a donné à l'Ange Rehaël la force, la puissance, afin qu'il puisse aider les enfants qui vivent dans le péché à réparer leurs erreurs. Sachez que, si un enfant ne veut pas bien faire ou qu'il n'est point conscient qu'il doit se repentir, alors Dieu laissera cet enfant vivre dans l'Ombre. Il ne pourra rien faire pour son âme, car elle aura choisi l'Ombre. Lorsque l'on choisit l'Ombre, il est difficile, par la suite, de revenir dans la Lumière.

Rehaël est celui qui accorde une seconde chance à tous les êtres humains. Certains diront : « Je ne suis pas prêt à faire le pas que vous me demandez dans cette vie-ci, mais je suis prêt à aller dans le Chœur des Trônes pour essayer de comprendre mon erreur et de la réparer. » Cette demande sera acceptée. Rehaël est celui qui décidera, de concert avec Michaël, Metatron, Melkisédeq et Dieu, si un enfant peut obtenir une seconde chance.

Dieu tient à ce qu'aucun de ses enfants ne soit dans l'Ombre; il les veut tous dans sa Lumière. Or, si un enfant ne fait aucun pas en direction de cette Lumière, Dieu doit le laisser aller vers l'Ombre. Il n'a d'autre choix que de respecter la volonté de son enfant. L'Ange Rehaël est son dernier recours!

Tous ceux qui vivent dans l'Ombre auront, tôt ou tard, de sérieux ennuis de santé. Michaël et Raphaël scrutent le moindre geste des enfants qui perpétuent le règne de l'Ombre. Une épreuve, dont la gravité est à la mesure de l'acte commis, est envoyée à ces enfants pour chacun des gestes malveillants qu'ils font. Ceux qui ont demandé pardon ou qui retournent vers la Lumière en seront épargnés. Rehaël peut donc guérir votre corps physique de même que votre âme, si vous êtes prêts à réparer vos erreurs.

De l'autre côté du voile, au seuil de la dernière marche, se trouve la grande Porte. L'Ange Rehaël se tiendra là, devant vous. Il vous donnera l'amour et la clé qui serviront à ouvrir la Porte de la Lumière. En poussant cette Porte, vous baignerez dans la Lumière et vous travaillerez à ce que la Lumière soit faite sur Terre. Vous demanderez pardon aux gens à qui vous avez fait du mal, afin qu'ils retrouvent, dans leur for intérieur, leur propre Lumière. Par contre, si vous ne tournez pas cette clé et que vous ne voulez pas comprendre, Rehaël n'aura d'autre choix que d'ouvrir l'autre Porte : celle de l'Ombre. Et en laissant l'Ombre vous envahir, votre vie sera beaucoup plus pénible par la suite.

40 – IEIAZEL (du 9 au 13 octobre)

Ieiazel, ou « Dieu qui donne de la joie », est un Ange très joyeux. Son sourire est contagieux. Lorsqu'il vient près de vous, vous éprouvez la même sensation que lorsque l'on vous chatouille. Vous ressentez une multitude de chatouillements sur tout votre corps. Telle est la vibration de cet Ange.

Ieiazel aime faire rire ses enfants. Il aime les regarder lorsqu'ils arborent un large sourire. Nous, les Anges, adorons taquiner Ieiazel. Nous pensons que son sourire est plus long que ses ailes! Lorsqu'il sourit et qu'il déploie ses ailes, cela donne l'impression qu'il possède vraiment deux paires d'ailes. Ieiazel ressemble à un clown qui s'amuse à faire toutes sortes de grimaces pour faire rire son public. Il a ce gros nez rouge que les Anges rêvent de pincer avec la pointe de leurs ailes en faisant « bip, bip ». Cet Ange a pour mission de vous faire rire aux larmes.

Ieiazel veut apporter dans le cœur de ses enfants la joie d'être humains; la joie d'aimer son prochain sans rien attendre en retour; la joie de regarder chaque jour de leur vie comme une journée spéciale. Cet Ange peut transformer une peine en joie. Il peut transformer un geste malheureux en un geste heureux. Il aide ses enfants à retrouver leur joie intérieure, leur joie d'enfants, le sourire qu'ils arboraient à cette époque de leur vie où régnait l'innocence.

Ieiazel aide tous ceux qui ont perdu le goût de vivre et de rire, de même que tous ceux aux prises avec un chagrin d'amour, une maladie ou un deuil. Il transformera tous ces coups durs de la vie en une joie, en un éclat de rire. Il demandera à l'Ange Rehaël de brûler cette peine et il donnera la joie à ceux qui le prient. Si vous faites appel à eux, sachez que ces deux Anges travaillent en équipe. L'un élimine les péchés, l'autre égaie votre vie. Ieiazel vous redonne la joie de vivre et le bonheur de vous sentir libérés d'un péché ou d'une peine.

Ieiazel s'occupe aussi des personnes qui suivent un régime. Il leur donne l'entrain et la discipline nécessaires afin de suivre ce régime et de perdre les kilos désirés. Suivre un régime ne doit pas être une corvée ni une souffrance. Cela ne doit pas vous décourager. Adoptez plutôt une attitude positive, remplie de joie et d'optimisme. Parfois, Ieiazel s'amuse à regarder les repas que ces gens se préparent. Trop souvent, il trouve que ces repas sont faits dans la peine et la privation. Cet Ange peut vous donner la motivation dont vous avez besoin pour suivre ce régime et préparer votre assiette dans la joie. Il vous conseille de former un sourire avec vos aliments. Soyez créatifs! Prenez deux bâtonnets de carotte et façonnez un sourire. Ieiazel vous conseille de le prier, tout comme l'Ange Hariel, avant chacun des repas et de lui demander de vous donner la force nécessaire pour mener à bien ce régime. Votre perte de poids sera considérable.

Ieiazel aide aussi les éditeurs, les réviseurs et les écrivains. Il leur soufflera les mots justes, les paroles qui sauront séduire les lecteurs. L'œuvre d'Ieiazel est particulièrement efficace pour les écrivains qui rédigent des romans d'amour et des histoires heureuses. Il savoure les livres qui rendent les gens heureux, qui transportent les lecteurs dans un monde féerique.

Les enfants d'Ieiazel sont des êtres joyeux qui rient et dansent sans cesse. Ils ont un rire éclatant très communicatif. Ils sont l'incarnation même du bonheur. Toutefois, les enfants sous l'influence de l'Ombre auront un regard triste, car ils n'auront pas appris à sourire à la vie. Comme le visage et les yeux sont le reflet de l'âme et du cœur, ces enfants seront dépourvus de joie de vivre. Ils percevront leur vie comme un fardeau. Cependant, ceux qui grandissent dans la Lumière auront une vie palpitante, pour ne pas dire éclatante! Leurs yeux scintilleront de bonheur. Ils seront de beaux enfants.

Ieiazel dit à tous les enfants qui souffrent, à tous ceux qui cherchent l'amour et la joie, de le prier. Il dessinera un sourire sur leurs lèvres et, surtout, dans leur cœur ainsi que dans leur âme. Le bonheur rayonnera en eux et autour d'eux, car ils le propageront à autrui. Il sera contagieux, tout comme votre sourire. Leur attitude aura pour effet de modifier positivement celle des gens qui les côtoient. Le rôle d'Ieiazel est d'illuminer ce qu'il y a de plus fort et de plus vivant en eux.

Finalement, notons aussi qu'Ieiazel s'occupe des artistes. Tous ceux qui le prieront recevront de cet Ange un don pour les arts. Les comédiens et les humoristes, en particulier, devraient prier cet Ange, car il leur donnera la force, l'énergie et la clé pour faire rire leur public. Leurs textes seront drôles, songés et écrits de sorte que leur auditoire se sente bien. Ces personnes referont ainsi le plein d'énergie et éprouveront une joie profonde et durable. Ieiazel apportera aussi la célébrité à ces artistes. Ceux-ci seront reconnus pour aimer faire rire leur public, aimer rendre leur public heureux. Telle est la force de cet Ange.

CHAPITRE XI

Le Chœur des Vertus

Les Envoyés
Du 14 octobre au 22 novembre

Quatrième étage à franchir pour l'humain

Dirigé par l'Archange Raphaël (Guérison de Dieu)
Archange secondaire : Michaël

Les huit Anges qui composent ce sixième Chœur Angélique sont :

41 – Hahahel (du 14 au 18 octobre)

42 – Mikhaël (du 19 au 23 octobre)

43 – Veuliah (du 24 au 28 octobre)

44 – Yelahiah (du 29 octobre au 2 novembre)

45 – Sealiah (du 3 au 7 novembre)

46 – Ariel (du 8 au 12 novembre)

47 – Asaliah (du 13 au 17 novembre)

48 – Mihaël (du 18 au 22 novembre)

La mission du Chœur des Vertus

Le Chœur des Vertus est l'un des Chœurs de la Hiérarchie les plus importants pour l'humain, car il fait des miracles. Le Chœur des Vertus est un Chœur de demandes, d'offrandes, de prières et de miracles. Les Anges de ce Chœur possèdent le pouvoir d'exaucer vos demandes ou vos prières, si elles sont en harmonie avec votre plan de vie.

Le Chœur des Vertus a une mission très importante envers les humains : celle de les aider à retrouver la foi en Dieu. Ce Chœur apporte à chacun de ses enfants la croyance et le respect en leur Dieu. Il travaille afin d'élever la spiritualité refoulée. Ce Chœur représente la foi, la dévotion et l'amour que l'on a pour Dieu.

Le Chœur des Vertus, c'est le Chœur de l'amour divin, le Chœur de la Lumière. Dieu y bénit chacun de ses enfants en faisant le signe de croix sur leur front et sur leur cœur. Lorsque Dieu fait ce signe sur leur cœur, il y entre en y insufflant son énergie. Ainsi, en grandissant, ces enfants pourront ressentir la vibration et l'amour de Dieu. Ce Chœur vous fera sentir ce puissant amour. À l'intérieur de votre âme, il existe un endroit auquel les Anges du Chœur des Vertus ont accès afin que vous puissiez ressentir, dans votre propre cœur, l'amour inconditionnel que Dieu vous porte. Pour y accéder instantanément, il suffit de fermer les yeux et de demander aux Anges de ce Chœur de vous le faire ressentir.

Dieu a créé l'humain avec une âme dont le domicile originel est situé dans les Plans de Lumière. Il a dit à cette âme : « Vous pouvez devenir un humain afin d'aider votre prochain, mais vous devez aussi avoir un corps en santé afin de réaliser vos projets. » Cela représente une autre mission du Chœur des Vertus : celle de permettre à l'humain d'avoir un corps en santé afin qu'il puisse mener à bien sa mission sur Terre. Toutefois, tous les enfants Vertus qui choisiront d'aller du côté de l'Ombre auront beaucoup plus de difficultés à garder une saine santé et à réussir leur plan de vie. Plusieurs seront malades, malheureux, seuls au monde et sans aucune source lumineuse pour les abreuver. Ces êtres seront sans espoir, sans vie et sans amour. Il leur sera difficile de guérir, car ils auront peu de soutien. Ces enfants seront parfois affligés de maladies sérieuses, et ce, dès leur jeune âge, car ils ne seront alimentés par aucune source. Voilà l'importance du rôle des parents auprès des jeunes enfants Vertus de leur montrer à prier les Anges et Dieu. Le Chœur des Vertus vous permet de puiser à même vos croyances, dans l'amour divin et dans la paix. Ce Chœur est la Source divine dont chaque être humain a besoin pour vivre en harmonie, heureux et en santé.

Le Chœur des Vertus est d'une importance capitale en ce qui a trait à l'intégration de l'Arbre Séphirotique à l'intérieur de vous. L'humain, proprement dit, prend véritablement naissance dans le Chœur des Vertus. Il reçoit, de ce Chœur, tout l'amour et la tendresse dont il a besoin. Ce Chœur insuffle à ses enfants l'énergie nécessaire au bon fonctionnement du corps physique ainsi que l'énergie divine et l'amour dont l'âme a aussi besoin pour vivre.

Une autre mission importante du Chœur des Vertus est de vous amener à être en contact avec vous-mêmes. Ce Chœur vous permet d'apprendre qui vous êtes et d'être conscients de votre plan de vie. Lorsqu'une personne aura terminé ce Chœur et aura « gradué », elle deviendra un être humain à part entière avec ses propres forces et ses propres croyances. On associe ce Chœur à la première communion ou au premier mariage avec Dieu. C'est une étape initiatique d'une très haute importance, un premier contact direct. Le Chœur des Vertus installe en vous l'amour de Dieu qui serait absent autrement. Vous vous éveillez donc à votre vraie nature et comprenez désormais votre place en ce monde; la personne que vous êtes vraiment vous est révélée.

Les Anges du Chœur des Vertus ont également pour mission de prendre soin de tous les « canaux » de cette planète, des magnétiseurs, des médecins, des chirurgiens et de ceux qui travaillent avec l'énergie ou qui prennent soin de la santé mentale ou physique des humains. Cette mission est d'une importance capitale à leurs yeux puisqu'ils sont conscients qu'être en santé est un besoin fondamental pour l'humain. Cette mission, lorsqu'elle est bien guidée, a un impact primordial sur l'humain. L'humanité a besoin de ces chercheurs, médecins et spécialistes qui travaillent avec acharnement pour que chaque être puisse conserver une excellente santé. Quand les Anges du Chœur des Vertus travaillent avec ces spécialistes, ils font d'eux des créateurs de remèdes aux maux qui surgissent sur Terre. Plusieurs enfants de ce Chœur se dirigent dans le domaine de la santé, de la recherche ou des médecines complémentaires. Autrement, ils deviendront d'excellents messagers pour le bien de l'humanité. Le Chœur des Vertus guidera aussi les prophètes, les religieux, les politiciens; il fera d'eux d'excellents orateurs qui prêcheront la vérité.

Toutefois, si l'Ombre gagne leur cœur, ces enfants seront athées et vivront dans l'insalubrité, dans la maladie et dans la pauvreté. Ils seront aussi porteurs de maladies, car ils chercheront à détruire la planète plutôt qu'à la guérir. Ils feront tout en leur pouvoir pour détruire. Ils empoisonneront la planète de même que la vie des gens qui les entourent. Telle est la puissance destructrice des êtres au service de l'Ombre. Les Anges du Chœur des Vertus s'acharnent à bannir cette Ombre afin que leurs enfants puissent se diriger vers la Lumière dont ils ont tant besoin pour être en paix avec leur plan de vie.

Qui peut prier le Chœur des Vertus?

Tous ceux qui espèrent qu'un miracle se produise dans leur vie devraient prier ce Chœur. Le Chœur des Vertus est la maison des miracles, des prières et de la foi. Qu'importe votre demande. Que ce soit parce que vous êtes atteints d'une maladie grave ou que vous viviez actuellement une peine d'amour ou un deuil. La mission première des Anges de ce Chœur sera de vous infuser leur Lumière miraculeuse pour que vous puissiez retrouver le chemin de la guérison, le chemin du bonheur et de la paix intérieure. Ils chasseront l'Ombre en vous et dans votre entourage dans le but de ramener l'amour divin dans votre cœur.

Tous ceux qui souffrent d'une maladie et qui souhaitent une guérison du corps ou de l'âme doivent : prier les Anges du Chœur des Vertus. Ils possèdent la force de vous guérir. Ils feront disparaître toutes vos souffrances afin que vous puissiez jouir d'une santé optimale. Dieu les a ainsi créés. Sachez que les Anges de ce Chœur donnent sans rien demander en retour. Leur but premier est de vous aider à retrouver le chemin du bonheur et la sérénité intérieure.

Tous les guérisseurs de ce monde devraient également prier les Anges de ce Chœur, car ils les aideront à retrouver l'énergie divine qui dort en eux et, par la suite, à la partager avec ceux qui feront appel à eux. Ce Chœur vous aidera à propager cette énergie dans la Lumière. Si vous en faites la demande, le Chœur des Vertus peut vous aider à faire des transferts d'énergie. Ainsi, vous pourrez diffuser l'énergie de ce Chœur aux autres. Voici ce que le Chœur des Vertus vous dicte : « Au fur et à mesure que des groupes apprendront à travailler avec les Vertus, une quantité accrue d'énergie spirituelle sera distillée sur votre planète, car la mission des Vertus est de diffuser l'énergie Divine sur

Terre. Ainsi, l'Ombre s'éloignera de la Terre et l'amour y régnera à nouveau. »

Comment prier le Chœur des Vertus pour qu'un miracle se produise dans votre vie?

Voici une prière à réciter au Chœur des Vertus lorsque vous avez une faveur à demander.

Ô Vous, Chœur des Vertus,

Lumière Miraculeuse de Dieu,

Je vous demande d'écouter ma prière (dites votre faveur).

Vous, Fidèle Serviteur de Dieu,

Qui êtes près de lui et qui avez été conçu pour accomplir un miracle,

Pouvez-vous lui transmettre ma demande?

Je vous le demande avec tout mon cœur et mon âme.

Amen

Récitez cette prière pendant neuf jours consécutifs. Au neuvième jour, un événement positif surviendra. Cela peut vous parvenir sous la forme d'une guérison, d'une réponse à une question ou d'informations qui vous seront fort utiles dans les jours qui suivront.

Comme nous l'avons mentionné précédemment, le Chœur des Vertus ne demande rien en retour. Toutefois, si vous désirez le remercier de ses bienfaits, vous pouvez toujours le faire en faisant un geste de bonne volonté. Par exemple, apporter de l'aide à quelqu'un, le réconforter avec des paroles positives, lui dire « merci » ou « je t'aime ».

Vous pouvez également lui adresser une prière de remerciements de votre choix ou réciter la prière qui suit. Cette prière agit à titre de récompense pour le Chœur des Vertus.

Ô Vous, Chœur des Vertus,

Lumière de Guérison,

Messager de Dieu le Père Tout-puissant,

Ange gardien de mon corps et de mon âme,

Qui chaque jour guidez mes pas vers le chemin de Dieu,

Je vous dédie cette prière pour vous remercier de votre amour inconditionnel envers moi.

Je vous demande de continuer de veiller sur moi

Pour me donner force et courage pendant mes épreuves humaines.

Apportez-moi la Lumière lorsque je me dirige vers des chemins obscurs,

Guidez mes pas vers la Lumière divine.

Puisse l'humain en moi recevoir l'essence divine qui émane de vous.

Amen

La mission de l'Archange Raphaël et de l'Archange Michaël au sein du Chœur des Vertus

L'Archange Raphaël est celui qui a la responsabilité de ce Chœur, surtout en ce qui concerne les miracles et les guérisons de toutes sortes. En ce qui a trait à l'Archange Michaël, le régent secondaire, il s'occupe davantage de tout ce qui touche de près ou de loin à la justice divine, à l'évolution spirituelle et à l'illumination de l'âme. L'Archange Michaël vous observe et prend soin de votre âme afin de s'assurer que vous êtes sur le bon chemin. Raphaël s'occupe davantage de votre corps physique. À eux deux, ils forment l'intégralité de votre âme et apportent à l'humain la croyance en Dieu.

Ces deux Archanges travaillent à votre insu et sans que vous ne sachiez pourquoi. Dans ce Chœur, les Anges sont presque invisibles, car leur mission première est intérieure. Ils travaillent donc secrètement sur votre âme afin que s'y développent l'amour, la foi et la croyance en Dieu. Le Chœur des Vertus est passablement difficile à comprendre, à saisir dans son essence, car il travaille en parallèle avec la guérison du corps humain et de l'âme. Une fois ces deux polarités harmonisées, l'énergie divine, l'Esprit saint, arrive à circuler librement.

Une des missions du Chœur des Vertus est de vous permettre de regarder vers l'avenir, et ce, sans que le passé ne vous retienne. Autrement dit, les erreurs commises auront été bien gérées. C'est l'Archange Michaël qui prend le relais dans ce cas, mais il permettra toujours à son enfant de retourner puiser à la source afin qu'il puisse avancer dans la vie sans que rien ne le retienne, sans inquiétudes. C'est ce qu'on appelle la « sérénité de l'instant », c'est-à-dire qu'on peut regarder derrière soi sans vouloir y retourner.

Les enfants nés sous la gouverne du Chœur des Vertus se demandent souvent quel Archange ils doivent prier. Nous leur répondons ceci : « Que devez-vous guérir ? Votre corps ou votre âme ? » Michaël ouvrira la blessure à la suite de votre demande et Raphaël y infusera tout son amour, toute la puissance de son énergie miraculeuse afin de la guérir. Raphaël guérira la plaie et Michaël la fermera pour de bon. Il serait toutefois préférable de prier ces deux Archanges puisqu'ils sont deux parties distinctes, mais complémentaires d'un tout : les Vertus. L'un ne peut vivre sans l'autre. C'est ainsi que Dieu les a créés afin d'élever ce Chœur vers sa pureté spirituelle, vers sa vibration originelle. Le Chœur des Vertus est l'énergie et l'amour qui coulent dans vos veines. Raphaël est le sang, Michaël, vos veines. Sans l'un ou sans l'autre, aucune vie ne serait possible.

Raphaël a aussi été créé afin d'éliminer un aspect de l'Ombre : la maladie. Il s'occupera de vous guérir de tous les vices, de toutes les dépendances qui nuisent à votre évolution spirituelle : alcool, drogues, problèmes de jeux, etc. Il vous purifiera avec l'aide de Michaël et chassera ces Ombres négatives. Ceux qui sont atteints d'une maladie mentale, telle la schizophrénie, seront particulièrement encadrés, car c'est là l'une des faiblesses majeures des enfants de ce Chœur. Priez l'Archange Raphaël et il vous guérira de ces vices à jamais.

La vibration du Chœur des Vertus (Comment les ressentir ?)

La vibration de ce Chœur est tel le sentiment ressenti par un enfant qui croit en Dieu ou en la Vierge Marie, et qui s'agenouille devant cette divinité les mains jointes. Vous-mêmes, lorsque vous prierez, ressentirez la vibration de cette divinité entourée d'une Lumière pure et blanche. Telle est la sensation émise par les Vertus : le repos, la méditation, le recueillement et le vide total en vous. Si vous vous sentez totalement envahi par la prière et la Lumière qui vous enveloppe, c'est que vous venez de franchir le Chœur des Vertus.

Quand les mots que vous prononcez dans vos prières sont importants et que chaque fois que vous faites une demande ou que vous formulez une faveur vous versez des larmes, car vous tenez à ce que votre vœu soit exaucé, vous saurez, au plus profond de votre cœur, que Dieu vous a répondu affirmativement. Vous aurez expérimenté la sensation mystique des Vertus, celle qui vous indique que votre prière a été exaucée. Percevez le Chœur des Vertus de la même façon que vous percevez la mère Marie, l'enfant Jésus, les Anges ou encore votre propre divinité : vouez-lui un amour angélique, un amour divin. Sachez que le Chœur des Vertus est le Chœur de la prière.

Le Chœur des Vertus est comme une énergie qui coule tel un ruisseau abondant. L'eau que vous y puisez nettoie votre corps et lui redonne de l'énergie. Le Chœur des Vertus représente cette eau, cette puissante énergie qui redonne une vitalité ardente à ceux qui l'ont perdue. Ce Chœur vous purifie également de toutes les énergies négatives en vous nettoyant; il chasse l'Ombre en vous et autour de vous. À l'image d'un ruisseau qui coule paisiblement, le Chœur des Vertus calme votre âme et revigore votre corps physique. Voilà l'importance de prier régulièrement les Anges de ce Chœur. Ainsi, il vous sera beaucoup plus facile d'avancer, car vous serez remplis d'énergie positive.

Certains êtres sont aux prises avec de graves maladies telles que le cancer et la dépression nerveuse. Sachez qu'ils n'ont qu'à écouter le murmure d'un ruisseau et son effet de guérison se fera sentir immédiatement. L'être qui boit cette eau de source, purifiée au fil des siècles, nettoiera son corps tout entier. Cette eau est pure, cristalline et d'essence divine. Et lorsque cette source tarit, il y a arrêt, il y a mort. Tous ceux qui sont dans l'Ombre n'entendent pas cette source divine couler en eux. Ils ont tendance à s'épuiser rapidement. Ces êtres ne voient pas la force qui les habite et n'ont aucune croyance en Dieu. Pendant une grande partie de leur vie, ces êtres chercheront la source qui devrait jaillir en eux, mais ils ne la trouveront jamais. En priant les Anges du Chœur des Vertus, ils feront jaillir en vous cette source dont vous avez tant besoin.

Nous disons donc à tous les enfants en harmonie avec le Chœur des Vertus, fatigués ou ayant besoin d'un réconfort : « Écoutez un ruisseau qui coule. Vous retrouverez votre force, vous retrouverez votre voie. Les Anges du Chœur des Vertus feront couler ce ruisseau en vous afin de vous purifier et de vous donner de l'énergie divine. » Ainsi, si la température est clémente, allez vous allonger près d'un ruisseau et écoutez le bruit de ce ruisseau. Il agira à titre de réconfort, de guérison. Ce bruit installera en vous une paix, une force, une énergie, car vous aurez été en contact avec votre propre source : les Vertus.

Lorsque l'être humain est bien centré sur son corps et son âme, il devient une force, une source inépuisable. Cet enfant peut alors transmettre à son prochain cette force et cette énergie. L'amour peut alors circuler librement et de manière infinie.

Le rôle des enfants Vertus sur le plan terrestre

Dieu a dit aux Anges des Vertus : « Vous apporterez à chacun de vos enfants mon énergie divine. Vous leur donnerez cette force et vous ferez de vos enfants d'excellents guérisseurs de l'âme et du corps. » Tous ceux qui œuvrent dans le domaine de la médecine seront bien guidés, s'ils prennent le temps de prier leur Ange.

Ces enfants Vertus feront d'excellents médecins, spécialistes, chercheurs, etc. Ils travailleront pour le bien-être de l'humanité. Ils seront la source dont les gens ont tant besoin. Les gens iront puiser l'essentiel de leurs besoins à travers la force, la dévotion et le savoir qui émanent des enfants Vertus. Voilà donc l'importance de ces enfants d'être en communion avec leur Chœur. En agissant ainsi, ils auront la santé, l'énergie, la force et le courage d'aider les autres. Ils seront une source directement branchée à la Source Divine, ils seront des « canaux » qui iront chercher des connaissances divines pour ensuite les transmettre à l'humanité.

Tous les enfants Vertus sont dotés d'une puissance remarquable puisqu'ils aident chaque être humain à respecter les lois divines et les lois physiques. Les Vertus sont en quelque sorte une énergie. Lorsque les gens méditent et qu'ils font le plein d'énergie, ils reçoivent une force à l'intérieur d'eux, ils ressentent une chaleur les envahir à un point tel qu'ils ont envie de danser, de rire et de crier. Cette puissance les aide à rester en harmonie avec leur âme. Telle est la force que le Chœur des Vertus infuse à ses enfants. Ainsi, les enfants du Chœur des Vertus seront des dispensateurs d'énergie physique, morale, mentale et spirituelle, ce qui aidera l'humanité à retrouver son essence divine.

Ces enfants seront aimés, adulés et respectés des autres. Ceux qui grandiront dans la Lumière seront de véritables messagers. Ils seront la réponse à vos questions, la Lumière pendant vos jours obscurs, la boussole qui vous guidera, la chaleur qui vous réchauffera, votre soleil lors de jours de pluie, le ruisseau qui vous calmera. Cependant, lorsqu'un enfant Vertus se dirige vers l'Ombre, il sera tout le contraire.

Il sera la destruction même. Il sera alors important de l'éviter, car il représentera un danger pour vous et la société.

La faiblesse de l'enfant Vertus quand il n'est pas en harmonie avec son plan de vie

La plus grande faiblesse des enfants de ce Chœur est qu'ils laissent pénétrer l'Ombre trop facilement en eux. Ils auront la fâcheuse habitude de la laisser entrer en ouvrant très grande la porte. Comme ils ont un grand cœur et qu'ils sont quelque peu naïfs, ils n'ont pas conscience que cette Ombre cherche à les détruire. Ils deviennent de vrais diables sur tous les points. Cependant, s'ils construisent leur vie sur des bases solides, des bases lumineuses, ces êtres seront en mesure de reconnaître l'Ombre et de la repousser.

Sachez que l'Archange Michaël a spécifiquement été créé par Dieu afin d'éliminer l'Ombre, et ce, peu importe la forme qu'elle prend. Il est celui qui a dit à Lucifer, l'Archange rebelle : « Tu n'entreras pas dans le Royaume du Père, si tu n'as pas la Lumière et la paix dans ton cœur. Retourne dans tes Ténèbres et restes-y jusqu'à la fin de l'éternité. » Voyez la force et la puissance de cet Archange. Il est le seul à pouvoir combattre la Noirceur, les Ténèbres, l'Ombre. Aussi, les Ténèbres le craignent et avec raison.

Une autre des faiblesses des enfants Vertus est de ne pas croire en la Lumière, en Dieu. Plusieurs seront athées. De plus, ils chercheront à briser la spiritualité des autres. Ils sèmeront des doutes et de la dualité dans le cœur de ceux qui croiront en l'univers des Anges. Il est donc important que tous ceux qui ont des enfants Vertus non lumineux, dans leur entourage, ne se laissent pas influencer par leur attitude ou leur croyance. Il ne faut pas oublier qu'ils ne sont pas branchés à leur Source et qu'ils cherchent à détruire tous ceux qui le seront.

Que devez-vous faire pour être en harmonie avec votre plan de vie?

Comme dans tous les autres Chœurs, il faut prier votre Chœur ou votre Ange de la naissance (Ange gardien) pour retrouver l'harmonie dans votre vie. Lorsque vous en êtes à l'étape des Vertus, vous devez comprendre votre humanité et l'accepter. Vous devez aussi accepter que Dieu soit en vous. Vous prenez conscience de son existence et de toute sa puissance. Tous les enfants du Chœur des Vertus qui croiront en Dieu seront illuminés.

Tous ceux qui désirent pratiquer la canalisation doivent être purifiés par le Chœur des Vertus. Ils doivent obligatoirement demander à l'Archange Michaël de nettoyer leur « canal » afin que celui-ci chasse l'Ombre, s'il y a lieu. Ensuite, Raphaël purifiera ces êtres pour que l'Ombre ne s'y infiltre plus jamais.

L'enfant du Chœur des Vertus

Les jeunes enfants Vertus sont très séduisants. Vous ne pouvez résister à leur regard. Ils vous hypnotisent avec leur coup d'œil et leurs paroles. Quand ils veulent quelque chose, ils savent comment le demander. De plus, étant donné que ces enfants Vertus sont très intuitifs, ils savent quand le demander. Le refus ne passe pas avec eux. Pour eux, un refus représente un défi extraordinaire à relever. Et il est fort probable qu'ils en ressortent grands gagnants et vous serez le perdant!

Les jeunes enfants de ce Chœur sont très talentueux et très habiles avec leurs mains. Ils possèdent l'âme d'un artiste et ils s'appliquent dans toutes les matières qui les passionnent. Ils sont aussi très actifs; ils bougent continuellement. Ils sont des enfants hyperactifs qui ont besoin de beaucoup d'amour et d'une attention particulière de la part de leurs parents. Plusieurs parents des enfants Vertus voudront leur donner toutes sortes de médicaments afin de les calmer, mais cela est une erreur. Ces enfants n'ont pas besoin de médicaments; ils ont tout simplement besoin d'être compris. Ils ont besoin que vous les laissiez libres de s'exprimer et de grandir dans la Lumière. Ce n'est pas parce qu'ils voient des Anges et toutes sortes de signes qu'ils ne sont pas normaux, bien au contraire! C'est vous qui avez tort, si vous les jugez.

Certains parents essaieront, mais à tort, de faire d'eux des enfants « normaux ». Il n'est pas normal de donner un médicament à un enfant pour le calmer. Souvent, le problème est que le parent n'est pas réceptif à cet enfant qui possède en lui une Lumière puissante. Donnez à votre enfant une tâche humaine, une tâche angélique et vous verrez qu'il se calmera. Parlez-lui des Anges qu'il voit et laissez-lui la chance de s'exprimer.

Si vous le bousculez physiquement et verbalement, vous allez tout simplement réveiller l'Ombre en lui. Par la suite, il vous détestera. Il sera complètement perdu. Il est aussi important de noter que le parent qui est dans l'Ombre fera de son enfant Vertus un enfant perturbé qui prendra toutes sortes de médicaments, car il sera souvent malade. Les enfants Vertus vous refléteront l'image de votre propre personnalité. Ils seront votre reflet. Alors, si votre enfant est agressif, peut-être que c'est vous qui êtes agressifs et votre enfant ne fait que vous renvoyer l'image de qui vous êtes vraiment. L'enfant Vertus ressent énormément les émotions de ses parents. Si vous ne l'aimez pas, il va le ressentir, et il vous le démontrera dans ses agissements. Avant de juger votre enfant ou de lui donner toutes sortes de médicaments pour le calmer, regardez profondément en vous. Si vous trouvez quelque chose qui vous fait défaut, il serait temps d'y mettre toute votre attention. Si vous voulez que votre enfant apaise son agressivité et qu'il change d'attitude envers vous, il faudra penser à vous changer et à changer votre attitude envers lui. Rapidement, vous vous apercevrez que votre enfant deviendra plus calme, harmonieux. Retenez que le meilleur médicament à lui donner, c'est votre amour et votre respect.

Les enfants Vertus ont une vision très développée de même qu'une oreille attentive à chaque événement qui se produira autour d'eux et en eux. Très jeunes, ils auront la capacité de voir Dieu et les Anges. Et si les parents leur laissent le loisir de développer leurs visions et leur foi, s'ils les laissent être qui ils sont sans les réprimander, les juger ou les empêcher de voir la Lumière en eux, ce seront des enfants extraordinaires. Ils grandiront avec l'espoir et la force de vouloir changer le monde. Toutefois, si les parents empêchent ces enfants de s'exprimer et d'avancer en leur montrant, avant tout, la force maléfique, ceux-ci utiliseront leur puissance pour détruire la planète.

Il est donc primordial que les parents dont l'enfant est né dans le Chœur des Vertus apprennent à le connaître et lui laissent prendre sa place. Si cet enfant vous parle des étoiles, de Dieu, de l'amour, des Anges ou vous dit qu'il veut aller à l'église, laissez-le faire! Si cet enfant a une grande dévotion pour Dieu, ne l'en empêchez pas. Si vous n'y croyez pas, nous respectons votre choix, mais de grâce, respectez votre enfant dans ses croyances. L'enfant des Vertus est celui qui créera le monde et celui qui pourra le changer grâce à la foi qu'il porte dans son cœur. Mais retenez que si cet enfant est mal dirigé, il pourra facilement détruire l'humanité.

L'adulte du Chœur des Vertus

Les adultes de ce Chœur sont des charmeurs-nés. Ils sont très excentriques dans leur tenue vestimentaire. Tout leur va à merveille. Ils sont leur propre designer de mode. La plupart d'entre eux sont dotés d'une très belle beauté physique et lorsqu'ils sont en harmonie avec leur plan de vie, cela se reflète dans leur visage et dans leur corps en entier. Leur personnalité reflétera le bonheur total. On ne peut que les remarquer. Ce sont des enfants qui font tourner beaucoup de têtes lorsqu'ils se promènent, et ce, autant du côté masculin que féminin.

Cependant, lorsque ces adultes Vertus ne sont pas en harmonie avec leur plan de vie, cela se manifeste dans leur visage. Ils paraissent beaucoup plus âgés qu'ils ne le sont vraiment. Leur visage est ridé, fade et sans expression. Leur regard est fixe, sans vie. Ils ont l'air de vrais morts vivants à la recherche d'un tombeau pour s'y allonger! Ces êtres négatifs ne voudront pas voir la lumière au bout du tunnel. Ils préféreront vivre dans la noirceur absolue et se morfondre en arrosant leur peine avec de l'alcool, de la drogue ou toutes autres substances qui leur permettront de s'enfoncer davantage dans leur tombe.

Les dames de ce Chœur ont beaucoup de charme. Elles aiment se maquiller, se pomponner afin d'être la plus belle. Elle se fait belle pour son partenaire et pour se faire remarquer. La dame Vertus aime lorsqu'on la remarque et lorsqu'on la complimente sur sa beauté et sa façon d'être. Elle aime se faire courtiser, car elle est avant tout une grande romantique. Toutefois, elle n'est jamais déplacée dans ses gestes ou dans ses paroles. D'ailleurs, elle aime se faire courtiser diplomatiquement. Elle n'aime pas les courtisans mal intentionnés ayant un vocabulaire malsain.

Les femmes Vertus jouent un rôle important au sein de la société. À elles seules, elles représentent la « féminité » dans tous les sens du mot. Elles sont la création sur tous les plans. Ces femmes Vertus adorent les changements; elles ont des idées avant-gardistes. Elles voient loin et elles possèdent en elles tout le talent nécessaire pour embellir la planète. Par contre, lorsqu'elles sont dans l'Ombre, elles sont tout le contraire. Certes, elles se feront remarquer. Non pas pour leur beauté, mais pour leur manque de respect envers les autres. Elles se sentiront supérieures à tous et leur feront ressentir. Les gens éviteront constamment leur compagnie. Le cercle d'amis de ces femmes Vertus de l'Ombre sera très restreint, car les gens ne pourront pas les endurer tellement elles seront désagréables. Au lieu d'aider leur prochain, elles feront tout pour lui nuire. Elles seront très jalouses du bonheur des autres et elles chercheront à le détruire. Il serait important que ces dames Vertus de l'Ombre fassent attention à elles, car c'est leur santé qui subira les conséquences de leur mauvaise attitude envers les autres.

Les hommes Vertus se préoccupent également de leur apparence physique. Ils prennent soin de leur corps et ils font tout pour être beaux. Ils aiment se parfumer, car ils cherchent à attirer l'attention des belles dames. Ils sont de grands romantiques et de grands courtisans. Ils font tout pour plaire à l'élue de leur cœur. Leur sexualité est très vivante et cela a beaucoup d'importance dans leur vie. Ils aiment être amoureux. C'est la raison pour laquelle ils ont de la difficulté à se sortir d'une peine d'amour. Lorsqu'un homme Vertus vous donne son cœur, il vous le donne à jamais.

Les adultes Vertus, autant masculins que féminins, s'épanouissent dans l'amour. Ils ont un grand besoin d'amour, de tendresse et de caresses. Ils peuvent décrocher la lune à leur partenaire lorsqu'ils sont heureux et en harmonie. Toutefois, quand ils ne sont pas dans la Lumière, ils peuvent détruire leur partenaire avec leurs gestes ou leurs paroles. Généralement, les adultes Vertus découvriront l'amour vers la fin de la trentaine ou au début de la quarantaine. Ces derniers ont besoin de vivre plusieurs expériences de vie avant de bâtir une relation stable avec leur partenaire. Quand ils trouveront le partenaire idéal, ils s'y consacreront entièrement et ils seront très fidèles. Mais, en retour, le partenaire doit démontrer tout son amour. Voyez-vous, les adultes Vertus ont constamment besoin d'être rassurés en ce qui concerne leurs amours.

Chaque adulte Vertus qui aura vécu une enfance heureuse aimera aider son prochain. Cet adulte sera d'une grande générosité et apportera la Lumière à son entourage. Cet être fait ses prières assidûment. La foi qu'il porte dans son cœur est tellement puissante que Dieu exaucera ses prières. À l'inverse, l'adulte dont l'enfance a été difficile est athée. Soit qu'il ne croit en aucune religion soit qu'il passe le reste de ses jours à chercher un sens à sa vie. Les enfants Vertus ont besoin de prières et de croire que Dieu existe. Ces enfants ont tout simplement besoin d'être avec Dieu. Nous vous demandons donc de ne pas négliger ces enfants, car ils ont besoin de l'énergie des Anges pour s'épanouir.

Nous disons à tous les enfants du Chœur des Vertus : « Vous n'êtes pas obligés d'aller à l'église, mais croyez en nous, priez-nous. Portez sur vous une médaille ou une croix, si vous le désirez. Ayez foi en la mère Marie, en tout autre saint ou en Dieu, tout simplement. Parlez de spiritualité avec des gens qui vous comprendront. Priez comme bon vous semble, mais écoutez votre petite voix intérieure en ne laissant personne saper votre propre bonheur. » Vous avez besoin de retrouver la Lumière qui vous a été donnée au moment de votre création. Votre âme la possède et la dirigera vers votre cœur. Ne laissez personne influencer votre dévotion. Et si l'on essaie de vous déstabiliser, détournez-vous parce que cette personne ne vous mérite pas.

L'Archange Raphaël

Pour reprendre ce qui a été dit précédemment, l'Archange Raphaël est l'Archange recteur de ce Chœur, mais il est aussi secondé par l'Archange Michaël avec qui il forme une équipe. Ce Chœur est important, mais il doit être en équilibre. Si votre âme est malade, votre corps le deviendra tôt ou tard. De même, si votre corps est malade, votre âme le ressentira. Conjuguez une âme et un corps en santé et vous resplendirez de Lumière. Michaël est le chirurgien : c'est lui qui fait l'incision et les points de suture. Pour sa part, Raphaël s'occupe de la guérison complète de la maladie ou du problème : purification, nettoyage et amélioration de votre état de santé. Le but premier de Raphaël est donc de guérir l'âme et le corps physique, tandis que celui de Michaël est de bénir divinement ce que Raphaël aura effectué. Il bénira le corps de l'être qui vient de guérir afin que celui-ci n'ait plus à retourner en arrière et qu'il puisse vivre sa propre vie. Michaël est la source; Raphaël est l'eau qui guérit. S'ils ne mettaient pas leurs efforts en commun, ils ne seraient d'aucune utilité pour le Chœur des Vertus. À quoi servirait un ruisseau asséché?

L'Archange Raphaël fut très près de Tobie, mieux connu dans la Bible comme l'aveugle qui fut guéri par Jésus. Il l'a aidé à poursuivre son chemin, malgré sa cécité. Dieu a dit : « Raphaël, tu accompagneras Tobie tout le long du chemin qu'il aura à parcourir. Tu demeureras à ses côtés. Quand il trébuchera, tu l'aideras à se relever. Quand il se blessera, tu panseras ses plaies. » Raphaël a été conçu par Dieu pour soigner ceux qui souffrent et exaucer leurs prières. C'est un Archange puissant grâce à ses capacités de guérison. Il est celui qui, en ce moment même, prend soin de la Terre car celle-ci souffre atrocement. Il est celui qui essaie de trouver des solutions pour que la Terre puisse respirer sainement. Pour ce faire, il aide les chercheurs en leur transmettant des idées qui permettront de purifier cette Terre en péril.

Raphaël n'est pas très grand, mais il est très puissant. Il dit qu'il aime la couleur verte. Souvent, à l'époque où il suivait Tobie, il portait des robes de couleur crème desquelles émanait une Lumière verte. Raphaël dit qu'il est une source de Lumière. Quand il vient en aide aux humains, ces derniers ressentent cette source par une vibration de chaleur et un vent léger. C'est ainsi qu'il aide les gens malades.

Raphaël est l'Archange des êtres qui traversent des moments difficiles sur le plan de la santé. Il est aussi l'Archange des hôpitaux. Il aimerait pouvoir soigner toute la population mondiale, mais l'Archange Michaël lui a dit : « Raphaël, tu ne peux pas aider cet être-ci, car nous devons lui montrer un chemin particulier, nous devons lui donner une leçon de vie. Tu pourras, si tu le désires, l'aider à réussir cette leçon, mais tu ne peux pas le guérir. » Cependant, lorsque Michaël décide que le moment est venu, il dit à l'Archange Raphaël : « Tu peux maintenant guérir cet être. » Et Raphaël le guérit avec plaisir, car la force de l'Archange Raphaël est d'apporter le bien et la santé à l'humanité, de guérir ceux qui doivent être guéris et de nettoyer ce qui doit être nettoyé. Il n'aime ni la maladie ni la souffrance.

Raphaël est un Archange joyeux, rempli d'amour, de bonté divine et de Lumière intense. Il aimerait que chaque être humain le soit aussi et qu'il choisisse de se diriger vers la vie, vers la Source même. Or, il arrive que les Puissances de Dieu n'autorisent pas Raphaël à user de son pouvoir. Parfois, Dieu dit : « Raphaël, tu iras vers cet être seulement s'il en fait la demande. Nous nous pencherons sur la vie de cet être, puis nous déciderons si tu dois lui apporter la Lumière divine, la Lumière qui guérit. »

Dieu, les Anges et les Archanges ne sont pas des êtres punitifs ou méchants. C'est vous-mêmes qui avez décidé d'être confrontés à ces leçons de vie et nous les mettons sur votre chemin, car vous devez apprendre de ces leçons de vie. Et, comme nous respectons l'être humain, nous les lui donnons. Sachez cependant que nous regardons aussi le bien que vous avez fait sur Terre.

Il est important que vous sachiez que nous sommes là pour vous aider, pour apporter l'amour dans votre cœur, dans votre âme et dans votre corps. Quand l'amour est partout, la maladie fuit, car tout est en harmonie avec les Plans Célestes.

Pour revenir à Raphaël, qui signifie « Dieu qui guérit », celui-ci a le pouvoir de vous guérir de tous vos maux et de guérir aussi la planète. Cependant, il ne vous guérira que lorsque Dieu l'y aura autorisé.

Raphaël a sous sa régence huit Anges de la Lumière : Hahahel, Mikhaël, Veuliah, Yelahiah, Sealiah, Ariel, Asaliah et Mihaël.

41 – HAHAHEL (du 14 au 18 octobre)

Hahahel est un « Dieu en trois personnes », un Ange qui bouge continuellement et qui entreprend plusieurs choses à la fois. Il transmet toutes vos prières à l'Archange Michaël afin qu'il puisse les exaucer. Lorsque vos prières sont exaucées, il demande à l'Archange Raphaël de les bénir. Cet Ange prendra sous sa tutelle toutes vos demandes, en autant qu'elles soient essentielles à votre évolution humaine et spirituelle. Son but premier est de vous apporter le bonheur au quotidien. Hahahel peut aussi vous aider sur le plan financier, mais seulement si vos coffres sont vides. Il fournira alors l'argent nécessaire afin de combler vos besoins essentiels : nourriture, logement, vêtements.

L'Ange Hahahel est gigantesque puisqu'il est la manifestation vibratoire de trois personnes. On a donc l'impression de voir trois Anges en même temps. L'effet est le même que lorsque vous vous placez devant un miroir à trois côtés. Vous vous voyez sous tous les angles possibles. Hahahel est un Ange en trois dimensions. D'ailleurs, il se plaît à dire à ses confrères qu'il est à la mode puisque sur Terre les humains aiment regarder des films en trois dimensions. Cela les effraie. Cependant, on n'a pas besoin de lunettes spéciales pour le voir ainsi!

Hahahel est imposant lorsqu'on le voit pour la première fois. Il demande à ses enfants de ne pas avoir peur, car sa taille n'est que le reflet de sa vibration initiale. Ses ailes sont immenses aussi, car il en a besoin pour exaucer vos vœux. Il est en quelque sorte en ligne directe avec les Archanges Michaël et Raphaël. Ces trois Êtres de Lumière se donnent la main, un peu comme l'image de la Trinité. Hahahel est un Ange d'une grande douceur et d'une grande gentillesse. Sa couleur préférée est le vert. Il parsème donc cette couleur sur ses ailes afin de leur donner un air coquet.

Hahahel vous donne le pouvoir de croire en vous, le pouvoir de formuler une requête et de passer à l'action pour qu'elle se concrétise. Tel est son rôle. Il aide ses enfants à avoir des buts, des projets, et à les mettre à exécution. Il les aide à avancer, à faire des pas importants. Tous les enfants qui croient en lui et qui ont un but bien défini verront leur souhait se réaliser. Hahahel leur apportera cette force. Lorsque la Lumière entre dans ses enfants et qu'ils se mettent à prier leur Ange, toutes leurs prières sont entendues et exaucées.

Il est très difficile de suivre les enfants d'Hahahel, car ils sont toujours en train de faire trois choses à la fois. Ces derniers sont hyperactifs. Ils bougent sans cesse et ont toujours des projets en chantier. Le mot « s'asseoir » ne fait pas partie de leur vocabulaire. Ces enfants ont constamment des idées de toutes sortes. Ainsi, leur grande faiblesse est qu'ils sont souvent fatigués. Qui peut survivre à un tel rythme? Toutefois, Hahahel leur donne le pouvoir de récupérer rapidement. S'ils le prient afin qu'il leur redonne de l'énergie et qu'ils n'arrivent pas à refaire leurs forces, c'est que Hahahel veut qu'ils se reposent tout simplement! Il souhaite leur faire prendre conscience du fait qu'ils ont besoin de ce repos « forcé » et qu'ils doivent apprendre à mieux canaliser leur énergie. Le défaut de ses enfants est de brûler cette énergie dans des activités inutiles et non constructives. En apprenant de vos leçons de vie, de vos faiblesses, vous deviendrez des adultes équilibrés.

Cependant, les enfants de l'Ombre sont des êtres destructeurs. Ils cherchent à écraser les autres avec leur puissance. Hahahel est un Ange créateur qui veut aider son prochain. Sa générosité est sans bornes. Ceux qui choisissent l'Ombre sont tout le contraire. Ces êtres ont des crocs acérés et ils sont dévorés par l'esprit de vengeance. Sachez toutefois qu'ils peuvent toujours changer, car ils sont libres dans leur choix. Ils ont en eux le pouvoir et la force nécessaires pour revenir vers leur Lumière. Ce faisant, ils verront que leur vie sera nettement plus ensoleillée. L'enfant qui grandit dans la Lumière volera et marchera comme s'il était sur un nuage. Sa vie sera palpitante et remplie de petits bonheurs quotidiens.

Une mission importante de l'Ange Hahahel consiste à vous aider à réaliser vos vœux, à écouter votre voix intérieure et à vous relever. Il est l'Ange des prières, que celles-ci concernent l'amour, le travail ou la santé. Hahahel est l'Ange qui pourra le plus vous aider à les exaucer.

42 – MIKHAËL (du 19 au 23 octobre)

Mikhaël est un Ange « semblable à Dieu ». Il ne faut certes pas le confondre avec l'Archange Michaël. Hahahel possède beaucoup de la vibration de Raphaël. L'Ange Mikhaël, pour sa part, est à l'image de l'Archange Michaël. C'est un Ange puissant et droit qui ne tolère aucunement l'hypocrisie. Il apporte donc à ses enfants l'amour de la vérité et le besoin de s'exprimer avec honnêteté. Mikhaël aimerait être perçu comme une petite maison d'oiseaux, une petite cabane où tous les oiseaux vont s'abriter. Et comme les Anges et les âmes empruntent parfois le corps des oiseaux, Mikhaël, qui est aussi la « Maison de Dieu », désire donc les abriter. Véritable havre d'amour, sa petite maison est remplie de paille. Il voue une grande passion aux oiseaux de toutes espèces, car lui-même ressemble à ces créatures.

Mikhaël est d'un blanc pur, à l'image d'une magnifique colombe. Il a la beauté et la grâce d'une colombe en plein vol. Écoutez le chant des oiseaux qui se répondent les uns les autres. Telle est la façon dont Mikhaël aimerait être perçu : une colombe perchée sur le toit d'une petite maison qui chante des louanges, des sérénades à la vie. Cette colombe invite tous ses frères et sœurs à venir prendre place dans l'humble demeure de Dieu.

Cet Ange permet à ses enfants de donner un toit à tous ceux qui sont dans le besoin. Ils sont le refuge de l'humanité. Souvent, les enfants nés sous la gouverne de Mikhaël prennent soin d'une autre personne en lui offrant leur maison comme lieu sûr. Même leurs bras seront le havre des âmes en détresse. Ces enfants cherchent à aider et à changer le monde entier. Leur grande quiétude et leur grande sérénité font d'eux des enfants illuminés. Cependant, la grande faiblesse des enfants nés sous la gouverne de cet Ange est qu'ils peuvent se retrouver sans domicile fixe. Ils traîneront dans les rues. Ces enfants ne croiront pas en leur pouvoir et en leurs capacités. Le mensonge et l'hypocrisie seront leurs principaux traits de caractère. Toutefois, dès que la Lumière entre en eux, leur visage rayonne d'une grande beauté. Il affiche les traits angéliques d'un enfant qui baigne dans la Lumière. Cependant, on y lira le désespoir, si ces enfants sont dans l'Ombre.

Mikhaël est un Ange semblable à Dieu, il est donc très puissant et adorable. C'est l'Ange de la Vérité. Lorsque vous êtes en contact avec cet Ange, vous êtes en contact avec la bonté et la justice de Dieu. Mikhaël aide tous ceux qui œuvrent dans le monde politique. Il guide leurs paroles afin qu'elles soient honnêtes, justes et équitables.

Mikhaël peut vous aider en ce qui concerne la loi tout comme il peut vous apporter la prospérité au travail. Votre honnêteté est votre meilleur atout. Mikhaël peut faire de vous d'excellents politiciens et vous protégera dans vos déplacements et vos voyages. Il peut aussi veiller à ce que vos paroles tranchantes ne détruisent pas, mais qu'elles servent à construire un monde meilleur.

Le Chœur des Vertus est chargé de l'ouverture du don de la canalisation et c'est l'Ange Mikhaël qui ouvre le « canal » à ceux qui désirent s'adonner à l'écriture automatique, à développer le don de la télépathie ou à entrer en contact avec le Plan Divin. De concert avec l'Archange Michaël, l'Ange Mikhaël nettoie l'intérieur de votre corps, il vous purifie. Ils agissent à l'image de l'eau d'un ruisseau qui nettoie toutes les impuretés sur son chemin telles que la rancune, la haine et les blocages, pour ensuite vous inonder de la pure Lumière divine. Sachez que ces nouveaux dons, une fois intégrés, doivent être utilisés à des fins nobles et justes afin d'aider les gens qui en feront la demande, sinon ils vous seront enlevés.

Mikhaël, Ange de la propreté, de l'ordre et du souci du détail, a des enfants à son image. La maison de ces derniers est impeccable. Ces enfants seront très disciplinés, et ce, dès leur plus jeune âge. Ils marcheront dans une seule voie, car ce n'est pas dans leur nature de s'éparpiller. Ces enfants savent ce qu'ils veulent et ils l'obtiennent à force d'y travailler. De même, ils savent ce qu'ils ne désirent pas. Telle est leur force.

Par contre, si ces enfants ne sont pas en harmonie avec les vibrations de Mikhaël, ce sera le désordre le plus complet dans tous les secteurs de leur vie.

43 – VEULIAH (du 24 au 28 octobre)

Veuliah signifie « Dieu, roi dominateur », mais c'est tout de même un bel Ange. Elle est très puissante. Elle possède une grande énergie et beaucoup de caractère. On a qu'à regarder cet Ange pour le craindre.

Elle est à l'image d'une toute petite fleur, mais elle possède un regard perçant. Veuliah est un Ange très imposant et doté d'une grande sensibilité. Pour vous représenter cet Ange, imaginez un oiseau dans le ciel un jour de tempête qui brave le vent et le froid tout en multipliant les coups d'ailes pour avancer. Quand tous les autres oiseaux auront abandonné la partie pour prendre un peu de repos et refaire leurs forces, Veuliah continuera d'avancer avec une seule idée en tête : atteindre sa destination coûte que coûte.

L'animal préféré de l'Ange Veuliah est le lion. À l'image de Veuliah, le lion dégage puissance et respect. Il avance avec assurance pour atteindre l'objectif qu'il s'est fixé. Sa crinière impose le respect, quoique certains lions soient comme de vrais petits lionceaux tant ils sont doux et charmants. Si personne ne les dérange, ils resteront dans leur univers. Veuliah n'a pas exactement le caractère du lion, mais son énergie est aussi puissante que cet animal. Sa puissance et sa détermination se lisent dans son regard. Cependant, sachez qu'elle ne domine pas pour écraser, mais plutôt pour créer. Veuliah a cette force qui lui permet de survivre à toutes sortes de fléaux. Elle est aussi cette petite fleur qui, malgré toutes les tempêtes qui peuvent sévir tout le long de sa vie, continue de pousser et de s'épanouir pleinement. Tous se plaisent à la regarder, car malgré toutes les adversités qu'elle a dû surmonter, elle aura tout de même réussi à éclore. C'est l'amour qu'elle éprouve pour Dieu qui lui a permis de continuer. Cette petite fleur dévoilera à tous la beauté qui gît au fond de son cœur fragile. Elle est le symbole même de la persévérance et de la foi dans l'adversité.

Veuliah transmet une force extraordinaire à ses enfant : la force de dominer leurs peurs, la force de continuer et de croire que la Lumière se trouve en eux malgré toutes les tempêtes. Cet Ange apporte aussi la prospérité. Elle travaille davantage avec tous ceux qui possèdent un commerce, dont Elle en fera une entreprise prospère. Toute personne qui lance une entreprise ou qui souhaite en lancer une devrait prier Veuliah. Elle l'aidera à surmonter tous les obstacles qui se dresseront devant elle. Elle lui donnera la force et la passion nécessaires pour continuer et avoir une entreprise florissante. Ainsi, tous ceux qui mettent sur pied un projet quelconque, qui désirent ouvrir un restaurant, une boutique ou tout autre commerce, devraient prier l'Ange Veuliah. Finalement, ils seront heureux de récolter les fruits de leur labeur. Veuliah apporte à tous ses enfants le pouvoir de créer.

Veuliah transmet à ses enfants la bienveillance, la gentillesse, la sympathie et la générosité. Ce sont des qualités essentielles que cet Ange désire partager avec eux. Toutefois, malgré ces grandes qualités humaines, elle ne se laisse aucunement marcher sur les pieds. Même l'Ombre la craint, car elle est capable de l'éloigner. Elle ne s'empêchera jamais de voler au secours de ses enfants, et ce, même si l'Ombre se dresse devant elle. « Tu veux être l'Ombre, je te montrerai ce qu'est la Lumière! », lui dit-elle. Veuliah fonce droit sur l'Ombre qui se rend rapidement compte de la puissance de sa Lumière. Aveuglée, l'Ombre n'a d'autre choix que de lui céder la place et de s'en aller.

Cependant, la grande faiblesse des enfants nés sous la gouverne de Veuliah est qu'ils n'arrivent pas à faire quelque chose de construc-tif. Ces enfants ne voient pas la lumière au bout du tunnel. Ils croulent sous le poids des obstacles de la vie. Plusieurs d'entre eux feront faillite et auront de la difficulté à faire aboutir leurs projets quotidiens. Ils n'arriveront pas à se remettre sur pied, pas plus qu'à prendre la place qui leur revient, car ils n'auront pas confiance en eux. Veuliah de-mande donc à ses enfants de la prier puisqu'elle peut leur transmettre la force nécessaire pour dominer leurs faiblesses et récolter leur dû.

44 – YELAHIAH (du 29 octobre au 2 novembre)

L'Ange Yelahiah est un « Dieu éternel ». Il travaille en étroite collaboration avec l'Archange Michaël, car il s'occupe de tous ceux qui vivent des moments difficiles tels que la guerre, une dispute, une séparation ou un procès. La mission principale de Yelahiah est de ramener la paix sur Terre, mais aussi d'amener la paix dans le cœur de chaque être humain. Si tous les êtres humains possédaient cette paix intérieure, cela serait magnifique, car il n'y aurait plus de guerres. Seul l'amour régnerait. Cet Ange a donc été conçu afin d'aider tous les enfants qui, en ce moment, sont en guerre, de même que tous les enfants qui font la guerre malgré eux, sous la contrainte de leur État. Il serait important que ces enfants prient l'Ange Yelahiah, car malgré leur mission militaire, celui-ci les aidera à garder la paix en eux et à réfléchir sur sa signification profonde. Yelahiah leur fera comprendre qu'il est peut-être mieux d'avoir la paix dans son cœur que de propa-ger la haine et la destruction.

Certes, nous savons que la guerre ramène quelquefois la paix. Mais de façon générale, les gens qui font la guerre effacent toute trace de paix qui aurait pu être atteinte grâce à un peu plus d'amour de chacun. La guerre est un symbole de puissance et si les êtres qui se battent cherchent vraiment à obtenir la paix en enrayant l'Ombre, nous comprenons. Toutefois, la plupart du temps, les guerres humaines sont causées par l'égocentrisme et fondées sur un pouvoir destructeur. Elles ont pour but de mettre en évidence lequel des deux antagonistes est le plus puissant, et ce, aux dépens de millions d'innocentes victimes de cœur et d'âme. Certains pensent qu'ils se battent pour ramener la paix, mais, en réalité, ils se battent pour la puissance destructrice : l'Ombre. Yelahiah peut donc permettre à ceux qui sont en guerre de ressentir la paix en eux. Elle les éclairera sur les véritables motifs de cette guerre. Ensuite, il appartiendra à ces gens de continuer de se battre ou bien d'arrêter.

La puissance de cet Ange réside dans la paix qu'elle apporte. Yelahiah est d'une grande beauté, c'est un Ange ensoleillé. Lorsqu'elle ouvre grandes ses ailes, on y aperçoit le symbole de la paix. Ce symbole, elle le transmet dans le cœur de chacun de ses enfants qui demande sa protection, de même qu'à tous ceux qui la prient. Cet Ange protège ses enfants contre le vol, la peur du noir, les hypocrites et les gens dans l'Ombre. Le sceau de paix qu'elle porte sagement sous ses ailes empêche l'Ombre d'y entrer.

Puisque Yelahiah est un symbole de paix, un symbole de liberté, on peut la percevoir telle une colombe. Elle est grande et ses longues ailes se replient à l'image d'un plateau sur lequel reposerait une magnifique colombe. Afin de mieux ressentir sa vibration, imaginez un endroit très calme où vous chantez pour entrer en contact avec les colombes qui vous entourent. Des milliers de papillons blancs volettent. Il y a beaucoup de verdure, un ruisseau coule. Aucun bruit ne vous importune. Seuls de légers bruits qui proviennent de la nature environnante se font entendre et calment votre esprit. Telle est la sensation de Yelahiah. C'est un Ange qui, par sa seule présence, arrive à vous calmer. Elle aide chaque être vivant aux prises avec de la nervosité à se détendre.

Yelahiah aide aussi tous ceux qui doivent subir un procès où il y a revendication des deux parties en cause, telle une pension alimentaire. Elle fera comprendre aux parents qui se déchirent pour la garde des enfants, ou pour des raisons financières, qu'ils doivent partager leur avoir équitablement. Yelahiah donnera à ces êtres la paix du cœur, ce qui leur permettra de résoudre leurs problèmes dans le respect, le calme et la sérénité. Elle chassera tous ceux sous l'emprise de l'Ombre, et si cette Ombre persiste, elle les marquera du sceau de la paix et de l'amour. L'Ombre n'a alors que deux choix : s'enfuir ou devenir Lumière. Et si l'Ombre devient Lumière, elle sera transformée à jamais, car Yelahiah est un Ange éternel! Dieu lui a accordé le don de transformer instantanément l'Ombre en Lumière. Yelahiah apporte la paix éternelle.

Les enfants sous la gouverne de Yelahiah cherchent l'amour et la paix. Ces êtres sont très sensibles aux bruits de toutes sortes et préfèrent le calme qui est beaucoup plus bénéfique à leur santé. Ses enfants sont naturellement enclins au bonheur et à la joie; ils sont de vrais rayons de soleil. Or, ceux qui sont dans l'Ombre seront des voleurs et des batailleurs, des esprits qui aiment la violence. Aussi, leur grande faiblesse est la puissance incontrôlée qu'ils exercent afin d'accomplir leurs actions destructrices. Cependant, Yelahiah sera toujours à leurs côtés et elle leur tend la main en leur proposant de changer leur vie en l'espace d'une seconde. « Tu seras illuminé et en harmonie avec ce dont tu as toujours rêvé. Ta vie sera finalement beaucoup plus paisible. »

Les enfants nés sous la gouverne de Yelahiah font d'excellents avocats et d'excellents politiciens, s'ils travaillent dans la Lumière. Sous l'emprise de l'Ombre, ces enfants peuvent détruire la planète en commettant des gestes haineux et en nourrissant un goût viscéral pour les batailles. Yelahiah fera tout en son pouvoir pour les en empêcher. Cet Ange possède les mêmes pouvoirs que l'Archange Michaël, à savoir qu'il peut, en l'espace d'un instant, transformer l'Ombre en Lumière. Ombre, gare à vous si vous la confrontez! Yelahiah est comme un courant électrique. En y touchant, vous ressentirez instantanément toute la puissance de sa décharge vibratoire, angélique et lumineuse. Et l'Ombre ne sera plus que de l'histoire ancienne. C'est la raison pour laquelle les Ombres la craignent tant.

Tous ceux qui ont une vie pénible et qui espèrent des jours meilleurs devraient prier Yelahiah. Elle apportera une étincelle de magie dans leur vie. Le bonheur et la paix s'installeront en un rien de temps, car c'est ce qui lui importe le plus. Puisqu'elle n'aime pas la dualité ni les disputes, Yelahiah fera régner la paix dans toute l'humanité. C'est la mission qu'elle s'est donnée. Sachez aussi que le sceau de cet Ange, son talisman, vous protégera contre toutes les intrusions, les cambriolages, le vandalisme dans votre demeure ou votre commerce. Il protégera aussi tous ceux qui le porteront sur eux.

45 – SEALIAH (du 3 au 7 novembre)

L'Ange Sealiah est un « Dieu, moteur de toutes choses ». Elle travaille conjointement avec l'Archange Raphaël en puisant en lui toute sa puissance. Cet Ange peut guérir tous ceux qui sont malades, tous ceux qui ont des ennuis de santé. Puisqu'il est le moteur de toutes choses, il vous donnera l'énergie nécessaire pour avancer et pour vous guérir. Sealiah ressemble beaucoup à son maître, l'Archange Raphaël.

Sealiah est un bel Ange. Elle est entourée de vert, puisque c'est la couleur de la guérison. La verdure dans votre environnement – l'herbe, les arbres, les plantes – a pour effet de guérir vos états d'âme et d'effacer les symptômes du surmenage. Sealiah ajoute que, bien qu'elle soit un Ange comme les autres, elle aime être perçue arborant une croix rouge ou bleue. En fait, la couleur importe peu, mais elle aimerait être reconnue comme un Ange infirmier. À l'endroit où se trouve habituellement son auréole, vous pouvez lui mettre un petit chapeau blanc entouré de vert orné d'une petite croix ou de tout autre symbole qui représente la santé. Vous pouvez aussi draper ses épaules d'une longue cape verte. Sous cette cape, Sealiah cache ses belles grandes ailes, et lorsqu'elle les déploie, on ressent tout son pouvoir de guérison.

Sealiah aide tous ceux qui travaillent dans le domaine de la médecine. Son rôle consiste aussi à guérir ceux qui se trouvent sur un lit d'hôpital, à faire en sorte qu'ils se rétablissent le plus rapidement possible. Sealiah apporte la guérison, mais elle doit d'abord demander l'aide de l'Archange Raphaël et celle de l'Archange Michaël. Ensuite, la personne est guérie pour de bon. Sealiah apposera le sceau de la paix et de la guérison afin qu'aucune maladie ne puisse se déclarer à l'avenir. Tous ceux qui sont malades, qui ont perdu l'espoir et le goût de vivre, devraient prier l'Ange Sealiah. Elle leur redonnera la santé, le bonheur et l'espoir en la vie. Sealiah guérira tous leurs maux et insufflera en eux l'énergie qu'ils ont perdue.

Sealiah peut vous présenter le médicament qui vous conviendrait le mieux et vous éclaire sur ce qui intoxiquerait votre système. Cet Ange aide les gens cloués à un fauteuil roulant en leur donnant le goût de continuer à vivre. Sealiah leur permet de se fixer des buts et d'entrevoir l'avenir avec foi et confiance. Sealiah est aussi l'Ange que vous devriez prier si vous êtes en convalescence à la suite d'une intervention chirurgicale. Elle apaisera votre douleur et calmera vos états d'âme.

Sealiah soutient aussi ceux qui éprouvent de la peine en raison d'une rupture, d'une séparation ou encore d'un décès. Elle calme les souffrances de votre cœur en y apportant la paix devant les événements qui vous arrivent. Sealiah travaille pour la guérison sous toutes ses formes. Il peut s'agir de la guérison de votre âme, de votre corps, mais cela peut aussi vouloir dire soulager la douleur et vous aider à accepter la maladie. Tel est le rôle de cet Ange.

À l'image d'une infirmière, Sealiah vous accorde toute son attention, sa tendresse, sa sérénité et sa force. Autant de qualités qui permettent à une personne malade de retrouver le chemin de la guérison. Imaginez que vous êtes alités, incapables de vous lever, et qu'une personne d'une grande douceur prenne soin de vous comme d'un poupon. Son empathie vous touche, son sourire vous réchauffe. Cette personne est vêtue de blanc et vous pensez que c'est votre Ange. Elle vous soigne, vous donne à manger et à boire. Elle vous câline. Qu'il est bon de se faire dorloter! Elle vous borde sous les couvertures et vous incite à dormir avec une voix calme et pleine de tendresse. Telle est la sensation émise par l'Ange Sealiah.

Sealiah vous apporte le sentiment de bien-être que vous ressentez lorsque vous êtes bien au chaud et que vous avez la chance d'avoir quelqu'un à vos côtés. Si vous souffrez, son sourire suffira à apaiser les douleurs les plus fortes. Cet Ange agit comme un analgésique. De même, dès que vous prenez ce médicament, vos maux se dissipent. Dès que Sealiah vous prend sous ses ailes, toutes vos douleurs disparaissent comme par enchantement.

Les enfants nés sous la gouverne de Sealiah sont de véritables combattants; rien au monde ne les empêche d'évoluer. Ils sont forts mentalement et physiquement. La faiblesse de ces enfants est qu'ils ne prennent pas soin de leur corps physique ni de leur corps mental. Ils ont aussi de sérieux problèmes de dos puisqu'ils portent tout le poids du monde sur leurs épaules. Heureusement, Sealiah guérit facilement les maux de dos et les maux de tête. D'ailleurs, elle possède la capacité de vous débarrasser de tous vos maux physiques. Tous ceux qui souffrent de sclérose en plaques, de fibromyalgie ou d'une autre maladie chronique devraient prier Sealiah, car elle donne à tous ses enfants la force, le courage et l'énergie nécessaires pour avancer. Ne laissez personne, ni même la maladie, vous mettre des bâtons dans les roues et vous empêcher de vivre vos rêves.

L'enfant malade, l'enfant qui souffre et qui est en fauteuil roulant se résigne souvent devant la maladie puisqu'il se dit qu'il n'a pas la force de se battre étant donné ses limites physiques. Sealiah dit qu'il s'agit d'une épreuve dans votre vie qui n'est pas facile, mais si vous avez confiance en votre pouvoir, en vous et en votre Ange, elle vous permettra d'avancer malgré tout. Une nouvelle vie s'ouvre à vous, différente, mais avec autant de défis et de joies. Elle vous aidera à accepter la maladie et à atténuer les émotions négatives qui y sont rattachées.

Raphaël et Sealiah ont remarqué que lorsqu'un être humain est confronté à une épreuve médicale ou à une grave maladie, il a tendance à faire basculer toute sa vie par-dessus bord et à abandonner le combat. D'autres se battent tant bien que mal, mais ne croient pas véritablement en leurs capacités. Ils deviennent donc malheureux et aigris, ayant perdu toute lueur d'espoir. Ils attendent la mort tout simplement. C'est leur choix! Si vous tenez bon et que vous poursuivez vos buts et vos rêves, la mort prendra bien du temps avant de venir vous voir. Nous savons aussi que, lorsque le moment sera venu, vous devrez quitter la Terre. N'est-il pas préférable de partir le sourire aux lèvres, témoin d'une vie fructueuse et bien remplie, que de partir avec le cœur lourd?

Dans un autre ordre d'idées, Sealiah combat la pollution et régé-nère la végétation entière de la planète. Elle ne tolère aucune forme de pollution. Elle descend sur Terre en déployant ses ailes afin de l'éloigner, tout comme l'Archange Michaël qui, avec son épée, en ef-face toute trace. Il n'est pas facile pour les Anges de voir que votre corps, la Terre et l'eau sont pollués. Sealiah affectionne particulière-ment l'eau. Parfois, elle y trempe ses ailes afin de la rafraîchir et de la purifier dans le but que cette eau retrouve sa Lumière. Toutefois, il faudrait des siècles et des siècles, de même que l'intervention de plu-sieurs milliers d'Anges comme Sealiah, pour dépolluer la Terre.

Sealiah aide les chercheurs à trouver des moyens d'enrayer la pol-lution. Elle leur inculque des méthodes et leur communique des idées afin que la planète bleue retrouve sa pureté d'autrefois. Sealiah aimerait transmettre un message à ces chercheurs : « La Terre est polluée, certes, mais je m'aperçois que, depuis un certain temps, il y a une légère amélioration. Je m'aperçois que les êtres humains, de plus en plus, souhaitent opérer des changements. J'apprécie les gestes que les humains font pour polluer un peu moins cette Terre. Et j'aimerais féliciter les écologistes pour leurs recherches et leur demander de continuer, car il fait bon respirer un air pur, un air qui n'est pas malsain. » Les Anges vivent dans un environnement pur et leur vœu est que les humains puissent retrouver cette pureté propre à leur demeure.

46 – ARIEL (du 8 au 12 novembre)

Ariel est un « Dieu révélateur » parce qu'il raconte tout ce qu'il sait. Il est l'Ange préféré de l'Archange Michaël parce qu'il est très curieux. Ariel raconte tout ce qu'il voit. Il est très bavard… mais remarquez que ce n'est pas pour faire du mal étant donné que les Anges n'ont aucune méchanceté en eux. Nous, les Anges, n'aimons pas les mensonges, alors Ariel s'organise toujours pour que la vérité se fasse entendre. Ce dernier transmet la pulsion de toujours révéler la vérité. Cela peut être très dangereux pour vous, si vous vous approchez de cet Ange et que vous lui racontez des histoires. Ariel vous hypnotisera et vos paroles deviendront véridiques. Il est l'Ange que vous devriez prier, si vous souhaitez que la vérité se fasse entendre. Ainsi, si vous êtes accusés à tort et que vous désirez que la vérité triomphe au cours d'un procès, priez Ariel.

Ariel est tout petit, car il doit se faufiler un peu partout afin de voir ce qui se passe. Il peut emprunter le corps d'une mouche, d'une abeille, d'une fourmi ou encore d'un papillon. Ariel prend aussi régulièrement l'aspect d'un Ange miniature. C'est sa façon à lui de vous surveiller et d'écouter ce que vous avez à dire. Si chaque être vivant était franc, il n'y aurait pas d'injustices. Ariel comprend que, parfois, certains êtres humains peuvent dire de petits mensonges afin de se tirer d'embarras. Si ces mensonges ne font pas de tort à qui que ce soit, cela est acceptable. Par contre, si vous vous amusez à raconter des mensonges qui détruisent les gens et qui dérangent, Ariel n'aimera pas cela et il se dressera devant vous. Dieu l'a conçu en lui donnant un peu l'essence de l'Archange Raphaël et de l'Archange Michaël.

Ariel peut mettre en lumière vos problèmes de santé afin que les médecins puissent poser un diagnostic malgré les résultats négatifs des tests médicaux. Il indiquera l'endroit où se terre la maladie, sa cause et la solution. C'est donc l'Ange qu'il faut prier si vous ne savez pas d'où provient votre problème de santé et si vous ne comprenez pas les raisons de vos malaises.

Enfin, les mordus de politique – et ceci est un secret – devraient prier l'Ange Ariel avant d'assister à une conférence ou au discours d'un politicien afin qu'il ne dévoile que la vérité sur ses intentions. Certaines paroles le mettront peut-être dans de beaux draps, alors vous saurez que cet être n'est pas franc. Nous disons aux politiciens que, s'ils souhaitent représenter les humains et que leur but est de changer positivement l'humanité, ils ne devraient pas craindre de répondre aux questions posées. Seule la vérité prévaudra et Ariel s'en chargera personnellement. Si votre but est contraire à l'éthique ou à ce que vous annoncez, nous pensons qu'il serait important que la vérité se fasse entendre...

Ariel donne aux enfants sous sa gouverne la facilité d'élocution. Ces êtres adorent parler et communiquer, quoique quelquefois ils ne savent guère quand s'arrêter. Ces êtres n'ont rien à cacher. Leurs paroles sont le reflet de la pensée collective. Ils disent tout haut ce que les gens pensent tout bas.

Les enfants d'Ariel sont importants à ses yeux. Ce dernier aime qu'ils avancent avec dignité. Il aime lorsque ses enfants sont honnêtes avec eux-mêmes et avec les autres. Sachez qu'il ne cherche pas à ce que ses enfants soient parfaits, mais plutôt à ce qu'ils soient en harmonie avec ce qu'ils sont. Quand ses enfants outrepassent leurs limites, il doit les respecter dans leurs faiblesses. Toutefois, il leur fera comprendre que la parole prononcée ou le geste fait est désagréable. Parfois, une petite leçon leur sera donnée.

Ariel est un « Dieu révélateur ». Il peut donc vous aider en envoyant des rêves prémonitoires afin que vous puissiez régler un problème lié à votre passé ou encore vous faire voir ce qui s'en vient pour que vous vous y prépariez. Il fera ressurgir des événements dont vous avez oublié l'origine. Il vous révélera ce qui s'est réellement passé afin que vous puissiez en prendre conscience et vous en libérer. Ariel vous avertira de certains événements positifs ou négatifs à venir, car ceux-ci auront des répercussions importantes sur votre vie.

Les personnes aux prises avec de sérieux blocages sexuels, et dont l'état reste le même malgré les thérapies suivies, devraient prier l'Ange

Ariel. Ce dernier leur révélera, par l'entremise de leurs rêves, les causes ou les motifs de leur blocage. Et si cette cause est issue d'une vie antérieure, il leur indiquera aussi. Si vous avez le moindre doute ou questionnement sur quoi que ce soit, qu'il s'agisse du travail, d'un blocage, d'une maladie, d'un complexe, d'une phobie, d'une dispute familiale ou d'une adoption, Ariel peut vous éclairer. Mais sachez qu'Ariel n'est pas doué en ce qui concerne l'amour. Ainsi, si vous doutez des véritables intentions de votre partenaire, Ariel ne pourra pas vous aider, à moins que ce ne soit dangereux pour votre vie ou pour votre santé. Ce n'est tout simplement pas sa force.

47 – ASALIAH (du 13 au 17 novembre)

Asaliah est un « Dieu juste qui indique la vérité ». C'est un Ange extraordinaire qui ressemble beaucoup à l'Ange Ariel, car Asaliah cherche aussi à ce que la vérité se fasse entendre. Asaliah est un peu plus grande que l'Ange Ariel, mais elle n'est pas tellement grande, si on la compare à ses confrères et à ses consœurs. Cependant, elle possède des ailes magnifiques : des ailes d'un blanc pur qui abritent tous ses enfants qui sont en peine à cause de disputes familiales ou autres. Quand elle entoure ses enfants, on peut ressentir le réconfort de ses ailes. Elles agissent comme un calmant qui apporte la paix dans le cœur de son enfant qui la prie.

Asaliah est l'Ange de la réconciliation et elle travaille davantage avec tout ce qui concerne la vie amoureuse, la vie de couple. Elle aimerait que les êtres soient francs et en harmonie. Asaliah ne tolère pas les disputes, surtout lorsque de jeunes enfants en sont témoins. C'est la raison pour laquelle elle apporte beaucoup d'harmonie dans la vie amoureuse des parents de son enfant qui la prie. Cet Ange veut voir le bonheur resplendir dans la famille de son enfant.

Asaliah va aussi défendre le couple et le protéger contre toute personne qui essayerait de nuire à son bon fonctionnement. Elle n'aime pas que l'on perturbe le bonheur des autres et elle n'aime pas lorsque quelqu'un essaie de détruire un couple ou se mêle de ce qui ne le regarde pas. Asaliah peut aider cette personne à prendre conscience qu'il est inacceptable de briser un couple, si l'amour y est encore présent. Asaliah dit : « Je vais t'aider à ce que la paix soit en toi afin que tu puisses toi-même la retrouver et retrouver ton propre bonheur. Ce n'est pas en t'immisçant dans la vie de quelqu'un d'autre que tu trouveras le bonheur véritable. » Elle ne laissera personne interférer, surtout si le but de ses interventions est la vengeance ou une autre intention malsaine. Elle ne le permet tout simplement pas. L'union entre deux personnes est sacrée devant Dieu. Cependant, Asaliah sait pertinemment que, si un couple ne va pas bien et que chacun n'est pas heureux, une tierce personne peut se présenter et défaire ce couple.

Aux yeux des enfants nés sous la gouverne d'Asaliah, la famille et la stabilité revêtent une grande importance. Asaliah donne à ses enfants la force d'être honnêtes envers eux-mêmes. Par contre, la grande faiblesse de ces derniers est qu'ils peuvent essayer de nuire au bonheur des autres. Ces êtres, lorsqu'ils ne sont pas en harmonie avec eux-mêmes, essaient de trouver des bonheurs artificiels et veulent, par jalousie, détruire le bonheur de ceux qui les entourent. Asaliah a la capacité d'aider ces personnes en élevant leur âme vers Dieu et en leur permettant de se retrouver. Elle peut vous aider à retrouver la paix du cœur pour que vous ne troubliez plus le véritable bonheur des autres et que vous puissiez trouver le vôtre.

Asaliah possède le pouvoir de vous mettre en contact avec Dieu. Elle est comme une étoile qui brille dans le ciel, mais aussi une étoile qui veille sur votre vie et sur votre famille. C'est l'Ange qui veille sur toutes les familles de la Terre. Sa mission est de réunir les familles éclatées, les familles reconstituées de même que de resserrer les liens de celles qui filent déjà le parfait bonheur. Asaliah aide aussi les couples qui désirent avoir des enfants, ceux qui désirent fonder une famille dans la simplicité et dans la paix, la possibilité d'enfanter, car l'enfant représente une étoile dans la vie humaine, un rayon de soleil.

Cet Ange veille à ce que ses enfants soient centrés sur leur plan de vie, en phase avec ce qu'ils ont à réaliser. Elle ne veut pas que ses enfants se compliquent la vie, mais elle désire plutôt qu'ils prônent la simplicité en toutes choses. C'est la mission première de cet Ange. Asaliah est un Ange d'une très grande simplicité et lorsqu'elle vient vers l'humain, ce dernier peut aisément ressentir sa vibration. Dès que le contact se fait, on ressent une grande autorité de sa part, mais en même temps, on sent qu'Asaliah vous voue un très grand amour.

Asaliah permet à ceux qui ont commis un acte répréhensible de le regarder en face et de réparer leur erreur en prenant les mesures nécessaires. Elle vous permet d'analyser l'erreur que vous avez commise, les paroles blessantes qui ont été dites et de reconstruire ce que vous avez détruit. Asaliah vous aide à voir clairement le geste que vous avez fait et à en constater la gravité. Elle peut vous faire ressentir le mal que vous avez causé chez les autres afin que vous appreniez de vos erreurs et que vous ne les répétiez plus jamais. Une fois ce processus accompli, le mal commis va, obligatoirement, laisser place à la Lumière, au bonheur.

Les enfants d'Asaliah sont des êtres extraordinaires. Ce sont des créateurs très talentueux. D'autres ont une grande facilité d'élocution. Ils connaissent toutefois plusieurs compagnons de vie avant de dénicher le conjoint idéal. Mais lorsqu'ils le trouvent, ils sont fidèles à tout jamais. Or, la principale faiblesse des enfants d'Asaliah est l'infidélité. Priez cet Ange et il mettra sur votre route l'amour de votre vie. Il vous sera alors possible de connaître une vie calme et paisible dans les bras de votre amour et de fonder votre propre petite famille.

48 – MIHAËL (du 18 au 22 novembre)

Mihaël est un « Dieu secourable ». C'est un Ange qui aide ses enfants avec leurs besoins émotionnels. Il n'est pas très grand, mais il prend beaucoup de place. Ses ailes sont immenses et massives, car il doit prendre dans ses bras tous ses enfants, les caresser et leur donner l'amour, le bonheur et la paix du cœur. Ses ailes sont d'un blanc magnifique et elles sont entourées d'étincelles de Lumière. Cependant, il est difficile de percevoir la couleur de ses étincelles, car tout brille autour de lui. En fait, ses ailes sont comme le reflet du soleil sur la neige. Il n'est pas aisé de distinguer les couleurs lorsque le soleil reflète sur le blanc éclatant de la neige! Toutefois, la couleur bleu ciel, ou bleu ange, est celle qui ressort le plus. Mihaël ouvre ses yeux d'Ange d'un bleu étincelant pour regarder ses enfants.

Mihaël, c'est l'Ange de la famille. Son rôle premier est d'amener l'amour et l'harmonie au sein de celle-ci et du couple. Si un homme et une femme s'aiment et se vouent un profond respect, les enfants qui naîtront de cette union voueront le même respect aux autres. Cette famille sera unie et harmonieuse. Mihaël est aussi conscient qu'un homme et une femme souhaitent le plus souvent procréer et voir une partie d'eux-mêmes grandir. Sachez que cet Ange travaille afin que chaque femme qui désire avoir un bébé soit en mesure d'enfanter. Toutefois, Mihaël ne peut pas défaire la mission de Dieu et la mission de l'être en question. Mais si cela est possible, il rendra cette union féconde.

L'Ange Mihaël a été conçu pour les amoureux, pour apporter dans le cœur de ces êtres le respect mutuel. Il a été créé afin que la fidélité règne entre ceux qui s'aiment. Mihaël est un Ange important pour tous ceux qui vivent de la dualité. Il éloignera cette dualité pour tous ceux qui ont à cœur la fidélité. C'est un Ange qui s'efforce d'apporter son étincelle divine dans le cœur de ses enfants afin que chaque cœur batte en harmonie avec celui de l'autre. Mihaël aide les couples qui se vouent de l'admiration et qui s'aiment. Si ses enfants ont de la difficulté à respecter leurs engagements sentimentaux, il demandera à un Ange du Chœur des Séraphins d'apporter, de nouveau, une étincelle au sein de ce couple et de raviver la flamme.

L'Ange Mihaël peut aider ceux qui cherchent à atteindre l'équilibre émotionnel. Il guide les personnes qui s'interrogent sur leur attirance sexuelle. Mihaël fera la Lumière sur leurs doutes. Des hommes aimeront des hommes, tout comme des femmes aimeront des femmes. Viendra un moment où ces personnes ne sauront plus si leurs sentiments sont orientés vers les femmes ou vers les hommes. L'Ange Mihaël secourra ses enfants en leur disant : « Vois dans ton cœur et dans ton âme le sexe vers lequel tu es attiré. » Tous ceux qui, en ce moment, s'interrogent sur leur orientation sexuelle, se demandent vers où se diriger, devraient prier l'Ange Mihaël. Il les aidera à voir la situation clairement, à accepter leurs préférences sexuelles et à en être fiers. Il les aidera à s'aimer davantage et à comprendre que l'amour est plus puissant que les jugements que les gens porteront sur eux. Telle est la mission de Mihaël.

Mihaël est aussi un Ange artiste. Il aime tous les artifices qui servent à plaire. Ses enfants sont à son image. Ceux-ci charment et séduisent leur entourage. Cependant, la grande faiblesse de ses enfants est qu'ils pensent toujours que l'herbe est plus verte de l'autre côté de la clôture. Ils ont de la difficulté à rester fidèles. Sachez aussi que les enfants de Mihaël sont des êtres qui accordent une grande importance à la sexualité. Ces êtres pensent que tout doit tourner autour de l'acte sexuel. S'ils sont attirés sexuellement par une personne, ils peuvent en tomber amoureux. Ils ont beaucoup de difficulté à faire la distinction entre l'amour et le sexe. Pour ces êtres, aimer signifie être heureux sur le plan sexuel. Mihaël essaiera de leur montrer qu'on peut aimer profondément une personne et avoir des relations sexuelles avec le même partenaire pendant plusieurs années sans en souffrir.

Si les enfants de Mihaël ne sont pas dans la Lumière, les hommes surtout, ils causeront de la peine autour d'eux. L'une des grandes faiblesses des hommes sous la régence de l'Ange Mihaël, et notre intention n'est pas de les blesser, est le non-respect de l'acte sexuel. Ces hommes essaieront d'affirmer leur masculinité en pensant que la seule façon de le faire sera par l'entremise de relations sexuelles. Ils ne respectent pas la personne avec qui ils partagent leur intimité. Pour eux, l'acte sexuel n'est qu'un plaisir charnel égoïste. Ils penseront qu'avoir plusieurs compagnes, tout comme avoir plusieurs relations sexuelles par semaine, fera d'eux des hommes plus virils, plus puissants. Pourtant, ces êtres ont oublié le principal : l'amour. Ils auraient avantage à être plus empathiques et à l'écoute de l'autre, et ce, sur tous les plans.

Tous les enfants de cet Ange qui éprouvent des difficultés dans leur vie amoureuse ou sur le plan de la sexualité, qu'il s'agisse de problème de performance, d'infidélité ou de maîtrise du désir, devraient demander à Mihaël de les aider. Il transformera l'acte sexuel en un acte réfléchi, un acte fait avec amour, sensibilité et respect de soi et de l'autre. Et cet amour grandira de part et d'autre.

Une autre faiblesse des enfants masculins est qu'ils négligent leurs enfants. Ces êtres ont des enfants, mais ils refusent, plus souvent qu'autrement, de les élever. Ils ont tendance à les « acheter » en leur offrant de l'argent. Ils ne prennent pas le temps de cerner leurs véritables besoins. Ces hommes se plaignent constamment qu'ils n'ont jamais assez de temps pour eux-mêmes. Ils disent à leurs enfants : « Je n'ai pas le temps de t'aider, j'ai beaucoup trop de travail à faire, mais voici dix dollars pour aller t'acheter ce que tu veux. » Mihaël peut aider ces pères absents à prendre conscience de leurs manquements familiaux.

Il en est de même pour les femmes. Mihaël peut faire d'elles d'excellentes mères, mais si celles-ci ne sont pas en vibration avec la Lumière, elles auront de la difficulté à élever leurs enfants. Elles demanderont à tout un chacun de les garder. Elles feront rarement des activités familiales par manque de temps, prétextant qu'elles doivent travailler afin de leur offrir une meilleure qualité de vie. Ainsi, plusieurs des enfants de Mihaël ne consacrent pas à leurs enfants le temps nécessaire pour être de bons parents, des parents présents. Mihaël fera en sorte qu'ils le deviennent. C'est la raison pour laquelle il veille sur les enfants de ses propres enfants. Il leur donne l'amour qu'ils n'ont pas eu et tente, par tous les moyens, d'instaurer un noyau familial solide où la présence physique, psychologique et spirituelle existent au quotidien. Tel est le rôle de l'Ange Mihaël.

Tous les enfants nés sous la gouverne de l'Ange Mihaël ont des pressentiments. Ils ressentent les événements avant qu'ils ne se produisent. Hélas, ces êtres n'écoutent pas la petite voix en eux. Mihaël peut donc les aider à faire la Lumière sur cette voix. Les enfants de l'Ange Mihaël qui vibrent avec la Lumière devraient prêter attention à cette force en eux, car ils possèdent toutes les réponses à leurs questions. Ces pressentiments les aideront à se diriger là où ils doivent aller. Ils agiront telle une clé qui aura le pouvoir d'ouvrir les portes du futur, les portes du destin.

Ceux qui sont dans l'Ombre auront de grandes difficultés de toutes sortes, car leurs pressentiments seront parfois faussés. Ils sont donc effrayés par ce qu'ils ressentent. Ils ne perçoivent pas ces pressentiments comme une aide divine, comme une mise en garde, mais plutôt comme une vision apocalyptique de la vie. Ces visions peuvent parfois être si terrifiantes qu'ils ont l'impression d'être possédés par un esprit mal intentionné. Au lieu d'y découvrir une clé, ils n'y voient qu'un gouffre insondable. Toutefois, tout peut changer, s'ils demandent à l'Ange Mihaël de les aider.

CHAPITRE XII

Le Chœur des Principautés

Les Messagers
Du 23 novembre au 31 décembre

Troisième étage à franchir pour l'humain

Dirigé par l'Archange Haniel (La grâce de Dieu)
Archange secondaire : Uriel

Les huit Anges qui composent ce septième Chœur Angélique sont :

49 – Vehuel (du 23 au 27 novembre)

50 – Daniel (du 28 novembre au 2 décembre)

51 – Hahasiah (du 3 au 7 décembre)

52 – Imamiah (du 8 au 12 décembre)

53 – Nanaël (du 13 au 16 décembre)

54 – Nithaël (du 17 au 21 décembre)

55 – Mebahiah (du 22 au 26 décembre)

56 – Poyel (du 27 au 31 décembre)

La mission du Chœur des Principautés

Avant de vous décrire le Chœur des Principautés, il est important de mentionner que les trois premiers étages de l'Arbre Séphirotique, soit les Anges, les Archanges et les Principautés, sont très éprouvants pour l'âme étant donné que les êtres qui en font partie sont facilement influencés par l'Ombre qui tente sans relâche de les attirer vers elle. Les Archanges qui guident ces Chœurs sont donc très puissants afin qu'il n'y ait pas d'âmes errantes à la poursuite de jeunes âmes. Ils sont des gardiens engagés et dotés d'une grande force. Les Anges qui forment chacun de ces Chœurs jouent aussi ce rôle. Ils veillent continuellement sur leurs enfants afin que l'Ombre ne vienne pas les envahir.

Le Chœur des Principautés trouve son essence dans la phrase suivante : « Donnez au suivant. » Ils sont appelés « les Messagers » puisqu'ils communiquent de nombreux messages à l'humanité tout entière. Ce sont aussi des Anges unificateurs qui ont pour mission de ramener la paix sur Terre. Les Anges des Principautés veulent avant tout envoyer un message à tous les humains : « Aimez-vous les uns les autres, aidez-vous les uns les autres. » Telles sont les paroles symboliques de ces Anges. Ils sont présents afin de dire aux humains : « Si vous respectez la personne qui se trouve devant vous, cette personne vous respectera aussi et ainsi de suite. Donnez à un être et celui-ci donnera à un autre en retour. Plus vous donnerez, plus vous recevrez. »

Les Anges du Chœur des Principautés veulent offrir à l'humain la possibilité de donner, mais aussi la possibilité de recevoir. Ils aiment lorsqu'une chaîne de partage se forme et que celle-ci ne se brise point. Dites à l'oreille d'une personne que vous l'aimez, faites-lui un câlin, donnez-lui un baiser sur la joue et demandez-lui de le transmettre à quelqu'un d'autre. Ce faisant, vous recevrez une magnifique récompense venant des Anges. Vous aurez accompli le vœu le plus cher des Anges du Chœur des Principautés, soit celui de faire tout simplement de petits gestes remplis d'amour envers son prochain.

« Lorsque vous aurez lu ces lignes, nous vous autorisons à faire un vœu. Ensuite, allez vers une personne qui vous est chère ou que vous ne connaissez même pas et serrez-la dans vos bras. Faites-lui une remarque positive. Par exemple, vous pouvez lui dire que vous appréciez sa compagnie, que vous l'aimez, que vous la trouvez belle aujourd'hui. Qu'importe l'échange que vous aurez, l'important est de faire de petits gestes remplis d'amour et de bonté. Demandez-lui ensuite de faire un vœu à son tour et expliquez-lui le déroulement de cette chaîne. Lorsque la dixième personne aura été l'objet d'un geste d'amour, votre vœu se réalisera. Si cette chaîne n'est point brisée, le monde entier s'unifiera à nouveau. »

La mission première des Principautés est donc de vous faire découvrir l'amour sous toutes ses formes. Cependant, avant de découvrir ce vrai amour, le Chœur des Principautés vous fera découvrir l'amour de soi et le respect de soi, que vous devrez ensuite partager avec les autres. Sachez que le respect de soi et des autres est inhérent au vrai amour. Tous les Anges qui forment le Chœur des Principautés ont pour mission d'apporter le vrai amour dans le cœur des humains. Ces Anges vous incitent à aimer du plus profond de votre âme. Ils chercheront à donner à chacun de leurs enfants un cœur qui bat pour les bonnes raisons. Parfois, certaines personnes disent s'aimer, mais elles s'aiment mal. Ces êtres ne se respectent pas et, pourtant, ils s'aiment. Les Anges sous la gouverne de l'Archange Haniel feront palpiter votre cœur lorsque vous éprouverez le vrai amour, lorsque vous serez en contact avec la beauté de l'amour, et ce, dans tous les sens du terme.

Qui peut prier le Chœur des Principautés?

D'une part, tous ceux qui aimeraient voir un de leurs vœux se réaliser. Cependant, pour que votre vœu se réalise, vous devez faire cette chaîne d'amour à laquelle tient tant le Chœur des Principautés.

D'autre part, tous ceux qui cherchent le véritable amour et qui aimeraient le ressentir au plus profond de leur âme. N'oubliez pas que le Chœur des Principautés fera palpiter votre cœur lorsque vous serez en présence du vrai amour.

Comment faire pour commencer une chaîne d'amour?

1. Priez l'Archange Haniel ainsi que le Chœur des Principautés. Mentionnez-leur que vous avez un vœu à leur transmettre et que vous aimeriez le voir se réaliser. Dites-leur également que vous êtes prêts à faire cette chaîne d'amour.

2. Écrivez sur un bout de papier votre vœu et la date à laquelle vous formulez votre vœu.

3. Quand vous serez prêts à commencer la chaîne, vous n'aurez
    qu'à vous diriger vers une personne qui vous est chère et lui
    donner de l'amour (autant par des paroles que par des gestes).
    Ensuite, si vous le désirez, parlez-lui de cette chaîne d'amour.
    Demandez-lui si elle serait intéressée à y participer en agissant
    de même avec son prochain.

Votre vœu se réalisera lorsque la dixième personne aura reçu un
geste d'amour grâce à la chaîne que vous aurez créée. Il vous est également possible de faire des gestes d'amour à dix personnes différentes.
Parlez-leur de la chaîne d'amour. Si ces dix personnes donnent aussi à
leur prochain, votre vœu se réalisera beaucoup plus vite!

Veuillez noter qu'à toutes les dix personnes qui commenceront
une chaîne, un événement positif surviendra dans votre vie puisque
vous serez la personne qui aura amorcé une chaîne d'amour.

La vibration du Chœur des Principautés (Comment les ressentir?)

La vibration de ce Chœur est exactement la même sensation qu'on
ressent quand on rencontre l'amour pour la première fois. Imaginez-
vous le sentiment que votre cœur ressent en présence de cet amour.
Quand la personne qu'on aime nous enlace doucement dans ses bras
et nous couvre de tendres baisers. Notre cœur palpite de joie dans ces
moments de tendresse et de bonheur. Telle est la vibration du Chœur
des Principautés. Un cœur joyeux qui bat dans l'amour, l'harmonie et
la joie du moment présent.

Le rôle des enfants Principautés sur le plan terrestre

Les enfants du Chœur des Principautés savent bien charmer leur
prochain. La dévotion de ces êtres est sans limites. Plusieurs font du
bénévolat tandis que d'autres sont les premiers à vous donner un
coup de main lorsque vous déménagez. Ils ont pour mission d'aider
les autres et c'est ce qu'ils feront tout au cours de leur vie. Ils le feront
avec amour, passion et sans rien demander en retour. Ils sont de vrais
Anges terrestres pour plusieurs d'entre vous.

Ces enfants Principautés sont d'excellents travailleurs sociaux ou
médiateurs, car ils n'aiment pas la discorde. Ils cherchent souvent à

trouver un terrain d'entente. Les enfants de ce Chœur sont naturelle-ment attirés vers les plus faibles de la société, car ils n'aiment pas que ceux-ci subissent des atrocités venant des autorités. Ces enfants Prin-cipautés détestent voir les puissants abuser des plus faibles. Ces êtres sont comme des « Robin des bois » cherchant à offrir aux plus faibles les mêmes privilèges auxquels ont droit les plus forts. Ces êtres peuvent donner leur chemise, s'il le faut, pour aider leur prochain. Tous ces gestes se font naturellement chez les enfants Principautés. Ils repré-sentent la générosité même. Ils sont la chaleur dont les gens ont be-soin pour continuer leur route. Ils sont aussi leur Lumière quand leur chemin est sombre.

Ces enfants Principautés font aussi d'excellents criminologues. Leur but premier est d'offrir aux plus faibles une défense juste, mal-gré le geste qu'ils ont fait. Les enfants Principautés ne les jugent pas. Ils chercheront plutôt à comprendre la raison qui pousse un individu à commettre une mauvaise action. Ils tenteront, du mieux qu'ils le peuvent, d'aider un individu à bien s'en sortir. Les enfants Principau-tés sont la deuxième chance qui vous est donnée pour réparer les pots cassés. Quand un enfant Principautés prend votre cause en main, il vous aidera, ne vous jugera pas et vous fera découvrir vos forces et vos qualités. Il vous donnera le courage de surmonter votre épreuve. La seule chose qu'un enfant Principautés peut exiger de vous, c'est le respect; le respect de soi et le respect des autres.

La faiblesse de l'enfant Principautés quand il n'est pas en harmonie avec son plan de vie

Les enfants Principautés ont beaucoup de difficultés dans leur vie amoureuse. D'abord, ils ont de la difficulté à reconnaître le vrai amour. La plupart s'engagent dans des relations non saines pour eux. Ils sont des êtres qui veulent constamment aider les plus démunis ou les plus faibles. Ils trouvent qu'ils font pitié. Ils s'attachent à ces plus faibles et ils pensent qu'en leur offrant leur amour ainsi qu'un peu de chaleur humaine, ils pourraient les aider à mieux s'en sortir. Mais ce n'est pas toujours le cas. L'enfant Principautés veut tellement rendre les gens heureux qu'il est prêt à se donner au premier qui a besoin de sa Lumière, de son amour. Au fil du temps, cet enfant Principautés réalise qu'il donne tout ce qu'il possède s'en rien recevoir en retour. Telle est sa faiblesse : donner à ceux qui ne méritent pas de recevoir et ne pas respecter ses propres sentiments. Ces enfants devraient apprendre à respecter leur cœur, leurs émotions et à éloigner de leur vie l'amour par pitié.

Puis, certains enfants Principautés ne prennent pas l'amour au sérieux; ils prennent l'amour pour un jeu. Ces enfants Principautés s'amusent avec l'amour et leurs relations ne durent jamais longtemps. Ces enfants Principautés feront verser beaucoup de larmes en raison de leur indifférence envers leurs propres sentiments et ils blesseront plusieurs personnes à cause de leur attitude froide et indépendante. Plusieurs hommes Principautés s'amuseront à conquérir les femmes pour le plaisir de voir combien tomberont dans leur piège.

Ensuite, il y a ceux qui sont tellement gênés en amour qu'ils vont s'engager dans la première relation qui viendra vers eux. Même si cette personne ne correspond pas à leurs attentes. Ces enfants Principautés deviennent donc malheureux et éprouvent énormément de difficultés à s'en sortir.

Enfin, il existe l'enfant Principautés de l'Ombre. Cet être est très égoïste et non respectueux des autres. Il se pensera le meilleur du monde et il louangera constamment sa vie, ses avoirs et sa force à qui veut bien l'entendre. Ces enfants Principautés n'auront pas un grand cercle d'amis, puisqu'ils essaieront souvent de les contrôler.

Que devez-vous faire pour être en harmonie avec votre plan de vie?

D'abord, il faut accepter vos faiblesses et ensuite demander à votre Ange de la naissance d'éclairer votre chemin et d'y apporter sa Lumière d'amour et d'harmonie pour retrouver le chemin du bonheur. N'oubliez pas que Haniel est votre Archange et que son rôle premier est d'apporter l'amour à ses enfants. Il peut vous donner la force d'aimer convenablement et sincèrement. Il peut vous aider à démêler l'amour de la pitié, à aimer une personne qui vous conviendra. Si vous aimez la bonne personne, vous vous respecterez et vous respecterez la personne qui se trouve devant vous. Cet amour sera puissant et réciproque, et vous deviendrez un être harmonieux qui fera jaillir l'amour autour de vous.

L'enfant du Chœur des Principautés

Les enfants nés dans le Chœur des Principautés sont intelligents et ils ont l'esprit vif. L'enfant des Principautés est têtu de nature, mais il comprend rapidement ce que vous lui mentionnez, surtout lorsque vous le réprimandez! En général, quand on le réprimande, il s'en va directement dans sa chambre pour réfléchir. Le parent, qui l'envoie dans sa chambre en pensant le punir, se trompe. Si vous ne l'envoyez pas vous-mêmes, cet enfant Principautés ira dans sa chambre de son plein gré.

Ces enfants Principautés demandent beaucoup d'amour et d'attention. Si les parents donnent à ces enfants l'amour, la tendresse et l'attention dont ils ont tant besoin, ceux-ci, une fois devenus adultes, chercheront à aider l'humanité. Ils seront des êtres illuminés remplis d'une grande sagesse.

Les enfants Principautés ont une allure décontractée. Ils se fichent complètement de la mode. Ils s'habillent selon leurs humeurs. Ce qu'on remarque le plus chez ces enfants, ce sont leurs yeux pétillant d'énergie. Leurs regards nous font vibrer. Ces enfants Principautés sont remplis d'énergie et ils bougent continuellement. Ils ne sont pas de tout repos. On peut les considérer comme des enfants hyperactifs qui ont besoin de beaucoup d'amour, de câlins et de tendresse. Souvent, l'enfant des Principautés sera le bouffon de sa classe ou de son entourage tellement il a besoin de faire rire ou d'obtenir une attention particulière dont il a tant besoin pour se sentir aimé.

L'enfant des Principautés est à l'image de l'Archange Haniel : il veut sauver le monde. Cet enfant cherche plus que quiconque à partager son amour, à donner des câlins, à aimer, mais aussi à se faire aimer. Il aime tout le monde. Il va vers tous les gens et les fait rire, car cet enfant, inconsciemment, joue le rôle de l'Archange Haniel. Sa grande innocence par rapport à la vie permettra à ceux qui recevront ses caresses, ses sourires et sa joie, de les propager à leur tour. Comprenez-vous le rôle primordial que joue cet enfant? Il apporte l'amour et le rire au sein de son foyer. Cet être fait des mises en scène spectaculaires afin de faire rire sa famille et ses amis. Il apporte la joie de vivre et l'harmonie. Ainsi, s'il reçoit l'attention et l'amour que chaque enfant devrait recevoir, il les partagera avec son entourage. Ce sera un vrai bouffon, une boîte à surprise. Il vous surprendra tous les jours avec toutes sortes de péripéties rocambolesques qui seront tout aussi drôles les unes que les autres. Cependant, si cet enfant est laissé à lui-même et qu'il ne reçoit aucune chaleur humaine, il se repliera sur lui-même. Et, à l'âge adulte, il noiera sa peine dans l'alcool et consommera des drogues.

Ces enfants sont, pour la plupart, des artistes dans l'âme. Ils aimeront chanter, danser, bricoler, réparer. Ils sont également de véritables dessinateurs. Ils utilisent des couleurs éclatantes et remplies de Lumière. Ils trouveront toujours tous les outils nécessaires pour construire quelque chose ou l'améliorer. Leurs têtes bourdonnent d'idées et ils veulent constamment leur donner vie afin d'en voir le résultat. Ils sont turbulents et dotés d'une intelligence de loin supérieure à la moyenne. Dès l'âge de deux ou trois ans, ces enfants parlent comme des adultes. Ces jeunes enfants vous parleront même de nous ou encore du Monde Divin où ils ont été conçus. Parfois, ils effraient quelque peu leurs parents par la profondeur et la sagesse de leurs propos.

Ces petits êtres vouent aussi un grand respect aux animaux. Ils sont particulièrement attirés par les chats. Certains d'entre eux deviennent d'excellents vétérinaires. Ils ont le don d'entrer en communication avec les animaux.

L'adulte du Chœur des Principautés

Les adultes de ce Chœur possèdent énormément de charme et de cran. Ils ont du caractère et ils sont parfois très imposants. Malgré tout, ils sont adorables et on ne peut pas leur résister. Comme nous l'avons mentionné plus tôt, ils ont une tenue vestimentaire décontractée; ils s'habillent selon leurs humeurs. À titre d'exemple, les femmes aimeront porter un foulard avec des teintes vives et les hommes opteront pour une casquette de teinte foncée arborant un logo important à leurs yeux. Si vous voyez un adulte Principautés vêtu de toutes sortes de couleurs, sachez qu'il est en pleine forme, débordant d'énergie. On vous conseille alors d'être sur vos gardes, car lorsqu'ils sont en forme, ils deviennent imposants et ils tentent de diriger tout le monde.

Lorsqu'ils sont en harmonie avec leur plan de vie, ces enfants Principautés sont dotés d'une agréable physionomie. Ils possèdent une personnalité imposante, mais tout de même attrayante.

Cependant, lorsque ces adultes Principautés ne sont pas en harmonie, ils vous tapent sur les nerfs. Il est impossible de les endurer ni de demeurer à leurs côtés. Tout dérange dans leur façon d'être. Ils sont antipathiques et ils critiquent tout le temps. Tout le monde a tort, sauf eux. Leurs visages reflètent de l'amertume et leurs regards diaboliques montrent de la méchanceté. Ils ont l'air de vampires à la recherche d'une proie! Ces êtres négatifs ne cherchent pas la Lumière, car la plupart d'entre eux ne sont pas conscients qu'ils sont des êtres de l'Ombre. Selon eux, ils sont parfaits; ce sont les autres qui ne le sont pas. Si vous vous reconnaissez en lisant ces lignes, acceptez tout simplement le contenu de ces lignes, et vous ferez un très grand pas pour atteindre votre Lumière. Certains adolescents Principautés vont se détruire en ingurgitant une quantité énorme d'alcool, de drogue ou de toutes autres substances qui, avec le temps, leur amènera divers problèmes.

Les femmes de ce Chœur sont très coquettes et toujours en train de surveiller leur poids. Elles adorent manger toutes sortes de bonbons au chocolat et d'aliments sucrés. Comme tous les êtres humains qui abusent de bonnes choses, leurs corps prendront de l'expansion au fil du temps. Ces femmes Principautés devront surveiller attentivement leurs intestins puisque la digestion est l'une de leurs faiblesses. Or, en prenant le temps de bien manger, elles arriveront à mieux contenir leur surplus de poids et certaines d'entre elles parviendront à obtenir un poids santé. Malgré un surplus de poids, ces femmes Principautés resteront toutefois très actives, tout comme elles l'étaient jadis. Peu de gens arriveront à suivre leur rythme : elles auront toujours une course à faire, un endroit à visiter. Ces dames ont en aversion les tâches ménagères. Elles préfèrent consacrer leur temps à s'amuser. Cela fait partie de leurs forces que de prendre le temps de s'amuser.

Les femmes dans l'Ombre se sentent souvent fatiguées. Elles ont de la difficulté à se faire des amis et à les garder. Elles ont aussi de la difficulté à prendre des décisions. Ces dames ont tendance à bouder et à ressasser leurs émotions. Par contre, les femmes dans la Lumière ont un regard perçant et une chevelure éclatante de beauté. En effet, les enfants des Principautés sont des êtres d'une grande beauté. Ils ont une prédisposition marquée pour tout ce qui est raffiné. On a de tout temps associé le Chœur des Principautés à la planète Vénus qui représente la planète de la féminité et de la sexualité. Conséquemment, les femmes des Principautés sont séductrices et charmeuses. Mais nous ne pouvons point leur en vouloir, car grâce à leurs attributs, elles peuvent charmer la planète entière.

Une autre des faiblesses que l'on peut observer chez ces dames, c'est qu'elles rencontrent souvent des hommes qui ne sont pas à la hauteur de leurs attentes. C'est que ces dames cherchent naturellement à aider leur prochain, surtout ceux dans le besoin. Elles éprouvent de la pitié pour ces êtres. Hélas, trop souvent, cette pitié vient brouiller leur cœur et elles choisissent un être qui, à leurs yeux, viendra nourrir leur mission de « sauveur ». Toutefois, elles s'aperçoivent très tôt qu'elles gagneraient à être plus sélectives. Ces dames éprouveront souvent des difficultés dans leurs relations amoureuses. Elles auront souvent de la peine, car ceux qu'elles choisissent ne mériteront pas leur amour. Elles fuient les hommes qui ont de véritables affinités avec elles et qui assureraient leur bonheur conjugal. Elles ont peur d'atteindre la plénitude du cœur. Ces dames sont persuadées qu'elles ne méritent pas d'être heureuses. Pourtant, rien n'est moins vrai!

En ce qui a trait aux hommes du Chœur des Principautés, ils sont vaillants et orgueilleux. Ils ont tendance à s'admirer devant un miroir, mais personne n'est autorisé à les regarder. Leurs yeux séducteurs vous transpercent et vous en tomberez amoureux dès l'instant où ce regard se posera sur vous. Tenez-vous-le pour dit! Généralement, les hommes Principautés sont dotés d'un physique athlétique. D'autres souffrent d'embonpoint. À l'image des femmes, leur poids varie constamment. Ils n'ont pas un poids stable. Comme la femme de son Chœur, ces êtres doivent surveiller attentivement leurs intestins puisque la digestion est également une de leurs faiblesses. Encore une fois, s'ils prennent le temps de bien manger, ils arriveront à mieux contenir leur surplus de poids.

La grande faiblesse des enfants masculins de ce Chœur est la jalousie. Ils sont en proie à une grande insécurité émotionnelle. Si vous avez confiance en vous et si vous aimez l'autre sans le juger et sans rechercher la perfection, vous serez heureux. Les femmes tombent amoureuses d'hommes qui ne leur conviennent pas, tandis que les hommes sont séduits par la beauté de leur compagne avant de percevoir sa richesse intérieure.

La grande faiblesse de ces hommes est de penser que la personne qui se retrouve devant eux en vaut le coup seulement si elle est jolie. Leur partenaire est un objet de conquête, de pouvoir et de collection qu'ils obtiennent au prix de maints efforts, mais dont personne ne pourra s'approcher. Ils protégeront jalousement « cet objet » jusqu'au plus profond de leur âme tout en ayant peur de le perdre. Malgré tout, leur partenaire disparaîtra, s'en ira à jamais. Un être humain n'est pas un trophée que l'on pavane à sa guise. Ces hommes doivent apprendre à traiter les dames avec respect et dignité.

Lorsque ces enfants vibrent dans l'amour et dans la Lumière, ils rencontrent des partenaires qui leur conviennent. Ils vivent heureux et sont mariés pour la vie. Pour eux, les unions sont importantes. Ils bâtissent leur union sur l'amour, la confiance et le respect de l'autre. Ils regardent tous les deux dans la même direction et se vouent un amour infini, un amour mutuel.

L'Archange Haniel

Cet Archange n'aime pas se décrire physiquement, cependant, il possède des ailes immenses, car sa mission est de veiller sur la planète entière. Cet Archange préfère être reconnu grâce aux gestes qu'il fait, comme la mise en œuvre d'une chaîne d'amour. « Je suis l'Archange qui aide à la réalisation des vœux, mais en échange j'aimerais que vous les transmettiez à quelqu'un d'autre. Si la planète entière s'embrassait, si tous arrivaient à dire « je t'aime », voyez-vous les conséquences que cela entraînerait à l'échelle mondiale? Cela aurait pour effet de transformer la planète, car tous recevraient une marque d'amour, un geste de tendresse qui fait tant défaut aux êtres humains. »

L'Archange Haniel affirme qu'il est prêt à réaliser les vœux de tous ceux qui prendront part à cette chaîne d'amour, pour autant que leur requête fasse partie de la réalité humaine. De plus, l'être humain ne devra point s'impatienter du temps que cela prendra avant que le vœu ne se réalise. Nous disons donc à tous ceux qui liront ces lignes : « Plus vite vous ferez preuve de votre amour pour la personne que vous aimez, plus vite votre vœu se réalisera. » Le message d'Haniel est simple, mais encore faut-il le mettre en pratique!

L'Archange Haniel doit constamment se déplacer d'un endroit à un autre, d'un océan à un autre. Dieu l'a créé afin de ramener la paix sur Terre. Haniel dit que vous pouvez le voir se promener entre les gratte-ciel. Il veille à ce que chacun de ces immeubles géants soit surveillé. Parfois, il aime aller se percher sur un gratte-ciel et regarder tout ce qui se passe en bas. Cet Archange détecte instantanément les mauvaises Ombres qui errent et qui n'ont rien à faire là, puis il les chasse.

Haniel veille aussi sur les villes. Nous demandons à tous les maires de le prier, car il apportera la prospérité, la paix et le respect chez leurs citoyens. Il leur permettra d'établir un contact privilégié avec lui. Il s'occupera de leurs besoins et gardera leur ville propre. En outre, il chassera les énergies négatives qui habitent dans ces villes.

Haniel veille sur tous ceux qui possèdent de grandes industries et de grands édifices. Il permet à ces entreprises génératrices d'emplois de bien fonctionner. Il aide également tous les commerces et tous les États qui donnent un salaire décent aux gens qui travaillent pour eux. Sa force réside dans l'aide qu'il peut apporter aux simples citoyens. Elle ne consiste pas à renflouer les coffres de certaines sociétés égoïstes. Haniel apporte son aide en faisant fructifier l'économie d'un pays si celui-ci met sa richesse au profit de sa population.

L'Archange Haniel dit qu'il est à l'image de deux oiseaux : l'aigle et le hibou. Il ressemble à un aigle qui, du haut d'un arbre, fonce droit sur les Ombres afin de les chasser. Il ressemble aussi à un hibou qui observe tout ce qui se passe et dont les yeux arrivent à percer la noirceur. Haniel possède donc des yeux perçants, de jour comme de nuit. Il lui est permis de voir les Ombres noires venir de très loin, de les sentir et de les pourchasser afin que celles-ci soient dans l'impossibilité de nuire à la société et surtout aux enfants. Melkisédeq, Metatron et Haniel travaillent tous pour l'humanité et ils sont conscients que de nombreuses Ombres sont à l'œuvre et qu'ils ne peuvent pas toutes les chasser.

Haniel ajoute cependant que si ses enfants prenaient part à la chasse aux Ombres, il y en aurait moins. C'est la raison pour laquelle il incite ses enfants à démarrer une chaîne d'amour. Ce faisant, ils laisseront entrer l'Archange Haniel en eux. « L'enfant qui acceptera ma Lumière sera en mesure de chasser l'Ombre puisqu'il aura accepté ma force et mon amour. Et si les Ombres disparaissaient, il ne resterait que la Lumière, l'amour et l'harmonie. Ces gens pourraient vivre vieux et en santé puisque tous les fléaux de l'humanité sont causés par les Ombres. Nous sommes conscients que c'est un travail d'envergure que de ramener la paix sur Terre, mais nous y arriverons. »

L'Archange Haniel affirme que plusieurs pays souffrent parce que leurs citoyens ne croient pas aux Anges. Haniel doit respecter leur choix, mais il affirme par ailleurs que les Anges et les Archanges seront partout où l'on croit en eux. Cet Archange veut donc ramener l'humanité vers l'amour, le respect et la croyance en Dieu. Tous les Anges sous sa gouverne jouent un rôle important afin d'aider l'être humain.

Haniel a sous sa régence huit Anges de la Lumière : Vehuel, Daniel, Hahasiah, Imamiah, Nanaël, Nithaël, Mebahiah et Poyel.

L'Archange Uriel (recteur secondaire)

Uriel est un grand Archange, mais il se fait discret. Il est celui qui, posté devant Dieu, empêche les âmes malveillantes, celles qui n'ont pas accès au Paradis ou qui essaient de le détruire, de s'approcher. Uriel est en quelque sorte un garde du corps, une armure. C'est à lui que vous remettez la clé au moment d'aller au Paradis. Les Chérubins, pour leur part, gardent les portes de ce lieu sacré.

En effet, ceux qui désirent aller au Paradis ou s'entretenir avec Dieu doivent se faire reconnaître avant d'y pénétrer. Seule la clé symbolique leur ouvrira les portes. Ce n'est pas que Dieu n'accepte que de parler à certains privilégiés. Au contraire, Dieu souhaiterait s'entretenir avec tous les êtres de l'Univers, mais nous ne voulons pas d'une « révolte ». Nous voulons éviter que l'Ombre entre à nouveau dans la Sphère Céleste, c'est pourquoi nous protégeons Dieu avec amour et adoration.

Dieu est très puissant et, s'il le désirait, il pourrait tout détruire en un instant parce c'est lui qui a tout créé. Or, Dieu est pur amour. Il ne veut pas détruire; il ne veut pas se battre. Il veut demeurer Lumière, amour et paix. Dieu, dans son infinie bonté, pardonne à l'Ombre. Il lui accorde des chances, car il voudrait que l'Ombre devienne Lumière. Mais certaines Ombres sont trompeuses et font semblant de devenir Lumière. Dieu les laisse alors entrer, mais celles-ci s'empressent d'essayer de détruire Dieu. Dieu est amour, Dieu est pardon… Cela est sa nature. Les Êtres de Lumière, les Archanges, les Anges et les Maîtres Ascensionnés sont aussi puissants parce qu'ils sont chargés de protéger Dieu. « Ensemble, nous formons une équipe. Nous sommes l'Armée Céleste de Dieu, et nous protégeons le Créateur. Car l'être le plus important de l'humanité est celui qui nous a créés. »

Uriel est également appelé « Lumière de Dieu ». Il arbore fièrement ses huit ailes. Aussi, il brandit bravement une épée de feu et tient un parchemin de l'autre main. Il est comme un lampadaire qui éclaire l'entrée de votre demeure. Sa Lumière est si intense qu'elle place sous les projecteurs vos moindres gestes, si bien qu'elle effraie l'Ombre. Uriel a donc pour rôle d'être la Lumière de Dieu et de le protéger.

Cette épée de feu fait office de rayons X. En effet, lorsqu'un être a franchi les neuf Chœurs Angéliques et qu'il aspire à devenir un Ange, il doit compléter un long processus. Une clé lui est d'abord remise. Et cette clé n'ouvre qu'une seule porte : celle du Paradis. Uriel a pour mission de vérifier la validité de cette clé. Son épée de feu agit comme un lecteur optique afin d'autoriser ou non l'âme à passer du côté de la Maison de Dieu. Une fois cette autorisation obtenue, l'âme peut alors commencer à préparer sa nouvelle vie d'Ange.

Uriel se déplace rapidement. Sa puissance est gigantesque et sa Lumière très intense. Si vous sentez un danger venir vers vous, invoquez Uriel immédiatement. Il vous montrera le chemin à prendre afin de vous en éloigner. Uriel dissout les Ombres instantanément.

Toutes les Saintes Écritures soulignent que plusieurs Archanges ont « adombré* » de nombreux prophètes afin de transmettre des messages remplis de sagesse à l'humanité. Ces prophètes ont ensuite écrit leur propre bible. Nous pensons à Énoch, Moïse, Isaïe, Élijah, Jésus, Mahomet, pour ne nommer que ceux-là. Uriel est celui qui a travaillé de près avec Noé. En effet, c'est l'Archange Uriel qui est apparu à Noé et qui a fait savoir à ce dernier qu'un déluge était imminent. Certains écrits mentionnent qu'Uriel a jadis été le prophète Jacob. Un jour, lorsque l'humanité sera prête à nous écouter, nous vous expliquerons ces mystères dans les moindres détails.

Tous les Archanges que Dieu a créés ont pu, à une époque ou à une autre, emprunter un corps humain pour écrire au sujet des Plans Divins et ainsi aider l'humanité à évoluer. Ces Archanges comprennent mieux les sentiments humains, puisqu'ils ont « adombré » une vie humaine. Quelques-uns se sont tout simplement incarnés. Mais sachez que tous les Archanges préfèrent exercer leur vocation dans les Cieux; c'est la raison pour laquelle ils ont été créés.

Autrefois, l'Archange Uriel était mentionné dans les Saintes Écritures. Cependant, certaines religions ont rayé son nom de leurs écrits. Nous avons été désolés de voir ce merveilleux Archange disparaître de la sorte. Toutefois, nous ne tenons pas rancune à ceux qui en ont décidé ainsi; nous leur accordons notre pardon. En l'an 745, lors du consulat de Rome qui s'est tenu sous le règne du pape Zacharie,

---

* adombré : emprunter le corps d'un humain pour transmettre un message.

plusieurs ont été appelés à parler longuement à propos des Saintes Écritures. C'est à ce moment que toutes les mentions de l'Archange Uriel ont été rayées de la Bible. Ces personnes ont conclu qu'Uriel ne jouait pas un rôle assez important. Pourtant, c'est lui qui protège Dieu… Notre souhait serait que l'Archange Uriel puisse, un jour, reprendre la place qui lui revient au sein de toutes les religions qui le méconnaissent.

Il faut comprendre qu'autrefois les humains pensaient différemment. Aujourd'hui, l'humain voit les choses sous un autre angle. À cette époque, religion signifiait pouvoir! Imaginez comment il a été facile pour l'Ombre de s'infiltrer dans cet univers et de changer le cours de l'histoire. L'Ombre voulait s'approprier le pouvoir, maîtriser le monde. Sachez qu'il n'est pas du ressort des êtres humains de changer ce qui a été écrit, puisque ce sont les Êtres de Lumière qui ont rédigé les textes fondamentaux. Nous demandons à ce que les Saintes Écritures soient respectées dans leur intégralité. Certes, vous pouvez adapter celles-ci à votre époque, mais n'en changez point l'essence.

Ironiquement, l'Archange Uriel veille sur tous ceux qui s'occupent des personnes qui désirent faire partie d'un ordre religieux : prêtre, pape, moine, curé, ministre, archevêque, religieuse, etc. Même si son nom a été rayé des Saintes Écritures, Uriel aide ces êtres à mieux comprendre ce que sont l'amour et la parole de Dieu. Il les amène à connaître la pureté même de cette vocation. Uriel a également la mission d'illuminer l'humain de l'amour de Dieu. Ainsi, il peut faire de vous une source que les gens s'empressent d'aller écouter, une source où ils vont y puiser. Vos motivations fondamentales sont alors guidées par ce qu'il y a de plus pur : l'amour, et non pas une soif de pouvoir. Nombreux sont ceux qui ont prêché l'amour de Dieu au nom du pouvoir. Résultat : les êtres humains ne croient plus en Dieu… Or, l'Archange Uriel est toujours présent dans le cœur des humains et c'est ce qui compte. Aujourd'hui, on entend souvent le nom d'Uriel, alors que le nom de ceux qui l'ont jadis exclu a été relégué aux oubliettes. La Lumière survit au temps qui passe, l'Ombre s'estompe…

Uriel est un Archange moins connu et pourtant son travail compte tout autant que celui des autres. Il prend soin aussi de ceux qui veulent travailler dans le domaine humanitaire ou sur le plan spirituel. Il cherche des solutions à vos problèmes, les trouve et vous les présente. Uriel est doté d'une force impressionnante; il ne se laisse pas intimider. Il apporte force et courage à ceux qui en ont besoin. Il vous gratifie d'un travail qui vous convient. Grâce à lui, vous savez faire preuve de perspicacité pour surmonter les épreuves humaines.

Par contre, Uriel n'aime pas les disputes ni les batailles qui reposent sur toutes sortes de revendications de pouvoir et sur l'orgueil. Il sait que l'humain doit parfois se battre pour gagner. Uriel aide ceux qui se portent à la défense d'une cause loyale, ceux qui veulent bâtir et aider l'humanité. Il est celui qui vous présente votre plan de vie. Il vous dit : « Voici votre plan de vie. Je vais vous donner tous les outils nécessaires afin que vous puissiez le réaliser. » Gabriel vous aide ensuite à voir clair dans ce plan, à mieux le comprendre, à l'analyser. Et Uriel vous donne la force qu'il vous faut pour mener à bien ce projet.

Soyez assurés que Michaël va épier, par-dessus votre épaule, le travail que vous faites. Il va parfois vous envoyer une petite leçon de vie afin de savoir si vous êtes en harmonie avec l'énergie d'Uriel. Ensuite viennent les récompenses puisque l'Archange Michaël aime bien récompenser ceux qui font preuve de bonne volonté; il n'aime pas donner des leçons de vie. Il est très dévoué à son maître : Dieu. L'amour qui l'unit à Dieu est un amour inconditionnel. Il exécute donc ce qui doit être fait. Plus tard, Uriel vous permet de récolter les fruits de cette leçon de vie, mais pas avant que vous n'ayez déployé les efforts nécessaires et que vous n'ayez apporté les ajustements qui s'imposent.

49 – VEHUEL (du 23 au 27 novembre)

Vehuel est un « Dieu grand et élevé ». C'est un Ange plutôt grand qui, tout comme l'Archange Haniel, aime se promener au-dessus des gratte-ciel. Il regarde en bas et observe tout ce qui se passe. Sa véritable passion est de se percher sur le pignon des maisons pour veiller sur ses enfants. Ensuite, il entre afin de voir tout ce qui s'y passe. L'Ange Vehuel est très taquin. Retenez qu'il est l'Ange de l'altruisme, de l'amour universel et de la tolérance.

Vehuel est un Ange de grande dimension. On peut le comparer à un grand arbre; le plus grand de tous et aussi le plus solide. Il vous regarde de très haut. Et si vous êtes en train de commettre une erreur ou que vous êtes sous l'emprise de l'Ombre, une feuille se détachera d'une branche et volera tout doucement vers vous. Cette feuille, cette plume angélique, agira à titre de chiffon : aussitôt qu'elle tombera près de vous, elle fera place nette et chassera l'Ombre.

L'Ange Vehuel vous permet de regarder très loin devant vous. On pourrait le comparer à des jumelles. Si vous faites appel à lui, il vous permettra d'analyser dans les moindres détails le problème que vous désirez régler. Vehuel vous donne aussi la possibilité de vous projeter dans le futur et de percevoir les événements à venir afin de vous y préparer, car en règle générale il n'est pas permis à l'humain de voir son avenir. Ainsi, si vous avez une décision importante à prendre (par exemple quitter votre partenaire, changer d'emploi, déménager, investir de l'argent), nous vous conseillons de prier l'Ange Vehuel. Si votre plan de vie le permet, l'Ange Vehuel éclairera grandement vos choix. Vehuel vous apportera la Lumière et vous guidera dans ces moments d'incertitude. Sa force est de balayer les doutes et les Ombres afin que personne n'influence votre décision.

Vehuel fera le ménage du corps et de l'âme de tous ceux qui le prieront. Il vous fera prendre conscience de vos gestes et de vos paroles et les projettera dans l'avenir afin que vous puissiez voir l'effet qu'ils auront dans votre vie. Puisqu'il y a toujours deux côtés à une médaille, Vehuel vous fera entrevoir ce que sera votre avenir si vous prenez une décision quelconque et ce qu'il adviendrait si vous ne preniez pas cette décision. Ce sera à vous, par la suite, de prendre une décision définitive. Vehuel est un Ange d'une importance capitale, car il permet l'illumination divine et l'illumination intérieure.

La grande faiblesse des enfants de Vehuel est qu'ils prennent des décisions sans en mesurer les conséquences. Ces enfants souffrent beaucoup de l'inconséquence de leurs décisions et, parfois, ils se révoltent. Ces échecs à répétition les rendent aigres par rapport à la vie. Toutefois, puisque Vehuel souhaite le bonheur de tous ses enfants, il leur apporte l'harmonie et l'amour dont ils ont tant besoin. Il leur fait comprendre qu'une décision doit être mûrie et non pas guidée par l'impulsion.

Une autre des faiblesses de ses enfants est qu'ils ne voient pas ce que demain peut leur apporter. Ils s'acharnent sur le passé en ressassant constamment leurs souvenirs. Ils en sont prisonniers et ne cherchent pas à en sortir. Comment pensez-vous grandir si vous ne faites aucun effort? Si à chaque pas que vous faites vous reculez de deux, vous n'avancerez pas. Par contre, si vous faites un pas, nous pouvons vous montrer que cela pourrait être bénéfique dans dix ans. Si vous avez la patience d'attendre avant de récolter les fruits de cet effort, vous avancerez avec fierté.

L'Ange Vehuel a aussi pour mission de faire entendre la vérité dans toutes les causes, car il n'aime pas le mensonge. Il aime que justice soit faite. Il aime que la parole de tous ses enfants soit conséquente avec leurs gestes. Il permet aussi à tous ceux qui le prient de soigner leurs blessures. Qu'il s'agisse d'une blessure physique ou émotionnelle, cet Ange leur permet de guérir afin qu'ils puissent recouvrer la santé et l'énergie.

Vehuel console ses enfants qui vivent de grandes peines. Il leur demande de ne pas pleurer, mais plutôt de le prier, car il leur montrera ce que la vie leur réserve dans un an ou deux. « La peine qui occupe ton cœur présentement s'envolera. Nous t'aiderons à la balayer. » Vehuel prendra une plume et, comme si c'était un chiffon, lavera toute cette peine afin de faire place à la joie. Il est incapable de voir ses enfants pleurer; il veut plutôt les voir sourire à toutes les beautés de la vie. Hélas, l'une des faiblesses de ses enfants est qu'ils connaissent souvent des peines de cœur et de grandes déceptions sentimentales. Rappelez-vous que les femmes du Chœur des Principautés choisissent souvent des partenaires qui ne leur conviennent pas, des partenaires aux prises avec des problèmes, et elles en souffrent. Vehuel a spécialement été conçu pour consoler ces êtres qui n'ont pas choisi le bon conjoint et les ramener sur le chemin du bonheur.

50 – DANIEL (du 28 novembre au 2 décembre)

L'Ange Daniel est le « Dieu, signe des miséricordes ». Daniel est également un grand Ange et il est très beau. Il est vêtu de blanc, entouré d'une auréole de couleur verte et rouille éclatante. Sachez que la couleur rouille angélique n'est pas comparable à celle que vous trouvez sur Terre. L'Ange Daniel prend soin de tout le monde. Une de ses activités préférées est de se promener d'un toit à un autre. D'ailleurs, tous les Anges des Principautés adorent voler au-dessus des êtres humains. Ils aiment les hauteurs. Tous ceux qui travaillent dans les hauteurs, de même que tous ceux qui ont le vertige, devraient donc prier les Anges des Principautés. Plus haut sont perchés ces Anges, meilleure est leur vision du monde. Cet Ange n'arrête jamais de parler. Aussi, il est l'Ange de la parole. Parfois, les Anges s'enfuient lorsqu'ils le voient arriver. Nous le taquinons, car il est tellement adorable. Il a toujours quelque chose à dire; il ne se tait jamais. Melkisédeq se plaît à dire qu'il est comme une pie, au sens propre comme au sens figuré.

L'Ange Daniel est également considéré comme l'Ange de la bonne nouvelle. Il est l'Ange des télégrammes, des télécopieurs, d'Internet, des téléphones, du courrier, bref, de tous les moyens de communication oraux ou écrits. Ces messages sont uniques, loyaux et importants pour ceux qui les reçoivent. Selon l'Ange Daniel, la parole est un outil de communication sacré. En effet, si personne ne voulait ni converser ni échanger, comment pourrait-on savoir ce qui se passe? Mais si, par exemple, vous confiez à votre prochain la belle histoire d'amour que vous vivez, il sera enclin à raconter cette merveilleuse histoire à quelqu'un d'autre et ainsi de suite. Et tout le monde parlera d'amour.

Daniel dit qu'il est tel un humain qui parle pendant des heures au téléphone. Comme il est plaisant d'échanger avec une personne qu'on n'a pas vue depuis des lustres. Ainsi, tous ceux qui doivent parler en public, émettre un point de vue ou le débattre ou encore se présenter à la Cour pour défendre leur cause devraient prier Daniel. Ce faisant, il vous donnera une parole juste et charitable. Daniel est l'Ange de la vérité et de la loyauté. Si vous le priez, mais que vous ne dites que des mensonges ou que vous inventez des scénarios qui ne tiennent pas debout, il ne vous aidera pas. Sa force vous aidera à exprimer clairement vos sentiments et vos désirs.

Tous les chanteurs qui doivent donner des concerts devant un vaste auditoire et tous les politiciens qui doivent faire une campagne électorale ou encore répondre à des questions, et ce, tout en respectant la vérité et la justice, devraient prier l'Ange Daniel. Ce dernier prend aussi sous son aile les étudiants qui doivent faire une présentation orale, soutenir une thèse de maîtrise ou de doctorat, ceux qui doivent livrer une bonne performance devant des juges et des arbitres en vue de recevoir une évaluation. L'Ange Daniel prend plaisir à les soutenir. Non seulement apporte-t-il la clarté d'élocution, mais il s'assure que vos paroles soient bien comprises par tous.

L'Ange Lecabel et l'Ange Daniel possèdent tous deux des dons d'orateurs. Toutefois, l'Ange Daniel utilise surtout ce don dans le domaine sentimental, alors que l'Ange Lecabel s'en sert davantage en ce qui a trait au domaine professionnel. Tous les deux sont utiles s'il s'agit de soutenir une thèse. Cependant, Daniel est beaucoup plus puissant en cas de dispute sentimentale ou encore pour régler une situation qui fait appel aux sentiments et aux émotions. Il est l'Ange que vous devriez prier si vous êtes en situation de conflit et que vous voulez éviter une dispute. L'Ange Lecabel est davantage utile pour tout ce qui touche le monde du travail. Il est un peu l'avocat du diable, car ses paroles sont tranchantes et directes.

L'Ange Daniel, lui, prononce des paroles beaucoup plus posées, douces et spirituelles. Il est le maître de la diplomatie. Par contre, la grande faiblesse de ses enfants, c'est la méchanceté de leurs paroles. Ces êtres blasphémeront et leurs paroles seront méprisantes.

Les enfants de l'Ange Daniel sont très orgueilleux. Ils ne choisissent que ce qu'il y a de mieux, rien de moins. Ce sont des séducteurs-nés. Disons, et c'est un euphémisme, qu'ils ont la parole facile. C'est suspendus à leurs lèvres que vous tomberez sous leur charme. Toutefois, ils sont beaucoup plus intellectuels que manuels.

51 – HAHASIAH (du 3 au 7 décembre)

Hahasiah est un « Dieu caché ». Elle est un Ange qui n'aime pas se faire voir, car elle est très timide. Elle est aussi empreinte d'une grande douceur. Il n'est pas important à ses yeux que l'on se fasse une image d'elle. Elle préfère que l'on s'attarde plutôt à tout le travail qu'elle accomplit. Hahasiah est dotée d'une très forte vibration. Elle vibre au rythme de la musique, à son diapason. Lorsque vous écoutez de la musique, vous ne pouvez pas la voir, mais vous pouvez certes la ressentir, car elle vibre à l'intérieur de vous. Cet Ange passe donc facilement inaperçu puisqu'il est transparent. Les étincelles que Hahasiah envoie ne sont pas lumineuses, mais plutôt à forte teneur vibratoire. On peut donc ressentir sa vibration lorsqu'elle est tout près.

Hahasiah dit qu'elle se cache en vous afin de mieux vibrer de l'intérieur. C'est la raison pour laquelle les enfants nés sous la gouverne de cet Ange ont de la difficulté à voir les Anges; Hahasiah est transparente à leurs yeux. Ils ne peuvent que la ressentir. Son taux vibratoire est d'une densité très élevée, c'est pourquoi ses enfants ont beaucoup de difficultés à entrer en communication avec elle. Vous pouvez l'imaginer comme vous le souhaitez, mais ce qui compte, c'est ce que vous ressentez à l'intérieur de vous.

Hahasiah donne à ses enfants la capacité de voir de l'intérieur et de ne pas se laisser leurrer par les artifices extérieurs. Si vous êtes branchés au même taux vibratoire que votre partenaire, vous comprendrez tout l'amour qui émane de son for intérieur. Car même si la beauté peut être un des critères de sélection de votre conjoint, si vous ne ressentez rien, vous serez déçus. Hahasiah vous permet donc, avant tout, de regarder la vibration de l'intérieur, la vibration de l'âme. Lorsqu'une âme vibre à l'unisson avec une autre, il y a unité. Et atteindre l'unité est le rôle de Hahasiah.

Hahasiah est l'Ange de tous les guérisseurs. Elle est l'Ange de tous ceux qui pratiquent la médecine, particulièrement de ceux qui doivent effectuer des opérations chirurgicales sur les humains ainsi que sur les animaux. Hahasiah régit aussi le vaste domaine des chirurgies esthétiques. Elle est le maître des chirurgies internes étant donné qu'elle connaît mieux que quiconque le fonctionnement du corps humain. Cet Ange guide les mains du chirurgien à l'endroit exact où se trouve la masse à retirer ou le problème à régler. Ensuite, Hahasiah participe au processus de guérison; elle guidera même votre propre main afin qu'elle apaise votre douleur.

Hahasiah est l'Ange qui concilie les avantages de la médecine traditionnelle et ceux de la médecine douce. La médecine traditionnelle guérit les problèmes du corps, alors que la médecine douce permet de tout nettoyer, de purifier et de conserver une bonne santé. Elles sont complémentaires. Tous ceux qui œuvrent à titre d'herboristes ou d'aromathérapeutes ou encore qui pratiquent toute autre forme de médecine parallèle, devraient prier cet Ange. Elle est celle qui vous fera savoir si le corps a réellement besoin d'un médicament ou d'une opération chirurgicale. Hahasiah vous guidera!

Sachez que Hahasiah travaille, avant toute chose, pour votre bien-être. Hahasiah peut aussi aider tous ceux qui souffrent d'intolérance alimentaire et d'allergies à certains médicaments. Elle leur fera découvrir des produits santé que leur corps pourra tolérer. Cet Ange sait ce qui est bon pour eux et ce qui ne l'est pas. Hahasiah dit que, parfois, seule la médecine traditionnelle peut guérir le corps humain alors qu'en d'autres circonstances ce sera plutôt la médecine douce. Elle ne porte aucun jugement, sachant que toutes deux arrivent à guérir l'humain dans son ensemble. Retenez qu'elle vous aide à obtenir un diagnostic précis, la chirurgie dont vous avez besoin par exemple, ou la médication nécessaire, qu'elle soit naturelle ou non, qui vous aidera à garder votre corps en santé. Grâce à Hahasiah, vous ressentirez d'instinct si ces produits vous conviennent ou pas.

Hahasiah est un Ange qui travaille de concert avec les intellectuels. Elle permet à ses enfants de trouver en eux les solutions à leurs problèmes. Lorsque Hahasiah est présente en vous, vos dons, vos qualités et vos forces refont surface. Ainsi, si vous cherchez à solutionner un problème quelconque, Hahasiah vous enverra puiser au plus profond de votre âme et de votre être les indices nécessaires à sa résolution. Elle vous dévoilera ces indices de façon à ce que cela soit sensé pour vous. C'est ainsi que les éclairs de génie surviennent!

Les enfants qui vibrent en harmonie avec Hahasiah sont illuminés. Ils ont une perception aiguisée de l'œuvre divine de même que des lois de cause à effet. Ainsi, lorsqu'un problème survient, Hahasiah peut aider ses enfants à replonger dans leur passé afin de trouver la cause de leur souffrance et à s'en libérer pour croître spirituellement. Ceux qui ne croient pas en Hahasiah ne pourront jamais savoir qui elle est ni ressentir sa vibration.

Les enfants de Hahasiah ont grand besoin de se sentir aimés; ils ont grand besoin d'amour. Cependant, ils doivent apprendre que l'amour va au-delà de l'apparence physique; c'est d'abord et avant tout un sentiment qui émane du cœur. Hahasiah aide ses enfants à se sentir en harmonie avec leur être. Et lorsque cette harmonie est atteinte, elle s'exhale de toute leur personne. Ils sont resplendissants de l'intérieur comme de l'extérieur, et il leur est alors possible de rencontrer le véritable amour, l'être qui demeurera à leur côté pour le reste de leurs jours.

Ces êtres ont souvent de grands chagrins d'amour; ils sont désillusionnés. La faiblesse de ses enfants est qu'ils recherchent davantage la beauté physique que la beauté intérieure. Éventuellement, ils se rendent compte que ces êtres pourvus d'une grande beauté ne peuvent leur apporter le bonheur. D'autres se font les juges de leur propre beauté. Ces êtres pensent que, pour aimer et se faire aimer, ils doivent bien paraître physiquement. Ils cherchent donc à modifier leur corps à outrance jusqu'à ce qu'il soit le reflet de la perfection. Les femmes hypothèquent leur corps en suivant des régimes draconiens et elles sont malheureuses.

Hélas, ces gens investissent toutes leurs énergies dans l'aspect extérieur de leur corps et négligent leur intérieur. Ainsi, leur corps deviendra de plus en plus malade. Ces personnes deviendront agressives, en proie à de nombreuses insécurités. Si vous priez Hahasiah, elle se fera un plaisir de vous faire connaître la raison de votre passage sur Terre; elle vous ouvrira à son monde vibratoire. Si votre corps ne vibre pas à son rythme, vous vivrez, par la suite, des turbulences et des peines de toutes sortes.

Ceux qui choisissent l'Ombre sont très perturbés. Ils sont de grands consommateurs d'alcool. En outre, ils sont enclins à travailler davantage là où l'Ombre se concentre : les bars, les casinos, etc. Ces êtres cherchent l'Ombre pour s'en nourrir. Or, ils s'apercevront tôt ou tard que celle-ci ne peut les aider, car les âmes humaines doivent vibrer à la Lumière. Hahasiah leur fera prendre conscience que, plus ils avanceront vers l'Ombre, plus ils auront besoin de Lumière puisqu'ils trébucheront constamment. Cet Ange permet aussi à ses enfants de regarder au plus profond d'eux-mêmes et de réparer les erreurs qui ont été commises.

52 – IMAMIAH (du 8 au 12 décembre)

Imamiah est un « Dieu élevé au-dessus de toutes choses ». C'est un Ange qui sort de l'ordinaire, car à lui seul son prénom fait vibrer. Il se complaît à dire à ses confrères que son prénom signifie « miam ». On y retrouve aussi deux autres significations, soit « Mamiah » et « Amiah ». Imamiah est donc un Ange à la fois mère et amie. Nous disons qu'elle se promène les ailes en l'air; nous la taquinons. Cet Ange possède des ailes extraordinaires qu'elle porte très haut derrière elle. Nous pensons que cela est dû à sa posture. Il est orgueilleux cet Ange, comme tous ses enfants d'ailleurs.

Imamiah dégage une chaleur indescriptible. Elle est magnifique, mais sa qualité première réside davantage dans la beauté et la grandeur de son cœur. Cet Ange ressemble quelque peu à Hahasiah en raison de sa grande beauté intérieure qui fait vibrer. Cependant, Imamiah possède une beauté intérieure et extérieure. Elle possède un taux vibratoire très élevé. De pures vibrations! Ses ailes sont serties de rouge et d'or. Cet Ange peut vous hypnotiser par la puissance de son regard et l'amour qui en émane. Imamiah aime être représentée comme un Ange qui trône au sommet d'un arbre de Noël.

Les enfants d'Imamiah ont une grande facilité à entrer en contact avec elle. Toutefois, ses enfants doivent vibrer au même diapason qu'elle puisque Imamiah est un « Dieu élevé au-dessus de toutes choses ». Sachez qu'Imamiah est un Ange qui vibre exceptionnellement à la même fréquence que les Anges du Chœur des Séraphins.

Vous comprenez donc le niveau extraordinaire de sa puissance vibratoire. Ces enfants auront besoin de cette force, car ils auront beaucoup d'ennuis tout au cours de leur séjour terrestre. C'est la raison pour laquelle Imamiah doit être encore plus forte que les Anges de ce Chœur.

Imamiah peut aider ceux qui ont des ennuis avec la loi à gagner leur procès s'ils obtiennent le soutien des Plans Angéliques. Par exemple, si vous avez commis un meurtre par légitime défense, afin de sauver votre propre vie, nous ne vous jugerons pas. Imamiah vous aidera à gagner votre cause en vous soufflant les paroles à prononcer devant le juge ou le jury. Elle vous aidera à convaincre ces derniers de votre innocence. Toutefois, si vous êtes coupables, une leçon vous sera donnée.

Tous les enfants dans l'énergie de l'Ange Imamiah font d'excellents criminologues, car ces êtres ne jugent pas qui vous êtes ni les fautes que vous avez commises. Ces enfants sont les sauveurs de la société; ils ne peuvent supporter que quelqu'un souffre. Ils peuvent ramasser des mendiants dans la rue et les inviter dans leur demeure. Ils ne jugent point ces personnes, mais les aident plutôt à s'intégrer dans la société. Cette grandeur d'âme et d'esprit, Imamiah la transmet à tous ses enfants, en plus du désir de se dépasser. Cela n'a rien à voir avec la vanité des émotions terrestres. Il s'agit plutôt d'être fier d'avoir accompli quelque chose d'utile pour autrui et de se réjouir de cette aide providentielle apportée aux autres. Ces enfants sont fiers de venir en aide à un mendiant, à un voleur ou à un pauvre, de lui faire prendre conscience de sa propre humanité, sans le juger.

Leur fort désir d'aider l'humanité est tellement important pour eux qu'ils peuvent parfois adopter des enfants d'ailleurs pour leur donner la chance d'avoir une vie comblée et heureuse. « Que la couleur de ta peau soit différente, que tes expériences de vie soient différentes, que ton statut social ne soit pas aussi élevé que celui d'autrui, cela importe peu. Ce qui importe, c'est la volonté que tu portes dans ton cœur. Tu dois t'accepter tel que tu es et être prêt à changer. » Le bonheur des enfants d'Imamiah réside dans l'amour qu'ils apportent aux autres.

Plusieurs des enfants de l'Ange Imamiah deviennent de grands guérisseurs. À leur façon, ils changent le monde. Par contre, si ces enfants sont dans la noirceur, ils sont parfois méchants, voleurs ou meurtriers. Certains sont alcooliques, d'autres toxicomanes. Ces êtres n'ont aucun respect pour la société ni pour leur prochain. Ils ne pensent qu'à eux-mêmes. Imamiah dit à ses enfants : « Si vous me priez, je vous ferai don de la bonté et de la beauté qui feront de vous des êtres exceptionnels. Je vous aiderai à trouver votre véritable place dans la société. Je vous aiderai à ne point juger l'autre, mais à l'aider à se relever. » Tel est le rôle des enfants de l'Ange Imamiah.

Imamiah vous tend la main lorsque vous trébuchez. Elle vous lance une bouée de sauvetage afin de vous aider à sortir d'une situation ennuyeuse. Cet Ange rempli d'étincelles or et rouges est très élevé dans sa grandeur angélique. De cette hauteur céleste, il peut vous soulever et vous amener vers les Hautes Sphères Divines, vers Dieu. Imamiah peut vous accorder ce privilège pour vous permettre de vous imprégner de sa Lumière et, une fois revenus sur Terre, de travailler de concert avec Dieu.

Imamiah vous amène donc vers Dieu et vous soulève jusqu'à lui. Elle vous guide sur le chemin de la grâce. Cet Ange veut que la vérité se fasse entendre, et ce, sans égards aux jugements portés sur une personne ou une situation. Pour cet Ange, il est important que l'on soit vrai avec soi-même. Elle dit à ses enfants : « Si tu admets ta part de culpabilité, je te soulèverai devant Dieu et nous te pardonnerons. Nous guiderons ensuite tes pas vers des chemins beaucoup plus lumineux. » Imamiah aide tous ceux qui ont commis une grave erreur dans leur évolution et qui sont prêts à se l'avouer à eux-mêmes, mais aussi à Dieu. Une fois que cet aveu est formulé devant Dieu, Imamiah ramène ses enfants sur Terre et les dirige vers leur propre Lumière, et ce, puisque les Anges leur donnent à nouveau la chance d'être Lumière.

53 – NANAËL (du 13 au 16 décembre)

Nanaël est un « Dieu qui abaisse les orgueilleux ». Lorsque Nanaël déploie ses ailes, on est frappé de stupeur devant une telle beauté. Vous aurez la ferme impression que le soleil illumine la Terre tout entière. Cet Ange possède une force qui irradie au-delà de l'horizon; son rayonnement est éclatant. Il éblouit tous ceux qui le regardent et tous ceux qui vivent en toute simplicité. Les orgueilleux ne le voient pas parce qu'ils sont trop centrés sur leur propre petite personne, sur l'image qu'ils projettent.

Cet Ange ne tolère pas les gens orgueilleux. Selon lui, un être humain est fait de grandes qualités et de petits défauts. Cependant, il doit être conscient de ses petits défauts. Il n'existe pas d'humains parfaits, sinon ils seraient des Anges. Nanaël ne supporte pas la vantardise. « Pourquoi vous vanter? À quoi cela sert-il de parler, si vous ne savez pas ce que vous dites? Vous pouvez vous mettre à l'avant-scène, si vous le désirez, mais vous ne pourrez tirer vanité que des connaissances que vous possédez vraiment. » Nanaël donne parfois quelques petites leçons aux gens trop orgueilleux. Vous l'aurez deviné, la grande faiblesse de ses enfants est l'orgueil.

Les enfants féminins de l'Ange Nanaël aiment se pomponner. Elles adorent se regarder dans le miroir et ne mettent pas le nez dehors si elles ont quelque chose de travers. Nanaël s'amuse donc parfois à faire de petits accrocs dans leurs bas de nylon, dont elles prennent pourtant si grand soin! Nanaël les aide à remettre les choses en perspective, car, à ses yeux, trop d'orgueil peut devenir dangereux pour les autres, mais aussi pour elles-mêmes. Il joue donc de petits tours à ses enfants afin de leur apprendre à rire d'eux-mêmes. Nanaël ne se préoccupe pas des qu'en-dira-t-on. Être ou paraître? Voilà la grande question. Si vous avez choisi « paraître », soyez sur vos gardes! Nanaël provoquera des situations cocasses dont vous serez le protagoniste. Or, les plus orgueilleux de ses enfants trouveront cela très pénible.

Il arrive que les enfants de Nanaël marchent la tête si haute qu'ils perdent tout contact avec la réalité. Ainsi, ils deviennent victimes d'incidents banals, mais aussi d'accidents de toutes sortes. S'ils prenaient quelques minutes pour regarder le monde qui les entoure et prendre contact avec cette réalité, plusieurs situations malencontreuses seraient évitées. Nanaël s'amuse donc à semer de petits obstacles sur leur route afin qu'ils ralentissent la cadence. Ils éviteront donc de se mettre les pieds dans les plats.

Nanaël peut aussi nettoyer vos péchés et chasser vos mauvaises habitudes. Qu'il s'agisse de la cigarette, de l'alcool, du jeu, de la drogue ou même du rongement d'ongles. Priez l'Ange Nanaël et il vous permettra de vous défaire de vos mauvaises habitudes afin que vous puissiez vous épanouir pleinement. Cet Ange dissipe tous les sentiments négatifs qui font rage à l'intérieur de vous et les transforme en sentiments positifs. Nanaël ne tolère pas la haine, pas plus que l'orgueil. Il peut faire disparaître ces sentiments de votre cœur. Il vous apprend à rire de vous-mêmes et à mettre un peu plus de joie dans votre vie.

Puisque les gens imbus d'eux-mêmes ne croient en rien d'autre qu'en leur propre personne, Nanaël veut amener ses enfants à découvrir Dieu, à développer la foi qu'ils ont perdue. Les orgueilleux pensent qu'ils *sont* Dieu. Nanaël a été créé afin d'aider les humains à abaisser leur orgueil et à éveiller la Lumière qui gît en eux. Il aide ses enfants à centrer leur vie sur le droit chemin. Plusieurs de ses enfants se retrouvent dans des situations ennuyeuses, car ils n'ont point la perspective des choses, pas plus qu'ils ne sont conscients des conséquences de leurs actes. Nanaël les guide vers une vie beaucoup plus lumineuse.

L'enfant en harmonie avec l'énergie de Nanaël sourit à la vie. Il est normal d'avoir de petits défauts, de prononcer quelques paroles orgueilleuses, mais cet enfant est aussi capable de rire de lui-même et de ses maladresses. Les enfants de Nanaël sont de véritables bouffons. Ils font rire leur entourage et n'ont surtout pas peur du ridicule. En se moquant d'eux-mêmes, ils font nécessairement rire les gens qui les entourent.

Nanaël est l'Ange de la méditation. Il permet à tous les enfants de la Terre d'entrer dans le monde des Anges, d'élever leur âme afin qu'elle atteigne les Plans Divins. En invoquant Nanaël, vous pouvez donc exercer une méditation à l'écoute de vos croyances. En supervisant vos séances de méditation, Nanaël vous aide à éliminer les doutes, les craintes et les peurs qui entravent votre évolution. Il vous aide à méditer en harmonie avec l'énergie de Dieu et des Anges, et ce, dans la Lumière la plus totale. En priant Nanaël avant chacune de vos séances de méditation, vous pourrez pénétrer dans votre corps et nettoyer ce qui vous cause un problème, c'est-à-dire vous autoguérir. Nanaël vous aidera à chasser toutes les ondes négatives et à vous doter de rayons de Lumière.

Nanaël a aussi pour fonction de rééquilibrer tous vos chakras énergétiques. Il peut vous aider à demeurer en harmonie avec votre propre évolution spirituelle, à ne pas déraper ni vers le bas ni vers le haut. Nanaël vous guide tout doucement au seuil de votre porte. Il est celui qui veille à votre évolution spirituelle afin que vous ayez accès aux Portes Célestes, à votre vibration angélique.

54 – NITHAËL (du 17 au 21 décembre)

Nithaël est un « Dieu, roi des Cieux ». Cet Ange ressemble beaucoup à Melkisédeq et à Metatron, mais en format réduit. Nithaël est un roi puisqu'il permet à ses enfants d'entrer dans le royaume des cieux. L'Ange Nithaël travaille conjointement avec Jésus, le maître ascensionné, qui fut, lui aussi, le Roi des cieux. Jésus a prêché la parole de Dieu et est mort afin de racheter les erreurs humaines. Nithaël agit de la même façon.

On représente Nithaël assis sur un grand trône en or massif, comme un roi. Son corps brille telles les étoiles qui scintillent dans le ciel. À son image, l'or est un métal qui vit éternellement. Il est peut-être froid, mais ce métal est d'une grande beauté. Nithaël jette des étincelles un peu partout afin d'apporter un peu de chaleur à cet or massif. Parallèlement, ses enfants peuvent paraître très froids lorsqu'on les aborde pour la première fois, mais il existe en eux des étincelles qui réchauffent les cœurs. Ces êtres ne sont pas faciles d'accès, mais si vous les respectez, ils vous laisseront entrer dans leur monde avec douceur et chaleur.

La plupart des âmes qui font partie du Chœur des Principautés sont jeunes et influençables. Elles n'ont aucune croyance en Dieu, ou si peu. Ces âmes ne savent pas si elles doivent choisir l'Ombre ou bien la Lumière. Le rôle de Nithaël est d'apporter, dans leur cœur, un peu plus de certitude, un peu plus d'amour et une foi plus grande. Cet Ange essaie de leur faire comprendre que Dieu existe.

Sa mission est de travailler en étroite collaboration avec ses enfants et de leur faire comprendre que l'âme, leur âme, a des étapes à franchir afin de parvenir au Plan Divin. En ayant accès aux Portes du Paradis, ces jeunes âmes pourront se concentrer à atteindre ce but, et ce, dès le début de leur incarnation. Ce faisant, elles prépareront mieux leurs vies futures qui seront le tremplin de leur ascension vers le Divin. Il leur sera donc beaucoup plus facile, par la suite, de réaliser leurs missions de vie et d'avancer sur le chemin de la Lumière.

La grande faiblesse des enfants de Nithaël, ou de ceux qui refusent la Lumière, est qu'ils n'ont aucune envie de franchir les Portes du Paradis. Ils sont dépourvus de toute croyance, ils ne croient ni en leurs capacités ni en Dieu. Ces gens sont des dictateurs sans scrupules. Ils veulent que les autres s'agenouillent devant eux. Ils exigent constamment que les autres accomplissent leurs désirs, préférant les ordres au dialogue. C'est ainsi que ceux qui les entourent sont facilement blessés par leurs paroles. Remplis de jalousie, ces êtres aspirent à être le centre d'attention. Ils sont exigeants avec eux-mêmes et avec les autres. Ces enfants de l'Ombre ont beaucoup de difficulté à partager. Il n'est pas facile d'aimer ou de côtoyer ces êtres.

Cependant, Nithaël est prêt à tout pour aider ses enfants. Cet Ange ne s'en ira pas, car il sait qu'un jour ou l'autre ses enfants auront besoin de lui. Il se tient donc prêt à intervenir et à les guider vers la Lumière, et il réussit toujours à les sauver! Il est le sauveur de l'âme humaine; il est le gardien de la Porte. Chaque fois que vous priez, il est auprès de vous et il exauce vos vœux les plus chers afin de vous montrer qu'il est constamment à vos côtés. Nithaël dit à ses enfants : « Je suis le Roi des cieux, je vous tends mes ailes afin que vous puissiez entrer par les Portes du Paradis. Si vous acceptez, vos vies futures seront beaucoup plus agréables. Sinon, vous vivrez des moments beaucoup plus difficiles sur Terre au cours de cette vie-ci ainsi qu'au cours de vos futures incarnations. »

Le respect est une des qualités inhérentes à cet Ange et ses enfants en sont pourvus. Cette magnifique qualité angélique peut ensuite être mise à profit auprès d'autrui. Le rôle de Nithaël est de faire comprendre à ses enfants que, même s'ils ont une jeune âme, ils ont le droit d'accéder au Jardin d'Éden. Il n'en tient qu'à eux d'y aller. Ce n'est pas parce qu'ils commencent leur vie terrestre qu'ils ne sont pas capables de la diriger. Soyez dans la Lumière et Nithaël guidera vos pas. Par contre, si vous ne voulez pas suivre cette Lumière en vous, si vous n'écoutez pas votre Ange, vous croiserez beaucoup d'obstacles sur votre route et vous en serez le seul responsable.

Nithaël vous aide à obtenir le pardon, à racheter vos fautes. Il vous aide à saisir l'étendue des péchés que vous avez commis dans chacune de vos existences et à vous en repentir. Votre pardon accordé, vous vous rapprochez de votre Source, de votre propre Lumière, de votre Dieu. Nithaël peut vous aider, sur Terre, à travailler afin que vous puissiez accéder directement aux Portes du Paradis. Les enfants qui vibrent dans l'énergie positive de cet Ange comprennent le cheminement qu'ils ont à accomplir; ils comprennent la force qu'ils ont en eux.

Nithaël aide aussi tous ceux qui désirent poursuivre des études littéraires pour développer le don de l'écriture et le goût de la lecture. Il leur permet d'être d'excellents écrivains ou encore des critiques littéraires hors pair. Le talent de ces êtres est respecté et reconnu dans le monde entier. Toutefois, leur plus grande qualité est l'humilité dont ils font preuve à l'égard d'une aussi grande popularité. Ces enfants sont de véritables missionnaires. Ils sont conscients de leur force et ils remplissent leur mission tout simplement, sans écraser les autres ni entrer en compétition avec eux. Ils sont dotés d'une très grande sagesse.

55 – MEBAHIAH (du 22 au 26 décembre)

Mebahiah est un « Dieu éternel ». Mebahiah est un Ange très puissant qui regarde tout ce qui se passe avec une certaine objectivité et en prenant une certaine distance. Elle voit loin. L'animal qui la représente est une chouette sur le point de prendre son envol. Ses ailes sont longues et tendues, grandes ouvertes, à l'horizontale. On peut y déceler des rayons argentés. Mebahiah représente la justice, l'équilibre entre le bien et le mal. Elle se promène d'un enfant à un autre et injecte, dans leur cœur, une étincelle d'honnêteté et de vérité. Mebahiah dit que, si tous les êtres humains étaient honnêtes avec eux-mêmes et avec la société, il n'y aurait point de guerre. Les gens se respecteraient davantage, car ils sauraient toute la vérité.

Cet Ange prône la vérité en toutes choses. C'est là son principal travail. Mebahiah ne tolère ni l'injustice ni l'hypocrisie. Elle dit à ses enfants : « Si vous ne pouvez point dire la vérité, taisez-vous! Ne parlez pas que pour le plaisir de parler; dites plutôt des paroles d'amour et passez à l'action. » La vérité devrait primer, même si elle peut faire mal à celui qui l'entend. Si les paroles que vous prononcez sont véridiques, les gens vous respecteront et auront foi en vous.

Les Anges aiment tous les êtres humains avec leurs forces et leurs faiblesses. Toutefois, certains Anges sont particuliers et Mebahiah est l'un de ceux-là. Elle essaie de donner à ses enfants l'heure juste. Ces derniers n'ont pas à chercher à connaître la vérité par l'entremise d'autrui; Mebahiah la leur transmet directement.

La grande faiblesse des enfants de Mebahiah, c'est le mensonge. Ils se complaisent à mentir, aux autres et à eux-mêmes. Ces êtres donnent des informations qui n'ont aucun sens. Ils sont les maîtres incontestés de la fuite devant les responsabilités de la vie. Certains volent par goût du luxe. Ils pensent que les gens leur doivent tout. Mebahiah peut aider ces enfants à retrouver leur propre Lumière, car ils ont tendance à être attirés par l'Ombre et par les difficultés de toutes sortes. L'Ombre peut même les mener jusqu'à la folie. Mebahiah travaille avec acharnement pour que ses enfants puissent enfin voir le reflet de leur âme dans le miroir et il les aide à trouver en eux la paix, la vérité et le droit chemin. Sachez que Mebahiah ne juge aucunement les coupables ni les êtres méchants, mais cela ne veut pas dire qu'elle approuve les gestes qu'ils font. Elle préfère côtoyer ses enfants lorsqu'ils marchent sur le sentier de la Lumière et de la vérité.

Mebahiah est particulièrement efficace pour contrer les fraudes et les vols. Toutes les victimes de fraudes, de mensonges ou de vols devraient prier Mebahiah. Cette dernière les aidera à retrouver la personne coupable et remédiera à la situation. Elle s'amuse également à dérouter les menteurs en leur tendant des pièges de toutes sortes pour que la vérité puisse éclater au grand jour. Tout comme celui de la chouette, son regard est perçant. On ne peut que baisser les yeux devant la puissance d'un tel regard et avouer ses fautes. Mebahiah ne le fait pas par méchanceté, mais bien par principe divin. La vérité est, à ses yeux, source de vie. Cet Ange lève tous les masques puisqu'elle est tel un miroir, le miroir de l'âme!

Mebahiah aide aussi tous ceux qui souhaitent fonder une belle grande famille qui saura combler tous leurs désirs. Les enfants qu'elle enverra grandiront dans un foyer où règnent le respect, la chaleur et l'amour. Mebahiah est un Ange d'une grande luminosité et d'une grande droiture. Elle remplit sa mission comme Dieu le lui a demandé. Ce n'est pas que les autres Anges défient leur mission originelle. Absolument pas! Mais les Anges aiment tellement les êtres humains qu'ils leur arrivent parfois de faire quelques petites exceptions. Ce sont de petites gâteries divines. Mebahiah, elle, n'accorde aucun passe-droit à quiconque. Elle gâtera ses enfants seulement lorsque le moment sera venu. Mebahiah travaille pour apporter la pureté en toutes choses, mais principalement afin de l'imprimer dans le cœur de chacun de ses enfants.

Ses enfants voient grand et ils sont quelquefois un peu impulsifs. Mebahiah leur inculque donc la conscience de leur être et de leurs actes. Ainsi, il leur est plus facile de trouver l'équilibre et de vivre un amour sain tout en évitant les dépendances de toutes sortes. Ces enfants lumineux vouent un très grand respect aux autres.

Mebahiah aide tous ses enfants à trouver la voie qui saura les guérir de leurs maux. Elle les aide à développer leur créativité manuelle, à créer des tableaux et à jouer de la musique. Ceci leur permet d'oublier leurs peines et de chasser l'Ombre qui les a envahis. Ces enfants, lorsqu'ils se concentrent sur une création personnelle, sont en contact avec leur Ange. C'est leur façon à eux de détendre leur corps et d'apaiser leurs détresses psychologiques. Il leur est beaucoup plus facile, par la suite, de trouver les solutions à leurs problèmes.

L'enfant qui désire développer un lien étroit avec les Plans Divins, ou qui ne demande qu'à apprendre à connaître davantage les Anges ou à les dessiner, sera en mesure de le faire. Mebahiah guidera ses mains avec droiture et exactitude en ce qui a trait aux formes et aux couleurs. Les créations ainsi réalisées seront d'une grande pureté et d'une grande transparence. Sachez que le talent artistique de ces enfants sera mis au jour assez tard dans leur vie. Plusieurs ne le découvriront qu'à la suite d'une rude épreuve imposée par la vie, à la suite d'un deuil, par exemple. Restez dans l'amour et Mebahiah vous révélera ce talent qui vous aidera à mieux canaliser et à mieux extérioriser vos émotions.

Les âmes de ce Chœur sont jeunes. Elles se laissent aisément berner et influencer par l'Ombre et l'impiété, car elles sont à leur portée. La pureté de Mebahiah les aide à retrouver la foi en eux, la foi en elle, mais aussi la foi en Dieu. Cet Ange ramène ses enfants vers la Lumière immaculée, vers Dieu, étant donné que sa mission première est de tisser un lien entre Dieu et son propre enfant.

Sachez que Mebahiah n'abandonne pas l'enfant qui a choisi de détruire les autres et lui-même. Elle reste à ses côtés jusqu'à ce que la Lumière pénètre en lui, ne serait-ce qu'un peu. Elle ramène cet enfant vers Dieu. Mais celui-ci doit, avant tout, accepter de faire le travail et la purification que cet Ange lui propose. Il doit accepter de la suivre consciemment et de laisser tomber cette Ombre qui le possède. Toutefois, si la réponse est négative, Mebahiah ne peut pas aider cet enfant parce qu'elle doit respecter son libre arbitre. Elle respecte son choix tout simplement.

Si vous tendez la main à Mebahiah, elle vous tirera d'embarras à l'aide de ses ailes. Elle vous libérera de l'emprise de l'Ombre et vous ramènera vers votre foyer originel, vers la Lumière. « Pendant un certain temps, vous vous sentirez tiraillés, car l'Ombre essaiera de vous tirer de son côté. L'Ombre sèmera votre chemin d'embûches, de défis et de problèmes, vous laissant croire que tout ceci vient de nous. Absolument pas! C'est sa façon de vous leurrer et de vous faire douter de votre choix. Cependant, si vous persistez dans la bonne voie et que vous vainquez l'Ombre, vous y gagnerez beaucoup. Vous aurez la confiance des autres, confiance en vous, et vous serez Lumière! Ensuite, vous aurez le privilège d'aider tous ceux qui voudront, à leur tour, sortir de l'Ombre. »

56 – POYEL (du 27 au 31 décembre)

L'Ange Poyel est un « Dieu qui soutient l'Univers ». Il est plutôt gros. Il ressemble au globe terrestre. Ses ailes sont si longues qu'elles peuvent envelopper une grande partie de la planète. Toutefois, lorsque Poyel vient vers vous, il se fait tout petit, car s'il prenait sa taille réelle pour vous rendre visite, vous en seriez renversés! En dépit de sa grande taille, la vitesse à laquelle se déplace Poyel rivalise avec celle d'un avion supersonique. Il vous taquine quelque peu. Sachez toutefois que Dieu l'a créé ainsi afin qu'il soutienne tout l'Univers en même temps, se déplaçant d'un enfant à un autre, d'un pays à un autre. Qu'il s'agisse de l'univers des Anges, des humains ou des animaux, Poyel est fièrement au rendez-vous. C'est là sa grande force.

Dieu a conçu Poyel pour qu'il aide chacun des enfants qui le priera. Cet Ange ressemble au père Noël tout vêtu de rouge. Il arbore une barbe blanche, des joues rouges et un sourire réconfortant. D'ailleurs, c'est la raison pour laquelle nous l'appelons Poyel ou père Oyel. Dans le monde des Anges, Poyel représente ce père Noël qui apporte dans le cœur de chacun de ses enfants le cadeau tant espéré. Poyel ne connaît pas les numéros de la loterie, mais il est l'Ange de l'argent, de la prospérité et de la chance pure.

Si vous éprouvez des difficultés financières et que vous demandez la prospérité, Poyel vous aidera. Cependant, Poyel n'aime pas que les gens aisés demandent à recevoir plus d'argent ni que l'on désire gagner à la loterie. Son aide se fait davantage sentir pour ceux qui sont réellement dans le besoin. Il exauce toutes les prières venant du cœur, non pas celles des personnes matérialistes. Il agit donc, selon vos croyances, comme une fée, un magicien ou le père Noël, et ce, car Poyel aime tout ce qui est féerique, magique et angélique.

La vibration de Poyel est tel un jeune enfant qui voit un arbre de Noël pour la première fois. Cet enfant, le regard scintillant et émerveillé devant toutes ces lumières, toutes ces beautés, attend à la fenêtre la venue du père Noël. Il regarde la neige tomber et, au moindre bruit, se précipite à la porte pensant avoir entendu le tintement des cloches du père Noël. Rappelez-vous l'époque où vous attendiez si impatiemment la venue de ce bonhomme au grand cœur. Le sentiment que vous éprouviez est le même que vous ressentirez en entrant en contact avec l'Ange Poyel. Cet Ange est celui qui distribue les cadeaux, car Dieu l'a ainsi créé. Or, Poyel vous fera grâce de ces cadeaux, mais seulement si vous en avez vraiment besoin. La nécessité doit l'emporter sur la vanité.

Poyel a une grande âme, car quel que soit le cadeau que vous lui demanderez, il vous l'accordera si vos intentions sont pures. Que votre désir soit lié à la santé, à l'argent, à la naissance d'un enfant ou à l'obtention d'un animal, Poyel agit tel le maître de l'Univers. Il vous accordera tout ce qui sera en mesure de vous faire le plus grand bien.

Les enfants de Poyel qui choisissent la Lumière seront comblés par la vie. Ils trouveront sur leur route des cadeaux inattendus, des grâces du Ciel. Ces enfants seront heureux et reconnaissants de toutes les bontés que la vie leur apportera. Ils connaîtront une grande sécurité financière, car c'est le rôle premier de cet Ange. Poyel se chargera de donner à ses enfants une part importante d'héritage afin qu'ils soient gâtés par la vie. Ces enfants lumineux seront dotés d'une grande générosité de cœur. Leur joie de vivre sera contagieuse. Poyel prend soin de tous les enfants de l'Univers. Et si vous le priez, il vous apportera des cadeaux divins.

La grande faiblesse des enfants de Poyel est qu'ils sont souvent sans le sou. Ils dilapident leur argent, et ce, avant même de l'avoir en poche. Ces êtres ont des problèmes de toutes sortes, qu'ils soient liés à la santé, aux finances, à la communication ou à l'expression des émotions. Ils ont tendance à s'éprendre de partenaires qui ne leur apportent pas l'amour tant désiré. Toutefois, lorsque ces enfants retrouvent la Lumière, ils retrouvent l'équilibre. Ils souffrent moins et comprennent leur raison d'être, le pourquoi de leur vie sur Terre. Par ailleurs, ces enfants sont orgueilleux et un peu timides.

Les enfants de connivence avec l'Ombre sont également agressifs et méchants. L'Ange Poyel peut les aider à retrouver la paix. Certains

sont tellement timides qu'ils se font piétiner par les autres, voire dé-
molir par leurs paroles. Ces enfants deviennent ainsi très irritables
étant donné qu'ils ne sont pas heureux. Poyel apporte donc l'équilibre
dans le cœur de ses enfants afin que leur vie soit plus lumineuse. Tel
est le rôle de cet Ange.

CHAPITRE XIII

Le Chœur des Archanges

Les Combattants
Du 1er janvier au 9 février

Deuxième étage à franchir pour l'humain

Dirigé par l'Archange Michaël (Semblable à Dieu)
Archange secondaire : Raphaël

Les huit Anges qui composent ce huitième Chœur Angélique sont :

57 – Nemamiah (du 1er au 5 janvier)

58 – Yeialel (du 6 au 10 janvier)

59 – Harahel (du 11 au 15 janvier)

60 – Mitzraël (du 16 au 20 janvier)

61 – Umabel (du 21 au 25 janvier)

62 – Iah-Hel (du 26 au 30 janvier)

63 – Anauël (du 31 janvier au 4 février)

64 – Mehiel (du 5 au 9 février)

La mission du Chœur des Archanges

Le Chœur des Archanges, de même que tous les Archanges qui le composent, est d'une grande puissance. Leur mission première est de veiller sur tous les Anges, de veiller à ce que leur travail soit bien fait. Les Archanges les mieux connus sont en relation étroite avec les humains. Il s'agit de Gabriel, Michaël, Raphaël et Uriel. Ces Archanges ont une mission très particulière en ce qui a trait à l'humanité, et aussi en ce qui a trait aux humains et aux Anges. Les autres Archanges sont moins connus, mais tout aussi importants. Il s'agit de Metatron, Raziel, Tsaphkiel, Tsadkiel, Camaël, Haniel, Sandalphon et Melkisédeq.

Tous les Anges qui font partie du Chœur des Archanges travaillent pour améliorer le sort de la planète, mais davantage pour équilibrer leurs enfants. Ce sont des Anges de Lumière et d'amour. Toutefois, il est essentiel de préciser, et c'est un cas isolé, que le Chœur des Archanges est une famille angélique qui regroupe tous les Archanges énumérés précédemment. Ainsi, les huit Anges qui composent ce Chœur sont secondés par les douze principaux Archanges rattachés à la Terre. L'Archange Michaël est celui qui les dirige, assisté par l'Archange Raphaël. Le Chœur des Archanges joue donc un rôle capital.

De plus, il est important de noter que les Archanges ont été créés les premiers. Dieu créa ensuite les Anges de la Lumière. Les Anges qui gouvernent le Chœur des Archanges sont eux-mêmes très puissants et aspirent à devenir éventuellement des Archanges. Le Chœur des Archanges a été le huitième Chœur à être créé par Dieu. Toutefois, Dieu a dit : « Vous serez les deuxièmes dans l'ordre hiérarchique de l'Arbre de Vie, car vous serez ceux qui donneront la Lumière à tous les Anges et à tous les humains. Je vous charge de cette mission particulière. » L'enfant doit naître avant qu'on lui apprenne à manger, tout comme les Anges doivent voir le jour avant que les Archanges leur apportent la Lumière. Le Chœur des Anges et des Archanges sont deux Chœurs d'une grande complexité selon la logique humaine.

Retenez ceci : ce que les Archanges donnent aux Anges, les Anges le transmettent dans le cœur des êtres humains. Les Archanges doivent travailler d'arrache-pied avant d'introduire les réalités angéliques dans l'univers des humains. Les « réalités angéliques » sont l'entraide, l'amour, le partage, le respect, le don de soi et l'évolution spirituelle. Les Archanges représentent la justice et règnent sur la Terre pour que tous les humains puissent être en harmonie les uns avec les autres.

Dieu a créé Jésus qui est descendu sur Terre afin d'aider les êtres humains. Il a dit à son fils unique : « Prêche ma parole, parle de moi, et si tu dois mourir afin de sauver l'humanité, fais-le. » Et c'est ce qu'il a fait. Les Archanges et le Chœur des Archanges sont la partie céleste du Christ.

Puisque la plupart des enfants de ce Chœur ont une jeune âme, le rôle de tous les Archanges des Plans Divins est primordial. Ce sont eux qui dirigeront ces âmes vers la Lumière. Après sa création, l'âme humaine doit monter à l'étage suivant, soit celui des Anges. Par la suite, lorsque les leçons auront été apprises, celle-ci passera à l'étage des Archanges et ainsi de suite. C'est à ce moment que l'âme peut choisir de retourner dans les Mondes Angéliques, si elle ne supporte pas la vie humaine.

Le travail des Archanges est crucial. En effet, ces derniers doivent seconder les humains dans leurs moindres tâches, notamment en leur donnant la force de demeurer humains. L'Archange Michaël a été choisi pour diriger cette équipe et l'Archange Raphaël, comme recteur secondaire. Leurs rôles respectifs sont les mêmes que ceux mentionnés dans le chapitre décrivant le Chœur des Vertus.

Chacun des Anges de ce Chœur est un Ange de justice, de droiture, orienté vers la santé sous toutes ses formes. Tous les Anges du Chœur des Archanges travaillent de concert afin d'apporter un équilibre sur le plan de la santé. Atteindre l'équilibre sur ce plan, c'est le premier test que doivent réussir les jeunes âmes qui s'incarnent dans le Chœur des Archanges.

Les Archanges qui régissent ce Chœur Angélique ont le pouvoir de travailler sur le plan mondial, pour la planète entière. Veiller sur la Terre fait partie de leur fonction; Dieu les a ainsi créés. Ces Archanges sont dotés d'une puissance cosmique inégalée. Nous avons mentionné plus tôt que les Archanges possèdent six ailes, mais sachez que certains en ont huit en raison de leurs lourdes et diverses responsabilités. C'est le cas de l'Archange Michaël et de l'Archange Raphaël. Ces Archanges, ayant le rôle de régir chacun des Chœurs Angéliques, ont été conçus avec une Lumière beaucoup plus forte que celle nécessaire à la création des Anges. C'est pourquoi ils sont beaucoup plus lumineux que les Anges.

Les Archanges ont pour fonction principale de superviser les tâches effectuées par chacun des Anges de la Lumière. Ce n'est pas parce que les Anges négligent leur travail, pas du tout. Les Archanges sont à leurs côtés afin de les seconder dans l'accomplissement de leur mission respective. Tous les Anges sont une source inépuisable d'énergie, et les humains qui iront en puiser deviendront Lumière. Si l'humain a une source d'énergie dans son cœur, un lien d'amour avec Dieu, et qu'il fusionne avec son Ange, ensemble ils formeront une Lumière éblouissante. L'amour qu'ils ont en partage donne à l'être humain, de même qu'à l'Ange, une luminosité plus puissante, car cet amour est inépuisable.

Ainsi, lorsqu'un être humain n'a aucune croyance ou qu'il est dans l'Ombre, l'Ange peut essayer de remédier à cette situation en lui envoyant sa propre Lumière, parfois en totalité. Dans ce cas, les Archanges doivent travailler afin de ramener la Lumière à l'intérieur de cet Ange. Les Archanges agissent un peu comme l'essence pour une voiture : ils doivent s'assurer de ne jamais en manquer pour pouvoir continuer à rouler. Ils constituent donc l'énergie lumineuse qui soutient les Anges lorsque ces derniers soutirent les Ombres du corps humain. La Lumière des Archanges est inépuisable et celle-ci est transmise en permanence à chacun des Anges de Dieu. Les Archanges peuvent également dispenser un surplus de Lumière, si un Ange en particulier doit combattre plusieurs Ombres simultanément.

Les Archanges sont en quelque sorte la rencontre de la Terre et du Ciel, car ils aident les Anges ainsi que chacun des êtres humains. Ils agissent à titre d'intermédiaires afin d'apporter les connaissances humaines dans l'univers des Anges et les connaissances angéliques dans la réalité humaine. Leur rôle est d'équilibrer ces deux pôles. Ils aimeraient, avant tout, apporter la paix sur Terre puisqu'ils aimeraient qu'elle reflète davantage les Plans Divins. Dans leur monde, il n'y a pas de batailles. Il n'existe que l'amour, le respect et le goût de faire avancer l'humanité. C'est la raison pour laquelle les Archanges ont accès au « cœur » des Anges et au cœur des êtres humains. Leur rôle est de diriger l'amour divin vers la Terre. Ils ont donc un rôle très puissant.

« Il nous est très difficile de vous expliquer en des termes humains la réalité archangélique. Sachez que les Archanges ont pour mission d'éveiller la Terre et d'y instaurer les lois divines. Les Archanges désirent ardemment que la planète Terre devienne aussi paisible que les Mondes Angéliques. Ils sont le pont qui relie les Anges et les humains. Les Archanges possèdent la clé pour aller vers Dieu. Ils ont accès à tous les recoins de votre âme afin de vous ramener vers Dieu, si vous vous égarez. »

Une autre des facultés accordées aux Archanges, c'est le pouvoir de guérison. Dieu leur a transmis le pouvoir de guérir, de créer et de bâtir. Il leur a aussi donné la mission de diriger les Anges et de les aider dans leurs travaux respectifs. Les Archanges fournissent aussi aux Anges la Lumière dont ils ont besoin. En fait, les Archanges agissent tels les parents des Anges. Ils sont leur soutien continu. Les Anges ont besoin des Archanges; c'est la raison pour laquelle ces derniers sont si puissants. Dieu a donné à chacun de ses Archanges une puissante parcelle de lui-même. C'est un peu comme si Dieu s'était divisé en douze Archanges et que chacun d'eux possédait une propriété divine qui lui était propre, une fraction du grand Tout.

Le Chœur des Archanges èst à l'image d'un mur lumineux qui protège chacune des âmes humaines. Les Archanges sont les armures qui empêchent l'Ombre d'entrer en vous puisqu'il leur est inacceptable que les faiblesses et le négatif s'emparent de leurs enfants. Ils veillent à ce que ces derniers soient des âmes pures. Les Archanges savent que, lorsque leurs enfants traversent du côté pur du voile, l'Ombre ne peut pas venir les chercher. Ainsi, ils sont la protection ultime des âmes humaines.

Qui peut prier le Chœur des Archanges?

Tous ceux qui aimeraient être protégés de l'Ombre devraient prier le Chœur des Archanges afin qu'ils puissent recevoir le talisman de l'Archange Michaël. Michaël a introduit un talisman dans le cœur de chacun de ses enfants afin qu'ils soient protégés contre le mal. Et si le mal venait qu'à les pénétrer, ce talisman leur permettrait de le chasser. Ce talisman peut les aider à ressentir les gens, c'est-à-dire à voir la pureté de leur âme. Tous les enfants de ce Chœur sont puissants et encore plus s'ils croient en leur Archange, en les Anges et en Dieu.

En priant l'Archange Michaël et le Chœur des Archanges, vous serez protégés au travail, à la maison et même en voiture. De plus, si vous côtoyez un enfant sous l'aile de l'Archange Michaël, cet enfant vous gratifiera de sa propre protection. L'enfant de Lumière protège, l'enfant de l'Ombre détruit! Vous reconnaîtrez l'arbre à ses fruits. Entourez-vous d'enfants de Lumière et ils raviveront cette même Lumière qui gît au fond de vous.

Il est également possible de prier le Chœur des Archanges pour que les guerres de ce monde cessent et que la paix puisse revenir sur Terre. Qu'il n'y ait plus de famine, de détresse ou tout autre fléau qui détruit les humains et la planète. Le Chœur des Archanges a comme mission d'éliminer toutes les situations ombrageuses sur la planète Terre.

La vibration du Chœur des Archanges (Comment les ressentir?)

Lorsque nous sommes en contact avec un Archange, sa forte luminosité nous éblouit, voire nous aveugle. C'est comme si vous fixiez le soleil qui brille en plein jour ou une forte lumière d'où émanent des artifices dont vous ne pouvez détacher les yeux tellement vous êtes éblouis par ce spectacle. Il est assez commun de rester figé sur place en leur présence, quoique cette occasion s'avère très rare, et ce, puisque les Archanges vont rarement vers l'humain; à moins que celui-ci n'en fasse la demande ou que son évolution spirituelle ait atteint un niveau très élevé. Les Archanges travaillent auprès de ceux qui ont une foi et une ouverture spirituelle hors du commun, tout comme auprès de ceux qui sont illuminés par l'amour de Dieu et qui désirent construire un monde meilleur.

Par contre, si les Archanges vous font acte de leur présence, il ne faut pas avoir peur. Ne pensez surtout pas que vous allez mourir! Un jour, s'il vous est permis de voir un Archange dans toute sa splendeur, vous serez ébahis par sa présence et il n'y aura aucun mot pour exprimer ce que vous avez vécu.

Le rôle des enfants Archanges sur le plan terrestre

Certains enfants Archanges œuvreront dans le monde de la justice en tant qu'avocat, criminologue ou juge. Leur mission sera de bannir tout ce qui touche de près ou de loin à la corruption. Ces êtres ont été créés pour défendre et sauver la planète. Ils ont un sens aigu de la moralité. Ils deviennent parfois missionnaires dans des pays en voie de développement. Ils apportent l'espoir, mais ils comblent aussi les besoins primaires de ces populations décimées par la famine et les guerres. La souffrance des autres leur est intolérable. Ils ressentent le besoin viscéral de faire quelque chose d'important pour aider l'humanité et laisser leur marque. Ils sont appelés à devenir un guide pour tout un chacun. Tout comme l'Archange Michaël, ces enfants veulent sauver leur prochain, apporter le bien et enrayer le mal une fois pour toutes!

Les enfants du côté de la Lumière sont aimés et adulés. Ce sont des messagers de Lumière. Leurs paroles sont entendues et respectées de tous. Ils excellent dans les domaines de la communication, de la rédaction et de la politique. Il est de leur devoir d'éloigner les êtres qui veulent détruire la planète de façon manifeste ou subtile. Ils sont dotés d'une intelligence vive et ils ont, plus que quiconque, une perception globale des choses et de leur effet sur le monde à venir.

L'humanité a grandement besoin des enfants Archanges pour instaurer la paix sur la Terre. Ces enfants Archanges sont les « sauveurs de l'humanité ». Ils sont les remèdes dont les humains ont tant besoin pour se guérir et être sauvés.

La faiblesse de l'enfant Archanges quand il n'est pas en harmonie avec son plan de vie

La plus grande faiblesse des enfants Archanges, c'est d'être imbibés d'Ombre, ce qui les détruit petit à petit. Plusieurs enfants Archanges feront des dépressions à répétition et ils auront de la difficulté à remonter la pente. Ces êtres doivent comprendre qu'ils ont besoin de Lumière pour vivre. Sinon, ils se refermeront sur eux-mêmes et ils seront rapidement submergés par toutes sortes de problèmes psychologiques.

De plus, certains enfants Archanges, hors phase avec leur plan de vie, seront des dépendants affectifs. Ils souffriront d'un manque de sécurité sur le plan émotif, ce qui les empêchera de s'épanouir dans leurs relations. Cette faiblesse entraînera souvent des séparations difficiles à surmonter. Ils s'engageront souvent dans des relations non compatibles avec leurs désirs ou ils endureront des relations non saines par peur de rester seuls. Ils craignent la solitude.

D'autres voudront contrôler la vie de tout le monde. Lorsqu'ils sont critiqués, ils feront des crises à n'en plus finir. Souvent, ces crises dérangeront leur état d'âme. On ne sait jamais comment réagir devant un enfant Archanges de l'Ombre; une journée il vous aime et le lendemain il vous déteste. Ils seront souvent en déséquilibre avec leurs émotions et leur état d'âme, ce qui les amènera à prendre des médicaments pour contrôler leurs sautes d'humeur.

Que devez-vous faire pour être en harmonie avec votre plan de vie?

Nous disons à ces enfants Archanges de prier l'Archange Michaël afin qu'il renverse la vapeur sur-le-champ à l'aide de son « épée magique ». Nous disons « magique » parce qu'au bout de cette épée se trouve la Lumière de Dieu tout simplement. Quand l'Archange Michaël brandit cette épée et fait jaillir la Lumière de Dieu, l'Ombre disparaît instantanément. La Lumière de Dieu agit un peu comme l'eau de Javel. Si vous lavez un vêtement noir à l'aide de cette eau, sa couleur s'estompera au point de disparaître complètement. La couleur noire deviendra un blanc éclatant. Telle est la force de l'épée de Dieu, l'épée de l'Archange Michaël. La Lumière de Dieu est invincible. La Lumière de Dieu chasse l'Ombre.

L'enfant du Chœur des Archanges

Les jeunes enfants du Chœur des Archanges possèdent beaucoup de charme et ils sont très communicatifs. Idéalement, les parents de ces enfants devraient les laisser s'exprimer. Ces derniers sont de grands rêveurs. Ils inventent des histoires de toutes sortes afin d'embellir leur réalité quotidienne. Ils imaginent des scénarios où s'affrontent des navires, des galaxies et des étoiles. Ils sont les « héros » de ces batailles. Ils s'approprient instinctivement le rôle des Archanges. Ils ont, dès leur plus jeune âge, une aversion pour les disputes, la dictature et les chefs assoiffés de pouvoir. Ces enfants sont conscients que les « méchants » ne sont pas les bienvenus sur cette planète.

Les enfants de ce Chœur sont expressifs dans leurs paroles et dans leurs gestes. Les parents trouvent certains de leurs propos très drôles, mais sachez que ces enfants seront, un jour, les sauveurs de l'humanité. Aussi bien commencer tout de suite en sauvant l'équipage et leur bateau! En grandissant, ils deviendront pompiers, policiers, infirmiers, médecins, psychologues ou chercheurs. Ils travailleront pour le bien-être et l'équilibre de la planète en chassant l'Ombre à leur façon. Dans le domaine de la santé, ils lutteront particulièrement contre le cancer et le sida. Les enfants du Chœur des Archanges cherchent à éradiquer la maladie de toute la surface du globe, tout comme ils désirent expulser le malheur du cœur des gens.

Les enfants de ce Chœur sont dotés d'une capacité d'écoute extraordinaire. Ils ont le pouvoir de ressentir en eux la présence de Dieu, de leur Ange et de leur Archange, car l'Archange Michaël permet à tous les enfants qui le prient, de même qu'à tous les enfants de ce Chœur, de ressentir sa vibration. Il transmet à ses enfants le goût de la victoire du bien sur le mal. Il leur donne envie d'éloigner ce mal afin que tous puissent vivre en harmonie les uns avec les autres.

L'adulte du Chœur des Archanges

Les dames du Chœur des Archanges sont presque des Anges! Nous les taquinons, évidemment. Elles ont la parole facile et elles cherchent constamment à aider les autres. Généralement, les dames Archanges ont une petite taille, mais il y a des exceptions, qui elles ont une grande taille. Qu'importe leur taille, elles ne passent jamais inaperçues. Leur force provient des mots qu'elles prononcent. Elles aiment la vie et elles sauveront aussi la vie de plusieurs personnes. Ces dames se vouent corps et âme à leur famille. Elles bâtissent leur propre équipe, leur propre armée. Elles défendent cette famille si chère à leurs yeux et la protègent contre les dangers. Il faut une autorisation pour y entrer, sinon vous ne serez pas les bienvenus.

Le sourire rayonnant et resplendissant de ces dames est leur marque de commerce. Elles sourient à la vie. Ces dames travaillent pour le bien de l'humanité et choisissent souvent une vocation altruiste. On les retrouve principalement dans les hôpitaux, dans les domaines légal et social, notamment en tant que psychologues ou travailleuses sociales.

Ces femmes sont très jolies et elles prennent grand soin de leur corps; elles sont orgueilleuses en ce qui concerne leur apparence. Elles ne sortent pas si leur chevelure est déplacée. Elles sont aimables, adorables, mais sévères. Elles sont à l'image de l'Archange Michaël, brandissant son épée. Aussi, vous ne pouvez pas les défier. En dépit de leur petite taille, elles vous lanceront un regard qui vous fera très vite comprendre qu'il vaut mieux ne pas s'opposer à elles. Sachez que si elles se montrent sévères à votre égard, c'est pour votre propre bien et non pour vous faire du mal. Elles sont l'incarnation même de la justice et de la droiture.

Les dames qui ne sont pas dans la Lumière ont des propos acerbes. Elles sont souvent dépressives et elles blâment tout le monde. Elles essaient de blesser les autres, au lieu de les aider. Ces dames ont la fâcheuse habitude de vouloir montrer aux autres qu'elles sont meilleures que quiconque. L'harmonie est absente de leur vie. Par conséquent, les gens évitent de les fréquenter le plus possible parce qu'elles dégagent une énergie malveillante et sombre.

Les hommes de ce Chœur ont une taille moyenne. Ils possèdent un charme particulier auquel il est difficile de résister. Les gens sont attirés vers eux, car ils se sentent en sécurité en leur présence. Ces hommes Archanges travaillent dans le but de sauver l'humanité. Ils sont parfois pompiers, policiers ou médecins. Toutefois, ils doivent prêter davantage attention à leur famille. Ces êtres cherchent à aider la planète entière, mais ils oublient parfois qu'ils doivent d'abord prendre soin de leur propre famille. Ce sont des pères « à grande échelle », si vous nous permettez l'expression. Leurs proches leur reprochent de ne pas être assez présents au sein du noyau familial. C'est là leur principal défaut. Leur cœur d'or les amène à aider tous ceux qui sont dans le besoin, négligeant l'amour qu'ils pourraient transmettre à leurs propres enfants, et ce, même s'ils sont dans la Lumière. Ils doivent trouver l'équilibre entre leurs motivations personnelles et les exigences familiales.

Ceux qui ne sont pas dans la Lumière sont voleurs, vantards, drogués, alcooliques, joueurs compulsifs, bagarreurs ou terroristes. Plusieurs de ces êtres sont des réformistes et des activistes qui œuvrent au déclenchement de conflits armés. Ces êtres éprouvent un désir machiavélique de vengeance et de destruction. Aucune honnêteté ne leur est possible. Ces hommes sont malheureux et rendent leur famille malheureuse. Ils optent pour l'isolement et refusent toute aide extérieure. C'est difficile pour leurs proches de vivre de telles situations. Si tel est votre cas, nous vous conseillons de prier l'Archange Michaël et il les ramènera sur un sentier beaucoup plus lumineux.

Ces hommes ont aussi des ennuis financiers. Ils ont peu confiance en eux. Ils ont de nombreux problèmes dans leur vie amoureuse. Ils cherchent, en vain, d'un cœur à l'autre, la perle rare qui saura les satisfaire. Leurs paroles sont vides de sens. D'autres se sentent écrasés par le poids de la vie, leur lot de soucis et leurs monstres intérieurs.

L'Archange Michaël

L'Archange Michaël est celui qui dirige le Chœur des Archanges, en plus de tous les autres Archanges au service de ce Chœur. Il est le tout premier Archange que Dieu a créé. Il est le gardien de l'armée céleste et celui qui la commande. Cet Archange majestueux est également celui qui garde les Portes de l'Éden pour ne pas que Lucifer y entre. D'ailleurs, c'est lui qui a vaincu Lucifer, car la force de l'Archange Michaël n'est comparable à aucune force terrestre. Il est le plus puissant de tous. Michaël est ce que Dieu a créé de plus puissant. Il est celui qui a reçu l'autorisation de détruire la Terre, s'il le doit, et le pouvoir de la recréer à nouveau, si les circonstances l'y obligent.

L'Archange Michaël est très grand. On le représente arborant une épée. Il est la justice même! Michaël aime que les êtres humains l'imaginent comme un guerrier de l'époque romaine, habillé d'une jupette rouge. Il aimerait être vu portant une armure grisâtre ou dorée. Nous pensons qu'il est très particulier notre Archange Michaël. Il possède huit grandes ailes qu'il déploie dans toute leur splendeur. Il en possède quatre à l'arrière de son corps, deux à l'avant où se trouvent nos bras et deux autres qui descendent jusqu'au sol. Son visage est carré, indiquant ainsi toute sa puissance. Telle est la façon dont il aime être perçu : arborant des teintes de gris et de rouge ainsi que des teintes jaunâtres pour représenter le soleil et la Lumière.

L'Archange Michaël ne veut surtout pas qu'on le perçoive comme un être chétif. C'est un Archange puissant qui doit se battre pour défendre ses causes. C'est avant tout un guerrier; il défend tous ceux qui, en ce moment, connaissent la guerre. Il protège aussi bien les soldats que les policiers. L'Archange Michaël dit que ceux qui portent son emblème seront à l'abri des attaques et des fusillades. Il les protégera contre les blessures qui pourraient être causées par une arme. Se doter de son emblème équivaut à se doter de sa protection.

Retenez que l'Archange Michaël aime prendre de la place. Il fait tout voler sur son passage puisqu'il bouge beaucoup! Nous-mêmes, Anges ou Archanges, le respectons, car son âme est grandiose. Dieu l'a ainsi créé afin qu'il apporte à l'humanité justice et droiture.

L'Archange Michaël n'aime pas l'Ombre; il la chasse du bout de son épée. Et il n'aime pas les guerres, il les abolit tout simplement. Son vœu le plus cher, tout comme celui de Dieu, est de faire de la Terre le prolongement du Paradis. Nous, les Anges, pourrions alors nous promener sans nous cacher et les humains comprendraient davantage que nous ne faisons qu'un avec eux. L'Archange Melkisédeq travaille conjointement avec l'Archange Michaël en cette période cruciale qu'est le début du troisième millénaire. Melkisédeq aspire au même désir que l'Archange Michaël étant donné qu'il a déjà séjourné sur Terre à quelques reprises, où il a adoré ses vies humaines.

L'Archange Michaël voue aussi une grande admiration aux êtres humains. Il est de son devoir de rassembler tous les peuples de la Terre afin qu'ils puissent vivre dans la paix, l'amour et l'harmonie la plus totale. C'est d'ailleurs l'utilité première de l'armée céleste que d'instaurer la paix sur Terre. Dans les Plans Divins, cette armée sert davantage à empêcher l'accès aux Portes du Jardin d'Éden aux Ombres qui essaient d'y pénétrer. Elle combat aussi les Anges déchus d'humeur violente. Cette armée protège l'œuvre divine dans sa globalité, mais aussi tout le travail des Anges lié au plan terrestre. L'armée céleste est aussi celle qui veille sur le Livre de l'Humanité.

Dieu a dit à l'Archange Michaël : « Tu es mon messager. Tu iras vers les humains et tu instaureras la Loi parmi eux. Cette loi, c'est le respect de l'autre. » Et Dieu ajouta : « Michaël, si les humains ne comprennent pas la Loi, alors tu te dois de la leur faire comprendre. » Dieu a donc autorisé l'Archange Michaël à donner aux humains les leçons nécessaires afin qu'ils puissent croître spirituellement, car ils doivent se respecter entre eux avant tout. Ils doivent également respecter Dieu et la Lumière.

Si les humains ne respectent pas leur prochain, ne respectent pas la loi, l'Archange Michaël établira SA loi. C'est la raison pour laquelle nous honorons Michaël, mais que nous le « craignons » à la fois. Sachez toutefois qu'il est très aimable, mais très puissant. Quand il tranche, il tranche. Si l'Archange Michaël décide de vous aider, de vous sortir du gouffre, il vous soulèvera et vous libérera de la misère. Toutefois, s'il juge que vous n'avez pas respecté les autres, que vous n'avez pas respecté qui vous êtes, il devra vous donner une petite leçon évolutive. Il peut vous rappeler à l'ordre, mais ce n'est pas par méchanceté. C'est plutôt pour vous ramener sur le droit chemin. Chaque être humain a droit au respect : c'est une loi divine immuable.

Michaël est celui qui a guidé Jeanne d'Arc. C'est lui qui s'est adressé à elle. Sachez que Jeanne d'Arc portait en elle l'essence divine de cet Archange. Le préfixe « Arc » signifie « qui commande les Anges ». Jeanne d'Arc a donc travaillé afin d'instaurer la paix sur Terre. Michaël venait régulièrement vers elle, lui annonçant que telle ou telle bataille aurait lieu à tel ou tel endroit. Michaël n'aime pas se battre, même si c'est lui qui a vaincu l'Archange rebelle Lucifer. Avec le bout de son épée, il a défait l'armée luciférienne. Il a aussi demandé à Jeanne D'Arc de vaincre l'armée qui faisait des ravages à son époque. Cette jeune dame, exemple de courage et de foi, est morte en sauvant son peuple. Elle a changé le cours de l'histoire. Dieu envoie souvent sur Terre des êtres illuminés, gouvernés par les Archanges, pour faire avancer la conscience collective. Ces êtres illuminés, qu'on appelle aujourd'hui des « canaux », travaillent de concert avec les Êtres de Lumière dans le but de ramener la Terre vers la Lumière.

Michaël est un Archange d'amour. Si vous croyez être entourés de beaucoup d'énergie négative, d'Ombre ou de maladie, demandez à cet Archange de purifier vos espaces intérieurs et extérieurs. Avec son épée, il chassera tous les mauvais esprits, toutes les ondes négatives. Il est implacable devant l'Ombre. D'ailleurs, il transmettra à ses enfants sa confiance et son assurance. Telles sont les qualités de cet Archange merveilleux.

L'Archange Michaël est celui qui régit la justice sous toutes ses formes. Il est le patron des policiers, des pompiers et des ambulanciers. Michaël a sous sa régence huit Anges de la Lumière : Nemamiah, Yeialel, Harahel, Mitzraël, Umabel, Iah-Hel, Anauël et Mehiel.

57 – NEMAMIAH (du 1er au 5 janvier)

L'Ange Nemamiah est un « Dieu louable ». D'une grande beauté, elle se plaît à donner une deuxième, voire une troisième chance à tous ceux qui en ont besoin. Nemamiah est empreinte de sagesse; elle est constamment à l'écoute de ses enfants. C'est un Ange rempli d'étincelles de Lumière mauves. Elle affectionne particulièrement tout ce qui est de couleur lavande. Son parfum est un mélange de muguet et de lilas. Elle parfume même ses enfants à la lavande quand elle vient vers eux. La plupart d'entre eux n'arrivent pas à la voir, mais peuvent la sentir puisque son odeur rappelle les champs de lavande. Aussi, cet Ange a un rôle apaisant. Nemamiah aimerait être perçue comme un panier rempli de fleurs des champs fraîchement cueillies.

Outre les erreurs humaines, les enfants de Nemamiah sont enclins à perpétuer des erreurs karmiques. Nemamiah peut les aider à les réparer et à en éviter les conséquences désastreuses. Elle est l'Ange que vous devriez idéalement prier, si vous avez de la difficulté à suivre votre chemin de vie. Cet Ange vous donnera le courage nécessaire pour mener à bien votre mission de vie. Nemamiah vous aidera à la comprendre et à l'accepter. Il est difficile pour elle d'entendre ses enfants dire : « Je suis malheureux. Pourquoi est-ce que le ciel me tombe toujours sur la tête? » Ce faisant, vous ne serez pas plus heureux et il vous sera plus ardu d'intégrer le plan de vie que vous avez vous-mêmes choisi avant de naître. Si vous baissez les bras, vos leçons de vie ne seront guère profitables et il vous faudra, tôt ou tard, recommencer.

Il est du devoir de l'Ange Nemamiah de vous aider à accepter votre plan de vie. Sa force est de vous faire prendre votre courage à deux mains, de relever la tête et d'accomplir ce qui doit être fait. Elle vous fait également apprécier la vie que votre âme a choisie et que Dieu vous a donnée. « Si vous acceptez ce plan de vie, si vous acceptez qui vous êtes, et que vous y travaillez, votre vie sera beaucoup plus gratifiante par la suite. Vous n'avez peut-être pas les yeux de la couleur dont vous rêviez, mais au moins vous avez un corps sain qui vous permet d'accomplir mille et une choses. Un aveugle se ficherait complètement de la couleur de ses yeux puisque retrouver sa vue serait tout ce qu'il souhaiterait! En acceptant qui vous êtes, vous vous aimerez davantage. Ainsi, vous aurez appris une autre leçon, celle de l'amour de soi. De cette façon, vous retrouverez votre liberté. Toutefois, si vous vous entêtez à fuir les responsabilités et à maudire chacun des événements qui se dressent devant vous, votre vie sera semée d'embûches. »

Quand une personne fait un acte irréfléchi, celui-ci reviendra dans sa vie tant et aussi longtemps que le problème ne sera pas réglé à la source. C'est comme si en faisant le ménage, vous omettiez d'épousseter certains meubles; ce qui reste de la poussière remplira la pièce à nouveau et vous devrez encore y faire le ménage jusqu'à ce qu'il n'y ait plus aucune trace de poussière. De même, le rôle de Nemamiah est de faire le grand ménage à l'intérieur de l'être humain. Sa force est de vous aider à nettoyer les petits coins oubliés avec le temps. Elle permet ainsi à son enfant de se retrouver.

Nemamiah est toujours prête à vous donner une seconde chance. Elle vous donne la force de surmonter les épreuves en régularisant vos émotions. Nemamiah peut vous faire voir que, malgré les ennuis et les embûches qui se dressent devant vous, la vie mérite d'être vécue. Ainsi, tous ceux et celles qui vivent des moments difficiles, qui ont besoin d'une seconde chance, devraient prier l'Ange

Nemamiah; elle vous l'accordera. Cependant, il est de son devoir de vous expliquer les raisons pour lesquelles vous obtenez la chance de vous reprendre. Pour ce faire, elle vous aidera à développer votre sens de l'analyse et de l'observation. Il vous sera donc beaucoup plus facile, par la suite, d'apporter les changements qui s'imposent.

Nemamiah vous permet de réaliser le plus beau de vos rêves, car elle vous aide à passer à l'action. Elle est celle qui fait du rêve une réalité. Cet Ange vous apporte confiance et optimisme.

Cet Ange peut aussi vous aider sur le plan de la santé. Elle peut guérir tous les problèmes relatifs à la santé mentale, notamment les maladies psychologiques, psychotiques et mentales. Elle vous redonne des forces, car la grande faiblesse des enfants de Nemamiah est qu'ils ont peur de tout : du noir comme de la vie. Ils ont peur de faire de mauvais choix. Nemamiah vous aide en apportant le calme dans votre cœur et votre esprit. Nemamiah apaise l'esprit et demande à l'âme d'accepter le corps qu'elle a choisi. Elle unifie le corps et l'âme.

Nemamiah est aussi l'Ange que vous devriez prier pour faire disparaître les peurs et les angoisses liées aux voyages : la peur de prendre l'avion, de se retrouver dans un pays étranger, de ne plus revenir… Elle fera de ce voyage une réussite. Selon Nemamiah, la peur est la pire des entraves à l'évolution humaine, tout comme le doute. Ainsi, elle aide ses enfants à grandir dans le calme et en possession de tous leurs moyens, car ceux-ci ont tellement peur de commettre des erreurs qu'ils refusent d'avancer. Elle leur permet d'être forts devant les épreuves qui se présentent à eux.

58 – YEIALEL (du 6 au 10 janvier)

Yeialel est un « Dieu qui exauce toutes les générations ». Il peut vous accorder tous vos désirs. Physiquement, cet Ange est immense. Yeialel aimerait être perçu comme un hippie. Il porte plein de babioles sur lui, de même que l'insigne de la paix. Yeialel grandit avec les générations, mais il a une résonance particulière avec celle du « Peace and Love »; de la paix sur Terre. Yeialel aime particulièrement la vivacité des couleurs de cette époque ainsi que les motifs à carreaux. Il possède des ailes immenses qu'il adore déployer. Quand il ouvre grandes ses ailes, Yeialel s'amuse à se mettre la tête en bas pour reproduire le symbole de la paix, soit la lettre Y inversée (O). C'est aussi la raison pour laquelle il a choisi le « Y » comme première lettre de son prénom au lieu de « I ». Naturellement, il y ajoute sa petite touche de couleur personnelle : orange, rouge, vert et jaune fluorescents.

Yeialel ressemble quelque peu aux peintures d'un grand peintre de votre époque : Picasso. C'est un Ange coloré. Il dit que ses couleurs bariolées changent au rythme de ses émotions. Il vous taquine, car les Anges sont toujours d'humeur égale. Mais Yeialel aime tout de même jouer avec les couleurs. Il dit que, lorsqu'il vient vers vous, il fait refléter toutes les couleurs du spectre lumineux à l'image d'une boule en miroir de l'époque disco. Vous serez éblouis par l'explosion de toutes ses étincelles.

Yeialel grandit de génération en génération, mais l'essence du message qu'il porte demeure la même : la paix. Il a beaucoup aimé les années 1960, mis à part la popularité des drogues et l'éclatement de guerres de toutes sortes. Toutefois, plusieurs personnes de cette génération travaillaient véritablement pour la paix. Ils avaient compris que faire la guerre est une absurdité. Hélas! cette tendance pacifiste s'est quelque peu effritée avec le temps. Un peuple pacifique est un peuple qui aime, qui respecte son prochain, un peuple qui n'a pas peur de montrer ses couleurs.

Dieu a créé Yeialel afin d'aider tous les enfants de la Terre à évoluer, à changer et à se surpasser afin d'apporter à la génération suivante de vraies valeurs humaines. Tous les dix ans, Dieu envoie sur Terre des générations différentes pour aider l'humanité à instaurer la paix dans le monde. Dieu a dit à Yeialel : « Je sais que tu cherches, à l'instar de tous les Anges et de moi-même, à instaurer la paix en ce monde. » Alors, Dieu a envoyé le mouvement hippie pour aider les gens à retrouver la paix dans leur cœur. Hélas, cela n'a pas fonctionné comme cela aurait dû, car ces âmes n'étaient pas prêtes. La révolte, et non la spiritualité, était le moteur de leur existence. Les changements se sont faits beaucoup trop rapidement, ce qui a eu des conséquences pas toujours heureuses.

Yeialel a comme mission de rétablir la paix en chacun des êtres humains, de les aider à évoluer sur le sentier de l'amour. À une époque prochaine, ces « hippies » reviendront dans un contexte différent. La nouvelle génération des « anciens », qui a commencé à se manifester au début de l'année 2000, œuvrera dans le but d'instaurer la paix à l'échelle planétaire une fois pour toutes. L'humanité arrive à un point de non-retour et les gens en auront assez des guerres. Ils reconstitueront ce groupe de « hippies », mais son évolution spirituelle sera beaucoup plus élevée. Ces enfants, guidés par Dieu, changeront le visage de l'humanité à jamais. Sachez qu'ils sont déjà nés, et qu'ils se démarqueront dans les années à venir. Yeialel soutiendra ces groupes d'enfants lumineux et pacifistes. Ces derniers seront à la tête de mouvements écologiques et anti mondialisation, faisant preuve d'une conscience sociale hors du commun. Ils sont ici pour aider l'humanité à faire un bond évolutif. Ces êtres marqueront l'histoire! Tel est leur plan de vie, et telle est la mission de Yeialel par rapport à cette génération.

De nos jours, il existe encore des êtres qui trébuchent et qui tombent. C'est pourquoi Yeialel doit continuer de guider les humains tout en agissant de plus en plus rapidement et efficacement pour s'assurer que ceux qui avancent le font dans la Lumière. Ces générations avanceront donc avec la paix et l'amour dans leur cœur. Car si une génération complète tombait sous l'influence de l'Ombre, cela aurait des répercussions s'étalant sur des dizaines d'années et les effets pourraient s'avérer irréversibles.

Yeialel transmet une énorme force mentale à ses enfants. Cet Ange est une véritable dynamo d'énergie. Il vous aide à reprendre contact avec votre être intérieur et à faire les changements qui s'imposent. Il vous donne la force nécessaire pour surmonter les épreuves. Cet Ange vous permet de voir droit devant vous. Tous les Anges de ce Chœur ont un pouvoir de guérison et Yeialel de même. Ce dernier guérit tous les problèmes oculaires en particulier et vous redonne un corps sain. Priez-le! Yeialel vous aidera à avoir une meilleure perception de votre corps physique et spirituel. Ce faisant, il vous sera plus facile d'analyser ce qui se passe autour de vous et d'apporter les modifications nécessaires.

Yeialel apaise le désir de vengeance, car l'une des faiblesses de ses enfants est de vouloir se venger. Dès qu'une personne leur fait du mal, ils veulent lui remettre la monnaie de sa pièce. C'est ce qui s'est produit avec la génération « hippie ». Ces êtres ont utilisé la violence pour manifester contre l'absence de paix au lieu de propager des messages et des gestes d'amour. Les enfants de Yeialel ne peuvent pas accepter le point de vue des autres, si celui-ci est différent du leur. Ils ne tolèrent pas que l'on s'oppose à eux. Yeialel leur dit : « Sois d'abord en paix dans ton cœur et dans ton âme. Par la suite, tu pourras être en paix avec les autres qui, tout comme toi, sont une manifestation de l'amour de Dieu. » Priez l'Ange Yeialel et il adoucira vos sentiments de haine et de révolte.

59 – HARAHEL (du 11 au 15 janvier)

L'Ange Harahel est un « Dieu qui connaît toutes choses ». Il aime être perçu comme un dictionnaire. Sa source d'inspiration, c'est l'ensemble du contenu de ce dictionnaire. Harahel est un Ange grand à la carrure imposante. Il donne l'impression de prendre beaucoup de place étant donné la quantité phénoménale d'informations qu'il transporte. Plusieurs le prennent pour un accordéon puisqu'il peut s'étirer à l'infini pour ensuite revenir à sa position initiale. La musique qu'il émet est mélodieuse et douce. L'Ange Harahel est d'un blanc pur teinté d'étincelles. Il affectionne particulièrement la couleur et l'odeur de l'ambre. Peu importe la forme ou l'aspect qu'Harahel prendra, vous ressentirez sa présence apaisante et un parfum ambré vous submergera. Comme l'odeur de l'encens qui brûle, Harahel se diffusera partout à la fois. Harahel est un Ange multidimensionnel dont la capacité d'adaptation est inégalée.

L'Archange Metatron est celui qui possède le Livre de la Vie, le Livre de Dieu. Raziel en porte la copie. Le contenu de ce livre est indéchiffrable pour les autres Anges et Archanges des Plans Divins, à part les Anges du Chœur des Séraphins. Toutefois, Harahel a accès au « chapitre » qui traite de tous les habitants de la Terre. Toutes les réponses sont contenues dans son âme et dans son cœur. Cet Ange est donc important pour l'humanité, car il possède la réponse à toutes les interrogations humaines. Qu'elles soient liées au domaine politique, judiciaire, médical ou sentimental.

Priez l'Ange Harahel, si vous voulez obtenir la réponse à vos questions, car il connaît tout et sait tout. Toutefois, Harahel ne dévoilera que les réponses essentielles à la croissance spirituelle de l'humain. Si votre question est irréaliste, ou bien qu'elle n'est pas importante pour l'accomplissement de votre vie terrestre, elle restera sans réponse. Par exemple, si vous êtes atteints d'une maladie et que vous désirez savoir si vous guérirez, vous pouvez prier l'Ange Harahel, mais cela n'est pas garanti qu'il vous répondra. Car si la question est délicate, comme celle-ci, les Anges doivent s'assurer que la réponse ne vous détournera pas de votre plan de vie. Cela serait catastrophique! Alors, si après avoir obtenu la réponse à votre question vous deviez vous laisser aller jusqu'à la mort, sans vous battre, les Anges ne vous répondront pas.

Par contre, si vous voulez connaître le résultat d'un examen de santé ou encore le résultat d'un examen scolaire ou d'un entretien d'embauche, l'Ange Harahel se fera un plaisir de vous répondre. Harahel est donc l'Ange que tous les étudiants devraient prier, idéalement pendant leurs périodes d'examens, car il les aidera à se souvenir de leur matière. Encore faut-il avoir lu au moins une fois la matière pour qu'Harahel puisse vous ramener ces informations dans votre mémoire! Dans le fond, il récompense tout simplement vos efforts. Notez que chacune de vos questions sera évaluée dans son ensemble et selon sa nature. Harahel y répondra, si la réponse à vos interrogations aura comme effet de vous aider à cheminer dans la bonne direction et de faire croître la Lumière qui vous habite.

Nous vous avons mentionné plus tôt que le Chœur des Archanges est différent des autres Chœurs. Les deux Archanges qui régissent ce Chœur, Raphaël et Michaël, travaillent de concert pour faire avancer l'humanité. Ils sont chargés d'instaurer la justice et de guérir leurs enfants. L'Ange Harahel œuvre donc auprès des chercheurs afin que ceux-ci découvrent la cause profonde de la leucémie, du cancer, des maladies du cerveau, et ce, tant sur le plan physiologique que psychologique. De plus, il les aide à trouver un remède qui permettra de guérir ces maladies. Harahel est aussi l'Ange que vous devez prier pour favoriser la fécondité. Il est l'Ange responsable de la fertilité sous toutes ses formes.

Cet Ange assiste également les travailleurs autonomes et les propriétaires de petites entreprises. Harahel apporte la prospérité aux commerces et dans les échanges internationaux.

L'Ange Harahel peut aussi vous aider à faire entendre votre cause ou les questions qu'il juge honnêtes auprès des Êtres de Lumière. Si cela est utile à votre évolution, Harahel peut même vous révéler certaines de vos vies antérieures, de même que votre vie future.

L'Ange Harahel harmonise les relations parents-enfants. Les enfants de cet Ange qui ne sont pas dans la Lumière sont rebelles et athées. Ils n'aiment pas la discipline et ils fuient leurs responsabilités. Plusieurs d'entre eux ont de la difficulté à communiquer avec leurs parents, surtout avec leur père. L'Ange Harahel cherche donc à harmoniser les rapports que ces enfants ont avec leur père et leur mère, de même qu'avec leurs propres enfants. Ces enfants sont sensibles, ce qui fait qu'ils sont enclins à fuir leurs responsabilités. Parfois, cette trop grande sensibilité devient vulnérabilité. Toute épreuve est un drame. Ces enfants sont jaloux et lèvent le ton à la moindre contrariété. Inutile d'essayer de faire un compromis, ces êtres ne veulent rien partager avec qui que ce soit. Retenez que le plus grand défaut de ces enfants est qu'ils sont rebelles et révoltés. Ils vivent dans l'inconscience et n'ont aucune idée pourquoi les gens ne les aiment pas. Cela est dû à la révolte et à la rage qu'ils portent en eux. Ils n'apprécient pas qui ils sont et, par conséquent, ils pensent qu'ils ne sont pas à la hauteur des attentes des autres. Nous disons donc à ces êtres de prier l'Ange Harahel afin qu'il ramène la paix dans leur cœur. Il vous donnera l'amour nécessaire afin de comprendre ce qui vous arrive. Il vous sera beaucoup plus facile de cheminer par la suite.

Une autre faiblesse des enfants de l'Ange Harahel, c'est qu'ils ont les études en aversion. Ils ne prendront pas le temps d'étudier ni d'analyser les situations qui, plus tard, se présenteront à eux. Ils sont d'avis que tout leur est dû sans qu'ils aient à fournir le moindre effort. Ils pensent tout savoir, mais la réalité est tout autre.

Par contre, les enfants en vibration avec l'Ange Harahel, ceux qui travaillent dans la Lumière, sont de véritables dictionnaires. Plusieurs de ces êtres sont des messagers. Vous n'aurez qu'à leur poser une question et ils vous diront la réponse sur-le-champ. Ces êtres devraient écouter leur petite voix intérieure; celle-ci les mènera loin. De plus, ils ont des sentiments altruistes et, de ce fait, plusieurs font d'excellents psychologues, thérapeutes ou chercheurs.

60 – MITZRAËL (du 16 au 20 janvier)

L'Ange Mitzraël est un « Dieu qui console les opprimés ». Nous l'aimons énormément. Il possède une énergie extraordinaire qui console les êtres, mais aussi les Anges. Lorsque nous sommes peinés, nous allons voir l'Ange Mitzraël. Il est comme une douce musique qui, lorsque vous l'entendez, apaise votre cœur, de même que toutes les douleurs causées par autrui.

Mitzraël est un Ange de taille moyenne. Ses ailes sont d'une douce teinte pastel. Il dit que ses ailes ont des propriétés calmantes. Ses couleurs sont le vert et le mauve très pâle avec une petite touche de blanc. Mitzraël affirme que, si vous mélangez toutes ses couleurs, cela calmera non seulement vos yeux, mais aussi votre être tout entier. Son toucher apaise, n'en soyez pas surpris. Sa vibration se rapproche beaucoup du murmure d'un ruisseau qui coule tout doucement. Un ruisseau d'un blanc pur, transparent, mais illuminé et réchauffé par les rayons du soleil. Imaginez-vous allongés près de ce ruisseau sur une douce couverture mauve au beau milieu de l'herbe verte. Telle est la vibration de l'Ange Mitzraël.

Mitzraël est la douceur même lorsqu'il console son enfant. Il illumine son cœur en lui envoyant toutes ses teintes apaisantes. S'il entre en contact avec vous, vous éprouverez la même sensation qu'un enfant qui dort dans les bras de sa mère. Vous vous sentirez confortable et en sûreté. Ainsi, lorsque Mitzraël prend ses enfants sous ses ailes, ils ressentent immédiatement le réconfort transmis par cette chaleur naturelle. Il vous est ainsi plus facile de raconter vos problèmes et de pleurer, si vous en avez envie. Ensuite, Mitzraël vous consolera. Il ne vous jugera pas. Il vous aidera tout simplement en insufflant dans votre cœur ce grand réconfort, ce grand amour.

L'Ange Mitzraël ordonne à ses enfants d'avancer dans la vie. « Quand vous éprouverez du chagrin, versez toutes les larmes de votre cœur. Cela fait partie de la vie humaine et de vos apprentissages. Ensuite, demandez-moi de vous consoler. » Telle est sa mission. Sachez que, lorsque Mitzraël console ses enfants, il lave aussi leurs peines afin qu'elles disparaissent à tout jamais.

Les enfants de Mitzraël qui ne croient pas aux Anges sont timides et ont de la difficulté à exprimer leurs vraies émotions. Ces êtres sont incapables de pleurer et tombent souvent malades. Hélas! ces émotions négatives influencent aussi leur capacité à aimer. Lorsqu'en avançant dans la vie nous balayons à chaque pas ce qui nous empêche d'avancer, les pas suivants sont plus assurés dégageant une promesse de bonheur. Ainsi, nous avançons plus rapidement en ayant un cœur léger prêt à récolter ce que la vie nous envoie de meilleur.

Toutefois, si on avance en traînant un boulet à chaque pas, une plaie ouverte, un problème non résolu, viendra un jour où on ne pourra plus avancer du tout. Le corps et l'esprit flancheront. Prenez le temps de guérir vos blessures. Vous en récolterez les bienfaits par la suite. Priez l'Ange Mitzraël, car sa mission est de vous consoler ainsi que de vous libérer de tous vos tracas. Il vous réconfortera, ensuite, il vous indiquera le problème à régler et vous permettra de vous en débarrasser à jamais. Ainsi, lorsque vous ferez un pas en avant, celui-ci sera beaucoup plus léger que le précédent.

Mitzraël est l'Ange que vous devriez prier, si vous souhaitez retrouver le goût de vivre. Il est aussi celui qui facilite le passage d'une vie à une autre. Il vous aidera à couper les liens qui vous retiennent, et il vous donnera le courage de vous incarner dans une nouvelle vie ou de prendre un nouveau départ. Mitzraël est l'Ange qui vous accompagnera en fin de vie. Il facilitera la naissance de votre nouvelle vie de l'autre côté du voile, de votre nouvelle vie angélique. Tous les mourants devraient prier cet Ange afin de faciliter ce « passage ».

Mitzraël est un Ange qui favorise la parole et l'expression des émotions refoulées. Conséquemment, la grande faiblesse de ses enfants est la timidité maladive. Mitzraël aide particulièrement ceux qui ne manifestent aucune expression, de même que ceux qui sont incapables d'exprimer une émotion. Mitzraël peut vous aider à mieux vous exprimer, à voir ce qui est bon pour vous et ce qui ne l'est pas. Il peut aussi vous aider à ne pas vous négliger et à ne pas négliger ceux que vous aimez à cause de votre timidité.

De ce fait, Mitzraël guérit les maladies psychiques, psychologiques et neurologiques liées au refoulement des émotions. La principale faiblesse des enfants de Mitzraël dans l'Ombre, c'est la maladie mentale. Plusieurs ne sont pas conscients de leur problème, alors que d'autres ne veulent tout simplement pas se l'avouer. Ils essaient de combattre, sinon de cacher leur maladie. Ils n'ont qu'à prier leur Ange et il les aidera à accepter cet état. Il les aidera également à comprendre qu'il leur est possible de guérir. Telle est la mission de l'Ange Mitzraël.

61 – UMABEL (du 21 au 25 janvier)

L'Ange Umabel est un « Dieu au-dessus de toutes choses ». Il est très beau. Il nous taquine en disant qu'il entend quelquefois ces paroles : « You (U), ma belle ». Alors, il pense qu'il est très beau puisque tous prononcent son nom; du moins ceux qui ont quelques notions de la langue française. Umabel, puisqu'il est au-dessus de toutes choses, possède une vibration très élevée.

Umabel est de taille moyenne, mais d'une vitesse inimaginable. Ses ailes sont très souples, comme tout le reste de son corps d'ailleurs.

Quand il passe devant vous, il vous est impossible de le voir. Vous sentez toutefois un léger courant d'air. D'ailleurs, il se fait un énorme plaisir à tournoyer devant ses enfants et à leur chatouiller le nez avec le bout de ses ailes. Si vous éternuez sans avoir le temps de prendre votre souffle, il se peut fort bien que ce soit un petit clin d'œil de l'Ange Umabel. Ne soyez pas surpris qu'en lisant ses lignes cet Ange vous fasse éternuer! Il est rapide et léger comme le vent. En fait, cet Ange a la couleur du vent! L'Ange Umabel n'a donc pas de couleur particulière. Il est tout simplement d'un blanc pur étincelant. C'est un vent de folie, mais un vent empreint d'une grande douceur lorsqu'il vous entoure. Habituellement, il vient vers vous comme une légère brise. S'il vient vers vous comme un ouragan, c'est que vous avez besoin de faire un urgent ménage dans votre vie.

Umabel est un Ange qui est toujours au-devant des obstacles afin de vous empêcher de trébucher. Il est l'Ange de la prévention. Nous demandons à tous ses enfants d'apprendre à le connaître, car il peut tirer la sonnette d'alarme en cas de danger. En vous faisant signe, Umabel vous évitera bien des erreurs fâcheuses. Nous allons vous illustrer le tout par un exemple. Supposons que vous ayez à vous rendre à un rendez-vous à quinze heures. Vous prenez vos clés en toute hâte et tournez la clé dans l'allumage électronique de votre voiture. Toutefois, elle ne démarre pas. Vous jurez en vous demandant pourquoi votre voiture, pourtant neuve, ne démarre pas. Dix minutes plus tard, une fois sur la route, vous vous apercevez qu'un grave accident vient tout juste de se produire. Ce sont ces petits « signes » qu'Umabel utilise afin de vous protéger puisque vous prenez rarement le temps d'écouter ses avertissements.

Umabel est un Ange ultra-rapide et surprotecteur. Parfois, même les Anges se demandent comment il fait pour être partout à la fois et faire éviter à ses enfants tous les événements malencontreux qui se dressent devant eux. Il est le champion angélique de la vitesse. Umabel est plus vite que quiconque en dépit du fait qu'il soit, en apparence, un Ange tout à fait normal. Son objectif est d'arriver au but qu'il s'est fixé, et ce, le plus rapidement possible.

Tous ceux qui désirent éviter les dangers devraient prier l'Ange Umabel. Il vous protégera. Cet Ange est d'une assiduité remarquable, d'autant plus qu'il est doté du don d'ubiquité : le don d'être présent partout en même temps. Sachez toutefois qu'il aime qu'on lui porte de petites attentions en retour de ses faveurs; c'est son seul caprice!

Apprenez à le remercier pour tout ce qu'il fait pour vous et, surtout, dites-lui qu'il est beau. Vous obtiendrez alors toutes les grâces du Ciel! Vous gagnerez son cœur et il vous couvrira de baisers angéliques. De plus, Umabel peut vous donner la force de persévérer, d'aller jusqu'au bout de vos rêves. Tomber fait partie des apprentissages de la vie. Cependant, il faut se relever et poursuivre son but, ses rêves et ses passions.

Les enfants d'Umabel font d'excellents orateurs, mais leur débit d'élocution est un peu rapide. Cet Ange peut les aider à parler plus calmement et à prononcer chaque mot comme il se doit. Umabel travaille auprès de tous les écrivains, surtout les romanciers. Ces derniers captent l'attention de leurs lecteurs en écrivant des histoires qui sortent de l'ordinaire.

Umabel s'occupe également de tous les métiers qui exigent de la vitesse sur le plan de la production ou de l'exécution. Grâce à lui, vos gestes sont assurés et efficaces.

Umabel élimine les dangers potentiels avant même qu'ils ne surviennent. Il vous aide à maîtriser vos élans et il vous apporte un certain contrôle. En effet, la plupart des gens qui favorisent la vitesse font aussi des actions inconséquentes. Umabel est l'Ange que vous devriez prier lors de vos déplacements. Il prend sous ses ailes ceux qui doivent se déplacer rapidement dans le but de sauver des vies ou d'assurer la sécurité, tels les pompiers, les policiers et les ambulanciers. Tous devraient le prier, car il leur permettra de se rendre sur les lieux d'un drame en toute sécurité. Soulignons qu'il les protégera dans les déplacements à grande vitesse effectués pour leur travail, mais non dans leurs tâches respectives.

L'Ange Umabel est heureux quand on lui assigne une mission. C'est pour lui une véritable passion. Cet Ange ne peut pas rester en place; il doit constamment bouger. Ses enfants, à son image, adorent voyager et déplacer de l'air comme lui. Umabel est l'Ange du savoir et des connaissances. Ses enfants se posent donc beaucoup de questions. Ils font des découvertes de toutes sortes et cela nourrit leur âme. Impossible pour eux de rester inactifs. Ses enfants adorent échanger sur tous les sujets. Ils possèdent des connaissances encyclopédiques. Ils veulent tout savoir et tout connaître. Et lorsqu'ils obtiennent une réponse, ils essaient d'aller encore plus loin en raffinant et en complexifiant leurs interrogations. Ces êtres sont très en avance sur leur époque et sur les autres humains. Ils aiment être les premiers en tout.

Enfin, l'Ange Umabel adore enseigner et transmettre son savoir. Ses enfants ont aussi un besoin viscéral de partager leurs connaissances. Ils se dirigent naturellement comme professeur d'astrologie, de médecine ou de littérature. Quelle que soit la matière que vous étudiez, être en vibration avec cet Ange vous permettra de bien assimiler ces connaissances et de les comprendre à fond. Vous serez un professeur hors pair! Les gens vous aduleront et se demanderont où vous avez puisé toutes ces connaissances. Sachez que ces informations vous ont été transmises par les plans supérieurs, par l'intermédiaire de l'Ange Umabel. Ce dernier va puiser directement à la Source, il est au-dessus de toutes choses!

L'Ange Umabel est également le gardien des connaissances astrologiques. Cet Ange se complait à travailler avec les différentes variantes qui influencent les personnalités astrologiques et le caractère. Vous pouvez lui demander si deux personnes sont compatibles; il vous répondra. Faites-en l'essai! Prenez votre nom ainsi que le nom de la personne pour qui vous éprouvez des sentiments. Demandez à l'Ange Umabel si vous êtes compatibles et demandez-lui ensuite de vous envoyer la réponse immédiatement. Prenez ce livre, fermez les yeux et, à l'aide de votre index, pointez un paragraphe. Lisez-le. Vous obtiendrez la réponse à votre question. De plus, l'Ange Umabel vous enverra, au cours de la semaine où vous avez fait votre demande, des indices ou des signes qui viendront compléter la réponse que vous avez obtenue dans ce livre.

La grande faiblesse des enfants de l'Ange Umabel est de vouloir prouver qu'ils sont meilleurs que les autres. Pourtant, ils ne le sont pas. Ces êtres souffrent d'insécurité, mais ils ne l'admettront jamais en raison de leur trop grand orgueil. Pour être le meilleur, il faut faire des sacrifices, il faut étudier. Ensuite, il faut cultiver l'humilité. Si vous piétinez tout le monde pour être le premier, Umabel ne vous aidera pas. D'autres encore blesseront leur prochain avec des gestes ou des paroles spontanés et souvent irréfléchis. Priez votre Ange et il vous ramènera sur le droit chemin. Vous vous éviterez bien des ennuis.

62 – IAH-HEL (du 26 au 30 janvier)

L'Ange Iah-Hel est un « Dieu, Être suprême ». Sa vibration élevée fait de lui un Ange hors du commun. Il se plaît à dire qu'il possède une auréole dorée, car il est suprême. D'ailleurs, la seule prononciation de son nom vous permet de capter sa vibration. Iah-Hel est donc un Ange qui vibre. Lorsqu'il est autour de vous, vous vibrez sans savoir pourquoi. Vous sentez une présence. Il est un Ange énergétique tout simplement. Parfois, il s'amuse à brandir ses ailes vers l'arrière, très haut.

Iah-Hel illumine votre vie. Il est un Ange aux rayons purs. On le perçoit souvent agenouillé, car il est constamment en train de prier. Iah-Hel prie pour vous et avec vous. Cet Ange a donc comme fonction d'élever vers Dieu vos demandes et vos prières. Il permet à ceux qui demandent son aide de retrouver foi en la prière. Quand un enfant prie Iah-Hel, ce dernier transmet cette prière directement à Dieu. Iah-Hel dit : « Dieu, prends cette prière et accorde à cet enfant la réussite. De mon côté, je l'aiderai à avancer. » L'Ange Iah-Hel permet à son enfant de prendre conscience que la prière peut faire des miracles et d'en comprendre toute son importance. Il est donc l'Ange de la foi. Iah-Hel prendra le temps de vous montrer comment diriger votre prière et reprendre foi en vous et en qui vous êtes, si vous faites partie de ceux qui ont perdu foi en les Anges, en eux-mêmes, en Dieu, en leurs propres rêves. Parfois, certaines demandes sont acheminées à l'Archange Raphaël, surtout celles qui ont trait à la guérison. Iah-Hel lui demande d'aider cet enfant à surmonter cette épreuve. Il fait de même avec tous les Archanges, selon la nature de la demande.

Iah-Hel est aussi l'Ange de la réussite. Il permet à tous les enfants qui le prient de réussir tant sur le plan personnel, qu'il s'agisse de la santé ou de l'amour, que professionnel. Pour cet Ange, il est important que l'on réussisse chacune de ses actions. Toutefois, il n'est pas vaniteux, pas plus qu'il n'évoque le désir de vouloir gagner à tout prix, loin de là. Iah-Hel vous permet d'aller vers votre but avec confiance, car la réussite de tout acte dépend toujours de vous. Tout est une question de perception. Tous ceux qui fument, qui boivent, qui aimeraient perdre du poids, ou encore se défaire de leurs petits défauts, devraient prier l'Ange Iah-Hel. Il les aidera à atteindre les buts qu'ils se sont fixés. Il les aidera à délaisser ces mauvaises habitudes.

Iah-Hel récompense le temps et les efforts personnels consacrés à l'accomplissement d'un projet. Il dit : « Rassemblez vos énergies, acceptez le potentiel en vous et concrétisez-le. Ne dépassez pas vos limites, soyez tout simplement à l'écoute de vous-mêmes. Ainsi, la réussite viendra à vous, et ce, sans le moindre effort. » Iah-Hel vous demande de porter une attention particulière aux paroles que vous dites et à tous les « je ne suis pas capable », « je ne suis pas assez bon », « je n'y arriverai jamais ». Souvent, ces paroles vous conduisent à l'échec. C'est d'ailleurs une des faiblesses de ses enfants. Ayez foi en qui vous êtes et des miracles s'accompliront sous vos yeux, mais surtout, soyez vous-mêmes!

Iah-Hel vous permet de tout réussir avec humilité. Il ne vous demande pas de courir, ni de reculer, ni de sauter, mais de marcher tout simplement. Marchez vers votre but, vers vos rêves, car la réussite ce n'est pas d'avoir des millions en banque, mais plutôt de cheminer vers votre bonheur sans faiblir et sans partir à la dérive. Soyez fiers de vous. Vous accomplirez beaucoup de choses en écartant la peur qui vous paralyse. Vous serez des êtres comblés par la vie.

Iah-Hel est l'Ange gardien de tous les enfants. Dès leur plus jeune âge, les enfants sont conditionnés par leur environnement. Ces conditionnements parentaux ont parfois pour effet de nuire à l'enfant. Soit qu'on l'oriente vers un métier ou un comportement qui ne lui est pas propre, soit qu'on le calomnie et lui enlève entièrement l'estime de soi. Cela ne devrait pas exister, tout comme les comparaisons gratuites entre les enfants. Iah-Hel demande à tous les parents de la Terre d'aimer leurs enfants, et ceux des autres, inconditionnellement. Il vous demande d'accepter leurs différences, de même que leurs forces et leurs faiblesses. Ne gâchez pas la vie de votre enfant parce qu'il n'est pas de votre avis ou qu'il pense différemment de vous. Et ne fondez pas en lui les rêves que vous n'avez jamais pu réaliser vous-mêmes. Priez Iah-Hel et il vous aidera à mieux comprendre vos enfants et à dialoguer avec eux. Ainsi, ils seront en mesure de mener à bien leur propre projet de vie.

Selon l'Ange Iah-Hel, nous formons un tout, avec nos forces et nos faiblesses. Nos forces nous aident à surmonter nos faiblesses. Tous les humains sont égaux. Vous avez tous été créés par la main de Dieu, et vous avez tous pris vie dans le ventre de votre mère. Certes, certaines personnes ont été désignées pour remplir une mission très spéciale, mais sachez qu'elles ne représentent qu'un infime pourcentage de la population. Remarquez que ces personnes ne jugent pas les autres, qu'elles ne se sentent ni inférieures ni supérieures aux autres. Elles font tout simplement ce que l'on attend d'eux. Ne vous comparez pas, car vous avez été créés uniques. Votre fondement est identique, mais votre âme est différente. Et tous ont comme mission d'apprendre des gens qui les entourent. Tel est le message de l'Ange Iah-Hel.

Si vous vous acceptiez comme vous êtes, il n'y aurait pas de batailles ni de dualité. Un enfant qui ne grandit pas dans l'amour cherche à fuir sa réalité par divers moyens : drogue, alcool, jeu. Nous ne vous demandons pas de lui accorder tout votre temps. Non! Toutefois, si vous choisissez de mettre une âme au monde, il vous faut lui consacrer du temps de qualité. Ainsi, votre enfant deviendra un adulte équilibré.

La grande faiblesse des enfants de l'Ange Iah-Hel est qu'ils essaieront toujours de faire mieux que tout le monde. Les échecs seront nombreux puisqu'ils ont tendance à vouloir imiter la vie des autres. Iah-Hel vous conseille de trouver vos véritables forces et de vivre votre propre vie. Vous sous-estimer ou vous surestimer est la manifestation d'une même énergie. Cela indique que vous n'êtes pas à votre place, que vous n'êtes pas en phase avec vous-mêmes. Il appartient à chaque âme humaine de trouver sa mission, ici sur Terre, et Iah-Hel peut vous aider à y parvenir. Si vous êtes en phase avec votre plan de vie, et que vous arrivez à changer ce qui doit être changé, vous êtes sur la bonne voie : la voie de la réussite!

63 – ANAUËL (du 31 janvier au 4 février)

Anauël est un « Dieu infiniment bon ». Cet Ange a un cœur d'or. Anauël est d'un blanc très pur, mais son aura est teintée de cadeaux, de rubans et de rires joyeux. Il adore donner. Il est comme un cadeau que vous recevez à Noël. Anauël dit que vous pouvez accrocher à ses ailes des boules de Noël de toutes les couleurs. Vous pouvez aussi y accrocher des bonbons en forme de cannes, si vous le désirez. Parfois, ses confrères et consœurs s'amusent à l'entourer de ruban rouge. Il ressemble ainsi à une canne de Noël, surtout lorsqu'il penche la tête vers le bas. Il s'amuse!

Anauël est comme un cadeau qui se trouverait devant vous; un cadeau trop bien emballé. Vous admirez le papier, la boucle, le ruban, tous les éléments décoratifs, et, malgré ce tape-à-l'oeil, vous avez hâte de voir ce qui se trouve à l'intérieur. Toutefois, l'emballage est si beau que vous n'osez pas le défaire… Mais l'être humain étant curieux de nature se laisse tenter par cette petite voix qui l'incite à l'ouvrir. Vous devenez alors tout fébriles. Telle est la sensation de l'Ange Anauël quand il entre en vous.

Lorsque vous priez l'Ange Anauël pour lui demander un cadeau, il entre immédiatement en vous et vous pouvez éprouver cette sensation magique. Il vous donne la certitude que quelque chose de magique et d'extraordinaire est en train de se produire, sans savoir exactement de quoi il s'agit. Si vous le priez avant de vous endormir, ce dernier ne vous dira pas le cadeau qu'il vous réserve, car un cadeau doit demeurer une surprise, mais il vous fera ressentir qu'il travaille à vos côtés. Anauël vous surprendra en vous apportant encore mieux que ce que vous lui avez demandé. Cependant, comme pour toute autre demande adressée aux Anges, ces derniers doivent d'abord consulter Dieu, l'Archange Michaël ou l'Archange Gabriel afin de s'assurer que votre demande est sincère et véritable.

« Il n'est pas facile de comprendre notre rôle dans son essence première, mais sachez avant tout que nous travaillons pour vous et pour vous apporter tout ce que vous désirez. » Et Anauël rempli exactement cette mission puisqu'il vous réserve de nombreux cadeaux qu'il brûle d'envie de vous donner. Parfois, il se sent un peu comme le père Noël. Tout comme l'Ange Poyel, Anauël ressemble aussi au père Noël. Sachez que nous sommes conscients que ce jeu de mot (avec Noël) n'est possible que dans la langue de Molière; les autres langues ne s'y prêtant pas.

Les enfants d'Anauël sont à son image : beaux et hypnotiques. Dès qu'on pose le regard sur eux, il devient impossible de détourner son attention. Nous aimerions prendre cet Ange en photo, car nous croyons que les humains n'ont jamais rien vu d'aussi majestueux. Sachez qu'il en sera ainsi lorsque vous ouvrirez ce cadeau. Votre réaction sera immédiate et ce que vous ressentirez sera inexplicable. Cela vous appartiendra à vous seul.

Anauël attire la prospérité. Ceux qui éprouvent des ennuis financiers devraient prier cet Ange; il leur apportera un cadeau de prospérité. Cet Ange guérit aussi les malades. Demandez-lui de vous aider et il vous fera cadeau de la santé. Anauël peut aussi vous donner la protection nécessaire afin d'avancer professionnellement. Il vous enverra un cadeau, une promotion ou encore un nouveau travail qui saura vous charmer.

Pour conclure avec Anauël, nous ajoutons qu'il est celui qui peut vous protéger contre les accidents. Il vous protégera sur la route, mais il protégera également ceux qui travaillent avec de la machinerie lourde ou des outils dangereux.

Anauël est infiniment bon. Priez cet Ange et vous ressentirez sa bonté. La grande faiblesse des enfants nés sous sa gouverne est la méchanceté. Leurs paroles sont destructrices. Ces êtres n'apprécient pas les cadeaux que la vie leur fait et ils cherchent à nuire aux autres. Ces êtres dans l'Ombre sont constamment accablés par les coups durs de la vie.

Retenez aussi que l'Ange Anauël peut sauver le monde grâce à la force de ses enfants qui vibrent dans la Lumière, car sa bonté incommensurable se reflète en chacun d'eux. Ces êtres cherchent à aider tout un chacun. Ils vous combleront de cadeaux de toutes sortes. Même petits, ils vous réjouiront. « Générosité » et « don de soi » sont les mots qui les caractérisent le mieux.

64 – MEHIEL (du 5 au 9 février)

Cet Ange est un « Dieu qui vivifie toutes choses ». Mehiel est littéralement le bouffon du Chœur des Archanges. Avec lui, tout est beau, tout est parfait. Rien n'arrive à le déstabiliser. Le ciel pourrait tomber que Mehiel serait toujours debout. Il a un sens de l'humour sans égal. À ses côtés, on n'a qu'une seule envie : rire. Il s'apparente à une poudre magique qui fait rire tout le monde, tel un clown. Mehiel dit qu'il est le lutin du père Anauël. Ces deux Anges, lorsqu'ils sont réunis, ont le don de vous faire rire aux larmes.

Mehiel dit que vous pouvez l'imaginer avec des grelots et de petites clochettes. Lorsqu'il danse – car il adore danser – il croise une aile et une jambe. Et quand il bouge, cela fait « ding, ding ». C'est la raison pour laquelle ses enfants entendent un léger tintement lorsqu'il va les voir. Mehiel est un Ange taquin. Selon lui, rien ne sert de verser des larmes, mieux vaut rire! Si l'envie vous prenait de lui arracher une plume, il se laisserait faire, mais seulement si cela vous fait rire. Cet Ange est rempli de bonne humeur. Si cela vous amuse, vous pouvez l'imaginer couvert de petits visages souriants sur le corps, ou encore le teindre en jaune. Anauël se moque de lui en disant qu'il serait beau tout en jaune avec un costume de lutin vert! Il aimerait être décrit comme un Ange lutin souriant.

Parfois, pour taquiner son enfant, car sa grande faiblesse est de faire la moue, Mehiel lui joue des tours. Mehiel aime arroser ses enfants. Il leur dit : « Si vous vous trouvez sur le trottoir une journée pluvieuse et qu'il y a des flaques d'eau tout autour de vous, je vais vous arroser si vous boudez! Vous ne rirez pas tout de suite mais, après coup, vous trouverez cela très drôle. » Mehiel aime infuser la bonne humeur dans la vie de tous les êtres. Il aime apporter des rires, de la joie et du bonheur. C'est un Ange qui aime raconter des histoires pour faire rire son public. Si tous ses enfants arrivaient à susciter autant de joie dans leur entourage, alors tous seraient heureux. Les enfants dans la Lumière ont beaucoup de vivacité et d'enthousiasme. Ils sifflent et chantent sans cesse; leur visage est rayonnant. Ces enfants sont adorables. La bonne humeur qu'ils dégagent est contagieuse : tous sont attirés par celle-ci.

Les enfants dans l'Ombre sont malheureux; ils n'entendent pas à rire. Ces êtres sont hypercritiques et ils ne voient pas que la vie est belle. Ils pensent que la vie les a abandonnés. Ces enfants sont déchirés. Mehiel leur demande de ne pas garder ces émotions en eux, car cela les détruit. « Priez-moi et j'apporterai des étincelles de joie dans votre vie. » Lorsque vous priez cet Ange et qu'il vient vers vous, il est comme une boîte à surprise. On ne sait jamais à quel moment le bouffon va sortir. Quelle que soit la façon dont il se manifestera, il vous fera sourire. Soyez-en assurés!

Mehiel est un Ange rêveur et un Ange comédien. Il est l'Ange que tous ceux qui désirent écrire un livre devraient prier. Il leur permettra de s'évader dans des histoires tout aussi farfelues les unes que les autres. Ce sera un livre vivant. Les récits seront palpitants et captivants. Tous ceux qui désirent écrire de telles histoires devraient demander à Mehiel de les y aider. Mehiel est un Ange poète qui possède en lui la passion de l'écriture. Il aime que ses enfants s'évadent dans leurs rêves et qu'ils en rient.

Mehiel s'amuse également à amener ses enfants vers d'autres dimensions, pendant quelques minutes, afin que ceux-ci puissent lâcher prise, oublier leur vie humaine et tout le stress qu'elle comporte. Il peut faire renaître l'enfant qui sommeille en vous et qui a disparu au fil des ans, sous le poids des responsabilités. Vous apprendrez alors à rire de vous-mêmes! Tel est le rôle de Mehiel auprès de ses enfants; c'est-à-dire les aider à être bien, à être en paix et à être souriants à la vie.

Mehiel aide aussi les gens malades. Il leur remonte le moral, malgré les souffrances et la gravité de la maladie. Sachez que le meilleur

des remèdes, c'est le sourire. Si vous souriez, tous vos maux disparaîtront. Mehiel n'aime pas les larmes. Il est incapable de voir son enfant
malheureux. Il est le maître de la dédramatisation, car ses enfants ont
tendance à voir tout en noir. « Courage » et « persévérance » sont ses
mots d'ordre.

CHAPITRE XIV

Le Chœur des Anges

Les Semblables aux Enfants
Du 10 février au 20 mars

(Premier étage à franchir pour l'humain)

Dirigé par l'Archange Gabriel (Dieu qui voit tout)

Les huit Anges qui composent ce neuvième Chœur Angélique sont :

65 – Damabiah (du 10 au 14 février)

66 – Manakel (du 15 au 19 février)

67 – Eyaël (du 20 au 24 février)

68 – Habuhiah (du 25 au 29 février)

69 – Rochel (du 1er au 5 mars)

70 – Jabamiah (du 6 au 10 mars)

71 – Haiaiel (du 11 au 15 mars)

72 – Mumiah (du 16 au 20 mars)

La mission du Chœur des Anges

Avant de vous décrire profondément le Chœur des Anges, il est important de noter que le premier étage, le Chœur des Anges, et le dernier étage, le Chœur des Séraphins, sont les plus importants de la Hiérarchie Angélique, car ils représentent le début et la fin du cycle des réincarnations. La fin de votre vie humaine et le début de votre vie angélique : celle d'Ange terrestre. Ils représentent l'infini. Ainsi, ces deux Chœurs Angéliques sont très puissants, car personne ne peut atteindre le sommet sans avoir accompli le début. Et personne ne peut commencer sa vie angélique sans avoir terminé ses vies terrestres. C'est le cycle de la vie! Saisissez-vous l'importance du début et de la fin de l'Arbre Séphirotique? Lorsqu'un être humain a franchi les neuf étapes de l'Arbre, il n'est pas obligé de revenir sur Terre. Il peut aspirer à devenir un Ange, s'il le désire. Si tel est son choix, il se dirigera vers le Chœur des Anges pour parfaire ses connaissances. Le Chœur des Anges – lieu des Anges divins dotés d'une luminosité incommensurable – est la « Maison » la plus remplie de toutes, car elle abrite toutes les âmes qui s'incarnent pour la première fois. Ce Chœur Angélique contient aussi les vieilles âmes destinées à monter vers les Plans Divins, de même que toutes les âmes qui ont chuté et qui doivent recommencer les leçons non acquises. Tous ceux qui quittent la Terre, tous ceux qui décèdent, les entités, les âmes, entrent également dans cette Maison. Ils y ont accès. Lorsqu'une personne prie un être cher décédé, ce dernier peut aisément venir la voir, car sa Maison se trouve juste à côté du Plan Humain. Elles sont voisines. C'est la raison pour laquelle plusieurs personnes arrivent à communiquer avec l'au-delà.

Toutes les raisons que nous venons d'énumérer font que le Chœur des Anges est d'une importance capitale. Tous les Anges de ce Chœur sont importants et extraordinaires à nos yeux. Ces Anges sont des « facilitateurs », c'est-à-dire qu'ils aident les êtres humains à réussir leur vie terrestre. Le Chœur des Anges est la « Maison » située la plus près des êtres humains. Il représente l'équilibre dont l'humain a tant besoin pour être heureux dans sa vie. Ces Anges vous permettent d'être branchés sur leur univers tout en équilibrant votre vie humaine. Quand, dans sa création, Dieu constitua le Chœur des Anges, il décida qu'une partie de ces derniers serait à l'image des humains. Ces Anges seraient aussi très près des humains. Tous les Anges de ce Chœur assistent les humains au moment de leur naissance, pendant toute leur vie terrestre, et ce, jusqu'à la mort. Ils les conduisent vers leur propre chemin, vers leur propre Lumière. Ils sont ce qu'on appelle les « Anges gardiens », car ils veillent sur eux.

Les Anges et les humains forment ce que nous pourrions appeler « l'unité ». Nous sommes la partie complémentaire de votre vie, mais nous sommes aussi en vous. L'un ne va pas sans l'autre. Si vous n'êtes point conscients que nous sommes « un », il vous manquera toujours ce petit je-ne-sais-quoi dans votre vie. Il y aura toujours un vide, car vous aurez oublié que nous formons « l'unité ». Toutefois, si vous êtes conscients que nous sommes votre complément, alors vous évolue-rez dans votre spiritualité, de même que dans votre propre vie. Ainsi, vous serez en mesure d'atteindre le sommet divin. Hélas, sachez qu'à travers l'humanité tout entière, seulement un quart de la population est conscient de ce que nous avançons.

Vous êtes la porte et nous sommes la clé. Si vous nous permettez d'entrer en vous, nous ouvrirons la porte de la spiritualité, ce qui vous permettra de voir Dieu et d'aller vers lui. En ouvrant cette porte, vous pourrez mieux voir tous les outils que vous possédez. Votre Ange vous indiquera le chemin ou l'outil à prendre pour chasser les embûches qui se présenteront sur votre route.

Les Anges issus du Chœur des Anges n'ont pas peur d'apparaître aux humains, car ils peuvent eux-mêmes s'incarner en empruntant temporairement un corps humain. Ils peuvent venir vers vous avec ou sans leurs ailes. Ce sont des êtres resplendissants. Si vous entrez en contact avec les Anges, vous tomberez instantanément sous leur charme. Vous sentirez une force, une passion, une énergie qui ir-radient. Ces êtres guident les premières âmes en ce qui a trait à la vie humaine, mais ils les guident aussi dans leur ascension vers la vie angélique. Ils peuvent aussi, par l'entremise d'un humain, vous transmettre un message… Les Anges, de par leur nature, adorent les humains. Nous vous vouons une grande admiration. Nous sommes en extase devant vous, tout comme certains humains le sont devant nous ou une autre divinité.

Vous pouvez demander à ces Anges de vous aider avec tout ce qui concerne la vie humaine. Toutefois, les questions concernant le plan mondial ne sont pas de leur ressort; ils n'y ont pas accès. Ce n'est pas qu'ils en sont incapables, c'est qu'ils ont été conçus pour aider l'hu-main dans sa démarche, dans sa vie humaine. Ces Anges travaillent spécifiquement avec les humains et les aident à acquérir leur propre sagesse. De plus, ce Chœur aide l'humain à quitter sereinement sa vie humaine afin de le conduire vers sa nouvelle vie d'âme. C'est une mission très importante pour les Anges de voir l'humain heureux, dès sa naissance et jusqu'à sa mort.

Sachez toutefois que, même si nous pouvons prendre l'aspect humain, c'est une chose que nous craignons plus que tout. Nous redoutons les blessures humaines, car nous ne les comprenons point. Nous pleurons, certes, lorsque vous pleurez, mais il nous est difficile de conjuguer avec une telle densité, car dans notre monde tout est bien, tout est beau, tout est angélique. Cependant, cela n'empêche pas les Anges de ce Chœur de bien vous connaître. Dieu les a créés ainsi. Ces Anges n'hésitent pas à descendre sur Terre et à prendre temporairement le corps d'un être humain afin de vous aider. Par contre, si l'on disait à un Ange d'un autre Chœur, celui des Dominations par exemple : « Deviens un humain », il aurait beaucoup de difficulté et il ne pourrait pas rester ainsi. Il aurait peur.

Nous n'aspirons pas à devenir humains. En effet, il n'est pas facile pour un Ange de s'incarner, d'accepter cette mission et de la mener à bien. Nous pouvons descendre sur Terre en empruntant temporairement un corps humain. Toutefois, il serait difficile pour nous d'y rester toute une vie. Nos mondes sont trop différents. Nous avons été créés « Anges » et c'est ainsi que nous sommes bien. Nous sommes ce que Dieu nous a demandé d'être. Dieu nous a conçus de façon à pouvoir accomplir parfaitement nos missions respectives. C'est notre force que d'être en mesure de réaliser cette mission divine, car nous possédons en nous toutes les ressources, tous les outils nécessaires à son exécution. Par contre, si Dieu nous fait asseoir sur une autre « chaise », celle des humains par exemple, nous serons déroutés puisque cette autre chaise ne présente pas la structure angélique qui nous est familière.

Cependant, l'humain, lui, qui s'est vu désigner la chaise dure doit lui-même la rembourrer… Mais il en a l'habitude. Dieu l'a ainsi créé afin qu'il puisse réaliser son propre paradis et construire son propre fauteuil. Nous savons comment aider l'humain à confectionner une chaise confortable, car Dieu nous en a fait part. Notre rôle est donc d'aider l'humain à rendre sa chaise la plus confortable possible à l'image de la chaise angélique. Nous possédons toutes les ressources nécessaires à cette fin. Ainsi, l'humain, en rembourrant son fauteuil, passera du statut d'être humain à celui d'Ange. Les Anges de ce Chœur ne craignent pas de prendre place sur cette « chaise » dure, car ils ont, dans leur essence divine, ces deux états d'être en eux. Ils ont donc une certaine marge de manœuvre.

Le rôle du Chœur des Anges est d'indiquer à l'être humain sa place dans la société. « Qu'importe la façon dont tu t'assois, qu'importe que tu sois bien né, l'important est que tu trouves ton propre confort dans cette vie. Puisse ton expérience t'amener à construire cette chaise confortable, à devenir un Ange, et quand tu auras l'âge de la sagesse, tu savoureras le fruit de ton labeur. » Dieu a créé l'humain imparfait, mais il lui a aussi donné tous les outils nécessaires afin de parfaire sa propre divinité latente. Il n'en tient qu'à vous de créer votre propre paradis. Le mot « perfection », à nos yeux, est synonyme de bonheur, d'harmonie et de paix. Tous les Anges sont à votre disposition pour vous guider et vous aider à atteindre cette perfection divine. N'oubliez pas que chaque être humain possède en lui une étincelle divine, une parcelle du grand Tout. Nous ne le répéterons jamais assez!

L'Archange Gabriel qui veille sur ces êtres Lumineux est un « Dieu qui voit tout ». Il est celui qui a annoncé à la Vierge Marie la venue du Christ. Par conséquent, tous les Anges issus de ce Chœur annoncent aux humains leur venue. Ce sont de purs messagers. Leur mission est d'être continuellement à leurs côtés. Leur fonction principale est d'aider les humains à accomplir leurs tâches les plus difficiles sur le plan terrestre. Ces Anges comprennent votre vie mieux que quiconque, car certains ont déjà été humains.

Pour obtenir un complément d'information sur ce Chœur Angélique, veuillez voir le chapitre « La vie dans le monde des Anges ».

Qui peut prier le Chœur des Anges?

Tous ceux qui désirent réussir leur vie terrestre; être heureux et en harmonie avec leur vie. Tous ceux qui veulent retrouver le chemin du bonheur. Tous ceux qui aimeraient voir un Ange ou entrer en contact avec lui. Sans oublier tous ceux qui doivent accompagner un mourant, cette période étant l'un des moments les plus importants pour prier le Chœur des Anges. Les Anges de ce Chœur vous donneront la force des mots et des gestes. Vos paroles seront réconfortantes pour le mourant, ce qui l'aidera à quitter les siens d'une façon sereine. Le Chœur des Anges vous aidera à mieux comprendre la mort physique, tout en vous donnant la force et le courage de laisser aller l'être aimé.

À tous les mourants, priez le Chœur des Anges. Ces êtres lumineux vous conduiront vers votre nouvelle demeure. Ils vous permettront de quitter sereinement les vôtres et vous guideront vers ceux qui vous ont jadis aimés et qui logent maintenant dans la Maison des âmes. Autrement dit, vous ne vous sentirez plus seuls, car votre Ange vous accompagnera jusqu'à votre nouvelle demeure. Il invitera même vos défunts à venir vous accueillir dans votre nouvelle vie.

Lorsqu'une personne mourante prie le Chœur des Anges, elle quittera la Terre en ayant un sourire sur les lèvres. Elle mourra en paix. Son visage et tout son corps physique resplendiront la quiétude et la sérénité. Ce qui aidera énormément tous ceux qui subissent sa perte.

La vibration du Chœur des Anges (Comment les ressentir?)

Les Anges sont près de l'humain, beaucoup plus près que ce dernier ne le pense. Nous sommes à côté de lui et nous sommes aussi en lui. Il nous est facile de ressentir la douleur humaine. Lorsque vous pleurez, nous pleurons aussi, car nous ressentons votre chagrin. Vous verrez que tous les Anges du Chœur des Anges sont la sagesse même. Ces derniers sont d'une grande bonté. Ils veulent que l'humain soit heureux, alors ils y travaillent avec acharnement. Par exemple, lorsqu'ils viennent vers vous, la chaleur qu'ils dégagent réconfortera votre corps physique. Leur vibration est comme une berceuse que l'on chante à un enfant pour l'endormir. Comme il est bon de s'endormir en écoutant cette berceuse, cela nous réconforte et nous calme. Lorsque vous serez en contact avec un Ange de ce Chœur, vous serez envahi par ce même sentiment de paix. Tout votre corps sera enveloppé d'une douce chaleur, d'une chaleur d'amour, comme si le soleil caressait discrètement votre corps physique. Telle est la vibration de ce Chœur : chaleur, paix et réconfort.

Le rôle des enfants Anges sur le plan terrestre

Quand Dieu voudra qu'un de ses enfants accomplisse une mission particulière, quand il cherchera un canal lumineux, il ira le chercher dans le Chœur des Anges ou dans le Chœur des Séraphins, car ces êtres lumineux sont purs. Nous ne voulons pas dire que les enfants des autres Chœurs ne seront pas retenus. Il y aura des « canaux » dans tous les autres Chœurs puisque chacun des enfants, peu importe leur Chœur, possèdent des forces uniques. Toutefois, si nous voulons que les humains nous intègrent dans leur vie quotidienne, qu'ils nous reconnaissent et que des changements positifs s'ensuivent, les enfants du Chœur des Anges et des Séraphins sont les mieux placés pour atteindre ce but. Ils sont les plus purs et les plus près des Plans Divins, les plus près des Anges. Par conséquent, il nous est très facile d'entrer en contact avec eux.

Tous les enfants nés dans le Chœur des Anges sont près des Anges. Ceux qui vivent en harmonie avec la Lumière seront dans l'énergie de ces Anges, et ce, durant toute leur vie terrestre. Certains enfants Anges canaliseront la Lumière. Ces « messagers » éveilleront la conscience des gens et les aideront à cheminer dans la Lumière, l'amour et le respect. Telle sera la mission première de ces « canaux de Lumière ». Tous ceux qui côtoieront ces enfants Anges seront ébahis par leur Lumière, leur bonté et leur foi envers les Anges. Ces enfants seront amoureux de la vie et de véritables ambassadeurs de Lumière. Ils dégageront une chaleur humaine sans égale. Ils posséderont un grand cœur rempli de bonté, de sagesse et de générosité; ils seront là pour aider leur prochain. Tous ceux qui connaîtront ces enfants seront attirés par la Lumière qu'ils émettent. Ils voudront que leur propre Lumière soit aussi intense que la leur. C'est comme si vous étiez en présence d'un Ange.

Ces enfants Anges aideront l'humanité en montrant aux gens ce que veulent dire les mots « partage », « bonté », « générosité » et « amour ». Bref, ces enfants guideront les humains vers le respect de soi et des autres, vers la spiritualité ainsi que vers l'amour de Dieu. Ils vous aideront à découvrir qui vous êtes vraiment ainsi qu'à vous accepter comme vous êtes avec vos faiblesses et vos forces. Ils vous encourageront à avancer vers vos buts et vers vos désirs. Ils vous appuieront et ils vous aideront afin que vous puissiez atteindre le bonheur.

Plusieurs enfants Anges feront d'excellents psychologues, car ils savent écouter et bien conseiller. Ils seront les meilleurs professeurs puisqu'ils donnent plusieurs exemples ainsi que tous les outils nécessaires afin que les élèves comprennent bien la matière enseignée. Tous les jeunes enfants qui commencent leur première année d'études avec un professeur Anges auront une bonne base dès le départ. En plus de bien montrer la matière, le professeur Anges aidera le jeune enfant à bâtir sa confiance en lui et en son potentiel.

Tout ce que l'enfant Anges possède, il vous le donnera. Cependant, sa grande générosité n'est pas à l'abri des profiteurs. Souvent, l'enfant Anges sera une victime de l'Ombre. L'enfant Anges ne juge pas personne : il aime tout le monde et son but premier est d'aider son prochain. Et cela, l'Ombre le sait. C'est la raison pour laquelle il peut se faire manipuler par des êtres de l'Ombre. Toutefois, sa Lumière est très forte et les Anges qui le protègent lui feront voir les Ombres rusées et les éloigneront de lui.

Avec les enfants Anges, le temps n'existe pas; comme à l'image des Anges! Quand l'enfant Anges vous donne son temps, il vous le donne corps et âme, sans vraiment rien demander en retour, sauf votre respect et votre appréciation. C'est tout ce qui compte pour lui.

La faiblesse de l'enfant Anges quand il n'est pas en harmonie avec son plan de vie

La faiblesse de l'enfant Anges est de se laisser influencer par l'Ombre. Ces nouvelles âmes sont comme des éponges. Elles absorbent tout et elles deviennent facilement une proie pour l'Ombre. Si l'enfant Anges se laisse influencer par le mal, il deviendra lui-même un créateur maléfique. Les enfants qui grandiront dans l'Ombre seront à l'inverse des enfants qui grandiront dans la Lumière. Ils seront machiavéliques, destructeurs, égoïstes, jaloux et très malheureux. Ils auront des problèmes de toutes sortes tels que la boisson, la drogue, les jeux du hasard. Leurs paroles et leurs gestes seront empreints de méchanceté, ce qui causera souvent des conflits et des guerres inutiles. Ils s'alimenteront de situations négatives, ce qui les empêchera de retrouver le chemin de la Lumière. Certains enfants verront même les Ombres, ce qui les amènera parfois à souffrir de maladies mentales. Mais si, dès le départ, ces nouvelles âmes s'orientent vers la Lumière, personne ne pourra les faire chuter et cette Lumière deviendra resplendissante.

Que devez-vous faire pour être en harmonie avec votre plan de vie?

Priez votre Ange! Il vous guidera vers le chemin du bonheur. Il vous redressera, si vous n'êtes pas sur la bonne route. Sa mission sera de vous faire voir toutes les situations ou toutes les personnes négatives qui vous entourent pour que vous puissiez prendre conscience qu'elles exercent une mauvaise influence sur vous et que cela dérange votre vie humaine. Votre Ange vous donnera la force de vous en éloigner afin que vous retrouviez l'harmonie en vous et autour de vous.

L'enfant du Chœur des Anges

Les jeunes enfants nés dans le Chœur des Anges sont très rayonnants, illuminés et branchés sur l'univers des Anges. Ces jeunes enfants se créeront un dôme de protection autour d'eux et personne n'y aura accès, sauf quelques élus. Leur univers et leur espace leur appartiennent et ils s'attendent à ce que vous les respectiez. Il est important de mentionner aux parents d'un enfant Anges de toujours frapper à leur porte avant d'entrer. Votre enfant Anges vous appréciera. Il vous donnera accès à son univers et il s'ouvrira à vous. Cependant, si vous ne respectez pas son univers, cet enfant se renfermera sur lui-même et il sera très difficile pour vous de communiquer avec lui.

Ces jeunes enfants Anges parleront souvent seuls, et ils s'amuseront seuls. Ils sont de grands solitaires. Ils ne sont pas solitaires parce qu'ils sont gênés, même si la gêne est un défaut chez lui. Ils sont solitaires parce qu'ils s'amusent énormément même s'ils sont seuls. L'enfant Anges crée son paradis et il joue avec ses amis imaginaires… Qui sont souvent des Anges de la Lumière. Il a accès aux deux univers; terrestre et céleste. Ne soyez pas surpris s'il vous raconte toutes sortes d'histoires. Il est vrai que ces enfants sont très imaginatifs, mais ils sont tout de même réalistes. D'où sortent-ils toutes ces histoires? Souvent, le jeune enfant Anges raconte des histoires qui peuvent être liées à ses anciennes vies. Ne vous surprenez pas d'entendre les enfants Anges vous parler d'éléments qui se rattachent à des époques antérieures. Les jeunes garçons vous parleront de bateaux, de pirates, de chevaliers, tandis que les jeunes filles vous parleront de châteaux, de belles robes, de princesses. Ainsi, si votre enfant vous raconte ce qu'il a possiblement vécu dans ses anciennes vies, c'est qu'il possède une vieille âme et qu'il est revenu sur Terre pour aider l'humanité. Vous serez épatés par leur grande sagesse, malgré leur jeune âge. Lorsqu'une nouvelle âme naît, elle débute dans le Chœur des Anges. Souvent, cette nouvelle âme est très peureuse, elle a peur de rester seule, elle est toujours collée à ses parents. Elle est tout le contraire de la vieille âme qui n'a pas besoin des autres pour s'amuser, et ce, puisqu'elle connaît ce monde et qu'elle y est bien. Il est important que le parent de la nouvelle âme structure bien sa vie. Ainsi, elle grandira dans la Lumière et elle s'éloignera de toutes les situations liées à l'Ombre.

Les jeunes enfants Anges sont des enfants « très réceptifs » dès leur naissance, et ce, jusqu'à l'âge de douze ans. Cela s'applique autant à la nouvelle âme qu'à la vieille âme. Il est important que la nouvelle âme puisse voir l'Ombre et la ressentir afin de mieux la chasser et de s'en éloigner, et ce, dans le but de demeurer dans la vibration de la Lumière. Généralement, les vieilles âmes deviennent de grands messagers de Lumière ou des Anges terrestres. Si tel est le cas, la porte restera toujours ouverte. Autrement dit, ils resteront « réceptifs » afin de capter tous les messages qui leur seront envoyés. Ces messages seront d'une importance capitale pour l'humanité. Si cela n'est pas prévu dans leur plan de vie, la porte se refermera en douceur. Cependant, ces enfants Anges auront toujours accès au monde angélique, et quand ils vieilliront, certains voudront parfaire leurs connaissances et s'éveiller davantage au monde fascinant des Anges.

Le jeune enfant Anges est, de nature, rêveur. Il sera souvent dans la lune! Il est docile et très respectueux. Cet enfant Anges a énormément besoin d'amour et de sécurité. Ils sont de grands craintifs et ils ont besoin d'être rassurés. Ils détestent la chicane; il est alors important pour les parents de ne pas se chicaner devant cet être aux émotions fragiles. Il ne faut pas oublier que cet enfant peut avoir de la difficulté à sortir ces émotions. À l'école, il sera souvent dans la lune, et il aura de la difficulté à se concentrer sur la matière et ses notes en subiront un coup. Quand votre enfant Anges est dérangé par une situation familiale, amicale ou scolaire, son comportement changera énormément. Il pleurera pour rien et il aura de la difficulté à se concentrer; il se repliera sur lui-même.

Les jeunes enfants Anges font leur propre mode. Ils s'habillent selon leurs humeurs. Ce qu'on remarque le plus chez eux, ce sont leurs yeux scintillants et remplis de Lumière. Leur regard nous illumine et nous avons le goût de les embrasser et de les prendre dans nos bras. Ces enfants Anges sont remplis d'énergie et ils bougent constamment. Ils ne sont pas de tout repos avec leurs histoires abracadabrantes qu'ils vous racontent en gesticulant de toutes parts afin que vous puissiez véritablement vous imaginer leur récit. Ces enfants Anges sont vraiment dynamiques, bouffons et bons comédiens. On peut les considérer comme des enfants hyperactifs qui ont besoin de bouger et de faire rire leur entourage.

Ces petits êtres sont d'excellents modèles à suivre. Ils sont toujours de bonne humeur et ils cherchent continuellement à apporter leur soutien pour vous aider à vous en sortir. Ils sont de vrais Anges terrestres!

L'adulte du Chœur des Anges

L'adulte Anges est généralement de nature gêné et réservé, mais cela ne l'empêche pas d'aller vers les gens. Lorsqu'il se sent en sécurité avec un groupe d'amis, il les fait rire continuellement. Tous les enfants Anges aiment rire et l'éclat de leur rire se fait entendre de loin. Sa grande sagesse à l'égard de la vie permettra à ceux qui le côtoient d'être en Lumière et de vouloir le rester.

Les dames de ce Chœur ont un sourire rayonnant et des yeux étincelants. Elles ont un regard éloquent. Ces dames sont illuminées, elles sont « Lumière ». Elles ont beaucoup d'amour à donner. Certaines dames de ce Chœur auront même beaucoup de rondeurs en signe de leur trop grande générosité. Elles auront également une voix chaleureuse. Il y aura dans leur voix de la passion et des étincelles. Tous ceux qui les écouteront seront ébahis devant une voix si mélodieuse. Celles qui sont dans l'Ombre, pour leur part, blesseront autrui par leurs propos aigres et seront très désagréables. Telle sera leur plus grande faiblesse. Elles seront méchantes, médisantes et porteront constamment des jugements. De plus, elles seront de nature jalouses et rancunières.

Les hommes qui sont dans la Lumière aideront tous ceux qu'ils croiseront sur leur passage; ils seront de véritables Anges terrestres. Ils incarneront la bonté même. Cette bonté de cœur est presque indescriptible tellement elle se rapproche de l'énergie angélique. Ces hommes se feront très discrets, mais l'aide qu'ils apporteront sera un véritable cadeau du ciel. Ils ne vous jugeront point; ils vous tendront plutôt la main. Ils vous aideront du plus profond de leur âme. Toutefois, ceux dans l'Ombre détruiront leur entourage par leurs paroles diffamatoires ou en s'adonnant à diverses formes de dépendances : alcool, drogues, etc. Ils chercheront à capter l'attention de tous pour ensuite mieux les détruire.

L'homme et la femme dans la Lumière seront généreux. Tout ce qu'ils possèdent, ils vous l'offriront afin de vous rendre heureux. Leurs paroles seront gratifiantes. Ces êtres n'envieront pas leur prochain, mais les aideront. Toutefois, ceux qui côtoient l'Ombre feront preuve d'un égoïsme notable, et ce, à tous les niveaux. Ils jalouseront tout particulièrement le bonheur des autres. Nous disons à ces êtres : « Priez vos Anges, priez les Anges de votre Chœur, car ils connaissent les faiblesses humaines. Ils transformeront ces faiblesses en forces. Ils vous aideront à retrouver la sagesse. » Les enfants qui prient d'ores et déjà leurs Anges, ceux dans la Lumière, entreront directement en contact avec eux. C'est un cadeau que nous leur offrons!

Tous les enfants Anges qui vibrent avec la Lumière sont à l'image de l'Archange Gabriel : un soleil qui rayonne sur tout le monde et qui apporte de la chaleur ainsi que du bonheur dans le cœur de tous ceux qui l'entourent. L'enfant Anges partage son amour et sa bonne humeur en les propageant partout où il passe. Il aime tout le monde et il ne juge pas son prochain. Cependant, il est très sélectif dans le choix de ses amis. Quand il donne son amitié, il la donne pour la vie, et s'il pouvait aller décrocher la lune pour son ami, il le ferait. Il en est de même pour sa vie amoureuse et familiale.

L'Archange Gabriel

L'Archange Gabriel fut envoyé par Dieu à la Vierge Marie pour lui annoncer qu'elle donnerait naissance à l'enfant Jésus. Il est entré dans la pièce où Marie était couchée telle une Lumière blanche incandescente et teintée de jaune. L'Archange Gabriel est à l'image du soleil. Il n'a point de forme définie. Quand il entre dans une pièce, vous vous sentez réchauffés par sa Lumière.

Gabriel est l'Archange recteur du Chœur des Anges. Il permet à l'être humain de voir et de ressentir cette chaleur dont il a tant besoin. Le rôle principal de l'Archange Gabriel est d'aider l'être humain à retrouver la foi. Quand l'être humain s'interroge sur sa foi, sur ce qu'il est, c'est l'Archange Gabriel qui lui apporte le soleil dans son cœur et éclaire sa foi. L'Archange Gabriel réchauffe les cœurs blessés et illumine les gens. Il est une Lumière pour ceux qui sont dans l'Ombre. En effet, il illumine ces êtres afin de leur permettre de prendre conscience qu'ils sont aux prises avec l'Ombre. Gabriel les libère de cette emprise en leur donnant une vision claire de leur situation. Il les aide à retrouver la paix en eux. Gabriel permet à ces êtres de voir ce qui se passe autour d'eux, puis il ramène la paix et la sérénité dans leur cœur blessé.

Le rôle de l'Archange Gabriel est d'une importance capitale pour l'humanité, car il est celui qui apporte la chaleur dans le cœur des humains et qui leur transmet les messages divins. Sans lui, les gens ne seraient pas aussi chaleureux et lumineux. Ce serait comme une planète sans soleil. Une planète où il ferait très froid et où l'obscurité serait prédominante. Ceux qui croient en cet Archange reçoivent sa chaleur intense et la ressentent. Gabriel est un Archange qui brille de mille feux.

L'Archange Gabriel est d'une puissance indescriptible. Il suffit d'imaginer le soleil pour le voir, car il est comme un rayon de soleil qui entre par la fenêtre de votre maison. Vous ressentez ainsi sa chaleur divine, sa vibration. Telle est la façon dont l'Archange Gabriel aimerait être perçu : comme un soleil dont les rayons réchauffent votre cœur. Quand vous prierez l'Archange Gabriel, vous vous sentirez amoureux. Vous irradierez l'amour et vous dégagerez alors une énergie purificatrice et régénératrice.

Gabriel signifie « Dieu qui voit tout ». On ne peut donc rien lui cacher. Il a aussi la réputation d'être quelque peu « bavard ». En effet, comme il voit des choses que la plupart des gens ne voient pas, il transmet toutes ces informations aux Plans Divins. Toutefois, nous savons qu'il le fait pour le bien de l'humanité, pour le bien de chacun des enfants de la Terre. Les Archanges Gabriel, Raphaël et Michaël sont très spéciaux à cet égard puisque le premier voit et parle, le deuxième guérit et le troisième donne des leçons.

L'Archange Gabriel dit parfois à l'Archange Michaël : « J'ai vu que telle personne ne faisait pas exactement ce qui est indiqué dans son plan de vie. Que ferais-tu ? Qu'en penses-tu ? » Michaël devient alors très réceptif. À titre d'Archange de la loi divine, il ira voir cette personne et dira à Dieu : « L'Archange Gabriel a raison, cette personne prend un chemin qui ne reflète pas exactement son plan de vie. » Dieu répondra : « Faites ce qui doit être fait ! » Raphaël de son côté soutiendra et guérira, si une demande lui est adressée.

L'Archange Melkisédeq apporte parfois son point de vue, car il agit à titre de juge. Metatron, pour sa part, est le juge ultime qui autorisera soit d'agir soit de ne point agir. Parfois, Melkisédeq pense que Gabriel devrait moins voir et laisser les gens vivre leurs expériences. Gabriel voit tout, il sait tout et il raconte tout. Il remplit sa mission de Messager Céleste. Il est le soleil qui apporte la Lumière en ce monde.

Et tout le monde connaît l'importance du soleil, car sans soleil le monde n'existerait pas. Il n'y aurait ni fleurs, ni arbres, ni aucune trace de vie.

Gabriel est conscient de l'importance qu'il revêt dans le cœur des humains. Il sait que, sans son aide, celui-ci ne peut grandir. Ce dernier aurait peur, car il devrait vivre dans l'obscurité. Lorsque Gabriel s'aperçoit que l'humain ne voit plus, lorsqu'il est dans le noir le plus total et le plus désolant, il le dit tout simplement. Il avertit donc tous les autres Archanges pour que cet humain puisse retrouver son soleil, retrouver sa foi.

65 – DAMABIAH (du 10 au 14 février)

Damabiah est un « Dieu, source de sagesse ». C'est un Ange très doux. Elle n'est pas très grande. Cependant, sa puissance est énorme. Lorsque ses enfants sont déprimés, elle accourt immédiatement. Elle emprunte alors momentanément le corps d'un humain afin de transmettre directement à ses enfants un message qu'ils seront les seuls à comprendre. Ce message leur redonnera le goût de vivre et la force d'avancer.

L'Ange Damabiah aime être perçue sous la forme d'un dauphin et elle adore lorsque celui-ci se lève au moyen de sa queue au-dessus de l'eau. Quel spectacle! Damabiah dit qu'elle fait de même. Elle est à l'image de la liberté que représente ce dauphin. En effet, le dauphin s'approche de l'humain sans peur et Damabiah aime, elle aussi, être en leur présence. Quand l'Ange Damabiah vient vers vous, un cri de dauphin se fait entendre à vos oreilles. Damabiah vous permet de monter sur son dos, comme si vous nagiez avec un dauphin. Cet Ange aime tellement les dauphins qu'elle prend non seulement leur forme, mais aussi leur couleur. Un dauphin est avant tout un être doté d'une grande sagesse, d'une grande douceur. Il aime faire rire, s'amuser, jouer dans l'eau. Il s'amuse à lancer des cris de hautes fréquences à l'Univers; des cris d'amour, des cris de paix.

Damabiah dit que, lorsque ses enfants, accablés par les événements de la vie, lui demandent un signe comme preuve de sa présence, elle leur envoie un dauphin. Elle mettra un dauphin sur votre chemin afin de vous faire comprendre qu'elle prend soin de vous et que vos prières ont été entendues. Tout être qui portera sur lui l'insigne du dauphin recevra le cadeau de la liberté. Damabiah leur permettra également de vivre leur vie en s'amusant. Elle sait que la vie humaine est parfois très compliquée, mais si vous la vivez pleinement en vous amusant, celle-ci sera plus facile. Vous serez donc protégés contre la maladie, la haine et la négativité. Car les dauphins ne se nourrissent que du bon et du bien, et lorsqu'ils sentent un danger approcher, ils s'en éloignent. Damabiah dit à ses enfants : « Je vous donne des antennes psychiques à l'image de celles que possèdent les dauphins. Grâce à elles, vous pourrez vous éloigner immédiatement de ceux qui cherchent à vous faire du mal. »

On représente aussi l'Ange Damabiah comme un élixir de sagesse et de bonheur. Priez cet Ange et vous recevrez cet élixir en vous. Cette essence angélique vous apportera la santé, la bonté, l'amour et le bonheur. Une des missions importantes de l'Ange Damabiah est d'apporter à ses enfants la santé et la longévité. Cet Ange aide en particulier les êtres atteints d'une maladie du sang. Elle aide les leucémiques, les diabétiques, les anémiques, ceux qui ont un taux de cholestérol élevé ou qui souffre d'une maladie sanguine. Elle purifiera le sang malade au moyen de son élixir. Il vous sera alors possible de recouvrer la santé. Tous ceux qui ont des troubles sanguins devraient prier l'Ange Damabiah : elle fortifiera votre sang et le purifiera dans son ensemble. Elle vous permet aussi de vieillir en beauté et en harmonie avec vous-mêmes, et surtout d'être heureux tout simplement. Damabiah vous indiquera le chemin qui mène au bonheur.

Cependant, les êtres qui ne croiront pas en son énergie auront de sérieux ennuis de santé et traverseront des périodes difficiles. Certains seront atteints de leucémie ou de diabète chronique. Ils auront beaucoup de difficulté à avancer dans la vie, car la santé ne le leur permettra pas. Les enfants qui sont dans l'Ombre, qui sont négatifs, seront impulsifs. Ils ne prendront pas le temps de peser leurs mots afin de parler positivement. Leurs crocs acérés blesseront d'innocentes personnes. L'Ange Damabiah est une source de sagesse et sa mission première est de transmettre cette sagesse à ces enfants, ce petit dauphin qui les rendra heureux et les laissera en harmonie avec eux-mêmes. Priez Damabiah et vous verrez des miracles s'accomplir sous vos yeux.

Damabiah a doté ses enfants de yeux irrésistibles de même que de très belles lèvres. Leurs paroles seront une douce musique à vos oreilles. Toutefois, les enfants dans l'Ombre crieront. Damabiah dit : « Je suis la sagesse même. Mon but est de guider les pas de mes enfants vers un chemin heureux et rempli de joie. Par contre, si mon enfant fait comme si je n'existais pas, peut-être trouvera-t-il le chemin long et pénible. Pourtant, j'aimerais tant semer santé et bonheur sur sa route afin qu'il puisse vivre longtemps et voir grandir ses enfants ainsi que ses petits-enfants. J'ai le pouvoir d'accroître votre longévité pour vous permettre de voir grandir ceux que vous avez mis au monde, ceux que vous aimez. »

L'Ange Damabiah trouve bien triste que la maxime « chacun pour soi » reflète la réalité d'aujourd'hui. Elle ne comprend pas que les différentes religions, écoles de pensées et couleurs de peau soient sources de conflits. Elle vous dit : « Qu'importe qui vous êtes ou ce que vous faites, apprenez à respecter votre prochain et à vous apprivoiser mutuellement. Ainsi, vous apprendrez à mieux connaître ce qui vous différencie et peut-être changerez-vous d'opinion par la suite. » Damabiah déplore le fait que les gens ne prennent plus le temps d'accepter les autres dans leurs différences et qu'ils soient plutôt prompts à porter des jugements.

Ainsi, le rôle de Damabiah est de faire en sorte que tous apprennent à mieux se connaître. Elle aide ses enfants à comprendre qu'il y a plusieurs avenues possibles dans la vie, et que les différences enrichissent le cœur. Damabiah donne à ses enfants le goût de connaître l'autre. Elle leur fait cadeau d'une saine curiosité. De plus, elle leur donne en outre la sagesse nécessaire afin de regarder avec le cœur et de ne pas juger l'autre, mais d'observer plutôt sa façon d'être.

Damabiah descend régulièrement sur Terre. C'est un Ange très présent parmi les humains. Elle aime les faire rire. Ainsi, lorsqu'un être humain la prie, elle est comme ce dauphin qui danse sur sa queue et frappe ses ailes ensemble. Son plus grand bonheur est de vous aider. Lorsque vous lui demandez de l'aide, elle vole immédiatement à votre chevet et vous donne ce que vous désirez. La prier vous aidera à renforcer votre propre sagesse, à recouvrer la santé et à approfondir votre compréhension des mystères de la vie.

Damabiah sera toujours présente auprès des humains et tentera de ramener la paix entre eux. Elle n'aime pas les disputes; elle fera donc de son enfant un être heureux. Et tous ceux qui le croiseront souriront à leur tour. Les enfants de l'Ange Damabiah raconteront des histoires cocasses afin de faire rire leur entourage. Ils aimeront parler, s'exprimer. Certes, leurs paroles n'auront peut-être aucun sens parfois, mais si elles réussissent à faire rire, alors elles réconforteront ceux qui les entendront.

L'Ange Damabiah protège tous ses enfants contre la magie noire. Elle est celle qui détruit les envoûtements. Damabiah n'affectionne aucune forme de magie. Parfois, ses enfants se laissent influencer par ses attraits, car plusieurs voudront mettre un peu de fantaisie dans leur vie. Ils essaieront de jeter toutes sortes de sortilèges afin d'épater les gens. Damabiah fera en sorte que ses enfants se détournent complètement de ces pratiques douteuses.

Damabiah dit : « La plus grande magie qui existe, c'est l'Amour des Anges, la magie de votre cœur. Croyez en nous et nous transformerons votre vie en un conte de fées. Les potions sont inutiles, car le seul ingrédient dont vous avez besoin, c'est la prière. Chacune de vos prières deviendra une source intarissable de joie. Tous vos désirs seront exaucés. »

La magie noire se trouve sous la régence de l'Ombre, tout comme la magie blanche qui l'est sous une forme plus subtile, déguisée. On ne peut pas envoûter le cœur d'un être ou encore souhaiter du mal à autrui pour son propre bonheur. En formulant ces demandes, c'est l'Ombre que vous appelez. Et vous lui devrez des comptes en retour. Il sera donc difficile, par la suite, de vous en libérer.

Le but premier de l'Ombre est d'exaucer tous vos vœux sur-le-champ. Elle réalisera donc les vœux que vous avez formulés, puis vous serez enclins à l'invoquer de nouveau. Inconsciemment, vous tomberez sous l'emprise de l'Ombre. Celle-ci s'infiltrera dans votre âme et dans votre corps. Par la suite, il vous sera difficile de rester dans la Lumière. Quand l'Ombre élit domicile dans un corps, elle refuse catégoriquement de partir. Elle se met alors à détruire ce corps jusqu'à ce qu'il n'y ait plus aucune trace de vie. Il est donc du rôle de chacun des Anges d'enrayer les Ombres avant que le pire des scénarios ne survienne.

En souhaitant envoûter quelqu'un en exerçant un rituel ou un charme quelconque, vous serez vous-mêmes envoûtés. La seule magie à laquelle les Anges adhèrent, c'est celle de l'amour et de la prière. Vous pouvez, comme bon vous semble, nous dresser un autel, allumer une bougie ou purifier la pièce avec de l'encens... Ce qui importe, c'est que vos intentions soient pures et formulées dans le respect de chacun. Le reste n'est qu'accessoire. Tel est le message de l'Ange Damabiah.

66 – MANAKEL (du 15 au 19 février)

Manakel est un « Dieu qui maintient et produit toutes choses ». C'est un Ange puissant. Il est grand, large et imposant, quoique très doux. Manakel ressemble à un arbre. Ressentez l'énergie qu'un arbre dégage et écoutez le chant des oiseaux qu'il abrite. Ressentez le vent qui soulève chacune de ses feuilles. Manakel fait du vent quand il déploie ses ailes. C'est une brise qui rafraîchit, un vent léger. Lorsqu'il vient vers vous, il est accompagné de chants d'oiseaux. Puisqu'il est représenté par un arbre, la couleur qu'il affectionne particulièrement est le vert. Comme à l'automne les couleurs changent, il prend une teinte différente au gré des saisons.

Manakel transmet à ses enfants le goût de prendre soin de la nature, la passion de l'écologie. Comme il adore également les arbres et les plantes, c'est aussi l'Ange des horticulteurs, des agriculteurs, des fleuristes, des paysagistes et de tous ceux qui œuvrent de près ou de loin avec les richesses de la nature. Manakel a un faible pour les magnifiques jardins fleuris. Il aime s'y promener. Lorsqu'il aperçoit un arbre malade, il lui transmet sa source divine afin que celui-ci puisse reprendre vie. Priez Manakel et il redonnera vie aux plantes, aux forêts et aux magnifiques fleurs, toutes ces merveilles de la Création.

L'Ange Manakel a aussi le pouvoir de rajeunir votre corps. Il fera en sorte que vous vous sentiez jeune et en santé. Il demande à ses enfants de prendre soin de leur corps, de leur arbre personnel. Si vous arrosez un arbre tous les jours et que vous y mettez votre énergie, celui-ci deviendra grand et fort, et il ne tombera pas au moindre coup de vent. Manakel donne à ses enfants tous les outils nécessaires pour prendre soin de leur « arbre » intérieur et le solidifier. Ils en seront fiers et leurs racines seront plus profondes. Ces enfants seront aussi plus énergiques. Ils auront ainsi la capacité de réconforter les âmes en peine. Manakel illumine votre âme et vous permet d'être en harmonie ainsi qu'en équilibre avec tous les aspects de votre être. À l'image de l'arbre qui croît sans cesse, vous avez également besoin de racines, d'un tronc et de branches saines. Manakel a donc pour mission d'équilibrer l'âme et le corps.

Puisqu'il produit et maintient toutes choses, Manakel vous donne le goût de créer avec vos mains ainsi que le goût de réussir tout ce que vous entreprenez et de le faire fructifier. « L'important dans la vie, c'est d'avoir des rêves et surtout de les réaliser. » Les enfants de Manakel, s'ils sont dans la Lumière, auront de nombreux talents créatifs. Ils seront entourés de gens extraordinaires qui les aideront à mettre leurs projets sur pied. Manakel vous donnera la force d'avancer sans vous soucier des événements passés ou à venir, car il vous fera comprendre que vous détenez les solutions et les outils nécessaires à l'intérieur de vous. Si ses enfants le prient, ils seront forts, bien ancrés et se suffiront à eux-mêmes. Ils n'auront pas besoin de l'avis des autres et ils traceront leur propre chemin. Ces enfants seront fiers d'avoir réalisé leur projet à la sueur de leur front.

Manakel accompagne les gens qui travaillent avec leurs mains, ceux qui pratiquent le Reiki et la massothérapie, par exemple. Ces êtres pourront demander à l'Ange Manakel de leur transmettre le don de guérison. Cet Ange transmet aussi à ses enfants, de même qu'à tous ceux qui le prient, le don de la prémonition par l'entremise du rêve. Cependant, sa grande force réside dans la réalisation des petites choses de la vie. Sa priorité est de concrétiser vos rêves. En partant d'une simple idée, il fera germer un véritable projet. C'est par le rêve que Manakel vous permettra de trouver une solution à vos problèmes.

La grande faiblesse des enfants de Manakel est qu'ils manqueront d'énergie. D'autres seront, quant à eux, négatifs et ils chercheront à tout détruire sur leur passage. Plusieurs auront horreur de la nature, de la campagne et de la végétation luxuriante. Ces êtres souffriront énormément, car ils chercheront à réaliser des rêves impossibles. Leurs buts ne sont jamais atteints puisqu'ils sont constamment épuisés, découragés et qu'ils manquent de ressources. Certains abaisseront leurs collègues de travail afin de prendre du galon. Or, ils s'apercevront que les êtres qu'ils ont détruits sont ceux dont ils ont le plus besoin pour parvenir à leurs fins. Un jour, les portes de la chance, qui étaient jadis grandes ouvertes, se fermeront d'elles-mêmes. Il ne sera plus possible, par la suite, d'espérer les bonnes grâces de la vie.

Manakel vous aide à réparer les erreurs commises. Ainsi, vous ferez la paix avec vous-mêmes. Si vos assises ne sont pas solides, si elles reposent sur l'image et le pouvoir, vous en subirez, tôt ou tard, les conséquences. C'est le pire des sentiments que d'atteindre le sommet et de voir tous les gens vous tourner le dos parce que vous les avez trahis pour parvenir à vos fins. Est-ce que tout cela en vaut la peine? Vous vous retrouverez seul au monde. Vous vieillirez seuls et aigris par la vie. Un arbre isolé souffre et est très vulnérable au sein de la jungle de la vie. En fait, vous vous rendrez compte un jour qu'il n'a pratiquement aucune chance de survie. Telle sera votre leçon.

En réparant vos erreurs, il n'est pas dit que ces amitiés brisées se renoueront d'elles-mêmes, mais vous aurez au moins eu le courage de vous regarder comme vous êtes. Vos priorités changeront, et cela fera de vous une meilleure personne. Changez votre façon d'être et votre entourage changera aussi.

Enfin, Manakel est également l'Ange qui protège contre les catastrophes naturelles telles que les inondations, les tremblements de terre et les pandémies de toutes sortes. De plus, sachez qu'il vous protège contre les catastrophes humaines que vous aurez provoquées!

67 – EYAËL (du 20 au 24 février)

Eyaël signifie « Dieu, délice des enfants des hommes ». Tel un enfant, Eyaël est un Ange empreint d'une grande douceur, un Ange de délice. Vous n'avez qu'à le voir pour que votre cœur soit chamboulé, émerveillé. Des élans spontanés de joie et d'amour fusent alors de toutes parts. Eyaël est un Ange que vous ne pourrez jamais oublier. On ne se lasse jamais de le voir. Eyaël dit qu'il envoie à ses enfants une telle dose d'énergie que ceux-ci en deviennent dépendants. Ils ne peuvent plus s'en passer. Ainsi, en étant constamment à leurs côtés, il n'aura plus le temps de se tourner les ailes. Il les taquine évidemment!

L'Ange Eyaël n'est pas grand. Cependant, sa Lumière est un véritable délice. Permettez à un enfant de manger des sucreries, de la barbe à papa en l'occurrence, et observez sa réaction lorsque celle-ci touchera ses papilles gustatives. Si vous intégrez l'Ange Eyaël en vous, si vous le priez, vous ressentirez son énergie vous combler de ses bienfaits. Eyaël donne à ses enfants le goût de la jeunesse éternelle. Il vous rend votre jeunesse tout en vous aidant dans votre vie d'adulte.

Pour reprendre les propos de l'Ange Damabiah, Eyaël dit : « Dans la vie, il faut s'amuser comme des enfants. Il faut jouir de la vie, s'amuser et surtout rire! Ne vous préoccupez pas de l'avenir, celui-ci viendra bien assez tôt, mais jouissez pleinement du moment présent. » Eyaël apporte dans le cœur de ses enfants de la joie sur tous les plans. Et lorsque sera venu le temps de prendre vos responsabilités, prenez-les! En ayant cette joie dans votre cœur, il vous sera beaucoup plus facile de faire face à vos responsabilités et de prendre des décisions avec profondeur et perspective. Ce faisant, vous serez moins anxieux et moins dépressifs, car vous aurez gardé votre cœur d'enfant. Tel est le message de l'Ange Eyaël; un message d'une simplicité déconcertante, mais combien difficile à mettre en pratique.

Tout comme l'Ange Damabiah, l'Ange Eyaël descend sur Terre immédiatement lorsque ses enfants font appel à lui. Il accourt à vos côtés à chacune de vos demandes afin de vous montrer qu'il est toujours prêt à vous soutenir. Eyaël vous aidera à trouver votre propre chemin, et ce, dans le calme et la joie. Cet Ange a la fonction d'éliminer toute la négativité qui vous assaille et qui vous empêche d'avancer vers le bonheur. Il vous fera voir ces aspects négatifs et vous en éloignera. Tous ceux qui prient l'Ange Eyaël doivent s'attendre à voir leur vie changer du tout au tout. Vous serez en mesure de voir qui, dans votre entourage, n'est pas sincère avec vous ou qui vous est infidèle en faisant certains gestes déplacés ou en médisant sur votre compte. Eyaël vous fait donc cadeau de la claire vision des choses.

L'Ange Eyaël prend soin de ceux qui éduquent les enfants. D'ailleurs, plusieurs des enfants nés sous sa gouverne feront d'excellents professeurs et pédagogues. Eyaël leur donne un caractère jeune, ce qui a pour effet de mettre en confiance les jeunes enfants assoiffés d'apprendre. Eyaël est aussi présent auprès de tous les éducateurs, de même que de tous ceux qui s'occupent de jeunes enfants. Il leur confère le don de comprendre ces derniers et de les aider puisque leur cœur bat au diapason de ces jeunes âmes qui ont tout à apprendre de la vie.

Les enfants de l'Ange Eyaël qui sont dans la noirceur, qui ne le prieront pas, seront découragés par le poids de la vie et affligés de sérieux problèmes psychologiques. Ils se sentiront déracinés et en proie à des difficultés de concentration. Certains d'entre eux seront incapables d'élever leurs enfants convenablement. Il n'est pas rare que ces êtres nient leurs origines. Ils auront une enfance malheureuse et ils tenteront d'oublier ce qui aurait dû être les plus belles années de leur vie. Ces êtres ne verront pas la Lumière autour d'eux, pas plus que celle qu'ils ont en eux. Ils seront dépressifs, toxicomanes ou alcooliques. Hélas, ces fuites hors de la réalité les isoleront davantage. Priez votre Ange et il vous indiquera le droit chemin.

Eyaël donne à ses enfants le goût de cajoler, d'aimer, de marcher main dans la main, d'épauler et d'encourager autrui. Il incite ses enfants à foncer tête première dans la vie, mais toujours avec douceur. N'ayez pas peur de dire à quelqu'un : « Bravo! Tu as réussi. Tu as donné le meilleur de toi-même et c'est ce qui compte vraiment. » Par contre, l'enfant de l'Ombre n'aura aucune parole d'encouragement pour son prochain; il cherchera plutôt à le détruire.

À tous ceux qui aimeraient méditer, mais que la peur les en empêche, priez l'Ange Eyaël. Il vous enlèvera la peur de méditer, car plusieurs pensent frôler la mort lorsqu'ils utilisent ce moyen pour communiquer avec leur Ange. Ce n'est point le cas. L'Ange Eyaël vous redonne cette aptitude perdue avec le temps. Il vous redonne la capacité d'accéder au centre divin qui gît au cœur de votre âme. Une Lumière intense émane de l'aura d'Eyaël et cette Lumière vous permet d'aller directement vers les Sphères Spirituelles, et ce, par la méditation. L'Ange Eyaël vous amène directement vers les Plans Divins afin que vous ne vous perdiez pas en chemin. De plus, ceux qui méditeront ressentiront la Lumière intense d'Eyaël en eux. Il leur enverra des frissons qui parcourront leur corps tout entier, car il régit tous les sens. Au contact de cet Ange, vous ressentirez immédiatement ses bienfaits et tout l'amour qu'il vous porte. Telle est la sensation que procure cet Ange.

68 – HABUHIAH (du 25 au 29 février)

Habuhiah est un Ange extraordinaire. C'est un « Dieu qui donne avec libéralité ». Habuhiah donne tout ce qu'elle possède, et ce, sans regarder à qui elle le donne, car elle le donne avec son cœur. Elle se décrit comme un Ange d'un blanc pur dont la représentation s'apparente à une colombe ou à un papillon blanc. Habuhiah vibre autant à l'énergie de l'un comme de l'autre. Elle se promène un peu partout afin d'apporter des chansons d'amour et de paix dans le cœur de ses enfants.

Habuhiah est la spécialiste angélique des maladies infantiles. Tout comme l'Ange Eyaël, elle adore les enfants. D'ailleurs, tous les Anges les adorent, mais sachez que ces deux Anges ont pour mission d'aider les enfants malades, et ce, dès leur premier souffle. Habuhiah a comme mission d'aider son enfant à être en excellente santé. Et s'il tombe malade, elle lui donnera la force nécessaire pour se remettre sur pied.

Habuhiah apportera son soutien à tous ceux qui désirent travailler dans le domaine de la médecine, de la psychologie infantile ou qui désirent prodiguer des soins aux autres. Elle vous aidera à trouver la profession qui vous permettra de vous épanouir pleinement.

L'Ange Habuhiah travaille aussi de concert avec les chercheurs et les spécialistes des maladies infantiles. Elle les aide à trouver les remèdes appropriés afin de guérir les enfants malades. Habuhiah affirme : « Un enfant ne devrait pas être malade, car il représente la vie, la source de toutes choses. » Cependant, sachez qu'un enfant malade comprend mieux sa situation que ne la comprend un adulte malade. Habuhiah se demande souvent pourquoi les adultes se plaignent constamment alors qu'ils ont tout. « Regardez cet enfant qui souffre. L'entendez-vous se plaindre? » Elle apporte donc aux adultes, de même qu'à tous les enfants qui souffrent, la force et le courage de composer avec la maladie. Habuhiah ajoute : « Si tous les adultes malades cessaient de se plaindre, il n'y aurait plus de maladies. Car les mots sont créateurs de maux. »

Habuhiah trouve l'adulte fort égoïste en comparaison avec l'enfant. Lorsqu'elle croise le regard d'un enfant qui souffre, elle n'a qu'un seul désir : lui insuffler un peu de la sagesse de l'Ange Damabiah, un peu du plaisir qu'apporte l'Ange Eyaël, un peu de l'essence de Manakel, afin qu'il devienne plus fort, et un peu de sa propre paix. Ce faisant, elle atténue ses souffrances tout en lui donnant la capacité de comprendre la souffrance d'autrui lorsqu'il sera adulte. Habuhiah dira à cet adulte, qui était jadis un enfant malade : « Je suis allée à ton chevet et tu m'as vue. Maintenant, tu peux à ton tour aider celui qui souffre, car tu sauras le comprendre. »

Tous ceux qui travaillent dans le domaine de la médecine infantile ou dans un hôpital pour enfants devraient prier l'Ange Habuhiah. Elle les dotera de l'énergie de la guérison et guidera les médecins vers des moyens concrets afin d'éliminer la souffrance. Tel est le rôle de cet Ange.

Lorsque Habuhiah est près de vous, vous n'avez qu'une seule envie : la caresser comme vous le feriez avec une colombe. Votre seul désir est de la prendre dans vos bras et de la serrer contre vous, contre votre cœur, et de l'embrasser. Habuhiah rend visite à chacun des enfants malades de cette Terre et demeure à leurs côtés pour leur insuffler la force, le courage et l'espoir dont ils ont grand besoin. Elle permet à ces enfants de suivre le chemin de la guérison.

Si vous connaissez un enfant aux prises avec des ennuis de santé, atteint de la leucémie par exemple, priez d'abord l'Ange Damabiah, puis l'Ange Habuhiah. Ensemble, elles accompliront des miracles. Si un enfant a besoin d'une transfusion sanguine, ces deux Anges mettront sur votre route la personne dont le groupe sanguin est compatible. Habuhiah vous aidera également si vous devez subir une greffe d'organe, notamment une greffe de la moelle épinière. Elle vous aidera à trouver un donneur et veillera à ce que votre corps ne rejette pas l'organe transplanté.

L'Ange Habuhiah a été conçu pour veiller sur les enfants malades, mais aussi pour leur envoyer les ressources qui favoriseront leur guérison. Habuhiah demande aux parents qui ont un enfant malade d'installer une image ou un médaillon qui la représente tout près de leur enfant. « Priez-moi et je veillerai sur votre enfant jour et nuit. Je vous enverrai aussi les spécialistes qui pourront guérir sa maladie une fois pour toutes. »

Habuhiah rend heureux les gens malheureux, car elle ne supporte pas la souffrance. Elle est l'Ange de la générosité. Si vous donnez généreusement, vous recevrez de la même façon. Elle a également le pouvoir de vous aider à trouver le partenaire idéal. Non pas un partenaire affectif, mais quelqu'un qui vous aidera à réaliser vos désirs les plus chers. Elle mettra ce compagnon sur votre chemin afin qu'il vous redonne force et courage, tout en vous permettant d'avancer vers vos buts.

Les enfants d'Habuhiah qui sont dans la noirceur seront égoïstes. Ils chercheront à soutirer tout ce que vous possédez. Ces enfants ne verront pas la bonté des autres, mais seront davantage centrés sur leurs propres revendications. Pour eux, chaque service rendu doit être remis au centuple sur-le-champ. Sinon, ils vous feront sentir coupables. Par contre, ceux qui grandissent dans la Lumière donneront sans rien attendre en retour. Ils auront un cœur généreux, bon et pur. Certains seraient prêts à donner leur chemise pour aider ceux dans le besoin. Toutefois, faites attention : il est bien de donner, mais vous devez tout de même apprendre à vous respecter, sinon on abusera de votre bonté.

69 – ROCHEL (du 1ᵉʳ au 5 mars)

L'Ange Rochel est un « Dieu qui voit tout »! Vous ne pouvez rien lui cacher, car il sait tout et devine tout. Il a du flair, tel un détective. Rochel a des yeux qui lui permettent de voir au travers des gens. Il est un peu comme un détecteur de mensonges. Vous vous devez de dire la vérité dès qu'il se met à vous interroger. L'Ange Rochel est l'avocat de tous les Anges. Impossible de gagner contre lui, s'il décide de se porter à la défense d'une cause. Nous aimons le taquiner en employant une expression que vous utilisez sur Terre : il est l'« avocat du diable ». Ses enfants sont à son image, de vrais détectives. Ils décèleront facilement les voleurs, les criminels, les manipulateurs, les hypocrites et les menteurs. Ils possèdent une antenne qui fait d'eux de très bons enquêteurs.

L'Ange Rochel est très grand et de stature imposante. Il n'a pas le choix puisqu'il doit défendre des causes tout aussi complexes les unes que les autres. Si vous le désirez, vous pouvez l'imaginer avec une petite toge sur ses ailes. En fait, ses ailes sont serties de mauve, d'orangé et de jaune. Rochel s'amuse à dire que c'est un jaune « émerveillé »! Ceux qui le regardent, avec les yeux du cœur, le verront entouré d'une multitude de couleurs. Lorsqu'on pose son regard sur lui, on est ébloui par toutes ces lumières, comme sur une scène. Vous éprouverez alors un doux mélange de peur et de joie. La chaleur de cette luminosité vous envahira, mais elle pourrait aussi vous aveugler. Telle est la vibration de l'Ange Rochel.

L'Ange Rochel apporte à ses enfants le bien-être. Il leur dit : « Regarde, avance droit devant et la Lumière guidera tes pas. En suivant ce chemin lumineux, une grande joie t'envahira. Tu seras alors comme une explosion d'étincelles d'amour et de joie. » Rochel donne à ses enfants une essence angélique qui développe leur intuition, qui permet un contact direct avec les Anges. C'est la raison pour laquelle les enfants de Rochel sont doux, généreux et illuminés. Ils sont également aimables et remplis de gestes et de mots d'amour. Ils envoûtent les êtres qui les écoutent. Le rôle des enfants de l'Ange Rochel est de pouvoir aider leur prochain à avancer dans la vie. Rochel et l'Ange Damabiah font de ces enfants de Lumière des prophètes qui œuvreront pour le bien de l'humanité.

Rochel fait partie des Anges qui descendent sur Terre afin d'aider leurs enfants. En fait, cet Ange passe beaucoup plus de temps sur Terre que dans les Plans Divins, car il aime être près de ses enfants. Cette présence constante et cette aide empêchent les enfants de Rochel de trébucher au moindre obstacle qui se dresse devant eux. Il aide également ses enfants à réparer les erreurs qu'ils ont commises, puisqu'ils sont quelque peu maladroits.

Cet Ange apporte également à ses enfants la renommée et la fortune. En le priant, vous ne manquerez jamais d'argent. D'ailleurs, la sensation de cet Ange s'apparente au sentiment qu'éprouve un artiste qui monte sur scène. Rochel vous apporte la chaleur et l'amour de votre « public ». Il donne à ses enfants un amour authentique et ces derniers le transmettront aux autres. Ces êtres seront aimés, adorés et adulés de tous.

Cependant, les enfants dans l'Ombre se laisseront aller au découragement. Ils n'auront pas de repères, car ils ne croiront pas en les Anges. Tous les fuiront par crainte d'être blessés par leurs paroles aigres. Ces êtres se feront un plaisir de briser vos rêves les plus chers. De plus, ils seront les maîtres de l'impolitesse. Ils seront totalement dépourvus de la moindre chaleur humaine et ils chercheront à vous écraser, à vous voler au lieu de vous aider. Certains auront même de sérieux ennuis avec la loi.

Priez l'Ange Rochel et il se fera un plaisir de vous aider avec tout ce qui concerne le monde légal. Il fera justice à toutes les causes possibles et il exposera la vérité au grand jour afin qu'elle se fasse entendre. L'Ange Rochel est aussi celui qui gère les héritages et qui guide les exécuteurs testamentaires. Il veillera à ce que les dernières volontés des défunts soient réalisées, et ce, dans le respect le plus total. Or, ceux dans l'Ombre seront déshérités ou déshériteront les membres de leur famille.

Puisque Rochel est l'Ange de la voyance, il aidera activement tous les chercheurs à trouver des solutions. Rochel est celui que vous devez prier si vous avez perdu de vue une personne ou égaré un objet ou un animal. On le prie aussi afin de retrouver le corps de personnes disparues. Toutefois, dans certains cas, si le corps n'est pas retrouvé après six mois de prières intensives, c'est que l'âme qui a quitté la Terre ne veut pas qu'on retrouve son corps physique. Ainsi, ce n'est pas parce que l'Ange Rochel ne veut pas vous aider, c'est qu'il doit respecter le désir de cette âme.

Rochel sera toujours aux côtés de ses enfants, même s'ils choisissent de renier les Anges. Il leur enverra tout son amour angélique afin que ces derniers puissent sortir de cette négativité, qu'ils dépassent cet état pour ensuite retrouver le chemin de l'amour. La grande faiblesse des enfants de l'Ange Rochel, c'est la négativité. Les gens s'éloignent d'eux, car leurs conversations sont dépourvues d'amour. Ces êtres auront des paroles acerbes pour leur prochain. Ceux qui sont dans l'Ombre détruiront l'humanité par divers moyens. Ils jalouseront les autres et essaieront de les déposséder de tous leurs avoirs. Vibrez avec la Lumière et vos chemins deviendront beaucoup plus lumineux. Vous êtes arbitres de vos propres destins.

70 – JABAMIAH (du 6 au 10 mars)

Jabamiah est un Ange d'une grande beauté et d'une grande douceur. Jabamiah est grande et mince. Ses ailes sont de couleur rose. Parfois, elle prend aussi les couleurs de l'arc-en-ciel; sa beauté est incommensurable. Elle est entourée d'étincelles de lumière puisqu'elle aime tout ce qui brille. Cela fait d'elle un Ange éblouissant, un spectacle divin. En fait, son corps est entièrement serti de diamants. Lorsqu'elle ouvre grandes ses ailes, on les voit briller de tous leurs feux. Jabamiah affectionne particulièrement cette pierre, car elle est éternelle. Aux yeux des humains, le diamant a une valeur sentimentale. Elle en arbore non pas pour montrer qu'elle est la plus belle, mais pour vous faire comprendre qu'elle a la capacité d'éblouir votre vie.

Jabamiah veut insérer ces joyaux dans le cœur de ses enfants afin de leur faire prendre conscience qu'ils sont de purs diamants et qu'ils ont de la valeur. Pour cet Ange, la grosseur de la pierre importe peu, pas plus que sa couleur d'ailleurs. Elle n'accorde aucune importance au travail que vous faites ni même à votre statut social. Si l'humain intègre le diamant que Jabamiah lui transmet, cet être, quel qu'il soit, prendra de la valeur.

Jabamiah ira installer sur-le-champ un diamant au centre de l'âme de l'enfant qui la prie. Ce dernier pourra, à son tour, devenir éblouissant. Il retrouvera la joie, le courage et la force d'être qui il est dans son essence première. La lueur interne de ce diamant rayonnera sur son entourage. Telle est la force de l'Ange Jabamiah.

Puisqu'elle est très près de l'humain, elle comprend les besoins fondamentaux de ce dernier. Cet Ange peut tout apporter aux humains, car c'est un « Dieu qui produit toutes choses ». Ce qu'elle produit, cependant, sert le bien de ses enfants. Elle possède de nombreuses qualités humaines : l'amour, le respect, la douceur, l'empathie, le don de soi et la capacité de rêver. Le don de rire et de s'amuser sont deux qualités qui la représentent bien, car le rôle premier de l'Ange Jabamiah est de rendre son enfant heureux. Elle voit à ce que tous ses vœux soient exaucés, en autant qu'ils soient importants pour eux et pour leur entourage. Cet Ange écoute vos prières et toutes vos demandes d'ordre personnel. L'Ange Jabamiah dit qu'il est possible d'exaucer tous vos vœux. Cependant, vous devez lui accorder un peu de temps et réciter quelques prières avant qu'ils ne se réalisent. Jabamiah tient à la prière, car c'est une ressource qui permet aux êtres humains d'accéder directement aux Anges. La prière permet de déterrer le diamant qui est en vous et d'améliorer vos conditions de vie. Jabamiah vous permet d'être en harmonie avec vous-mêmes. Prenez le temps de vous recueillir. Ce faisant, vous arrêterez pour formuler vos demandes, ce qui vous permettra de les analyser en profondeur.

Jabamiah aidera ceux qui doivent accompagner des personnes en phase terminale. Elle leur donnera la force et le courage de conduire ces êtres vers leur nouvelle vie. Il est très difficile de laisser partir ceux qu'on aime. Devant la mort, certaines personnes ne savent pas quoi dire ou comment réagir. Jabamiah leur dit : « Si un proche ou un ami s'apprête à quitter la Terre, priez-moi. Je vous soufflerai les paroles adéquates à prononcer. Je serai avec vous à son chevet et nous lui tiendrons la main. Ensemble, nous accompagnerons cette personne vers son dernier repos. Cet être cher pourra donc partir en toute confiance et en toute sérénité. Lorsque l'âme quittera le corps, je l'amènerai à l'Ange Mumiah, qui l'accompagnera à son tour vers les Plans Divins, vers sa nouvelle vie.

Les Anges se complaisent à appeler Jabamiah « l'Ange du Tout ». Elle sait tout, voit tout et peut tout donner. Jabamiah est l'Ange de tous les enfants de la Terre. Sa force est de leur dévoiler le diamant qui se trouve en eux. Elle leur permet aussi, en grandissant, de devenir des adultes consciencieux puisqu'elle leur inculque le respect de soi et des autres. L'Ange Jabamiah illumine la vie de tous ceux qui désirent retrouver le chemin de la Lumière. Son plus grand désir est d'apporter le bonheur, la joie, le rire et l'amour dans la vie de tous ses enfants.

Jabamiah adore travailler avec l'énergie d'un maître ascensionné, en particulier avec saint Germain. Tous ceux qui s'intéressent à l'alchimie, à la guérison, à la flamme violette, devraient prier cet Ange. Jabamiah vous aidera à comprendre les écrits de ce maître et à mieux intégrer son énergie. Elle apparaît à ceux en résonance avec ce maître sous les traits d'un Ange mauve orné de diamants. Jabamiah est celle qui a inspiré à saint Germain ses écrits, et ce, afin que les êtres humains puissent comprendre les préceptes de l'alchimie. Jabamiah a aussi comme fonction d'ouvrir les canaux énergétiques de tous ceux qui travaillent avec les énergies : Reiki, massothérapie, acuponcture, etc.

Les enfants dans l'Ombre seront athées et chercheront à nuire aux autres. Ces êtres sont de véritables bâtons de dynamite. Ainsi, ils s'amuseront à défaire le bonheur des gens qui les entourent et à blesser les autres avec leurs paroles et leurs gestes. Ils seront atteints de maladies de toutes sortes. Les embûches tapisseront leur route, qui leur semblera d'ailleurs interminable. Leur vie ne sera pas facile. Jabamiah dit à cet enfant : « Crois en moi. Ne te laisse pas influencer par les autres. Viens vers moi et je redorerai ta vie avec des étincelles de bonheur. Je te ferai redécouvrir le diamant en toi, ta propre valeur. Tu n'as qu'à tendre la main et je te ramènerai dans la Lumière en te guidant avec le bout de mes ailes. »

Il faut de la Lumière pour que brille un diamant! Un diamant perd de son éclat, de sa brillance, lorsqu'il est dans l'obscurité. Il est froid. Donnez-lui un peu de Lumière et il brillera de tous ses feux. Jabamiah a donc comme rôle de raviver la Lumière en vous et de faire scintiller votre diamant. Ainsi, vous pourrez voir la magnificence de votre diamant intérieur!

Les enfants qui œuvrent dans la Lumière seront intellectuels et verront les Anges. Plusieurs d'entre eux auront le pouvoir de travailler avec nous. Si les parents élèvent ces enfants dans la pure Lumière, ces derniers deviendront les créateurs de l'Univers. Le contraire est aussi vrai. Les enfants de l'Ange Jabamiah sont bons et respectueux envers leurs aînés. Ils sont serviables et donnent sans compter. Comme adultes, ces êtres seront respectueux et généreux sur tous les plans. Affichant constamment un sourire, ils seront adorables et aimés de tous.

Tous ceux qui ont peur de la mort devraient prier l'Ange Jabamiah, car elle vous permettra de voir la mort sous un angle différent, de l'apprivoiser et de l'accepter lorsque votre tour viendra.

71 – HAIAIEL (du 11 au 15 mars)

L'Ange Haiaiel est un « Dieu, maître de l'Univers ». Il affectionne particulièrement l'appellation « Maiaiel », car cela le distingue des autres noms angéliques dont la sonorité est quasi identique. Sachez qu'il vous appartient de l'appeler comme bon vous semble. Haiaiel est un Ange d'une grande importance. Il aimerait être perçu comme un Ange de brique, solidement construit. Or, ce mur de brique, aussi étrange que cela puisse paraître, est un mur malléable. Haiaiel peut donc prendre la forme qu'il souhaite.

La fonction principale d'Haiaiel est de bloquer les Ombres. Cet Ange dit à ses enfants : « Je suis votre clôture, je suis votre armure, je suis votre protection. Je veille sur vous afin que rien ne vous déstabilise. » Les enfants de Haiaiel qui ne sont pas dans la Lumière peuvent être très négatifs. Ils ont beaucoup de difficultés à respecter les autres. Ces êtres veulent toujours faire mieux que quiconque et ils empoisonnent, par le fait même, la vie des autres. Pour eux, la fin justifie les moyens. C'est la raison pour laquelle Haiaiel leur donne la force, l'armure dont ils ont besoin, pour ne pas se laisser submerger par les émotions. Mais surtout pour que leur grande susceptibilité ne laisse pas les Ombres les envahir à leur insu.

Plus que quiconque, les enfants de l'Ange Haiaiel ont une grande faiblesse qu'ils doivent surmonter. Ils sont une porte d'entrée par laquelle entrent les mauvaises ondes, les mauvaises énergies. Haiaiel dote ses enfants d'une armure solide pour ne pas que ces voleurs d'énergie s'installent dans leur corps. Toutefois, si l'enfant d'Haiaiel ouvre cette porte de son propre gré et laisse entrer l'Ombre, alors il deviendra lui-même un « vampire » d'énergie. Il sera exigeant et malheureux. Il jalousera les autres et, par conséquent, leur coupera constamment la parole. C'est sa façon d'attirer l'attention et de montrer qu'il est le « maître » en toutes choses. Il ne voudra rien entendre; tous ses canaux seront bouchés.

Notre intention n'est pas de faire peur aux enfants de l'Ange Haiaiel. Cela n'est pas le but de notre message. Nous voulons que vous sachiez qu'il existe en vous une grande force, un don qui vous permet, si vous l'utilisez correctement, d'éloigner les mauvaises ondes en effectuant des rituels angéliques. Demandez à l'Ange Haiaiel de vous faire don de son armure d'acier. La façon dont vous vous en servirez ne dépendra que de vous.

Les enfants de l'Ange Haiaiel ont également la capacité de ramener vers la Lumière les âmes errantes, perdues. Ils sont ce que nous appelons des « Passeurs ». Ces êtres possèdent en eux la clé, la force, l'énergie et le don qui leur permet de communiquer avec l'autre monde, le monde des souffrances. Il leur est permis de ramener ces souffrances à la Lumière afin d'en obtenir une guérison complète. En priant l'Ange Haiaiel, tous les enfants qui travaillent avec le monde des souffrances, le monde du bas-astral, pourront revenir dans la Lumière. Telle est la mission de l'Ange Haiaiel.

Les enfants de l'Ange Haiaiel qui œuvrent dans la Lumière sont des êtres puissants. Ils réussiront tout ce qu'ils entreprendront. Leur don consiste à détecter les mauvaises énergies, les gens méchants et malhonnêtes. Leur armure, don de l'Ange Haiaiel à leur naissance, les protégera contre toute attaque malveillante. Ces êtres seront invincibles : l'Ombre n'aura aucune emprise sur eux. Ces enfants lumineux seront conscients de leurs défauts et chercheront à s'améliorer. Ils travailleront afin d'apporter l'amour en eux ainsi que dans leur entourage.

Haiaiel est un Ange qui n'aime pas le mensonge. Aussi, il fait en sorte que ses enfants soient honnêtes et que leurs paroles soient convaincantes. Par contre, les enfants de l'Ombre parleront sans cesse et n'agiront jamais. Mensonges et escroqueries seront leur lot. Priez l'Ange Haiaiel et il fera la Lumière sur toutes les situations malveillantes.

Haiaiel est aussi l'Ange de la méditation, de la voyance, de la spiritualité et de la communication extrasensorielle. Tous ses enfants ont un accès direct avec les Anges, de même qu'avec le monde des défunts. Les enfants qui sont dans l'Ombre, eux, n'ont accès qu'aux esprits du bas-astral, ceux qui errent entre la Terre et le paradis. Les enfants de Lumière se servent de cette faculté en guise de signal d'alarme devant les situations qui pourraient s'avérer problématiques ou encore qui mettraient leur vie en péril. Plusieurs s'orientent vers des professions où l'intuition prédomine : clairvoyant, clairaudient, cartomancien, tarologue, astrologue, voyant ou guérisseur pour ne nommer que ceux-là. La méditation favorise l'introspection de même que la découverte de vos dons. Ce faisant, il vous sera plus facile de cheminer dans la vie.

Priez l'Ange Haiaiel pour éloigner de vous tous ceux qui sapent votre énergie et votre joie de vivre. Il éloignera les mauvais esprits, les alcooliques, les toxicomanes, les joueurs compulsifs, les personnes jalouses ou malintentionnées. Bref, tous ceux qui minent votre bonheur. Haiaiel est aussi l'Ange que vous devez prier dans tous les cas d'exorcisme. Il travaille alors de concert avec l'Ange Damabiah et l'Ange Cahetel. Ensemble, ils purifieront votre maison et chasseront toutes les vibrations dérangeantes. Le soleil reviendra dans votre vie et vous serez beaucoup plus heureux par la suite. L'Ange Haiaiel est le plus puissant des Anges protecteurs. Sa puissance est inestimable.

72 – MUMIAH (du 16 au 20 mars)

Mumiah est le dernier des Anges à avoir été créé par Dieu. Son nom signifie « Dieu, fin de toutes choses ». Cet Ange est d'une beauté incommensurable. Ses grandes ailes sont d'un blanc immaculé, tout comme l'est son corps. Cet Ange travaille avec tous ceux qui doivent quitter la Terre. L'Ange Jabamiah va soutenir la personne qui accompagne un être en phase terminale. Mumiah, de son côté, aidera la personne en phase terminale à accepter de quitter la Terre, le monde des humains. Elle guidera ses pas vers le monde des âmes. Ces deux Anges, d'une tendresse infinie, travaillent toujours de concert. Elles sont inséparables.

Puisque Mumiah est le dernier Ange à avoir été conçu, elle a une forte résonance avec les êtres qu'elle précède : vous, les humains. Elle possède plusieurs de vos qualités puisqu'elle est l'Ange le plus près de vous. Mumiah est celle qui vous connaît le mieux. En fait, tous les Anges du Chœur des Anges vous connaissent bien, car ils sont les plus près du règne humain.

Mumiah aide son enfant à être heureux en lui permettant de développer ses dons créatifs. C'est un Ange qui prend soin des enfants malades. Elle leur dit de ne pas perdre espoir. Mumiah guérira ceux qui la prieront. Sa fonction est d'éliminer les maladies qui vous accablent, les toxines qui empoisonnent votre existence, de même que les cellules infectées. Cependant, l'Ange Mumiah ne peut pas vous guérir instantanément. Elle doit, avant tout, nettoyer en profondeur toutes les cellules de votre corps. Ce faisant, elle examinera les recoins obscurs de votre être et chassera la maladie qui s'y trouve afin que la guérison soit complète. Mumiah aime voir son enfant vieillir heureux et en santé; elle est l'Ange de la longévité. Par contre, celui qui n'est pas dans la Lumière aura souvent des ennuis de santé.

Mumiah est un Ange médecin. Puisqu'elle veille sur la santé de l'humanité tout entière, de même que sur les mourants, Mumiah est, et ceci est un secret divin, la Lumière resplendissante et éblouissante au bout du tunnel. Elle est la Lumière qui guide et qui éclaire tous ceux qui quittent la Terre. Mumiah a été choisie par Dieu pour amener les âmes auprès de lui. L'Ange Mumiah, accompagné de votre Ange personnel, viendra vers vous au moment de votre dernier passage, et ce, même si elle doit se trouver à mille et un endroits à la fois. Elle vole à la vitesse de la Lumière.

Lorsque vous vous tiendrez devant cette Lumière intense, l'Ange Mumiah vous tendra les ailes afin que vous puissiez passer de l'autre côté du voile. Et même lorsque vous aurez franchi ce passage, elle ne vous abandonnera pas. Elle réconfortera votre âme, tout comme le ferait votre Ange personnel, ou votre Ange gardien, si vous préférez. Ensuite, elle purifiera votre âme en la délestant du poids des années passées sur Terre, et elle redescendra à nouveau. Vous l'accompagnerez encore, mais sous un aspect différent. Mumiah vous permettra de revoir les gens qui vous prient et qui versent des larmes pour vous. Vous comprendrez ainsi combien vous avez été bons, combien vous leur manquez. Il s'agit, en quelque sorte, de faire un dernier au revoir à ceux que vous quittez; un au revoir orchestré par la bonté infinie de l'Ange Mumiah. Sachez qu'il n'est pas facile de faire ses adieux pour celui qui quitte, pas plus que pour ceux qui restent.

Mumiah dit : « Tu ne pourras plus toucher physiquement ces gens de la même façon, mais tu pourras cependant communiquer avec leur âme grâce à la pensée. Aie une pensée d'amour pour tous ceux qui versent des larmes et ils penseront à toi en retour. Envoie-leur des souvenirs heureux que vous êtes seuls à partager. Ils les capteront! » C'est à ce moment que Mumiah transmettra à l'âme le don de la télépathie puisque cette dernière ne fait désormais plus partie du plan terrestre. Tel sera le rôle de cet Ange. Si vous avez accompli avec succès votre séjour terrestre, vous entrerez immédiatement dans la Maison des âmes où se retrouvent tous ceux qui ont quitté la Terre. Ainsi, tous ceux qui ont quitté la Terre avant vous, vos proches et vos amis, vous y accueilleront à bras ouverts.

Nous disons aux humains : « Quand vous perdez un être cher, il arrive que vous n'y pensiez plus pour un moment. Puis, un jour, vous y repensez de nouveau. Sachez alors que c'est cet être qui vient de vous envoyer un message. C'est par la voie de la télépathie que les êtres décédés communiquent avec vous. Ils vous envoient des messages bien réels. Vous n'imaginez rien! Si vous pensez à un être cher qui est parti vers l'autre monde et que le téléphone ne sonne qu'une seule fois, sachez qu'il vient de vous dire un petit bonjour. Fermez les yeux, recueillez-vous et écoutez les pensées que l'on vous envoie. Écoutez ses paroles! »

Mumiah permet à tous ceux qui souffrent de mélancolie ou de dépression de se retrouver afin de vivre des jours plus heureux. Elle vous aidera à reprendre votre vie en main. Priez cet Ange et le bonheur frappera aussitôt à votre porte. En effet, comme elle a accès à tout votre être, à toutes vos émotions, elle sait ce qui vous fait défaut et elle vous l'apportera. De concert avec l'Ange Jabamiah, Mumiah a tôt fait de vous remettre sur pied.

Les enfants de l'Ange Mumiah qui ont choisi le camp de l'Ombre auront peur de la mort. Certains choisiront pourtant de s'enlever la vie. Nous ne comprenons pas ce qui les pousse à faire ce geste contradictoire puisqu'ils ont peur de la mort… Certains seront atteints d'une maladie mentale, alors que d'autres auront des difficultés respiratoires. L'alcoolisme et la toxicomanie ne sont pas rares. Ces êtres vivront coupés de leur Lumière, comme des robots. Ils n'auront aucun intérêt dans la vie. Toutes leurs entreprises échoueront et leur vie ne sera que souffrances. Leurs moindres décisions auront comme conséquence d'abîmer leur corps et leur âme. Tel sera le lot de ces jeunes âmes ou encore des êtres qui doivent recommencer à la première marche. Pourtant, ils n'auraient qu'à tendre la main afin que Mumiah vole immédiatement à leur rencontre.

Les enfants de Mumiah dans la Lumière sont de vrais boute-en-train. Ils sont adorables. Ces êtres aiment rire et sont d'une grande douceur. Ils vouent un grand amour à tous ceux qui les entourent. Ces enfants sont toujours en train d'aider leur prochain et leurs idées fusent de toutes parts. Ils devront toutefois prendre soin de terminer ce qu'ils ont commencé. Mumiah leur donnera cette force. Plusieurs de ces enfants sont de véritables sauveurs. Il est dans leur nature fondamentale de sauver des vies, de guérir les gens affligés de maladies de toutes sortes. Ils tiennent cela de leur Ange. Leurs paroles sont réconfortantes et empathiques. Ces êtres ne vous abandonneront jamais. Ils ne vous laisseront que lorsque vous serez en mesure de voler de vos propres ailes.

Les enfants de l'Ange Mumiah sont aussi très créatifs et enclins à soutenir des causes nobles, à l'image de la pureté de leur âme. Ces êtres sont dotés d'une grande intelligence et ils saisiront rapidement tout nouvel enseignement. Ils seront en mesure de capter l'essence de la vie et l'essence des Anges. Ils perçoivent ce que l'adulte est incapable de percevoir. Ces enfants seront bien en avance sur leur temps. Dès leur plus jeune âge, ils dégageront l'assurance et la sagesse d'une personne mature. L'âme s'exprimera par la bouche de ces enfants. Ce sont de petits « canaux ». Ces enfants sont en équilibre et en phase avec le Plan des Anges. L'intense Lumière de l'Ange Mumiah lui confère une puissance extraordinaire. Priez cet Ange!

Chapitre XV

Le règne humain

Tous les habitants de la Terre

Dirigé par l'Archange Sandalphon (Le jumeau de Metatron)

L'Archange Sandalphon est à la tête du règne terrestre et de tout ce qui le compose : les minéraux, les végétaux, les animaux et les humains.

Ce chapitre contient une description approfondie de l'Archange Sandalphon et de sa mission envers les humains. Il traite également des êtres humains souffrant d'une déficience sur le plan physique ou mental, tels les enfants handicapés, les personnes décédées prématurément, les enfants autistes et les schizophrènes. De plus, il sera question de mettre en lumière certains pièges que l'Ombre peut tendre à l'humain au cours de son passage terrestre.

L'Archange Sandalphon

L'Archange Sandalphon joue un rôle crucial puisqu'il prend soin de la planète Terre. Il est le maître de la Terre, celui qui connaît tout de la vie des êtres humains et de tout être vivant sur Terre qu'il soit visible ou non à vos yeux. Il a à sa charge les règnes minéral, végétal, animal et humain. De même, il régit tous les éléments qui composent la Terre : le feu (volcan, éclair, magma, etc.), la terre (continent, minerai, pétrole, pierre précieuse, etc.), l'air (oxygène, vent, ouragan, etc.), l'eau (lac, océan, pluie, rosée, nuage, geyser, etc.).

Sandalphon est un Archange très grand et très puissant. L'être humain ne peut pas le voir puisque la Lumière que cet Archange émet est si éblouissante, si intense que ses yeux en brûleraient! Sandalphon est comme mille soleils. Il faut donc le regarder avec les yeux du cœur, les yeux spirituels. Lorsque vous entrerez en contact avec la vibration de l'Archange Sandalphon, vous ressentirez des secousses sismiques. Cet Archange fera vibrer toutes vos émotions. Il vous conduira à l'apothéose de vos sentiments les plus purs et les plus intenses. Telles sont les réactions physiques qui se produisent lorsque Sandalphon « allume » la Lumière en vous!

Sandalphon est doté de plusieurs ailes. Parfois, il n'en utilise que deux. En d'autres occasions, six. Quand il y a urgence, il met ses huit ailes à profit. Il doit en emprunter à Metatron! Il vous taquine évidemment puisque les ailes sont une représentation symbolique des Anges et des Archanges. En fait, ces derniers sont partout à la fois et ne se « déplacent » guère d'un lieu à un autre. Ils y sont tout simplement.

Certains se demanderont : « Comment Sandalphon, tout comme les autres Anges et Archanges d'ailleurs, peut-il voler à la rencontre de milliards de personnes? » C'est que les humains possèdent tous Sandalphon en eux, au même titre que les autres Anges et Archanges. Ils sont tous munis de ce « déclencheur », de ce « bouton » qui appelle à l'aide en cas d'urgence. Nous vous entourons alors immédiatement de notre Lumière. Comment cela est-il possible? L'âme possède une étincelle de la Source Divine, de Dieu. C'est ainsi que nous sommes tous reliés, branchés les uns aux autres. Il est donc inutile de « voler » à votre secours puisque nous sommes déjà en vous! Nous prenons naissance à même votre âme.

Dieu vous a également fait grâce d'un autre cadeau : la prière. Lorsque vous priez, ou que vous faites appel à nous, nous accourons pour vous apporter notre aide. Cela fonctionne à l'image d'un téléphone d'urgence branché en permanence à la centrale des Plans Divins. Nous avons été conçus pour aider immédiatement l'humain qui nous fait une demande. Toutefois, la seule condition émise par Dieu est que cette demande doit être faite par l'entremise de la prière. La prière est en effet le moyen de communication privilégié entre les êtres humains et les Sphères Célestes. C'est une forme de respect entre les Plans Divins et les êtres humains. Si vous ne souhaitez pas recevoir notre aide, si vous désirez marcher seuls, nous vous respecterons. À quoi bon vous apporter notre soutien, si vous n'en voulez pas ? Vous êtes libres de mener votre vie comme bon vous semble.

Cependant, n'oubliez jamais que vous avez tous été conçus dans les Sphères Spirituelles avec l'amour de Dieu. Même si vous désirez avancer seuls dans la vie, si vous êtes athées ou que, pour vous, seules les démonstrations scientifiques sont valables, vous sentirez tôt ou tard le besoin de puiser au sein des Sphères Spirituelles. Tout comme il vous faut manger et boire pour survivre.

Un être humain qui se coupe complètement de ses racines spirituelles éprouvera un manque une grande partie de sa vie. Sa vie sera une quête incessante, car il lui manquera le souffle divin. Il se sentira déraciné, déplacé. Il pensera qu'il n'est pas aimé. La spiritualité est votre souffle, le souffle de l'humanité. Un être humain, pour être complet, a besoin de cette spiritualité. Toutefois, tant et aussi longtemps qu'il la refusera, il continuera à chercher… Tels sont les faits. Il vous appartient de décider si vous voulez intégrer ou pas la spiritualité. Lorsque nous, Êtres de Lumière, parlons de spiritualité, nous n'entendons aucunement la religion. Nous faisons simplement référence à la prière. Priez votre Dieu à vous, priez ce en quoi vous avez foi, mais priez ce qui se trouve dans la Lumière. Ce faisant, vous serez illuminés !

Les rôles de l'Archange Sandalphon et de l'Archange Metatron

Metatron supervise les Mondes angéliques et Sandalphon veille sur le Monde des humains et il représente la vie humaine dans son ensemble, y compris toutes les composantes de la vie terrestre. Sandalphon est donc la source terrestre, l'essence de toute vie. Sans lui, la vie humaine ne serait pas possible. Pour sa part, Metatron représente plutôt la mort du corps humain et la naissance à la vie spirituelle. Par contre, sans Metatron, le corps serait dépourvu de son âme. Il n'y aurait donc pas de vie possible non plus.

Metatron possède les mêmes connaissances que Sandalphon puisqu'ils sont branchés l'un à l'autre. Si l'un ne peut accomplir une tâche quelconque, l'autre le fera. On peut dire qu'ils sont des jumeaux cosmiques, des êtres identiques, puisqu'ils sont investis de la même mission, mais dans des sphères différentes. Metatron possède toutes les connaissances relatives à l'humanité, aux vies antérieures. On ne peut donc rien lui cacher. L'Archange Sandalphon possède les mêmes forces. Toutefois, il est beaucoup plus près des humains que ne l'est Metatron. Il est capable de ressentir toute la gamme des émotions, des sentiments humains. Metatron, lui, ressent les vibrations de l'âme. Telle est la plus grande différence entre ces deux Archanges grandioses.

L'Archange Metatron détient le grand Livre de l'Humanité, en plus du Livre du Royaume Céleste, puisque son frère jumeau, Sandalphon, lui a transmis l'ensemble des connaissances humaines. Ils sont reliés l'un à l'autre, et lorsque des changements surviennent sur Terre, qu'il y a évolution, Sandalphon transmet automatiquement ces informations à Metatron qui peut ainsi tenir le Livre à jour.

En résumé, Metatron est celui qui gouverne la Hiérarchie Angélique, mais aussi la Hiérarchie des âmes; âmes qui deviendront ensuite des humains. Sandalphon, de son côté, accompagne ces âmes vers un corps humain. Ces Archanges ont donc un rôle de premier plan à jouer dans la venue des humains sur Terre. C'est grâce à Sandalphon et à Metatron que l'être humain peut grandir, évoluer, vivre, respirer et explorer les différentes possibilités que la Terre lui offre. Sandalphon régularise les systèmes nerveux du corps humain, alors que Metatron dirige le cerveau qui coordonne le tout. Ils sont complémentaires!

Quand l'âme pénètre dans les Sphères Spirituelles, Metatron connaît les sentiments qu'elle ressent et il travaille de concert avec elle. Sandalphon, pour sa part, accompagne l'âme sur Terre et n'est pas étranger à tous les sentiments humains que celle-ci peut éprouver. À eux deux, ils connaissent l'être humain en profondeur. Ils forment une unité indissociable, un « Tout », une force unie. Ils sont constamment en fusion et personne ne peut les séparer. Metatron et Sandalphon sont le début et la fin, l'Alpha et l'Oméga, le Yin et le Yang. Ils représentent l'Infini et l'un ne peut exister sans l'autre. Metatron figure parmi les Anges célestes et représente le Ciel, tandis que Sandalphon figure parmi les humains et représente la Terre dans son ensemble. Ces deux êtres forment une force inexprimable, l'Univers : la mort et la vie éternelle. Ils sont responsables de la viabilité de la Terre ainsi que de tous les êtres qui y vivent. Fusionnées, ces deux énergies immaculées sont à l'égal de Dieu dans toute sa Splendeur!

L'Archange Sandalphon et les Plans Divins

Sandalphon représente toute la gamme des émotions qu'un être humain peut ressentir et il la possède en lui. Il est chargé de faire comprendre aux Êtres de Lumière les sentiments humains. C'est grâce à lui que tous les Anges et les Archanges issus des Plans de Lumière peuvent aider les êtres humains. Il les aide à ressentir les émotions humaines et à mieux les comprendre. Quand un Être de Lumière demande à Sandalphon : « Pourquoi est-ce que mon enfant pleure? Pourquoi a-t-il de la peine? », Sandalphon peut lui faire ressentir la peine humaine. En effet, il leur explique la façon dont l'être humain réagit devant telle ou telle situation. Il leur explique comment celui-ci vit la séparation, comment il perçoit la mort et les contraintes quotidiennes. C'est la raison pour laquelle les Anges versent aussi des larmes puisqu'avec l'aide de Sandalphon ils comprennent les émotions humaines. Les Êtres de Lumière ont besoin de l'aide de Sandalphon pour mieux guérir, soulager et comprendre les êtres humains.

Cependant, il est important de mentionner qu'il y a des Anges personnels qui connaissent déjà les émotions humaines puisqu'ils ont été humains auparavant. Ces êtres humains ont franchi avec succès chacun des neuf Chœurs Angéliques et ils sont devenus des Anges personnels. Ces Anges connaissent la souffrance humaine; ils sont les mieux placés pour vous aider dans votre cheminement et pour guider vos pas. Comme nous sommes Lumière, nous pouvons entrer en communication avec votre Ange personnel afin de connaître vos émotions et vos états d'âme. Il nous est plus facile, par la suite, de vous aider en cernant ce qui ne va pas.

L'Archange Sandalphon et l'humanité

L'Archange Sandalphon perçoit les sentiments qui vibrent à haute densité, les vibrations d'amour. Il possède en lui toute la gamme des émotions humaines, mais ce sont des émotions de Lumière. Sandalphon a le pouvoir de capter la haine, émotion courante chez les humains, et de la transformer en un sentiment d'amour et de paix. C'est un plaisir pour lui de se promener partout sur la planète et de balayer, au moyen de ses grandes ailes, les émotions négatives et de les remplacer par un sentiment d'amour. Sandalphon ne tolère ni la tristesse ni les disputes. Il est l'Archange de la Lumière et de l'amour Divin, et il sème le bonheur partout où il passe.

Dieu a dit : « Sandalphon, tu prendras soin de la Maison des humains. Et pour prendre soin de tous les êtres humains, tu devras être comme eux tout en étant comme nous. » C'est pourquoi il prend une forme humaine pour vous transmettre des messages et qu'il revêt son corps archangélique quand il s'adresse aux Êtres de Lumière. Sandalphon fait preuve d'une grande humilité et d'un très grand respect pour tous les êtres vivants.

Dans la Bible, Sandalphon est représenté sous les traits du prophète Élijah. Moïse a d'ailleurs écrit un psaume directement lié à Sandalphon. Le travail de ce dernier gravite spécifiquement autour de l'âme humaine, tout comme celui de Metatron. Sandalphon possède tout particulièrement la facilité d'aider les âmes à retrouver leur chemin. Lorsqu'une âme quitte un corps humain, sans avoir accompli son plan de vie, Sandalphon l'aide à comprendre les raisons pour lesquelles elle s'est égarée dans son parcours. De plus, il accompagne les âmes perdues, celles dans l'Ombre, en répandant la Lumière dans leur âme et dans leur cœur. Toutefois, il faut que ces âmes désirent retrouver le chemin de la Lumière. Sandalphon les dirige ensuite vers la maison correspondant à son cheminement sur Terre. Il peut donc les diriger vers la Maison de la justice, la Maison des âmes ou la Maison des Anges. Une fois la Maison choisie, c'est l'Archange recteur de cette maison qui prend en charge cette âme et qui la dirige vers ses obligations.

Quand une âme vient sur Terre et qu'elle entre dans le ventre de sa mère, c'est Sandalphon qui la guide. Il aide l'âme à trouver un endroit chaleureux où elle pourra évoluer sous le signe de l'amour et de l'harmonie. Il est celui qui décide quelles âmes s'incarneront sur la

Terre, et lesquelles resteront, pour l'instant, de l'autre côté du voile. Sandalphon amène alors cette âme où il y a gestation. Il choisira également le sexe du nouvel être qui naîtra, si l'âme ne l'a pas elle-même choisi, si elle est incertaine ou si elle n'est pas autorisée à le choisir. La décision finale revient à Sandalphon. Il est celui qui connaît le mieux l'être humain. Il saura donc faire le bon choix en ce qui concerne le sexe de la nouvelle âme et son plan de vie. Sandalphon œuvre en faveur des êtres humains. Il veille à ce que ces derniers aient la possibilité de grandir dans un climat de paix.

Sandalphon œuvre également dans le domaine musical. Cet Archange aime la musique et le chant. D'après lui, tout être humain devrait mettre un peu de musique dans sa vie. Ainsi, il se portera mieux. Une musique douce à votre oreille calmera tout votre être. Une musique rythmée vous fera danser et rire de joie. Chaque son de musique provoque une réaction chez l'humain. Il suffit de bien connaître celle qui vous donnera de l'élan et de l'énergie positive pour entreprendre vos activités, ou qui saura vous détendre lors des journées plus difficiles. De plus, l'Archange Sandalphon accompagne les jeunes musiciens en leur offrant un talent particulier ainsi que la force nécessaire pour réussir.

Nous allons maintenant vous dévoiler un secret divin. Quand l'Archange Sandalphon pénètre dans votre maison ou dans votre cœur pour transformer une émotion négative en une émotion positive, ou encore pour faire briller de nouveau le petit soleil en vous, il n'utilise rien de plus que la Lumière humaine. Il allumera une ampoule sous vos yeux! Sandalphon s'amuse aussi à faire clignoter les lumières afin de vous informer de sa présence. C'est sa façon de vous faire savoir qu'il vient de vous transmettre une parcelle de son énergie lumineuse pour que vos émotions négatives disparaissent, mais aussi pour que toutes les émotions positives s'éveillent.

Sandalphon aime allumer les lampadaires qui jalonnent les autoroutes et les éteindre. Pendant que vous conduisez, si un sentiment de fatigue ou d'amertume vous envahit, regardez bien les lampadaires qui vous entourent. L'un d'eux clignotera sous vos yeux. Sandalphon chassera alors vos émotions négatives puis mettra en lumière vos émotions positives.

C'est Sandalphon qui a aidé l'Archange Michaël à chasser Lucifer des Plans Divins. Ils ont fait équipe. Sandalphon connaît bien l'Ombre.

Il sait quand celle-ci s'approche et il prévient aussitôt ses enfants. Il signale à tout l'Univers que l'Ombre se prépare à attaquer, à engendrer une guerre ou un fléau. Sur le plan humain, Sandalphon se tourne vers des « canaux », des êtres qui peuvent ressentir sa vibration, afin de prévenir les attaques de l'Ombre. En propageant ces messages le plus rapidement possible, on peut arriver à éviter certains fléaux. Michaël et Sandalphon ont constamment l'Ombre à l'œil puisqu'ils ressentent sa vibration. Ainsi, ils saisissent le moindre geste, la moindre intention malveillante de sa part. Ils sont toujours prêts à tirer la sonnette d'alarme.

Dieu nous a créés dans l'amour, dans l'harmonie et dans la paix. La dualité n'est pas présente dans les Plans Divins. Seul l'amour existe. Nous travaillons en équipe. Quand Dieu a créé les âmes humaines et qu'il s'est aperçu que celles-ci se transformaient, que les êtres humains n'étaient pas identiques aux Anges, il a chargé Sandalphon d'en prendre soin, d'essayer de les comprendre et de les protéger. Sandalphon est ainsi devenu l'Archange protecteur de tous les humains qui peuplent la Terre de même que l'Archange « porte-parole » de toutes les émotions humaines.

Ainsi, lorsqu'un être humain a besoin d'être compris, qu'il souhaite voir jaillir la Lumière dans sa vie, il peut invoquer Sandalphon. De même, si vous ignorez l'Ange auquel vous devriez vous adresser, parce que vous ne pouvez pas cerner l'essence fondamentale de votre peine et toutes les émotions que vous ressentez, vous devrez faire appel à Sandalphon. Il est celui qui vous aidera et qui vous orientera. Il vous guidera vers l'Ange le mieux placé pour soulager votre détresse, car il sait précisément ce que vous vivez. À l'image de Melkisédeq, l'Archange Sandalphon connaît tous les sentiments en vous. Alors, adressez-lui toutes les peines qui alourdissent votre cœur puisqu'elles vous détruisent et vous empêchent de cheminer vers votre propre bonheur. Sandalphon effacera tous vos soucis et vous redeviendrez un être lumineux. Il est à l'image d'un phare qui éclaire le chemin des âmes égarées. Il est la Lumière dans l'obscurité, et cette Lumière survivra aux tempêtes qui surviendront sur votre route.

Sandalphon est représenté avec toutes les couleurs qui existent sur Terre. Il peut aussi bien emprunter les traits d'une plante que le corps d'un être humain ou d'un animal. Pour faire un signe à son enfant, il s'amuse à prendre la forme d'un être vivant sur Terre, qu'il s'agisse d'un papillon ou d'un oiseau. Il peut également prendre l'allure d'un être masculin ou féminin. Sandalphon n'a pas de taille spécifique puisqu'il représente l'infini. Il est le reflet de la Terre dans son ensemble, de l'Univers, de tout ce que Dieu a créé. Il vient vers l'humain comme ce dernier veut bien le percevoir, et ce, sans aucune restriction. Cet Archange transcende les limites des conceptions de la pensée humaine.

Les enfants handicapés

Nous envoyons sur Terre des êtres différents afin que leur présence suscite un profond sentiment d'amour. Il s'agit également d'amener les gens à dire que l'amour de Dieu n'est pas exclusif, mais présent dans chaque personne, et de les amener à remercier ces êtres de déclencher cette prise de conscience. Prenez conscience du fait que tous les enfants de la Terre sont issus de la même famille de Dieu. Aimez-vous et soutenez-vous les uns les autres.

Sachez que la coexistence de nombreuses ethnies, de personnes de couleur et de nationalité différente a aussi pour but d'aider l'humanité à développer la tolérance et le respect. Ainsi, peu importe la langue que vous parlez, la couleur de vos yeux, votre nationalité, la religion à laquelle vous appartenez, votre genre, votre orientation sexuelle ou votre statut social, vous êtes TOUS des enfants de Dieu. Vous êtes tous égaux.

Venir au monde avec un handicap physique ou mental n'est donc pas une punition divine. Ce n'en est pas une non plus pour ceux qui doivent élever ces enfants. Certains se demandent : « Qu'est-ce que j'ai fait au Ciel pour mettre au monde un enfant handicapé? » Sachez que vous n'avez rien fait de mal, mais que vous l'avez plutôt choisi. De même, l'enfant qui vient au monde avec un handicap en a décidé ainsi, avant sa naissance. Cette âme a choisi une vie humaine différente des autres afin d'aider l'humanité à comprendre que les différences ne sont qu'illusions, car tout être est amour. Cette âme pourra ainsi éveiller la conscience collective, tout en aidant la science à mieux définir ses recherches. Le but premier de l'âme qui a choisi de prendre un tel corps est de véhiculer le message suivant : « Qu'importe le corps dont tu as hérité à ta naissance, qu'importe le "véhicule" que tu conduis, aime-le et accepte-le. »

Les personnes qui doivent s'occuper d'un enfant aux prises avec un handicap ne doivent pas percevoir cela comme une épreuve ou un obstacle insurmontable, voire comme un reproche que Dieu leur ferait, mais plutôt comme un privilège. En effet, c'est un privilège que de prendre soin d'un enfant qui est hors norme, d'un être qui a décidé de venir ici sur Terre avec un corps différent.

Ce dernier possède une âme très courageuse. Il sait que des regards seront posés sur lui. Il sait que des gens se moqueront de lui, de ce qu'il fera et qu'il sera dans un monde à part. Nous, les Anges, ne voulons pas que ces êtres soient à l'écart des autres. Nous voulons qu'ils soient acceptés comme ils sont.

Tous les enfants qui souffrent d'un handicap sont des êtres merveilleux. Et leurs parents ont été choisis parce que nous savions qu'ils avaient en eux la force nécessaire pour les aider. Ils sont le point d'ancrage dont ces enfants ont besoin. Nous savons que prendre soin d'un enfant handicapé n'est pas facile puisque cela implique de nombreux sacrifices et des exigences de toutes sortes. Cependant, sachez que lorsque vous quitterez la Terre, de multiples récompenses vous attendent! Acceptez donc ce privilège qui vous est accordé. Si vous vous reconnaissez en lisant ces lignes, vous pouvez dès maintenant faire une demande aux Anges. Demandez quelque chose qui vous ferait plaisir et nous vous l'accorderons au moment opportun.

Si vous avez dû placer votre enfant en institution en raison de la gravité de son handicap, ne pensez pas que vous avez échoué, que vous êtes méchants ou que vous l'avez abandonné. Chaque situation, chaque cas se présente afin d'aider l'humanité à grandir davantage dans la tolérance et dans l'amour.

Les décès prématurés

Il arrive que des êtres quittent le plan terrestre prématurément à la suite d'une maladie ou sans raison apparente. Certains survivent quelques heures à peine, d'autres, quelques années. Sachez que tous les enfants qui quittent le Plan terrestre, et ce, avant l'âge de 17 ans, se sont aussi incarnés afin de faire progresser l'humanité. Dans plus de 90 % des cas, ces enfants sont des Anges terrestres. Ce sont des âmes qui se dévouent à Dieu et qui empruntent un corps physique afin d'aider l'humanité. Il y a cependant des exceptions, car certains peuvent décider de rester sur Terre jusqu'à un âge très avancé. Ils sont alors gratifiés d'une mission supplémentaire et plutôt complexe.

Les parents d'un enfant mort prématurément ne doivent pas penser que ce décès est une leçon ou une punition divine puisque c'est un privilège que de côtoyer un Ange! Lorsqu'ils quitteront la Terre, ils reverront cet Ange dans les cieux. Et ce sera leur plus beau cadeau.

Les enfants autistes

Les enfants autistes sont, pour la plupart, des Anges terrestres. Plus de 90 % de ces enfants sont des Anges terrestres qui ont été envoyés sur Terre, mais qui ne sont pas capables de faire face à la vie humaine. Ils restent donc branchés avec nous en permanence et refusent catégoriquement d'habiter leur corps humain. Les autres 10 % sont des âmes qui ne veulent pas s'incarner sur Terre, mais qui doivent pourtant revenir afin de réaliser leur mission de vie. Nous disons à ses enfants : « Allez vers votre corps humain, acceptez votre corps. » Toutefois, leur âme reste accrochée aux Plans Divins. Cependant, si l'humain, à force d'amour, amène doucement l'âme à apprivoiser son monde, alors celle-ci pourra s'intégrer à la vie humaine. Nous sommes conscients qu'il sera très difficile de lire ces lignes pour les parents qui ont un enfant autiste puisque c'est une réalité qui dépasse l'entendement. Sachez toutefois que, dans un avenir très rapproché, nous vous indiquerons comment aider ces enfants à décrocher des Sphères Célestes afin de les ramener à la vie humaine. Plusieurs guérisons s'ensuivront, car vous serez en mesure de ramener l'âme dans son corps humain.

L'enfant autiste regarde toujours dans la direction opposée. Il parle un langage que vous ne comprenez pas. Il ne vous regarde jamais dans les yeux. Pour lui, vous êtes « le néant ». Un enfant autiste qui observe son monde, celui des Sphères Spirituelles, est heureux puisqu'il retrouve les siens. Mais lorsqu'il observe la Terre, c'est comme s'il regardait le vide. Il se demande : « Qu'est-ce que je viens faire ici? Il n'y a rien à apprendre. Rien! » Alors il se nourrit à sa Source étant donné que les Sphères Spirituelles lui apportent beaucoup. Il pense qu'il ne peut pas vivre sans elle. Mais en même temps, cet enfant refuse de voir que la vie humaine possède aussi une Source et qu'il pourrait s'y abreuver.

La schizophrénie et les troubles de l'humeur (dépression chronique et bipolarité)

Chez les enfants atteints de schizophrénie et de troubles de l'humeur – et nous ne voulons pas effrayer ces êtres – c'est l'Ombre qui accomplit son œuvre. Ces êtres se sont laissés influencer par l'Ombre. Et cette dernière cherche à posséder leur corps et à le détruire, tout comme elle cherche à détruire tous ceux qui l'entourent.

L'Ombre s'est infiltrée en eux, car ces personnes ont ouvert une porte interdite et elle s'est permis d'y entrer. Elle savait que ces êtres étaient très puissants, qu'ils étaient des canaux ou encore qu'ils auraient pu jouer un rôle primordial au sein de l'humanité. Les Ombres choisissent leurs victimes puisqu'elles les connaissent bien. Nous demandons aux êtres affligés de telles maladies de nous prier afin de se libérer de l'Ombre.

Cependant, nous savons que ces personnes ne peuvent pas toutes être conscientes de leur maladie. Ne paniquez pas, en lisant ces lignes, puisque ce sentiment négatif nourrira l'Ombre qui se trouve en vous. Pour amorcer votre guérison, il est important de laisser celui qui vous soigne décider du meilleur médicament à prendre afin d'apaiser vos douleurs psychiques. Une fois ces douleurs apaisées, vous pourrez prier et travailler sur vous-mêmes. Ainsi, vous serez en mesure de chasser l'Ombre! Votre Lumière sera telle que l'Ombre ne reviendra plus.

Pour guérir de ces maladies, il faut donc beaucoup de courage et de persévérance, mais, avant tout, il faut avoir la foi. Foi en nous, foi en vous, foi en vos capacités, et surtout foi en ceux qui veulent vous aider. Souvent, l'Ombre éloignera ceux qui veulent aider ces personnes. Quand l'Ombre voit la Lumière se diriger vers elle, elle la chasse. L'Ombre fera croire à son enfant que la Lumière n'est autre que les Ténèbres. Elle lui dira : « Ne regarde pas dans cette direction (celle de la Lumière), puisque tu verras alors les Ténèbres, du feu, le diable avec des cornes sur la tête et une queue par derrière... Ce serait dangereux! » Alors l'enfant ne prendra pas le chemin de la Lumière.

Nous sommes attristés de voir des êtres aux prises avec ces terribles maladies. Sachez que c'est la prière qui vous sauvera, ainsi que la confiance que vous portez en Dieu et en ceux qui vous soigneront. Ne mutilez pas votre corps, c'est ce que l'Ombre désire. Cette dernière n'a aucun respect pour ce que Dieu a créé. Il vous faut aussi donner votre âme à Dieu afin que celui-ci prenne soin de vous. Cependant, dans la plupart des cas, et ce, malgré les meilleures intentions dont vous pourrez faire preuve, nous viendrons vous chercher avant que l'Ombre ne s'empare de votre âme. Il est beaucoup moins pénible pour l'âme de quitter la Terre entourée de ses Anges que de mourir sous l'emprise de l'Ombre. Nous savons que ces lignes sont les plus dures de ce livre, mais ceux qui ont côtoyé ces êtres savent qu'il en est ainsi. N'ayez crainte, l'amour et la foi que vous portez en Dieu vous sauvera! Nous ne voulons pas vous apeurer en parlant de l'Ombre, mais vous devez prendre conscience qu'elle existe. En effet, il y a sur Terre des personnes très méchantes sous l'emprise de l'Ombre. Ce sont elles qui engendrent les guerres, la méchanceté et la colère sous toutes ses formes.

Ceux qui sont entourés d'êtres présentant ces faiblesses : dépression chronique, schizophrénie ou bipolarité devraient nous prier. Demandez à l'Archange Sandalphon de vous indiquer l'Ange le mieux placé pour répondre à votre prière. Ou encore demandez-lui de rediriger votre prière vers l'Ange qui sera le plus apte à vous aider, ou à aider la personne concernée par ces maladies. Ce faisant, Sandalphon exaucera vos vœux et chassera l'Ombre qui est entrée dans le cœur de cette personne. Sandalphon sait, mieux que quiconque, que lorsqu'une Ombre a élu domicile dans le cœur d'un humain, elle le détruit.

Les pièges de l'Ombre sur le plan humain

Par exemple, prenez des gens qui se sont improvisés « canaux » du jour au lendemain. Ces derniers ont laissé entrer en eux l'Ombre et tous les esprits du bas-astral. C'est pourquoi il est primordial de monter un à un les étages de l'Arbre Séphirotique et de ne pas sauter d'étapes ou d'aller trop vite dans le développement de certains dons. Pour être canal, **il faut avoir été choisi par les Plans Divins**. S'ensuit alors un long processus de purification, de travail sur soi et d'épuration. **Ce n'est pas vous qui entrez dans la Lumière, mais bien la Lumière qui entre en vous.** Et la Lumière entrera tout doucement quand elle vous jugera apte à la recevoir... Plusieurs adeptes de la spiritualité sont tombés dans le piège parce qu'ils ont refusé de voir qui ils étaient, de travailler sur leurs problèmes personnels, sur leurs propres blocages. Ils ont donc laissé l'Ombre envahir leur corps en « détresse » alors qu'ils cherchaient un exutoire à leur mal-être...

Ces « portes » peuvent avoir été ouvertes lors de vies passées ou au cours de cette vie-ci.

Ces êtres ont une âme vulnérable. Dans leurs vies antérieures, ils ont souvent échoué et côtoyé l'Ombre. Ils sont donc beaucoup plus faibles. Nous les gratifions d'une intense Lumière et de tout l'amour qu'il nous est possible de donner afin que ceux-ci ne se laissent pas influencer par l'Ombre. Si ces êtres ouvrent la porte, l'Ombre entrera. Nous avons mentionné plus tôt que certaines âmes dans l'Ombre demandent à revenir vers la Lumière. Ces êtres fort courageux entrent dans la Lumière pourvus des meilleures intentions. Mais l'Ombre ne laisse pas ses enfants partir si facilement… Elle cherche à récupérer ce qui lui a autrefois « appartenu » puisque cet enfant a fait partie de son équipe. L'Ombre veut réunir une équipe plus importante que celle de Dieu. L'Ombre côtoiera donc cette âme tout le long de son séjour terrestre afin de l'influencer, de la déstabiliser et de se la réapproprier au premier faux pas.

Si tous ceux qui lisent ce livre prennent conscience du tort qu'ils peuvent faire aux autres ainsi qu'à eux-mêmes, alors ils feront un grand pas sur le chemin de la spiritualité. Si vous respectez Dieu, vous vous respecterez et vous respecterez également votre prochain. Quand l'Ombre arrivera à vos côtés, vous vous en éloignerez parce que vous aurez su la reconnaître. Et viendra le jour où l'Ombre disparaîtra d'elle-même puisqu'elle n'aura plus aucune cause à soutenir. L'Ombre est aussi puissante que la Lumière, sauf que la Lumière crée alors que l'Ombre détruit!

Sachez que si l'Ombre s'infiltre dans votre vie et que vous la repoussez à l'aide de votre propre Lumière, celle-ci n'ira pas « hanter » une autre personne, mais s'éteindra sur-le-champ. De plus, l'Ombre peut faire « équipe » avec d'autres Ombres afin de vous influencer, mais dès que la Lumière jaillit, elle se désintègre instantanément. La Lumière se reproduit à l'infini, l'Ombre, jamais. En effet, placez côte à côte deux êtres sous l'emprise de l'Ombre. Tôt ou tard, l'un d'eux finira par disparaître… Car à ce jeu de guerre, de haine et de pouvoir, un seul peut survivre et assumer sa suprématie sur autrui!

Nous disons à tous les enfants qui sont rongés par l'Ombre : « Rendez-vous dans la Maison de la Justice et acceptez de recevoir votre sentence. Ainsi, vous retrouverez la Lumière et vous ne répéterez plus les mêmes erreurs pendant maintes et maintes vies. Vous serez alors libérés de votre karma et de votre prison intérieure. Ce faisant, votre âme évoluera et vous deviendrez sans doute l'un des meilleurs guides spirituels qu'un être humain puisse avoir parce que vous aurez compris et intégré la différence entre l'Ombre et la Lumière! »

Nombreux sont ceux qui, sur Terre, ont commis des fautes. Toutefois, certains le regrettent sincèrement. Peu importe le mal que vous avez fait, sachez que vous avez toujours l'occasion de repartir à zéro. Certes, vous aurez à surmonter des épreuves, mais c'est parce que vous devez raviver votre Lumière. Ne restez pas dans l'Ombre. Vous avez été conçus dans la Lumière, alors restez dans la Lumière et vous aiderez à faire progresser l'humanité dans l'amour. Vous êtes tous des enfants de Dieu, même si le chemin du retour semble plus laborieux pour certains. Dieu vous attend tous avec le même amour, la même ferveur!

Nous voulons que l'être humain soit conscient du travail qu'il lui reste à accomplir sur Terre, des choix qui se présenteront à lui de son vivant et de la décision qu'il devra prendre dans l'autre monde. Vous avez toujours le choix. Dieu ne vous impose rien de nuisible à l'épanouissement de votre âme. Il illumine votre vie et vous donne la possibilité de la façonner comme bon vous semble. Chaque jour est un grand jour. Ne brusquez rien, car si vous avancez trop vite, vous trébucherez. Vous aurez alors des regrets et cela n'est pas une émotion souhaitable dans la vie d'un être humain. Maintenant que vous savez que la Lumière et l'Ombre existent, c'est à vous de choisir la pierre que vous souhaitez apporter à l'édifice de l'humanité.

Les prisonniers, les criminels et tous ceux sous l'emprise de l'Ombre

Une grande souffrance attend l'être humain qui décède en prison après avoir commis un meurtre sur Terre. De son vivant, il s'est souvent rebellé contre le sort que la vie lui a réservé. Il en voulait à la société et à Dieu. Cette âme tourmentée était sous l'influence de l'Ombre. Lorsqu'elle aura traversé le voile, c'est l'Ombre qui viendra la chercher puisque cette âme a quitté la vie tout en rancœur et en ressentiment.

Si ce n'est pas ce que vous voulez, alors il serait sage, pendant votre séjour terrestre, d'emmagasiner en vous le plus de Lumière possible parce que cela se reflètera dans les Sphères Célestes au moment de votre départ. En quittant le plan terrestre en toute sérénité, remplis de belles énergies et de bons sentiments, votre passage vers l'autre Monde s'effectuera beaucoup plus facilement puisque vous serez amour, harmonie et paix. La Lumière viendra alors vous accueillir au lieu de l'Ombre. La mission des Êtres de Lumière sera de purifier votre cœur et votre âme afin que celle-ci puisse être libérée des émotions humaines négatives. En moyenne, l'âme ne portera plus aucune trace de ces émotions trente à soixante jours après le décès du corps, et ce, si elle retourne vers les Plans Divins. C'est seulement à ce moment qu'elle pourra remplir plus facilement son rôle dans le Jardin des âmes. Certaines âmes, hélas, choisiront d'aller vers l'Ombre. Cela sera plus pénible pour celles qui partent le cœur lourd, qui ont refusé d'accorder leur pardon à quelqu'un ou qui sont rongées par la haine. Ces âmes éprouvent également plus de difficulté à accepter la mort, à s'élever vers les Plans Divins.

Au moment de quitter leur corps physique, les prisonniers et les criminels qui auront pris le temps de lire cet ouvrage seront prévenus. « Méfie-toi de l'Ombre. Ne vas pas dans cette direction. Demande à la Lumière de te protéger. » Ainsi, ces êtres pourront peut-être sauver leur âme…

Parfois, nous nous rendons dans vos prisons pour y analyser les motifs qui ont poussé certains êtres à commettre des meurtres et à briser la vie des autres. Nous ne jugeons pas leurs gestes étant donné que ces personnes ont été guidées par l'Ombre. Peu importe les atrocités qu'ils ont commises, une petite Lumière gît en eux. Hélas, en quittant la Terre, ces âmes sont immédiatement happées par l'Ombre et elles se réincarnent encore dans la souffrance. Cependant, certaines âmes ne souffrent pas puisqu'elles ont choisi volontairement de rester dans l'Ombre. Plusieurs le font d'ailleurs depuis des millénaires.

Notre mission est d'accompagner l'être humain à chaque pas qu'il fait. Même s'il fait partie de l'Ombre, nous l'accompagnons également, car il est en droit d'exiger le retour de la Lumière. Telle est la puissance de l'amour de Dieu. Les victimes d'acte criminel voudraient certes que leur assaillant souffre éternellement pour expier le geste qu'ils ont fait. Nous disons à ces personnes : « Vous, qui êtes des enfants de Lumière, n'avez pas idée de la souffrance que les êtres sous la régence de l'Ombre doivent supporter. Nous comprenons votre désarroi, votre rage et vos peines. Mais sachez que l'âme de cet être

souffre terriblement, beaucoup plus que vous ne pouvez l'imaginer. »
Une âme dans l'Ombre a du mal à respirer, alors qu'une âme dans la
Lumière s'épanouit. Nous espérons qu'en lisant ces lignes les êtres qui
sont influencés par l'Ombre changeront d'attitude. Ils demanderont
pardon et ils voudront que nous les aidions à retrouver le droit chemin. La Lumière empêchera l'Ombre d'atteindre cette âme... mais
cette dernière devra maintenant recevoir sa sentence et refaire toutes les
étapes de l'Arbre Séphirotique, franchir à nouveau les neuf Chœurs
Angéliques.

Le clonage humain

Un seul être est à l'origine de la création de l'être humain et c'est
Dieu. Dieu a créé l'humain afin que celui-ci puisse grandir et se multiplier par l'entremise de la procréation. Il a permis à l'humain de rester
dans la Lumière, de devenir Lumière. Toutefois, Dieu sait que des
âmes ont échoué et que ces dernières sont devenues des « Ombres ».
Et l'Ombre cherche à créer l'humain à sa manière, à le cloner.

Dieu a créé l'humain à partir de son essence divine, à partir d'une
recette unique. Non seulement est-il le seul à connaître tous les in-
grédients qui la compose, mais il est le seul à pouvoir attribuer une
âme à son œuvre. Dieu a d'abord créé l'âme. Il lui a ensuite dit : « Tu
emprunteras un corps humain, tu conduiras ce véhicule. Ce faisant, tu
aideras à faire évoluer la planète. Tu travailleras, tu laboureras la terre
jusqu'à ce que le Paradis soit instauré sur Terre. »

Maintenant, l'Ombre veut à son tour créer une autre espèce d'êtres
humains. Dieu a dit : « J'ai créé l'homme et la femme, et seuls ces derniers peuvent engendrer un autre être humain. Ils produiront un corps
et j'introduirai l'âme qui doit y habiter. » L'Ombre souhaite créer artificiellement un corps humain afin de se multiplier sur Terre. Car l'Ombre
n'exerce pas son contrôle sur un grand nombre de « corps humains ».
En effet, soit ceux-ci se détruisent entre eux, soit l'Ombre est chassée
de ces corps par la Lumière. Telle est la nature de l'Ombre : détruire
au lieu de construire. L'Ombre a donc eu l'idée de se multiplier en
inventant le clonage. Et quelles âmes habiteront ces clones, ces corps
humains artificiels? Les Ombres! Les Ombres sont donc en train de
créer des corps afin de détruire les vrais humains.

Si vous autorisez le clonage humain sur votre planète, vous laissez
l'Ombre l'envahir... Et les humains, en dépit de toute l'essence di-

vine qu'ils possèdent, n'existeront plus. Ce sera la fin de votre monde. Plusieurs personnes avancent l'hypothèse d'une guerre nucléaire ou encore d'un cataclysme qui viendrait mettre un terme à votre monde. Mais sachez que votre présence sur Terre sera mise en péril, si vous laissez l'Ombre créer artificiellement un autre humain.

Votre âme ne pourra pas s'incarner dans ce nouveau « corps », car elle n'y a pas accès. Vous avez été créés par Dieu. Dieu est la Source puissante et créatrice de l'Univers. Le clonage est le fait d'un être inférieur à Dieu. Nous ne souhaitons pas vous faire peur, mais nous voulons que l'humain soit conscient de ce qu'il est en train de créer. Ainsi, vous pourrez décider, en toute connaissance de cause, de ce que vous désirez faire. Ne laissez pas l'humain s'autodétruire! Nous vous avons indiqué plus tôt que nous avons jusqu'en 2012 pour changer la nature destructrice des êtres humains. Mais nous craignons qu'en 2012, le premier clonage humain ne soit réalisé. En effet, à l'heure actuelle, des essais ont lieu un peu partout dans le monde, mais ils sont tus. De nombreux scientifiques font des expériences, mais ils ne désirent pas en divulguer la nature afin de ne pas effrayer les êtres humains.

Toutefois, les êtres humains doivent être informés de ce qui se passe à leur insu. Les chercheurs qui préparent le premier clonage humain ne sont pas dans la vibration de Dieu. C'est plutôt l'Ombre qui, en cherchant par tous les moyens à surpasser Dieu, guide ces êtres. Celui qui travaille à ce projet sera fier de dire : « Je suis le premier à avoir cloné un humain! » Et il sera également celui qui aura enclenché le processus de destruction de la planète…

Cela nous désole de voir les humains essayer de surpasser Dieu et son œuvre. Pourquoi créer une autre « espèce » d'humains, sinon pour avoir le contrôle sur les humains issus de Dieu et sur la planète ». Il y a déjà assez de personnes sur Terre qui souffrent et meurent de faim puisque l'humain continue à procréer malgré tout. Mais l'Ombre est prête à tout pour arriver à ses fins.

L'humain véritable est celui qui a été modelé par les mains de Dieu, qui possède en lui son essence et son âme. Ces clones seront habités par des âmes perdues, des âmes qui essaieront de détruire leur prochain, et chercheront également à savoir qui elles sont; des âmes qui chercheront l'amour. Si elles sont attirées par la Lumière, l'Ombre les astreindra encore davantage en leur disant qu'elles n'ont pas été créées à cette fin. « Ta mission est de détruire coûte que coûte. »

Plutôt que de chercher à recréer l'œuvre de Dieu, cherchez plutôt à améliorer vos conditions de vie, par exemple, en trouvant de meilleurs remèdes pour vous soigner. L'âme humaine dirige son corps comme elle conduit une voiture. Si on retire le conducteur de la voiture, ou l'âme du corps, voyez ce qu'il adviendra. La voiture n'avancera pas. Maintenant, placez derrière le volant une Ombre mal intentionnée : ce véhicule détruira tout sur son passage y compris lui-même. Soyez conscients que la Terre vous appartient. Dieu vous en a fait cadeau afin que vous en fassiez votre propre Paradis. Le Soleil est celui qui éclaire votre Univers. La Terre, elle, fournit la matière qui accueille l'incarnation divine. Ce sont des lois immuables! Ne cherchez donc pas à refaire l'Univers, car il est et sera toujours une Création de Dieu.

Tous ceux qui sont conscients des effets néfastes que pourrait engendrer le clonage doivent se rallier afin d'empêcher ce désastre. Ne laissez pas certains scientifiques assoiffés de pouvoir contrôler et détruire votre vie. Cette dernière est ce que vous avez de plus précieux!

Certains chercheurs diront : « Notre but est de faire avancer l'humanité. Nous ne croyons pas à la réincarnation. Grâce au clonage tous les humains pourront avoir un enfant. » Mais quel enfant voulez-vous? Un enfant de Lumière ou un enfant de l'Ombre? Nous savons combien il est pénible pour un couple qui rêve d'être parents de ne pas avoir d'enfants. Mais ces personnes veulent aussi élever un enfant dans l'amour, un enfant qui a une âme. Car un enfant sans âme ne sait pas ce qu'il fera de sa vie. Et si l'on décide d'entrer dans ce corps, ce sera une Ombre qui se l'appropriera. L'Ombre n'est pas une âme… Et l'Ombre détruit…

Dieu a dit : « Il faudra surveiller l'humanité de très près. Il ne faut pas que le clonage ait lieu. Mais si cela est, il faudra immédiatement envoyer une âme habiter ce corps avant que l'Ombre ne se l'approprie. Ainsi, ce corps artificiel sera habité par l'amour. Mais ce ne sera pas facile puisque cet être n'aura pas été conçu dans l'amour, mais bien pour s'emparer du pouvoir. Il faudra donc envoyer tout notre amour et toute notre Lumière à cet être afin de le mener vers la paix, vers l'amour de Dieu. » Comme cet être n'aura pas été créé par Dieu, il sera difficile pour lui de se rendre à bon port. Ce sera une dure épreuve pour l'âme. Seules les âmes très pures et très élevées spirituellement, celles qui auront atteint le neuvième étage de l'Arbre Séphirotique, soit les guides spirituels, les Anges terrestres ou encore

les Anges célestes, auront la permission d'entrer dans ce corps artificiel. Ce sera un défi supplémentaire à relever pour ces âmes et nous
ne sommes pas certains, à ce point-ci, que cela en vaille la peine...
L'humain craint la fin du monde, mais il ne se rend pas compte qu'il
est lui-même en train de l'engendrer. Et si nous, les Plans Divins,
échouons dans notre mission, alors tous échoueront. Seuls survivront
ceux qui sont dans la Lumière...

CONCLUSION

À travers les messages que nous vous avons transmis dans ce livre, nous, les Anges de la Lumière, avons essayé de vous démontrer que notre principale fonction, c'est de vous accompagner tout le long de votre vie. Notre mission consiste à vous épauler lorsque les événements vous accablent. Nous vous insufflons la paix du cœur et la foi en Dieu. Ainsi, vous vous sentez entourés, réconfortés et bénis.

Il est important de connaître d'où vous venez et qui nous sommes afin de mieux cheminer par la suite. Votre incarnation sur Terre se veut une école et les Anges sont vos professeurs attitrés. Nous vous donnons les outils dont vous avez besoin pour avancer dans la vie avec sérénité et amour. Nous donnons un sens à votre vie. Nous vous indiquons également la direction à prendre, car celui qui n'a pas confiance en les Anges, ni en lui, est un être perdu.

L'outil le plus important, celui qui réunit toutes les connaissances transmises par les Anges, c'est la prière. La prière vous amène vers votre propre intériorité; elle vous permet d'étudier en profondeur votre esprit et vos choix de vie. Elle vous ramène à la Source originelle en vous plongeant dans un état méditatif dont le mode vibratoire est très près des Plans Divins. L'être humain voit davantage les yeux fermés que les yeux ouverts. La prière vous permet de vous recueillir. Ce faisant, il vous est plus facile de trouver les solutions à vos problèmes ainsi que d'entrer en contact avec votre âme et avec les Anges.

Nous souhaitons que la Terre redevienne le Paradis que les êtres humains ont jadis connu, celui qui les a vus naître. L'humanité change et elle évolue à une vitesse considérable. Dans un avenir très rapproché, il vous sera possible de nous voir, car le voile qui sépare nos deux mondes s'amincit. Ainsi, nous serons de nouveau réunis.

En ce nouveau millénaire, nous avons choisi de vous dévoiler plusieurs secrets à travers ce livre afin de vous démontrer que nous sommes à vos côtés et que nous veillons constamment sur vous. Nous sommes certains que vous êtes prêts à nous accueillir dans votre cœur, à nous voir. Nous préparons l'ascension, notre venue sur Terre, c'est la raison pour laquelle nous devons également vous préparer.

Certains passages dans les Saintes Écritures ont traité de la fin du monde. Soyez assurés que, tant et aussi longtemps que la Lumière demeurera sur Terre et dans votre cœur, cela n'arrivera pas. L'Ombre disparaîtra, mais pas la vie sur Terre. Nous sommes fiers des prises de conscience qui animent les êtres humains ces dernières années. En effet, malgré les destructions et les guerres qui sévissent un peu partout dans le monde, leur cœur est empreint d'amour et de bienveillance. Vous unissez vos efforts et vous reconstruisez ce qui a été détruit. Et c'est cette fraternité humaine qui vous sauvera.

Ce livre a comme mission première d'éveiller chaque être humain à l'existence de sa propre Lumière. Cependant, on ne peut pas changer le monde en un claquement de doigts. Petit pas deviendra grand. Et un jour, l'humanité sera transformée. Cet ouvrage a été écrit pour vous aider à cheminer vers votre propre bonheur. Il est certain que vous aurez à surmonter des épreuves, mais ces dernières vous feront grandir. Cela est d'autant plus vrai, si vous êtes épaulés par les Anges et les Archanges des Plans Divins, ainsi que par vos proches, ici, sur Terre.

Ne cherchez pas à être les meilleurs, mais soyez humbles et heureux. Propagez votre propre Lumière autour de vous. L'Univers forme un tout où chacun est unique. Nul besoin d'être quelqu'un d'autre, de surpasser son prochain ni de le détruire. Remplissez votre mission en étant vous-mêmes tout simplement. Mieux vous apprendrez à vous connaître, plus vos valeurs se rapprocheront de l'essentiel. En imitant les autres, vous perdrez votre identité, l'essence même de votre création.

Nous respectons la décision des personnes qui font consciemment le choix de rester dans l'Ombre. Par contre, si un jour vous ne savez plus quoi faire, que votre vie semble sans issue, utilisez ce livre à titre de guide. À chacun des neuf étages que vous franchirez avec succès, vous obtiendrez une clé, et lorsque tous les étages seront complétés, ces clés n'en formeront plus qu'une. Comme c'est l'Archange Uriel qui garde les portes du Paradis, c'est lui qui vous laissera entrer après avoir vérifié la validité de votre clé. Au Paradis, il vous appartiendra alors de vous réincarner ou de devenir un Ange gardien, un Ange personnel ou un guide spirituel pour l'humanité.

Que cela vous prenne un an, deux ans ou dix ans à lire ce livre du début à la fin, cela importe peu. Plus vous évoluerez, plus vous comprendrez la profondeur des messages. Ceux qui posséderont ce livre dans leur maison s'assureront d'une protection supplémentaire contre l'Ombre. Cette dernière ne pourra pas entrer, étant donné la vibration lumineuse qui émane de son contenu. Mettez en application les messages et remettez cet ouvrage aux générations qui suivront.

Si vous êtes d'accord avec ce que nous avons dit, votre perception de la vie changera. Incorporez avec foi, amour et joie ces 72 Lumières divines que sont les Anges de Dieu. En apprenant à mieux les connaître, à mieux les prier, vous grandirez et vous cheminerez vers ce rayon lumineux qu'est Dieu.

Nous vous aimons et nous vous respectons. Nous espérons vous apporter de meilleurs jours, un meilleur Univers, une meilleure Terre. Nous souhaitons que tous les êtres humains puissent vivre dans l'amour, dans la paix et dans l'harmonie. Et ce, sans ressentir la souffrance, la peur, le froid ou la faim, puisque vous serez entourés de tous les Êtres de Lumière que Dieu a créés. Si vous intégrez ces lignes, vous pouvez être assurés que le Divin vous fera signe! Nous vous quittons en vous laissant notre amour infini, notre amour inconditionnel. Vous êtes nos enfants bénis.

« Semez l'amour et vous récolterez le bonheur. Semez la haine et vous récolterez la guerre. Semez la parole des Anges et vous récolterez la Lumière dans vos cœurs. Maintenant que vous êtes conscients de ce que vous semez, savourez les fruits de votre récolte. »

Les Anges de la Lumière

LOSSAIRE

Ange céleste : Ange qui se situe de l'autre côté du voile (par opposition à un Ange terrestre).

Ange de Dieu, Ange gardien, Ange de la Lumière, Ange de la naissance : tous ces termes représentent les 72 Anges de la Lumière, les Anges qui occupent leur place parmi chacun des Chœurs de l'Arbre Séphirotique.

Ange personnel : Ange qui accompagne constamment un être humain, de sa naissance à sa mort.

Chœurs Angéliques, familles angéliques : représentent les huit Anges et l'Archange recteur, ce qui forme le Chœur, la famille angélique.

Conseil des Dieux Suprêmes : l'ensemble des Archanges ainsi que l'Ange gardien et l'Ange personnel de l'humain qui analysent les actes répréhensibles qu'il a commis sur Terre.

Cour des Dieux Suprêmes : lieu où les Archanges et les Anges débatent d'une cause concernant une âme.

Êtres de Lumière : représentent toutes les énergies divines, particulièrement les Anges et les Archanges.

Gouvernement Céleste : regroupe les Êtres de Lumière qui dirigent les Plans Divins. Ils décident du sort réservé aux âmes.

Guide spirituel : assiste l'humain dans diverses tâches qu'il doit accomplir (à l'aide de l'Ange gardien et de l'Ange personnel).

Hiérarchie Gouvernementale Angélique : la place qu'occupe chacun des Anges et des Archanges au sein du Gouvernement Céleste, selon la fonction qui leur a été assignée.

Karma, Plan terrestre, plan de vie : plan établi de l'autre côté du voile (avant la naissance) à l'aide des Êtres de Lumière servant à décrire les différentes expériences de vie qu'un être humain devra vivre pour évoluer spirituellement.

Livre de l'Humanité : Livre regroupant toutes les informations liées aux humains ainsi qu'à leur évolution sur la planète Terre. Le gardien est Metatron.

Livre du Royaume Céleste : Livre qui regroupe les renseignements au sujet des Êtres de Lumière et de leur univers.

Maison des humains, Jardin des âmes : lieu où réside l'âme après son décès pour mieux veiller sur ceux qu'elle a jadis aimés sur Terre.

Maison originelle, Monde Angélique, Plans Célestes, Plans Divins, Plans de Lumière, Sphères Célestes, Sphères Spirituelles : ces termes représentent tous le Royaume des Cieux, le Paradis, la demeure de Dieu.

Source, Source Divine, Source originelle : Énergie de Dieu, son essence, ce qui le constitue.

À propos de l'auteure

Joane Flansberry, native de l'Outaouais, communique avec l'au-delà depuis sa tendre enfance. Elle pouvait voir et entendre les Anges ou des êtres qui avaient quitté la terre pour aller vers l'autre demeure. Elle était l'intermédiaire entre leur monde et le nôtre. Dès son jeune âge, elle prenait plaisir à faire la lecture de cartes à ses amies. Par la suite, elle s'est rapidement retrouvée à prédire l'avenir aux mères, aux grand-mères, aux amies des amies, etc.

C'est ainsi qu'elle a cheminé en décidant d'offrir aux gens, dési-reux d'obtenir des réponses à leurs questions, des lectures de cartes afin de faire passer les messages qu'elle ressentait. Les cartes de tarot furent un bon outil pendant plusieurs années.

Toutefois, l'appel des Anges est devenu de plus en plus fort. C'est la raison pour laquelle, en janvier 2003, elle a ouvert la boutique Le Jardin des Anges et des Archanges, à Gatineau. En plus d'être une boutique où elle vend des produits liés aux Anges et à l'ésotérisme, cet endroit est également une place d'enseignement. Joane y offre des cours de tarot, des séances d'Anges et, depuis quatre ans, des cours sur les Anges de la Lumière ainsi que des méditations de groupe. Elle en-seigne avec passion les différents aspects qui composent les Anges : des êtres charmants ayant une énergie extraordinaire, des guides d'amour qui nous aident à bien comprendre le sens réel de notre chemin de vie.

Joane canalise donc les Anges de la Lumière depuis quelques années déjà. Ils transmettent leurs messages d'amour aux humains à travers son corps et sa voix. Ainsi, dans le but de joindre le plus grand nombre de gens possible, elle a décidé de rassembler dans un livre des messages propres aux 72 Anges de la Lumière.

Marquis imprimeur inc.

Québec, Canada